은행 혁신과 블록체인 이해

핀테크 금융서비스 가이드

데비 모한 Devie Mohan 저
장기진 역

도서출판 청람

'핀테크 금융 서비스 가이드(The Financial Services Guide to Fintech)'에 대한 찬사

금융 서비스 업계에서 데비 모한(Devie Mohan)보다 챌린저 은행의 전장을 더 잘 이해하는 사람은 거의 없다. 이 책에서 그녀는 챌린저 은행이 존재하는 이유와 핀테크기업 및 빅테크조직이 레거시 은행과 경쟁하기 위해 사용하는 다양한 비즈니스 모델에 대해 논의할 수 있는 플랫폼을 제공한다. 이것은 은행 분야에서 신입 또는 종신자를 위한 필수 가이드이다.

파이낸셜 브랜드(Financial Brand)의 공동 발행인 짐 모러(Jim Marous), 디지털 뱅킹 리포트(Digital Banking Report)의 소유자이자 팟캐스트 Banking Transformed의 진행자

우리 산업에 대한 포괄적인 가이드가 확실히 부족하고 편견 없는 연구 중심적 관점의 사례가 훨씬 더 적지만, 지난 20년을 이해하기 위해 집중적으로 접근하는 지름길을 필요로 하는 새로운 전문가들과 함께 이 분야는 계속 성장하고 있다. 데비 모한이 그 분야를 잘 아는 내부자로서 그리고 기민한 학자이자 탁월한 분석가로서 여기서 성취한 것은 핀테크나 금융 서비스 전반에 대해 진정한 관심을 가진 사람이라면 누구나 읽어야 할 책이다.

'감정 은행(Emotional Banking)'의 저자이자 PeopleNotTech의 공동 설립자이자 CEO인 두에나 블롬스트롬(Duena Blomstrom)

데비 모한은 핀테크의 진화에 대한 깊은 이해와 핀테크가 전 세계 금융 생태계에 미치는 영향에 대한 종합적인 관점을 결합한다. 이것은 금융 서

비스 분야에 종사하는 모든 사람에게 필수적인 독서이다.

제이 팔터(Jay Palter), 제이팔터 사회자문(Jay Palter Social Advisory) 최고 참여 책임자

이 책은 전통적인 금융 서비스회사와 잠재적 핀테크 파트너라는 상황의 양쪽 모두에게 귀중한 자료이다. 데비 모한은 기업, 핀테크 및 최종고객에게 최고의 파트너십을 구축하고 성공적인 결과를 생성하기 위한 단계별 실용적인 접근 방식을 제공한다. 이 글을 읽는 사람이라면 누구나 그녀의 폭넓은 경험과 주제에 대한 전문성을 활용할 수 있다.

에이프릴 루딘(April Rudin), 루딘 그룹(The Rudin Group) CEO

| 역자 서문 |

인터넷의 출현 이후 수년간 디지털 경제로의 전환이 빠르게 진행되면서 금융과 소비자들 간의 정보 및 이용형태에도 많은 변화가 진행 중이다. 당장 눈에 띄는 현상은 가장 전통적인 지급수단이었던 현금의 이용비중이 지속적으로 감소하고 정보기술의 대표적인 스마트 관련 결제 및 송금이 많아지고 있는 현상이다. 국내뿐만 아니라 전 세계적으로도 현금을 수취하는 ATM과 은행 지점 등이 감소하면서 전통적인 은행조차도 변화의 흐름에 혁신 차원의 변화를 시도하고 있다. 이러한 현상은 코로나19 사태 이후 온라인상에서의 금융경제활동이 확산됨에 따라 핀테크와 블록체인 관련 영역에서 더욱 가속화되고 있다.

은행들은 스마트뱅킹, 즉 인터넷 은행으로 적극적인 대처와 고객의 눈높이를 만족하기 위하여 은행산업에서의 고부가가치로 공급자 위주보다는 수요자 위주로 문제해결능력을 키우는 것이 필요하다. 이에 따라 4차산업혁명기술 중 하나인 블록체인기술을 적극적으로 발굴하여 선도하는 자세가 필요하다. 이제는 핀테크(FinTech)라는 기술이 미래의 이야기가 아닌 현시대에 받아들여야 하는 기술이며, 금융과 ICT기술의 융합이야말로 기존 금융 시스템이 지니고 있는 현상을 파괴하면서 혁신으로 나아가는데 필수적이다. 모바일, 즉 스마트 환경을 이용하는 고객 관련 빅데이터 분석 등을 통하여 얻어진 맞춤형 금융 서비스의 금융정보 시스템이 갖추어져야 한다.

최근 인공지능(AI), 사물인터넷(IoT), 블록체인, 대체불가토큰(NFT), 탈중앙금융(DeFi), 메타버스(Metaverse) 등의 새로운 디지털 혁신기술이 출현하고 있다. 디지털 경제로의 전환과 다양한 금융 서비스 상품을 개발하여 소비자들에게 제공해야 한다. 다양한 4차산업기술이 나타나고 있지만 그중에서 가장 영향을 끼칠 기술은 비트코인 같은 디지털 통화의 기초가 된 기술, 즉 블록체인기술이며, 이는 향후 우리의 실생활에 영향을 주고 주도적으로 이끌어 갈 것이다. 대표적인 응용접목기술로는 암호화폐, 디파이(DeFi), NFT, 메타버스 등이 대표적이다.

블록체인은 거래정보 등의 데이터가 담긴 블록(block)이 마치 가치사슬(value chain)처럼 순차적으로 연결된 분산원장을 말한다. 한 번 기록된 정보는 변경할 수 없고, 해킹이나 위조도 불가능하며, 여러 참여자가 동일한 블록체인을 보유하고 있어서 서로 간의 원장기록 위조가 불가능하여 안정적인 보안 유지가 가능하다. 이러한 블록체인은 악의적인 의도로 접속하는 장치를 걸러내거나 해킹, 부정거래 등 보안에 위협이 되는 행동을 제한할 수 있다.

이 역저에서는 경제위기 동안 핀테크에 대한 은행 대 핀테크, 고객경험을 위한 핀테크, 핀테크의 협업 모델, 핀테크의 생태계와 혁신의 신흥시장, 정보와 핀테크 허브, 핀테크의 새로운 영역, B2B 핀테크, 챌린저은행, 데이터 분석 및 새로운 기술과의 핀테크 연동 등을 소개하고 국외의 트렌드에 대하여 설명한다. 또한 블록체인을 부록으로 수록해 블록체인의 환경, 구성요소, 구축방안, 활용방안에 대하여 보다 자세히 소개한다.

이 역저는 금융, IT, 모바일, 커머스 등 다양한 분야의 현장전문가들이 이론과 실무를 접목할 수 있도록 국외 환경을 이해하기 쉽게 접근할 수 있도록 구성하였다. 이 책이 나오기까지 고생하신 도서출판 청람 이수영 사장님과 관계자분들에게 고마움을 전한다. 많은 독자들이 핀테크의 환경과 블록체인을 이해하는 데 이 책이 조금이나마 도움이 되기를 바란다.

2022년 2월

역저자 장기진

차 례

Chapter 01 | 경제위기 동안 금융 대 핀테크

Chapter 02 | 고객 경험을 위한 핀테크

Chapter 03 | 초기 협업 모델

Chapter 04 | 핀테크 생태계 확대

Chapter 05 | 혁신을 주도하는 신흥시장

Chapter 06 | 정부 및 핀테크 허브

Chapter 07 | 핀테크 활용 부문

Chapter 08 | B2B 핀테크

Chapter 09 | 핀테크 내 협업 모델

Chapter 10 | 챌린저 은행

Chapter11 | 데이터 및 분석

Chapter 12 | 결론

Appendix | 부록

Chapter

01

경제위기 동안 금융 대 핀테크

Chapter

01 경제위기 동안 금융 대 핀테크

혼란은 무서운 현상이 될 수 있다. 그러나 파괴적 변화는 변화의 시기에 중요한 기회를 제공할 수도 있으며, 혁신이 유일한 목적인 매혹적인 산업인 핀테크를 우리에게 단독으로 제공한다. 금융 서비스산업은 1980년대부터 2000년대까지 에너지, 설비, 운송, 엔터테인먼트, 숙박 및 소매와 같은 다른 여러 산업이 모두 상당한 변화과정, 구조 및 시스템을 겪은 후인 2010년대 초반까지 심각한 혼란에 면역이 되었다.

이러한 산업을 파괴하는 근본적인 동인 중 하나는 고객 소유권에 대한 통제력을 강화해야 한다는 것이다. 우버(Uber), 에어비앤비(Airbnb), 스카이프(Skype), 알리바바(Alibaba), 넷플릭스(Netflix) 등은 비즈니스 모델을 자산 소유에서 고객 소유로 전환하여 고객에게 통제권을 이전한다는 공통적인 측면에 초점을 맞춤으로써 업계의 주요 파괴자이다. 방대한 양의 물리적 자원을 보유한 블록버스터가 사멸하는 동안 넷플릭스(Netflix)가 번성했다. 아마존(Amazon)은 여러 주요 오프라인 서점을 혼란에 빠뜨렸고 에어비앤비(Airbnb)는 방 없는 '호텔'로 떠올랐다.

이 격변이 일어나기 훨씬 전에 에너지 및 유틸리티산업은 1980년 갑작스러운 규제 완화로 인해 수직적 프로세스를 통해 큰 혼란을 겪었다. 에너지기업은 생성에서 전송, 유통, 소매 마케팅에 이르기까지 모든 인프라와 프로세스를 소유하는 대신 핵심 역량과 핵심 강점에 집중하는 동시에 에너지 가치사슬에서 수직으로 위 또는 아래에 있는 다른 참여자와 협력하기로 결정했다. 매우 비싸고 유지관리가 어려운 송전 인프라구조는 한 회사가 소유하고 통제하는 반면, 비즈니스 모델은 소비자를 위한 새로운 제안, 가격구조 및 마케팅 메시지를 만드는 데 더 초점을 맞추는 방향으로 바뀌었다. 따라서 에너지산업은 마케팅 게임이 된다.

금융 서비스산업에 변화가 발생한 것은 경제위기, 은행에 대한 소비자 신뢰 상실, 이러한 변화에 따른 규제 완화 등 다양한 요인 때문이었다. 이러한 혼란은 주로 금융 서비스산업에서 탈중개화의 형태로 나타난다. 신생기업의 초점은 중개자를 제거하는 것이다. 중개자를 제거하여 기존 은행 및 투자회사보다 더 빠르고 투명한 방식으로 더 저렴하고 더 나은 제품을 제공하는 것이다.

이는 핀테크 생태계의 핵심 부분인 이러한 신생기업이 금융 서비스산업의 프로세스, 시스템, 서비스 채널, 마케팅 채널, 제품, 서비스 및 가격 책정을 장기적으로 상당한 영향을 미치며 성공적으로 파괴할 정도로 잘 작동한다. 그리고 앞으로 더 많이 금융 서비스에 파괴적인 현상이 나타날 것이다.

위기

2008년에서 2012년 사이에 특히 미국과 영국에서 대부분의 글로벌 은행 시스템에 영향을 미친 경제위기의 영향이 오랫동안 지속된다. 글로벌 경제위기로 촉발된 금융 충격파는 세계에서 가장 유서 깊은 많은 금융기관에 막대한 영향을 미쳤으며, 불과 몇 년 전만 해도 상상하기 힘든 주요 뉴스거리를 만들었다. 아마도 가장 심오한 영향은 금융 시스템과 그들이 자신의 머니와 복지로 신뢰했던 조직에 대한 대중의 인식에 대한 것이다.

돌이켜보면 금융위기의 씨앗은 위기가 오기 전에 철저히 뿌려졌다. 서브프라임 모기지론과 일반 소비자 신용에 대한 느슨함이 이 위험한 금융 환경을 조성하는 데 확실히 기여했지만 전체 시스템은 이미 재난 직전에 흔들리고 있었다. 무책임하고 탐욕스러운 행동으로 합리적으로 설명될 수 있는 공공 및 민간 부채의 축적 수준은 거의 필연적으로 거대한 구조적 문제가 나타냈다.

이것은 엄청난 놀라움으로 다가오지는 않는다. 2008년에 이미 투자은행의 행동이 광범위하게 보고되었다. 파생상품의 한 형태인 신용부도스와프(CDS: Credit Default Swaps)와 관련하여 미국 채권의 유동성을 위협하고 있다. '마켓 오라클(Market Oracle)' 기사(Engdahl, 2008)에 따르면 CDS시장의 가치는 62조 달러이다. 이에 비해 2009년 미국의 GDP는 14조 달러를 조금 넘었다. 가장 재정적으로 보수적인 출판물인 '브리티시 데일리 텔레그래프(British Daily Telegraph)'조차도 CDS 시스템을 '카지노'로 묘사하면서 당시 보수당 재무부 대변인인 필립 해먼드(Philip Hammond)가 메이페어에서 AIG파이낸셜(Financial)에 대한 금융 서비스 당국의 감독에 대한 공개 조사를 요청했다고 지적했다(Koeing, 2008).

한편 블룸버그는 재무부가 기록적인 부채를 볼 계획을 발표한 후 영국 정부가 CDS가 영국에서 기록적인 수준에 도달했음을 인정했다고 보도했다. 실제로 수많은 논평가들은 은행 및 금융위기를 훨씬 앞서서 시스템적 차원에서 엄청난 문제가 있을 수 있다고 경고했다.

예를 들어, 에레이트닷컴(Erate.com)(Osborne, 2008)은 "이런 상품이 글로벌 금융 시스템을 위협할 수 있고 그들의 오용이 우리 모두에게 영향을 미치는 예상치 못한 규모의 대규모 신용위기를 촉발할 수 있다"는 사실을 규제기관과 월스트리트에 언급했다. '크레디트 라이트다운(Credit Writedowns)', '에이지(The Age)' 및 '이코노메이트(Economati)' 블로그도 모두 이 문제에 대해 언급했다.

'뉴욕타임즈(New York Times)'(Story and Kanter, 2011)는 유럽연합이 바클레이(Barclays)와 골드만삭스(Goldman Sachs)를 포함한 은행이

정보를 제공하고 양식을 정리하기 위해 시장에서 경쟁할 수 있는 경쟁조직에 피해를 입혔는지 여부를 조사하면서 파생상품정책에 대해 전체 경제의 원활한 기능에 중요하게 된 거래를 은행이 조사하고 있다고 보고했다.

CDS는 700조 달러에서 1조 5,000억 달러 사이로 추정되는 파생상품시장의 한 측면일 뿐이다(Lendman, 2015). 외환시장이 연간 2~3조 달러의 가치가 있다는 것을 고려할 때 이것은 공상적인 수치가 아니다. 마켓워치(Market watch, 2008)는 파생상품이 암시장처럼 행동하고 붕괴될 수 있는 거대한 거품을 만들 수 있는 '똑딱거리는 시한폭탄'이라고 경고한다. 이러한 상황에서 서브프라임 모기지 문제, 글로벌 은행 붕괴, 유럽 부채위기 및 세계적인 금융위기의 추가 스트레스는 화재에 연료를 더했을 뿐이었고, 주의를 기울이는 사람들은 전반적인 지진 활동을 철저히 예측할 수 있다. 더 소름끼치는 것은 부채로 인한 위험을 완화하기 위해 도드프랭크(Dodd-Frank) 월스트리트 개혁 및 소비자 보호법, 바젤(Basel) III와 같은 조치를 취했음에도 불구하고 그 이후로 상황이 반드시 개선되지 않았다는 것이다.

재정적 운영의 붕괴에 뒤이은 과도기에서 논란의 여지가 있는 많은 결정이 내려졌다. 많은 유럽과 미국 은행들이 구제금융을 받았다. 한편 정부는 종종 사람들에게 직접적인 영향을 미치는 요동치는 긴축조치를 시행했다. 영국뿐만 아니라 아일랜드, 프랑스, 이탈리아, 포르투갈, 스페인, 슬로베니아, 슬로바키아, 벨기에, 네덜란드를 포함한 유로 국가에 특히 위기가 닥쳤다. 실업이 통제 불능상태에 빠졌고, 국가 자산이 매각되었으며, 공공서비스가 파괴되었다. 그러나 이 위기는 아마도 그리스에서 가장 강력하고 악명 높게 느껴졌을 것이다.

2001년 아르헨티나 폭동과 유사하게, 아테네의 거리는 글로벌 금융위기 동안 뜨거웠다. 그리스 인구는 심각한 임금 삭감, 세금 인상 및 공공 서비스의 폐지에 직면한다. 국제통화기금(IMF, 2010)은 일련의 광범위한 공공 지출 삭감과 재산세 인상, 일반 세금 면제 축소, 공공 부문 고용 축소를 포함한 기타 조건을 요구하였다. 이러한 상황에서 그리스가 2008년 12월에 광범위한 폭동을 겪었고 2009년과 2010년에 걸쳐 폭동을 더 겪은 것은 놀라운 일이 아니다.

'가디안(Guardian)' 기사(Christofer, 2008)는 폭동을 정치계급의 실패와 부정직에 깊이 환멸을 느끼는 사회의 징후로 설명했다. 그러나 공개 프로필이 가장 큰 조사 대상이 된 것은 아마도 은행계급이었을 것이다. 그리스만이 글로벌 금융 시스템에 고통받는 유일한 나라가 아니다. 아일랜드는 포르투갈처럼 IMF에 구제금융을 신청해야 했고, 아이슬란드는 세 개의 주요 상업은행에 구제금융을 제공해야 했으며, 스페인은 IMF와 같은 기관으로부터 구제금융을 요청해야 하는 위태로운 위치로 빠르게 내몰렸다. IMF는 결국 1,000억 유로를 요구했다. 경제적 무능력과 재정 지원 요구는 정부에만 국한된 것이 아니라 은행들도 이에 동참했다.

2007년과 2012년 사이에 '구제금융'이라는 단어는 공통 문화 사전의 일부가 되었다. 다음은 몇 가지 예이다. 영국에서 가장 큰 모기지 대출기관 중 하나인 노던록(Northern Rock)은 2007년 9월에 구제금융을 받았다. 2008년 10월에는 핼리팩스(Halifax) 브랜드를 소유한 로이드(Lloyds), 스코틀랜드의 로얄뱅크(Royal Bank of Scotland) 및 BOS 그룹의 세 곳에서 가장 유명한 영국 시내 중심가의 은행 세 곳이 파산했고, 370억 파운드의 구제금융을 받았다. BBC 기자가 아주 유용한 말을 하는 드문 사례에서 로버트 페스톤(Robert Peston)은 이 날을 아마도 "영국 은행 역사상 가장 특별한 날"로 묘사했다(BBC, 2008).

아일랜드에서는 앵글로 아일랜드 은행(Anglo Irish Bank)이 290억 파운드 이상의 공적 자금으로 구제금융을 받았고 아일랜드는 결국 IMF로부터 구제금융을 받아야 했다. '월스트리트저널(Wall Street Journal)'(Shah and Fottrell, 2010)은 아일랜드의 국가 부채가 2007년과 2010년 사이에 거의 4배 증가했다고 보도했다.

2010년 아이슬란드는 이미 IMF를 통해 46억 달러의 구제금융을 받았다. 2008년 3대 시중 은행이 파산했을 때도 구제금융을 받았다. 포르투갈은 또한 780억 유로의 IMF 구제금융을 받았다. 다른 곳에서는 2011년 8월 '포브스(Forbes)'에 따르면 세계에서 두 번째로 큰 기업인 HSBC가 이전 회계연도에 70억 파운드 이상의 수익을 올렸음에도 불구하고 향후 2년 동안 30,000개의 일자리를 줄일 것이라고 발표했다(Werdigier, 2011).

그러나 은행들은 한 손으로 막대한 이윤을 잡고 다른 한 손으로 공적자금을 내세웠음에도 후자에 대한 의향이 줄어들 기미를 보이지 않았다. 2011년 7월, 유럽 은행 당국은 추가 구제금융 가능성을 이해하기 위해 유럽 전역의 91개 은행에 대해 실시한 스트레스 테스트를 자세히 설명하는 보고서를 발표했다(Acharya, Drechsler 및 Schnabl, 2011). 그러나 가장 큰 구제금융은 미국을 위한 것이었다. 보험회사이자 이후 맨체스터 유나이티드 축구 클럽 후원사인 AIG는 1,500억 달러를 받았다.

2008년 9월, 미국에서 가장 큰 모기지 대출기관인 패니 메이(Fannie Mae)와 프레디 맥(Freddie Mac)은 2,000억 달러의 공적 자금을 받았다. '가디안(Guardian)'(Pallister, 2008)은 이것을 "세계 최대 구제금융"이라고 설명했지만 '데일리 레커닝(Daily Reckoning)'은 미지급 부채로 인해 이러한 기업을 구제하는 실제 비용이 2조 5,000억 달러에 이를 가능성이 더 높을 것으로 계산했다.

CNN은 이 수치를 5조 달러로 두 배로 늘리면 미국 납세자의 실질 비용에 더 가까워질 것이라고 주장하면서 이마저도 보수적인 추정치로 간주한다(Isidore, 2009). 또한 다양한 유형의 은행을 구성하는 15개의 '상대방(counterparty)'도 보험사 AIG의 구제금융과정에서 돈을 받았다. 여기에는 Société Générale(프랑스), Merrill Lynch International, Deutsche Bank(독일), Calyon, Crédit Agricole(프랑스), UBS(스위스), Barclays, Coral Purchasing, DZ Bank(독일), Bank of Montreal(캐나다), Rabobank(네덜란드), Royal Bank of Scotland(이미 영국 납세자로부터 1회의 구제금융을 받음), Bank of America, Wachovia(미국), HSBC 및

Barclays Global Investors의 영국 지부, 그리고 당시 오바마 행정부와 극도로 밀접한 관계로 유명했던 골드만삭스는 15번째 '상대방'으로 129억 달러를 받았다.

그동안 일어난 모든 일을 고려하면, 세계에서 가장 부유하고 가장 강력한 일부 기관이 거의 상상할 수 없는 양의 공적 자금을 받았다는 점과 대중이 결과적으로 허리띠를 졸라매야 한다는 말을 다시 한 번 들었다는 점을 고려하면, 이 특별 금융위기가 끝날 무렵 일반 대중이 은행과 금융 시스템에 지나치게 매혹되지 않는 것이 이상한 일이겠는가? 그리고 이로부터 아이디어가 싹트기 시작했다. 사람들은 새로운 것을 시도할 준비가 되어 있다.

공유경제의 등장

공유경제의 여명과 그 이후의 성장은 일반 인구의 정서 변화와 긴축 이후 분위기로 거슬러 올라갈 수 있다. 대기업이 여전히 큰돈을 벌고 있더라도, 일상의 사람들은 가능한 한 돈에 대한 욕심보다는 자신이 가진 것을 공유하고 삶의 경험과 잠재력을 극대화하는 데 집중할 준비가 되어 있다.

지금까지 이 분야의 거물들은 이미 누구나 아는 이름이 된 지 오래이다. 대부분의 사람들은 우버(Uber)를 이용했고 우리 중 많은 사람들이 정기적으로 에어비앤비(Airbnb)에 머물며 집과 애완동물 돌보기에서 이웃의 차를 빌리는 것까지 모든 것을 제공하는 다양한 다른 공유 서비스가 있다. 물론 약간의 비용을 지불하고 말이다.

또한 공유경제조직과 기업의 성장을 주도하는 데 도움이 된 새로운 사회적 트렌드가 많다. 특히 디지털 시스템과 소셜 미디어의 긴밀한 관련 개발이 주류가 되었으며, 이는 사람과 조직이 서로 더 쉽게 의사소통하고 거래할 수 있음을 의미한다. 이는 또한 공유경제의 비즈니스가 훨씬 더 확장

가능하도록 하는 데 도움이 된다. 이는 항상 성장하는 비즈니스의 핵심 측면이다.

따라서 이제 상거래가 소셜 네트워킹에 의해 촉진된다는 것이 널리 받아들여지는 개념이다. 소비자는 구매결정에 대한 동료의 사회적 영향으로 인해 제품을 구매할 가능성이 높으며, 소위 소셜 인플루언서의 패션 지향적인 영향은 말할 것도 없다. 많은 기업이 이러한 추세를 활용하여 그룹거래를 성사시키는 데 중점을 두고 있다. 이는 공유경제 성장의 중요한 요인이다.

농촌에서 도시로 사람들의 지속적인 이동은 공유경제 관련 조직에도 유익한 영향을 미쳤다. 이는 사람들이 상대적으로 좁은 공간에 모여 있다는 것을 의미할 뿐만 아니라, 새로운 공유기업과 단체가 해결할 수 있는 일련의 문제와 욕망으로 이어진다. 우버(Uber)는 플랫폼이 효율적으로 작동하도록 하기 위해 특정 지리적 영역에 집결된 결정적인 수의 공급자와 소비자에 의존하는 비즈니스의 눈에 띄는 예이다.

공유경제의 부상에 대한 또 다른 눈에 띄는 영향은 가격 상승과 자원 감소의 조합이다. 생활비는 그 어느 때보다 높지만, 인간이 과도한 자원을 소비하고 있다는 것이 점점 더 명백해지고 있으며, 이는 잠재적인 환경 재앙으로 이어진다. 이러한 맥락에서 사람들이 소비주의로 인한 환경 악화와 궁극적으로 장신구로 간주될 수 있는 상품 소유와 관련된 재정적 비용을 이해하기 시작함에 따라 소유권에서 점진적이지만 꾸준히 이동하고 있다.

공유경제에 대한 이러한 푸시 요인은 또한 사람들이 이 새로운 산업적 사고방식에서 파생되는 이점을 강조하는 다양한 견인 요인을 동반한다. 특히 미디어와 기술에 정통한 밀레니얼 세대, 즉 의심할 여지없이 공유경제시장 분야에서 가장 크고 가장 열성적인 소비자에게 호소하는 이 새로운 소비 방식의 명백한 이점이 있다.

공유경제는 특히 오픈소스 탐지기술을 개발하기 위해 협력함으로써 사기와 라이프스타일 스트레스를 줄일 수 있는 엄청난 잠재력을 가지고 있다. 또한 고용 인터페이스 및 계약에 대해 생각하는 방식을 재정의하여 노동세계의 많은 측면을 자동화하고 훨씬 더 유연하게 만들 수 있는 잠재력이 있다. 공유경제가 자산관리 및 유지 방식을 개선할 수 있는 추가 잠재력이 있다.

소프트웨어, 센서 및 암호화기술을 사용하여 기업은 새로운 수준의 투명성을 제공하여 사용자가 거래와 관련된 모든 것을 실시간으로 추적하고 검사할 수 있다. 그리고 공유경제는 또한 사회에 긍정적인 영향을 미칠 수 있다. 더 적은 수의 리소스를 사용할 수 있도록 함으로써 환경을 개선할 수 있다. 함께 일한다는 정신은 기업이 포장, 재료 및 탄소배출을 줄이기 위한 전략을 세우는 결과를 낳을 수도 있다. 이는 향후 몇 년 동안 보다 환경 친화적인 움직임이 가속화됨에 따라 점점 더 중요해지고 가치가 높아진다.

핀테크기업 등장

이러한 맥락에서 갑자기 민첩하고 혁신적인 신규기업과 운영자를 위한 시장 분야가 열렸고, 지금도 그렇다. 금융시장에는 새로운 아이디어에 대한 대중의 열망이 있고, 새로운 생각과 새로운 브랜드, 이름, 얼굴이 이를 달성하는 가장 좋은 방법인 것 같다. 따라서 기술 분야에서 흥미로운 일을 하는 민첩하고 상상력이 풍부한 회사가 많이 등장한 것은 놀라운 일이 아니다.

샌프란시스코에 기반을 둔 사이즈업(SizeUp)이 그러한 예이다. 이 신생기업은 중소기업이 빅데이터를 활용하여 더 현명한 결정을 내릴 수 있도록 지원하기 위해 은행과 협력관계에 있다. 은행 업무는 기존 회사 및 기업보다 금융 및 신용에 대한 접근성이 낮은 소규모 비즈니스를 운영하는 데 있어 종종 어려운 측면이 될 수 있다. 실제로 사이즈업은 웰스파고(Wells Fargo), 도이치뱅크(Deutsche Bank), '블룸버그 비즈니스위크(Bloomberg BusinessWeek)', 미국 중소기업청, 백악관이 고객이기 때문에 기존 금융 귀족과 협력하는 새로운 핀테크회사의 훌륭한 예이다. 사이즈업(SizeUp)은 데이터 기반 통찰력을 제공하여 비즈니스 고객의 성공에 중요한 파트너가 된다. 이 제품은 은행이 특히 비즈니스 라이프사이클의 주요 의사결정 지점에 제품을 도입하고 기존 고객과의 참여를 높임으로써 고객을 확보하고 유지할 수 있도록 설계된다.

캐시플로우(Cashflower)는 유용한 현금관리 및 신용 액세스 도구를 풍부하게 제공하는 사이즈업의 실리콘밸리의 형제 회사이다. 이는 중소기업이 현금흐름을 제어하는 동시에 간단하고 사용하기 쉽고 직관적인 인터페이스를 제공하는 데 도움이 된다.

통계에 따르면 소규모 비즈니스의 약 45%가 영업 첫 분기에 현금이 바닥나고 대부분이 비은행 대출기관을 선택한다. 따라서 캐시플로우는 중소기업을 위한 솔루션을 제공하여 은행에 접근할 수 있도록 하고 중소기업에 선호하는 신용한도를 소개한다. 캐시플로우는 은행이 중소기업 고객을 유치하고 유지하는 동시에 중소기업을 위해 일하는 데 도움이 되는 현금흐름 도구를 제공한다.

스냅카드(SnapCard)는 특히 디지털 통화혁명을 활용한 또 다른 흥미로운 제품이다. 이 기술 솔루션의 사명은 소비자와 기업 모두가 보다 전통적인 결제 방식과 함께 디지털 통화를 받는 것의 가치를 이해할 수 있도록 하는 것이다. 이를 달성하기 위해 스냅카드는 소비자가 비트코인을 포함한 디지털 및 암호화폐에 카드 형식으로 액세스할 수 있도록 하여 실행 가능한 결제 형태를 제공한다. 스냅카드는 기업과 일반 소비자 모두에게 훌륭한 리소스이다.

플레이드(Plaid)는 디지털 핀테크 분야에서 일하는 실리콘밸리 회사의 또 다른 예이다. 플레이드는 확장 가능한 API(Application Programming

Interface)를 기반으로 하여 직관적으로 돈과 상호작용하고 소비자, 은행, 기업 및 개발자가 금융과 상호작용하는 방식을 변경한다. 이 솔루션은 기존 금융 아키텍처에 종종 문제가 될 수 있는 새로운 기술의 통합을 간소화하고 통합하여 모든 수준의 재정 수단이 액세스할 수 있도록 한다. 플레이드는 소비자, 기존 금융기관 및 개발자를 연결하는 데 사용되는 기술 인프라 API에 공정한 효과를 주고 있다.

그리고 마지막 예를 들자면, 시그피그(SigFig)는 사용자가 강력한 투자 포트폴리오를 저렴하게 구축할 수 있도록 하는 고도로 지능적인 모바일 솔루션이다. 시그피그는 기존 연구, 과학 및 데이터를 사용하여 투자결정을 지원하고 금융 시스템의 원격 및 접근 불가능한 측면에 공정한 효과를 준다. 시그피그는 이미 약 750,000명의 투자자를 이끌고 있으며 가까운 장래에 크게 확장될 것으로 예상한다(Mercadante, 2019).

본질적으로 지난 2010년 이 5가지 사례는 특히 실리콘밸리에서 발생한 디지털 핀테크혁신의 표면을 스치는 것에 불과하다. 디지털 금융 솔루션, 비트코인과 같은 새로운 화폐, 모든 규모의 기업을 위한 다양한 시장 접근을 포괄하는 새로운 환경과 이러한 제품에 대한 소비자 및 기업의 욕구는 핀테크의 시장 명성이 짧은 기간에 빠르게 확대되었음을 의미한다.

핀테크의 급속한 성장

실제로 금융기술의 성장은 핀테크혁명과 관련된 일부 통계에 의해 강조된다. 7개 시장에서 20,000개의 은행 및 결제기관을 평가한 글로벌 경영 컨설팅 및 전문 서비스회사인 액센추어(Accenture)의 최근 보고서에 따르면 은행시장에 새로 진입한 기업이 신규 수익의 1/3을 차지한 것으로 나타난다.

액센추어는 또한 영국과 미국이 실제로 다른 국가 및 지리적 영역에 뒤처져 있는 핀테크시장의 일부 지역적 차이에 대한 통찰력을 제공한다. 영국 정부는 핀테크산업을 개방하는 데 특히 열심이다. 현재 영국은 여전히 유럽 이웃 국가들에 뒤처져 있기 때문이다. 실제로 액센추어 연구(2018)에 따르면 핀테크 신규 진입자는 전체 은행 및 결제 수익의 14%만 차지한다고 보도하였다.

그러나 핀테크 및 은행 신생기업이 전체 매출 1조 4,000억 달러의 3.5%를 차지하는 미국에 비하면 이는 엄청난 수치이다(Bambrough, 2018). 영국과 미국의 금융 시스템과 제도의 확립된 성격이 핀테크 신규 진입자 설립에 걸림돌이 되었을 가능성이 있다. 그러나 연구에 따르면 캐나다는 가장 덜 혼란스러운 은행시장 중 하나이며 북미에서 핀테크가 갈 길이 있음을 나타난다.

한편, 유로존의 복수 은행법으로 인해 시장은 핀테크 혁신자들에게 접근할 수 있는 기회를 줄 수 있다. 통계에 따르면 핀테크기업은 2017년 3분기에만 600억 달러의 자금을 조달한다. 보험 분야는 이 수치에서 핀테크의 성장 영역으로 언급되었으며, 보험사의 84%가 향후 3~5년 동안 핀테크 파트너십을 확대할 것으로 예상된다. 그리고 결제회사의 42%는 2017년 말까지 이미 핀테크와 제휴했으며, 이 수치는 앞으로 더욱 확대될 예정이다(KPMG, 2017).

2018년 1월, 한때 비난받던 암호화폐시장은 이미 시가총액 7,000억 달러를 달성했다(Martin, 2018). 그리고 이것은 핀테크가 막대한 시장 혼란을 야기한 분야에 불과하다. 소비자 금융은 특히 핀테크 진화의 영향을 받았지만 뱅킹테크닷컴(Bankingtech.com)은 상업은행까지도 새로운 핀테크 제공업체가 파괴하는 중요한 영역으로 나열했다.

핀테크 대안

이러한 혼란은 기존 은행에 대한 대안으로 핀테크 용어가 등장한 것에서 설명된다. 금융계에는 이러한 추세의 예가 많지만 여기서는 특히 4가지를 살펴보고자 한다.

첫째, 트랜스퍼와이즈(TransferWise)는 사람들이 전 세계 은행 계좌에 액세스하는 것이 가능하게 했다. 소비자가 더 쉽게 결제할 수 있도록 트랜스퍼와이즈는 실제 환율을 사용하여 자국의 계정에서 수취인에게 결제한다. 따라서 트랜스퍼와이즈는 기존 은행 방식보다 800% 더 저렴하다고 자랑한다(TransferWise, 2018). 이것이 이 핀테크회사가 이미 매달 30억 달러의 송금을 책임지고 있는 이유이다(Brown, 2018).

넛맥(Nutmeg)은 파장을 일으키는 또 다른 핀테크회사이다. 이 회사는 투자자들이 지능적이고 다양한 포트폴리오에 접근할 수 있도록 하여 회사를 디지털 자산관리 분야의 시장 리더로 만든다. 실제로 넛맥은 이미 영국에서 6년 동안 60,000명의 고객을 유치하여 10억 파운드 이상을 투자한 실적을 올렸다(Thurston, 2018).

스퀘어(Square)는 상업 분야를 파괴하는 또 다른 친숙한 핀테크 이름이다. 스퀘어를 사용하면 복잡한 문서 없이 고객이 카드결제를 더 쉽게 할 수 있다. 스퀘어 앱을 다운로드하기만 하면 몇 분 안에 카드결제를 할 수 있으며 다음 영업일에 금액을 사용할 수 있다. POS(point of sale) 소프트웨어는 큰 성공을 거두었으며 핀테크가 이미 엄청나게 파괴적인 분야 중 하나로 증명된다.

그리고 스트라이프(Stripe)는 모든 인터넷 비즈니스를 운영하기 위한 가장 강력한 소프트웨어 플랫폼 중 하나로 알려져 있다. 이 회사는 이미 연간 수십억 달러 가치의 비즈니스를 처리하고 있으며 인터넷 상거래를 위한 강력하고 유연한 도구를 제공하여 전 세계의 미래 지향적인 회사와 연결한다. 스트라이프는 특히 확장성에 특화되어 있으며 앞서 논의한 바와 같이 이는 기술산업의 신생기업에게 특히 유용하다. 이로 인해 수백만 개의 회사가 스트라이프 솔루션에 관심을 갖게 되었으며 스트라이프는 의심할 여지없이 상거래시장의 실행 가능한 부분으로 자리잡았다.

이 네 가지 사례는 금융 분야에서 큰 성과를 이루었지만, 젊은 신생기업을 하나로 묶는 다른 것도 있다. 핀테크회사에서 사용하는 브랜딩은 기존 은행 아키텍처보다 훨씬 덜 답답하다. 이러한 브랜드는 젊은 사람들과 밀레니얼 세대에게 호소할 수 있는 방식으로 모바일 앱으로 많이 판매되고 있다. 이는 더 많은 젊은이들이 신선하고 활기찬 메시지를 전달함에 따라 새로운 핀테크 경쟁자들이 앞으로 더욱 영향력을 확대할 것임을 시사한다.

세 가지 필수 요소

핀테크혁명의 수레바퀴가 움직이도록 하기 위해 효과적으로 수렴된 세 가지 필수 요소가 있다. 그중 첫 번째는 은행업계에 대한 전반적인 불신으로 많은 소비자들이 전통적인 금융 제공업체에 대해 회의적이다. 두 번째 핵심 요소는 기술의 급속한 발전으로 핀테크 분야에 진출하려는 많은 기업의 진입장벽이 낮아졌다. 특히 애플의 첫 아이폰은 글로벌 금융위기가 시작되기 약 12개월 전에 출시되었는데, 이는 금융산업에도 변화가 필요한 시기에 편리하게 부합되었다.

그리고 소비자 행동의 일반적인 변화는 금융 부문에도 상당한 영향을 미쳤다. 은행은 사실상 경쟁이 없었기 때문에 수십 년 동안 업계를 완전히 독점했다. 이는 금융 서비스산업에 매우 좋지 않은 일이다. 이는 기존 제공자가 부풀려진 수수료를 부과하고 종종 극도로 불공정한 제품에 수수료를 부과할 수 있음을 의미했기 때문이다. 그러나 소비자들은 일반적으로 기존 은행산업 내에서 쇼핑하는 것 외에 선택의 여지가 거의 없다.

글로벌 금융위기가 전통적인 금융 서비스 제공자에게 야기한 문제 외에도, 업계에서 일하는 숙련된 사람들이 새롭고 혁신적인 것을 제공할 기회를 포착한 시기이기도 하다. 금융 서비스 부문이 수십 년 동안 중단되지 않았다는 점을 고려할 때 이는 여러 면에서 대담한 조치이다. 그러나 많은 자격을 갖추고 야심차고 기업가적인 개인들은 모두 전체 금융 부문을 재구축하고 재건할 가능성을 보았다.

그 결과 많은 혁신가들이 생겨났고, 이들은 자신이 자주 일했던 기관과 경쟁할 수 있을 만큼 충분히 큰 회사를 설립하기 시작했다. 레볼루트(Revolut)는 리먼브라더스(Lehman Brothers)의 전 트레이더가 설립한 대표적인 예이다. 2015년에 설립된 후 레볼루트는 매일 7,000개의 새로운 계정을 개설하고 유럽 전역에서 250만 명이 넘는 고객을 확보하고 있으며, 그 이후로 성공을 공고히 하고 있다(Insights Success, 2018).

레볼루트와 같은 회사는 특히 기술에 집중함으로써 고객의 시대정신을 포착할 수 있다. 이것은 새로운 유형의 금융 서비스회사를 제공하기 위해 은행산업에서 탈피한 혁명가들의 비전에서 중심으로 자리한 것이다. 이 새로운 핀테크 분야에는 제품과 서비스가 우수한 방식으로, 그리고 결정적으로 고객에게 적합한 방식으로 제공될 수 있도록 하는 더 나은 기술 개발에 대한 집착이 있다.

은행 부문은 실제로 핀테크의 위협에 대응하는 데 상당히 느렸으며, 이는 어느 정도 이해할 수 있다. 수년 동안 아무것도 당신의 헤게모니에 도전하지 않았을 때 현실에 안주하는 것은 자연스러운 일이며, 우리는 막대한 자본과 자원을 보유한 거대 은행들이 일부 실리콘밸리 신생기업을 상당히 경멸하는 시선으로 바라보았는지를 상상할 수 있다. 글로벌 금융위기가 한창일 때 은행은 혁신과 새로운 비즈니스 방식을 추구하기보다 미래의 붕괴를 방지하기 위해 금융 모델과 은행 운영을 검토하는 데 더 많은 관심을 기울인다.

그러나 핀테크의 등장으로 은행권의 새로운 사업 기회가 놓친 기회로 판명되었다. 첫날부터 가장 성공적인 핀테크는 기술 중심의 접근 방식으로 시장에 등장한다. 이는 작업 방식뿐만 아니라 기업이 소비자에게 자신을 홍보하는 방식에도 내재되어 있다. 핀테크가 비즈니스를 수행하는 방식에 더 쉽게 공감할 수 있고 전통적인 은행상품으로 종종 차별을 받는 젊은 은행 고객과의 연결에 특히 중점을 둔다. 스마트폰의 등장도 핀테크 서비스의 새로운 대중화의 주요 요인으로 인식된다. 사실 스마트폰과 핀테크가 손잡고 가는 세상이 없는 세상은 상상하기 어렵다.

모바일 장치를 위한 와이파이(Wi-Fi) 및 인터넷 연결이 점점 더 많아지면서 더욱 인상적인 것은 금융 부문이 앞으로도 모바일기술로 인해 계속해서 혼란을 겪게 될 것이라는 점이다. 이것을 특히 서구시장과 연관시킬 수 있지만 스마트폰의 인기가 신흥경제에 큰 영향을 미쳤음을 강조하는 것도 중요하다. 특히 아프리카 대륙은 유선 전화기술을 거의 우회하여 모바일로 바로 이동했으며, 이는 빠르게 발전하는 산업 환경을 신흥 핀테크를 위한 엄청나게 비옥한 시장으로 만든다. 이 같은 이야기는 특히 아시아와 라틴아메리카의 다른 신흥시장에서 반영된다.

이러한 맥락과 분위기에서 소비자들은 대형 금융기관이 "망하기에는 너무 크다"는 생각을 받아들이기가 더 어려워지고, 따라서 전폭적인 지원을 받아야 했다. 어쨌든 이것은 이미 논란의 여지가 있는 개념이었지만 핀테크가 이전에 은행이 관여했던 것과 똑같은 종류의 금융상품을 제공하기 시작했기 때문에 이 주장의 근거는 단순히 무너졌다.

따라서 핀테크가 20세기 어느 때보다 시장 회의론을 상당히 덜 경험하면서 비교적 짧은 기간에 상당한 양의 기반을 구축하는 것이 가능하다. 글로벌 금융위기에 따른 불황도 핀테크의 성공에 한몫한다. 한편으로 기업과 개인 모두 부채가 크게 증가했으며 반대로 신용을 얻기가 갑자기 더 어려워졌다. 이것은 새로운 세대의 대출자들이 올 수 있는 완벽한 환경을 조성했으며, 개인 금융과 신용이 핀테크 개척자들에게 인기 분야가 된 것은 우연이 아니다. 무엇보다도 초기 핀테크 혁신가들은 은행 운영 방식을 브랜드화한 새로운 유형의 금융 비즈니스의 필요성을 인식했다.

가장 성공적인 핀테크회사를 설립한 기업가들은 은행 및 금융 서비스가 더 이상 사람과 인구 통계를 배제해서는 안 되며 혼란스럽고 적대적이며 약탈적이기까지 해서는 안 된다는 것을 깨달았다. 핀테크혁명의 첫 단계부터 분명한 투명성이 있었고, 이러한 정신은 의심할 여지없이 핀테크혁명의 궁극적인 성공에 중요한 역할을 한다.

결제: 조기 파괴

모바일 결제 시스템보다 일상생활에서 핀테크의 부상에 대한 더 좋은 예는 없다. 또한 전통적인 은행 시스템은 실제로 이러한 비즈니스의 부상을 파괴적인 영향으로 간주하고 핀테크 도입 초기에 둘 사이에 뭔가 교착상태가 있다. 핀테크의 현재 시대는 확실히 경쟁, 탈중개화 및 파괴에 관한 것이다. 은행과 핀테크 간의 협력은 아직도 극히 미미하며 두 라이벌이 아직 서로를 진정으로 이해하지 못하고 있다고 주장할 수 있다.

그러나 이것은 가까운 장래에 바뀔 가능성이 있다. 전통적인 은행이 아무리 핀테크를 환영받지 못하는 경쟁자로 여길지라도 입법 환경이 개방되고 더욱 다양해짐에 따라 핀테크를 경제 지형의 일부로 받아들여야 하기 때문이다. 규제기관은 국가 은행 특권을 위한 금융기술 신생기업의 신청을 점점 더 많이 받고 있다. 이것은 전통적인 은행들에게는 나쁜 소식일 수 있지만, 궁극적으로 더 나은 서비스와 그에 따른 더 낮은 비용을 원하는 소비자들에게는 좋은 소식이 될 것이다.

실제로 차임(Chime), 바로(Varo) 및 모벤(Moven)과 같은 경쟁업체가 당좌예금, 당좌대월 보호, 저축예금 및 자동예금을 제공하면서 은행 핀테크가 이미 등장하고 있다. 다른 금융기술회사들도 이 분야로의 진출에 관심을 갖고 있으며 페이팔(PayPal)과 같이 큰 성공을 거둔 공급자조차 업계를 면밀히 모니터링하고 있다.

'포브스(Forbes)'(Knutson, 2019)는 또한 세계에서 가장 영향력 있는 기업 중 하나가 핀테크 뱅킹에 참여할 수도 있다고 예측했다. 아마존은 최근 몇 년 동안 수많은 풀(pools)에 상당한 투자를 했으며, 이 거대 소매업체는 확실히 이 수익성 있는 새로운 시장에 진입할 재정적 힘을 가지고 있다. '월스트리트저널(Wall Street Journal)'(Glazer, Hoffman and Stevens, 2018)은 이미 아마존(Amazon)이 전통적인 계좌가 없을 수도 있는 젊은층 고객을 대상으로 하는 은행 계좌 상품을 만들기 위한 협상에 들어갔다고 보도했다. 이것은 현재 업계를 인수하려는 시도가 아니라 아마존의 파트너십 계획이지만 확장 가능성은 분명히 존재하며 아마존이 가진 한 가지가 있다면 그것은 파괴자로서의 본성이다.

기존의 은행들이 핀테크를 바라보는 관점에 대해 기존 패러다임이 바뀌기 시작했다는 증거는 거의 없다. JP모건체이스(JPMorgan Chase)의 회장 겸 CEO인 제이미 다이먼(Jamie Dimon)은 핀테크혁명에 대해 "많은 두뇌와 머니를 가진 수백 개의 스타트업이 전통적인 은행 업무에 대한 다양한 대안을 연구하고 있다"고 칭찬했다(Villante, 2019). 그러나 강조점은 아마도 '대안'이 있어야 한다. 분명히 다이먼과 JP모건은 여전히 핀테크를 파트너가 아닌 위협으로 보고 있다.

이러한 관점은 비자(Visa) CEO 찰리 샤프(Charlie Scharf)가 2016년에 "사람들이 한 번도 본 적 없는 방식으로" 페이팔(PayPal)에 도전하겠다고 위협한 적이 있다. 그리고 그것이 그의 날카로운 논평의 끝이 아니었다. "당신은 우리가 시장에서 의미 있는 방식으로 페이팔을 표적으로 삼는 것을 본 적이 없기 때문"이라고 샤프는 불길하게 언급했다(Del Rey, 2016).

따라서 전통적인 은행이 핀테크기업을 파트너로 보기까지는 갈 길이 멀다. 그러나 핀테크가 아직 초기 단계에 있기 때문에 이 분야의 혁신적인 기업이 국제금융의 거물과 유대를 형성할 수 있는 상당한 잠재력이 있다. 다양한 산업 분야에서 환영을 받으면서도 악마 취급을 당하는 파괴적인 발전이 많이 있다. 그러나 대부분의 경우 어떤 분야에서든 기존 행위자는 처음에 위협이라고 생각하는 것에 대응하도록 진화할 수 있으며, 결국 이 두 가지는 평화, 조화 및 번영 속에서 공존한다.

그것은 핀테크에서 아직 발생하지 않았다. 그러나 이 산업은 여전히 성장 기회와 더 많은 혁신을 위한 잠재력으로 가득 차 있다. 핀테크와 기존 은행 간의 융합과 협력은 금융시장에 신규 진입자가 계속해서 혼란에 빠지면서 필연적으로 확대될 것이다. 은행은 핀테크기술에 재정적으로 투자하고 핀테크가 성장하고 잠재력에 도달하는 데 필요한 일부 인프라를 제공함으로써 핀테크기술의 수혜자가 될 것이다. 은행은 아직 이를 완전히 받아들이지 않았을 수 있지만, 은행과 현재 매우 경계하고 있는 핀테크기업에게는 흥미롭고 혼합된 미래가 있다.

참고문헌

Accenture (2018), Banks' revenue growth at risk due to unprecedented competitive pressure resulting from digital disruption, Accenture study finds, 17 October [online] https://newsroom.accenture.com/news/banks-revenue-growth-at-risk-due-to-unprecedented-competitive-pressure-resulting-from-digital-disruption-accenture-study-finds.htm (archived at https://perma.cc/R6LG-4F9M)

Acharya, V, Drechsler, I and Schnabl, P (2011), A pyrrhic victory? bank bailouts and sovereign credit risk NYU Working Paper No. 2451/31331 [online] https://papers.ssrn.com/sol3/papers.cfm?abstract_id=2284650 (archived at https://perma.cc/3CNT-2DQ9)

Bambrough, B (2018), Global fintech warning to traditional banks – the threat is 'real and growing', *Forbes*, 17 October [online] https://www.forbes.com/sites/billybambrough/2018/10/17/global-fintech-warning-to-tradional-banks-the-threat-is-real-and-growing/#1ffdb9662c71 (archived at https://perma.cc/Y868-UJTM)

BBC News (2008), 'UK banks receive £37bn bail-out [online] http://news.bbc.co.uk/1/hi/business/7666570.stm (archived at https://perma.cc/7DHY-VJ7Q)

Browne, R (2018), Fintech start-up TransferWise reports second year of profit, revenue almost doubles, *CNBC* [online] https://www.cnbc.com/2018/09/10/transferwise-earnings-second-year-of-profit-revenue-surges.html (archived at https://perma.cc/5SF9-2A6R)

Christofer, K (2008), Athenian democracy in ruins, *Guardian*, 8 December [online] https://www.theguardian.com/commentisfree/2008/dec/08/greece (archived at https://perma.cc/CC4L-HUTL)

Del Rey, J (2016), Visa's CEO just threatened to go after PayPal 'in ways that people have never seen before', *Vox*, 25 May [online] https://www.vox.com/2016/5/25/11768854/visa-ceo-paypal-threat (archived at https://perma.cc/GW3C-ZEN9)

Engdahl, F W (2008), Next phase of the credit crisis to hit credit default swaps $62 trillion market, *Market Oracle*, 7 June [online] https://www.marketoracle.co.uk/Article4984.html (archived at https://perma.cc/3KHN-GJ3L)

Glazer, E, Hoffman, L and Stevens, L (2018) Next up for Amazon: checking accounts, *Wall Street Journal*, 5 March [online] https://www.wsj.com/articles/are-you-ready-for-an-amazon-branded-checking-account-1520251200 (archived at https://perma.cc/JLM6-U799)

IMF (2010), Press Release: IMF executive board approves €30 billion stand-by arrangement for Greece [online] https://www.imf.org/en/News/Articles/2015/09/14/01/49/pr10187 (archived at https://perma.cc/ERK9-2SK3)

Insights Success (2018), Revolut increased revenue by almost 5x and trebled users in 2017 [online] https://www.insightssuccess.com/in-12-months-revolut-increased-revenue-by-almost-5x-and-trebled-users-in-2017/ (archived at https://perma.cc/DD6P-DTHE)

Isidore, C (2009), Fannie & Freddie: The most expensive bailout, *CNN*, 27 July [online] https://money.cnn.com/2009/07/22/news/companies/fannie_freddie_bailout/ (archived at https://perma.cc/Z8W6-R9DR)

Knutson, T (2019), Amazon, other bigtechs have the edge in fintech, say global financial regulators, *Forbes*, 14 February [online] https://www.forbes.com/sites/tedknutson/2019/02/14/amazon-other-large-techs-have-the-edge-in-fintech-says-global-financial-regulators/#2d4b72997fd0 (archived at https://perma.cc/ VAF2-ZDK4)

Koeing, P (2008), AIG trail leads to London 'casino', *Telegraph*, 18 October [online] https://www.telegraph.co.uk/finance/financialcrisis/3225213/AIG-trail-leads-to-London-casino.html (archived at https://perma.cc/67SK-JV35)

KPMG (2017), The Pulse of Fintech Q3 2017 [online] https://assets.kpmg/content/dam/kpmg/xx/pdf/2017/11/pulse-of-fintech-q3-17.pdf (archived at https://perma.cc/QAA7-2UQS)

Lendman, S (2015), Global derivatives: $1.5 quadrillion time bomb, *Global*

Research, 24 August [online] https://www.globalresearch.ca/global-derivatives-1-5-quadrillion-time-bomb/5464666 (archived at https://perma.cc/65Z4-FWUV)

Marketwatch (2008), Derivatives the new 'ticking bomb' [online] https://www.marketwatch.com/story/derivatives-are-the-new-ticking-time-bomb

Martin, W (2018), The global cryptocurrency market hit a new record high above $700 billion, *Business Insider*, 3 January [online] https://markets.business-insider.com/currencies/news/bitcoin-price-global-cryptocurrency-market-capitalisation-january-3-2018-1-1012430198 (archived at https://perma.cc/FRY3-7PZ3)

Mercadante, K (2019), The 5 best investment tracking apps, *Consumerism Commentary* [online] https://www.consumerismcommentary.com/the-5-best-investment-tracking-apps/

Osborne, N (2008), The ABCs of collateralized debt obligations (CDO) & credit-default swaps (CDS), *Erate* [online] https://www.erate.com/collateralized-debt-obligations-and-credit-default-swaps#.XWOmz-NKjIU (archived at https://perma.cc/KU5Y-WULQ)

Pallister, D (2008), Fannie Mae and Freddie Mac: The world's biggest bailout, *Guardian*, 8 September [online] https://www.theguardian.com/news/blog/2008/sep/08/mortgages.useconomy (archived at https://perma.cc/Y37R-CC72)

Shah, N and Fottrell, Q (2010), Irish GDP drops unexpectedly, *Wall Street Journal*, 24 September [online] https://www.wsj.com/articles/SB10001424052748703384204575509363426865000 (archived at https://perma.cc/NS2U-HEWK)

Story, L and Kanter, J (2011) Europe Investigating Banks Over Derivatives, *New York Times*, 29 April [online] https://dealbook.nytimes.com/2011/04/29/european-regulators-investigating-banks-over-cds/ (archived at https://perma.cc/TT7U-YG93)

Thurston, J (2018), The story behind Nutmeg's rise to £1 billion, *City Wire*, 9 January [online] https://citywire.co.uk/wealth-manager/news/the-story-behind-nutmegs-rise-to-1-billion/a1078621 (archived at https://perma.cc/9LN8-XLF2)

TransferWise (2018), How is TransferWise 8x cheaper than a bank? [online] https://transferwise.com/help/11/getting-started/2974130/how-is-transferwise-cheaper-than-banks (archived at https://perma.cc/PM3M-X6BS)

Villante, T (2019), Fintech and traditional banks: the beginning of a beautiful friendship, *Yapstone*, July [online] https://www.yapstone.com/blog/fintech-and-traditional-banks-the-beginning-of-a-beautiful-friendship/ (archived at https://perma.cc/T88N-GRVU)

Werdigier, J (2011), HSBC to trim 30,000 jobs in cost-cutting move, *NY Times*, 1 August [online] https://dealbook.nytimes.com/2011/08/01/hsbc-to-cut-25000-more-jobs/ (archived at https://perma.cc/UD95-G3VV)

Chapter

02

고객 경험을 위한 핀테크

Chapter

02 고객 경험을 위한 핀테크

핀테크가 전통적인 대형 은행에서 제공하지 않는 것을 제공할 수 있는 핵심 영역은 아마도 고객 서비스일 것이다. 금융 부문의 기존 업체는 수년간의 경험과 결부된 신뢰와 존경의 이미지로 거래하는 경향이 있다. 이러한 유서 깊은 기관에서 당신의 돈이 얼마나 안전한지 전달하는 데 중점을 두고 있으며, 이는 은행 브랜드를 구축할 때 무엇보다도 커뮤니케이션할 영역이다.

그러나 이것이 금융산업에서 전략의 초석으로 남아 있지만 현대 고객을 다룰 때 이 접근 방식에는 두 가지 문제가 있다. 첫째, 우리가 앞 장에서 언급한 금융위기는 금융기관에 대한 신뢰를 크게 훼손했다. 신용위기 동안 모든 은행이 어려움을 겪은 것은 아니지만, 소비자들이 수많은 매우 중요한 금융기관이 막대한 재정적 어려움에 처하고 과도한 구제금융을 받는 것을 목격했기 때문에 고객 상대 은행이 머니에 대하여 완전하고 신뢰할 수 있는 것으로 제시하기가 훨씬 더 어려워진다. 그리고 사람들은 그런 것들을 기억하는 경향이 있다!

변화하는 고객 기대치

전통적으로 강력한 은행은 이제 고객이 어떻게 대우받아야 하는지에 대한 고객의 기대를 충족시키지 못하고 있으며, 심지어 은행이 무엇이고 고객 서비스가 무엇을 의미하는지에 대한 전체적인 개념에 대해서도 이해하지 못하고 있다. 이것은 일상적으로 자주 접하는 기술 분야에서 흥미진진한 새로운 회사로부터 고객 서비스 및 브랜딩의 이상을 형성한 젊은 세대와 밀레니얼 세대에게 특히 해당된다.

반대로 아주 오랫동안 특정한 방식으로 운영해 왔고 그것을 통해 오히려 부자가 된 다루기 힘든 거물들과 달리 핀테크는 빠르게 진화하는 고객의 요구를 충족시키기에 이상적으로 자리잡고 있다. 그들은 첫날부터 적절하게 브랜드를 지정할 수 있으며 구글(Google), 페이스북(Facebook), 우버(Uber), 스포티파이(Spotify) 및 아마존(Amazon)과 같은 세계에서 가장 성공적인 인터넷회사에서 교훈을 얻은 다음 행동으로 옮길 수 있다.

이 회사들 각각은 지금은 유명하지만 모두 다른 자질을 발휘하며 이는 성공 스토리에 중요한 역할을 한다. 구글은 아름다운 단순성과 효율성으로 인해 다른 검색 엔진보다 사용자를 끌어들일 수 있다. 페이스북과 스포티파이는 사용자가 자신의 경험을 개인 취향에 맞게 조정할 수 있도록 최선을 다한다. 아마존은 사람들이 편리하게 물건을 받기를 기대하는 새로운 소비자 및 소매문화를 만드는 데 중요한 역할을 한다. 그리고 우버는 고객 서비스와 투명성을 택시 호출 앱의 핵심에 둔다. 그리고 사람들은 그런 것들을 기억하는 경향이 있다.

각 회사는 다른 회사의 접근 방식에서 교훈을 얻고 긍정적이고 부정적인 고객 피드백을 기반으로 하기 때문에 이들 회사 간에도 상당한 중복이 있다. 그들은 함께 새로운 표준이 된 고객 서비스에 대한 새로운 접근 방식을 구축하는 데 도움을 준다. 고객은 원할 때 구매품을 받고 창고에서 우편함까지 지속적으로 보고되기를 기대한다. 고객은 전 세계 어디에서나 연중무휴로 서비스에 액세스할 수 있기를 원한다. 그리고 그들은 회사가 하는 모든 일, 특히 회사를 대할 때 투명하고 위대하게 할 것을 요구한다. 전통적인 금융권 기업들이 이러한 추세를 무시하거나, 단 한 가지 대응에도 실패했다고 말하는 것은 공정하지도 정확하지도 않다. 의심할 여지없이 이 새로운 소비자문화를 수용하기 위한 약간의 노력이 있다. 그러나 대형 은행은 여전히 답답한 이미지에 시달리고 있으며 핀테크회사 자체와 함께 어떻게 운영되어야 하는지에 대한 완전히 새로운 개념을 많은 의심을 가지고 바라보는 것도 합리적일 것이다.

그리고 아마도 그들은 여러 해 동안 다르게 일을 한 후에 작동 방식을 변경하고 우아하게 움직이기에 가장 좋은 위치에 있지 않을 것이다. 실제로 기존 금융 귀족이 스스로를 브랜드화하고 갑자기 멋지고 새로운 것처럼 보이는 것은 도전적인 전망이며, 바로 여기에 핀테크가 등장한다.

핀테크는 두 가지 이유로 새로운 고객 서비스 모델을 제공하는 데 있어 기념비적으로 출발한다. 첫째, 완전히 새로운 방식으로 자신이 제공하는 서비스 및 제품과 일관된 방식으로 자신을 브랜드화할 수 있다. 둘째, 핀테크는 본질적으로 가장 유명한 기술회사에서 성공적으로 활용한 기술과 밀접하게 관련되어 있다. 이는 핀테크가 현대 소비자들이 기대하는 일종의 민첩하고 신선한 제품과 서비스를 제공할 수 있음을 의미한다.

품질 향상

은행산업의 고객 서비스 발전에 영향을 미친 한 가지 이니셔티브는 고객 서비스 품질을 개선하려는 전통적인 은행의 결정이다. 이는 핀테크 스타트업 자체의 영향을 어느 정도 받아 금융산업의 선순환구조를 만든다. 은행은 의심할 여지없이, 특히 고객 서비스 영역에서 핀테크기업의 접근방식에 영향을 받는다. 많은 핀테크가 모바일 통신에 의존함에 따라 은행은 고객이 기존 지점의 4개의 벽 외부에서 통신할 수 있는 더 많은 옵션을 점점 더 많이 찾고 있다. 이것은 핀테크혁명이 일어나기 전에 시작되었지만 핀테크 스타트업이 엄청나게 대중화되고 성공을 거둔 이후 확실히 가속화되었다.

흥미롭게도 블룸버그 캐피탈(Blumberg Capital, 2016)에서 수행한 연구에 따르면 은행 거래의 거의 90%가 2022년까지 모바일로 이루어질 것으로 예상하고 있다. 핀테크가 금융 부문에 미치는 영향을 이보다 더 잘 보여주는 지표는 없을 것이다. 이러한 분위기 덕분에 은행이 고객과 의사소통하고 상호작용하는 방식을 빠르게 발전시킬 수 있었다.

은행과 핀테크는 서로 의견이 다를 수 있지만, 강력한 커뮤니케이션 기반을 통해 고객과의 관계를 구축한다는 공통의 목표는 공통점도 많다는 것을 의미한다. 핀테크가 처음부터 고객 중심의 경험을 운영의 중심으로 삼았기 때문에 은행은 고객을 따라잡기 위해 노력하고 고객을 전체 운영에서 훨씬 더 중요한 위치에 배치해야 한다.

예를 들어, 은행은 핀테크혁명에서 비롯된 인공지능(AI: Artificial Intelligence)기술을 수용하기 시작한다. 이 혁신은 고객 커뮤니케이션을 혁신하고 고객 요구와 경험을 정의하기 시작하는 셀프 서비스 트렌드를 주도하는 데 도움이 된다. 챗봇과 예측분석은 이 프로세스를 지원하고 은행이 소비자와 상호작용하는 방식을 변화시킬 수 있다.

그리고 이 분야에서 인공지능의 부상은 실제로 상당히 빠르게 진행되어 전 세계 은행 소비자의 고객 경험을 점점 더 변화시키고 있다. 이는 BFSI 시장조사보고서 2019~2026에서 글로벌 인공지능이 은행, 금융 서비스 및 보험산업의 인공지능이 향후 7년 동안 26%의 복합 연간 성장률을 달성할 것이라고 제안한 것에서 강력하게 설명된다. 점점 더 많은 조직이 AI가 금융 부문의 고객 서비스 표준을 개선하는 데 큰 역할을 할 수 있음을 인식하고 AI를 도입하고 있다.

따라서 비밀번호 재설정, 계좌잔고 확인, 계좌 간 자금 이체 또는 월별 청구서 결제와 같은 일상적인 은행 업무가 점점 더 자동화되고 있다. 이는 고객에게 추가적인 편의를 제공하지만 은행과 핀테크 부문 간의 유대를 강화하는 데도 도움이 된다. 그리고 이 기술의 가장 중요한 창시자이자 전달자가 된 것은 핀테크였으며, 이것은 전통적인 금융산업과 핀테크 분야의 야심찬 신생기업 간의 협력의 시작을 필요로 한다.

고객의 기대에 영향을 미치는 밀레니얼 세대의 중요성은 아무리 강조해도 지나치지 않는다. 인구 통계는 이미 미국에서만 8,000만 명을 대표한다. 젊은 은행 고객은 기존 고객과 상당히 다른 행동을 보이는 것으로 나타난다. 번마크(Burnmark) 조사에 따르면 40세 미만의 고액 자산가 고객의 64%는 웹사이트를 통해 계정에 액세스할 것으로 예상하고, 54%는 모바일 애플리케이션, 소셜 미디어 또는 비디오와 같은 디지털 채널을 사용할 것으로 예상한다(Burnmark, 2017).

따라서 모바일 접근성은 특히 모바일 장치가 통신의 표준 전달자가 됨에 따라 현대 은행 환경에서 가장 필수적인 기능 중 하나이다. 이것은 최근까지 상상할 수 없었던 모든 가능성을 현재 사용할 수 있는 셀프 서비스 옵션에 액세스하려는 은행 고객의 욕구에 막대한 영향을 미쳤다. 예를 들어, 불과 10년 전만 해도 고객이 수표를 입금하기 위해 지점을 방문해야 하는 경우가 많았다. 이제 거의 모든 은행이 원격 입금기능을 갖춘 모바일 애플리케이션을 제공하기 때문에 지점 방문은 이미 약간 구식처럼 보인다. 예전에는 거의 지점 방문이 필요했던 활동이 이제는 모바일로 완료될 수 있으며, 이는 그 어떤 요인보다도 은행업계와 고객 서비스에 혁명을 일으켰다. 그리고 이 혁명의 근본적인 원동력이 되는 것이다.

실제로 고객 데이터에 따르면 물리적 지점에 액세스하려는 욕구가 급격히 줄어들고 있으며 이러한 추세는 젊은 세대가 전체 고객 기반에서 더 두드러지는 부분이 될수록 더욱 뚜렷해질 것이다. 은행 자체의 정책과 일치하며, 전 세계적으로 지점 수가 꾸준히 감소하고 있는 것은 고객과 상호작용하는 방식이 진화해야 한다는 금융기관의 이해를 반영한다.

초기 핀테크 스타트업 및 비즈니스 모델

핀테크는 첫날부터 기존 은행과 차별화하기 위해 혁신적인 새로운 비즈니스 모델을 채택한다. 핀테크는 특히 우수한 금융 생태계를 제공하기 위해 비용 최적화에 집중한다. 이는 다른 산업의 혁신이 금융 분야의 기대를 주도했기 때문에 다른 기술 틈새시장과 매우 유사하게 진행된다. 고객은 이제 원활한 통합 및 액세스를 통해 더 높은 품질과 더 개인화된 서비스를 요구하며 핀테크는 이를 제공할 수 있는 능력을 갖추고 있다.

오미디야르 네트워크(Omidyar Network)의 최근 연구에 따르면 약 1억 4,000만 명의 미국인이 청구서 결제나 비상사태 대비 저축 등 금융생활의 일부 측면에서 어려움을 겪고 있으며 금융상품 및 서비스에 대한 수수료와 이자로 연간 1,750억 달러를 지불하고 있다. 따라서 오미디야르의 연구(Morgenstern and Williams, 2018)에서 핀테크 제품이 평균 가계에 대해 연간 약 2,000달러를 절약할 수 있음을 발견한 것은 일상적인 소비자와 매우 관련이 있다.

이를 달성하기 위해 핀테크는 경제적으로 지속 가능하고 고객과의 신뢰를 구축하는 수익 모델로 나타난다. 후자의 점은 특히 중요하다. 핀테크에 대한 핵심 기회를 나타내는 은행 부문이 포기한 신뢰의 일부이기 때문이다. 실제로 2012년 에델만(Edelman)의 소비자 설문조사에 따르면 은행 산업은 이제 부동산 중개업자보다 덜 신뢰받는 것으로 나타난다(Pilcher, 2012). 에델만은 은행문화와 관행의 '근본적 변화'가 필요하다고 지적한다.

오미디야르의 연구로 돌아가 자칭 '자선 투자회사'는 핀테크가 고객에게 직접 비용을 청구할 의지와 능력이 있음을 발견했다. 실제로 핀테크의 75%는 주요 비즈니스 모델을 위한 하나의 물질적 수익원에 의존하며 이는 종종 고객에게 직접 비용을 청구한다. 오미디야르 네트워크의 투자 책임자인 사라 모겐스턴(Sarah Morgenstern)은 "중요한 차이점은 수수료

투명성에 대한 기존의 사고방식을 뛰어넘어 소비자에게 진정한 부가가치가 무엇인지 알려주는 것이다. 즉 소비자 신뢰를 구축하는 방법이다"라고 설명했다.

한편 성공한 핀테크기업들은 이미 핵심 상품에 부가 서비스를 접목하고 있다. 스트라이프(Stripe)와 스퀘어(Square)는 아마도 가장 좋은 예일 것이다. 그리고 우리는 이 장의 뒷부분에서 그들의 작업을 더 깊이 살펴볼 것이다. 그러나 두 회사는 증가하는 결제 상품화로 인해 핵심 비즈니스가 위태로워짐에 따라 수익 흐름을 다각화하는 방법을 모색해 왔다. 따라서 스트라이프와 스퀘어는 이미 이를 활용하여 새로운 제품과 서비스를 구축한 다음 기존 고객 기반에 라이선스를 부여하는 방법을 찾고 있다.

스타티스타(Statista)(Szmigiera, 2017)에 따르면 핀테크는 확실히 유럽 금융기관의 기존 비즈니스 모델에 대한 위협으로 간주된다. 온라인 통계, 시장조사 및 비즈니스 인텔리전스 포털이 금융 부문을 조사한 결과 핀테크기업이 은행 수익에 가장 큰 위협으로 인식되고 있으며 응답자의 61%가 이러한 관점을 제시하였다. 그러나 향후 핀테크와 기존 은행 간의 협업 가능성은 분명히 존재하며, 이는 기존 금융권에서도 인식하기 시작한 부분이다. 이는 핀테크기업을 시중은행의 수익 증대 기회로 여긴 스타티스타 응답자의 39%에 반영된다.

그리고 핀테크가 실제로 차이를 만들 수 있고 또한 스스로 패러다임을 바꾸는 틈새를 개척할 수 있는 한 가지 핵심 영역은 개발 중인 시장과 새로운 초강대국이다. 이것은 세계에서 가장 부유한 사람들 중 한 사람도 인정한다. 마이크로소프트의 공동 설립자이자 전 CEO인 빌 게이츠는 "디지털기술은 금융 규제 환경이 지원되는 한 개발도상국 사람들이 서로 돈을 주고받고, 물건을 사고팔고, 빌리고 저축할 수 있는 저렴한 방법을 제공한다"고 논평했다(Amberber, 2015).

인도를 예로 들면, 빠르게 산업화하는 국가는 핀테크가 시장 침투를 확보하기에 이상적인 환경이다. 특히 인도 인구의 거의 20%가 은행 서비스에 접근할 수 없기 때문에 그러한 지역에서 은행 부문의 기술적 파괴의 필요성은 특히 심각하다(Sanghera, 2018). 인도가 기술에 좌우되는 나라이기 때문에 핀테크는 그러한 국가에서 특히 경제적으로 널리 퍼질 수 있는 환상적인 기회를 얻게 된다. 이는 인도 인구가 10억 명이 넘는다는 점을 고려하면 분명히 엄청난 경제적 의미를 갖고 있다.

인도는 지난 몇 년 동안 핀테크 스타트업의 급속한 성장이 나타났다. 다양한 혁신적인 도구와 즉각적인 신용 액세스를 제공하는 P2P 대출회사인 페어센트(Faircent)와 고객에게 디지털 판매 시점에서 자금에 신속하게 액세스할 수 있다. 이러한 신생기업은 기술 환경을 변화시키는 데 도움을 줄 뿐만 아니라 경제가 빠르게 발전함에도 불구하고 빈곤이 여전히 만연한 국가에서 인구의 삶에 변화를 가져오고 있다.

가장 급진적인 고객 서비스 혁명이 계속해서 일어날 곳은 신흥 경제국이다. 인구의 일부가 서구세계의 은행으로부터 기피당했다면 이러한 현상은 개발도상국에서 훨씬 더 악화된다. 특히 아프리카 국가의 인구 대부분은 '은행이 없는' 상태이다. 즉 은행 서비스나 기본 은행 계좌에 액세스할 수 없다.

핀테크는 이미 이러한 상황을 변화시키고 있으며, 많은 신흥 국가에서 모바일기술이 열광적으로 활용됨에 따라 이 지역의 소비자는 완전히 새로운 수준의 고객 서비스에 액세스할 수 있다. 실제로 많은 경우 처음으로 은행 서비스에 액세스한다. 많은 핀테크가 이러한 신흥시장을 열광적으로 수용했으며, 이는 이러한 활기찬 혁신가가 전 세계 모든 지역에서 고객 서비스 경험을 변화시키고 있는 또 다른 방식으로 인용될 수 있다.

최근 몇 년 동안 미국에서 모바일 앱 기반 결제의 양이 매년 약 40%의 속도로 증가함에 따라 고객이 은행 서비스를 요구하는 방식이 빠른 속도로 변화하고 있음이 분명하다. 고객이 원하고 필요로 하는 것을 제공하는 것은 핀테크의 노력 덕분에 더 이상 이러한 상황에서 은행의 선택이 아니다. 오히려 필수품이 된다.

기존 기업에서 고객을 유치하려는 핀테크

핀테크산업을 지배하는 경향이 있는 신생 스타트업회사를 제외하고, 세계에서 가장 중요한 회사 중 일부는 전통적인 금융 제공자가 아니더라도 이 틈새시장의 잠재력을 주목하기 시작했다. 예를 들어, 많은 시장분석가는 세계 최대 소매업체인 아마존(Amazon)의 은행 서비스 가능성에 대해 이야기하고 있으며, 베인앤드컴퍼니(Bain and Co.)는 이 서비스가 5년 내에 7,000만 명 이상의 미국 고객으로 확대될 것으로 예상한다(du Toit and Cheris, 2018).

그러면 아마존(Amazon)은 웰스파고(Wells Fargo)의 규모와 같은 미국에서 세 번째로 큰 은행이 된다. 그리고 아마존은 이미 JP모건체이스(JPMorgan Chase) 및 캐피탈원(Capital One)과 같은 회사와 기존 아마존 서비스와 함께 제공될 고객을 위한 당좌예금 계좌 생성 가능성에 대해 이야기하고 있다(American Banker, 2018). 의심할 여지없이 아마존 벤처는 기존 소매 은행에 위협이 될 것이다.

다른 혁신가들도 현재 상황에 도전하고 있다. 스타트업이 중요한 영향을 미치는 또 다른 예는 베를린에 기반을 둔 N26이다. N26은 기존 은행과 다르게 지점이나 ATM이 없다. 고객은 다른 ATM이나 7,000개 제휴 소매점을 통해 N26에서 현금을 얻을 수 있다. 많은 핀테크와 마찬가지로 N26은 특히 전통적인 금융상품과 관련하여 종종 불이익을 받는 밀레니엄 세대를 대상으로 했으며 은행과 금융 제공업체가 답답하고 매력적이지 않으며 심지어 위협적이라고 생각한다. 실제로 2017 밀레니얼 디스럽션 인덱스(Millennial Disruption Index)에 따르면 응답자의 71%가 은행보다 치과를 더 방문하는 것으로 나타났다(BBVA, 2015).

그러나 이러한 경향은 밀레니얼 세대에만 국한되지 않는다. 우리 중 얼마나 많은 사람들이 이 시대에 금융 거래에 시간을 보내기를 원하는가? 시간이 없을 뿐이니 의지는 신경 쓰지 말라! 우리는 15분이 아니라 지금

원하는 것이 있다. 따라서 핀테크의 의무는 모바일 장치를 통한 손쉬운 거래인 빠른 승리에 있다. 이것은 몇 번의 클릭만으로 뱅킹을 가능하게 하기 때문에 고객에게 매우 매력적인 제안이다(아마존이 소매 웹사이트와 함께 구축한 시스템과 유사). 편리함과 속도를 제공하고, 상품을 사용하는 데 필요한 금융 지식의 장벽을 낮추고, 시스템에 대한 신뢰를 구축하고, 모든 범위의 은행상품을 제공할 수 있는 제공업체는 의심할 여지없이 현재 환경에서 매우 잘 작동할 것이다.

그리고 이러한 현실은 시장조사에 강하게 반영된다. 디지털 분석가인 CB 인사이트(Insights)는 '핀테크 트렌드(Fintech Trends)' 보고서에서 미국 은행 고객의 60%가 이미 친숙한 기술회사의 금융상품을 시험해 볼 준비가 되어 있으며, 이는 18세에서 34세 사이에서 73%로 증가한다는 사실을 발견했다(CB Insights, 2018).

핀테크회사가 이미 이러한 경향을 활용하고 있는 흥미로운 방법 중 하나는 '인스타그래머블(instagrammability)'한 제품을 만드는 것이다(끔찍한 단어라는 것을 안다!). 핀테크 파괴자는 디자인 클래식인 직불카드 및 기타 물리적 금융상품을 디자인할 수 있으며, 특히 다채롭고 미니멀한 디자인으로 밀레니얼 세대에게 어필한다. 핀테크는 깔끔한 레이아웃, 개인화, 더 뚜렷하고 무거운 재료를 통해 기존 은행 카드와 구별할 수 있다. 벤모(Venmo)와 소파이(SoFi)는 수직 레이아웃을 선택한 회사의 예로서 신선하고 시선을 사로잡는 독특한 카드 경향을 제공한다.

스퀘어(Square)와 아콘(Acorn)은 또한 직불카드 서비스에 대해 신용카드와 유사한 보상을 제공함으로써 고객이 서비스에 가입하도록 장려하고 있다. 스퀘어 직불카드(Square Cash Card) 보상 프로그램은 인기 있는 다양한 거리 상점에서 즉각적인 '현금 부스트'를 제공하여 지역에서 35%의 다양한 할인을 제공한다. 그리고 스퀘어는 유사한 고객 인센티브를 제공하기 위해 쉐이크쉑(Shake Shack), 홀푸드(Whole Foods) 및 치폴레(Chipotle)와 같은 다양한 최고의 스트리트 브랜드와 제휴관계를 맺었다.

그러나 이러한 이니셔티브를 통해 얼마나 많은 시장 침투를 달성했는가? 많은 핀테크가 고객 번호를 공개했으며, 기존 은행의 고객 유치에 진전을 보이고 있는 것으로 보인다. 따라서 최근 스타트업인 스탈링(Starling)은 210,000명의 고객을 자랑하며 몬조(Monzo)는 미국 동료인 차임(Chime)과 마찬가지로 거의 100만 명에 이른다. 앞서 언급한 네오뱅크 N26도 100만 명 이상의 고객을 보유하고 있는 반면, 잘 알려진 레볼루트(Revolut)는 이미 200만 명이 넘는 계좌 보유자를 유치하였다. 그리고 일부 시장 리더는 더 큰 고객 수를 자랑한다. 트랜스퍼와이즈(TransferWise)는 300만 이상의 계정 보유자를 보유하고 스퀘어(Square)는 700만 사용자를 보유하고 있으며 암호화폐 거래소 코인베이스(Coinbase)는 2,000만 이상의 계정을 가지고 있다.

그러나 전통적인 은행이 핀테크를 보는 의심과 비즈니스에 위협으로 간주하는 이러한 회사들과 협력하기를 꺼리는 것에 대해 다른 곳에서 이야기했지만 이러한 패턴이 바뀌기 시작했다는 증거가 있다. 'PwC글로벌 핀테크 리포트(Global FinTech Report) 2017'에 따르면 기존 금융 귀족들이 이 혁신적인 기술의 잠재력을 이해함에 따라 핀테크와 은행은 덜 협력하고 더 많이 경쟁하기 시작한다. PwC(2017)는 전통적인 은행의 82%가 2022년 이전에 핀테크 파트너십을 확대할 것으로 예상하면서 협력의 새로운 시대가 임박했다고 언급했다.

결제 및 챌린저 은행

핀테크가 물결을 이루고 있는 두 가지 핵심 영역을 살펴보면 은행이 두려워하지 않고 가만히 앉아서 주목하는 이유가 분명하다.

첫째, 핀테크는 최근까지 상상할 수 없었던 수준의 속도, 편의성, 효율성 및 다중 채널 접근성을 제공하여 특히 결제 분야를 파괴한다. 이를 통해 핀테크는 소매, 급여, 온라인 소액 결제 및 해외송금과 같은 분야에서 상당한 성공을 거둘 수 있었다.

소비자 중심의 핀테크 솔루션은 이미 결제시장에 혁명을 일으키고 있으며 더 많은 회사가 이 분야에서 항상 부상하고 있다. 틈새시장에서 성공적인 파괴자의 예로는 중소기업에 휴대용 POS 솔루션과 무료 판매 도구를 제공하는 아이제틀(iZettle)이 있다. 아이제틀은 초기 비용과 월 사용료가 없기 때문에 특히 성공적이었다. 스웨덴 전자상거래 제공업체인 클라나(Klarna)도 온라인 상점에 결제 서비스를 제공하여 인기를 얻었다. 실제로 스웨덴 전자상거래의 40%가 이미 클라나(Klarna)를 활용하고 있으며 회사가치는 현재 20억 유로 이상이다(Shanley, 2016).

노동시장에서 도레밍(Doreming)은 연결된 가상 계정을 통해 근로자에게 일일 소득에 대한 액세스를 제공하는 급여 시스템을 제공한다. 이것은 직원과 직원 모두에게 작동하여 급여를 자동으로 계산하는 동시에 직원이 정보에 더 쉽게 액세스할 수 있도록 한다. 수백만 명의 인력이 생계를 유지하기 위해 값비싼 신용을 받아야 하는 상황에서 도레밍은 예산 책정 및 자금관리를 훨씬 쉽게 만든다.

결제 핀테크는 또한 국경 간 결제를 훨씬 쉽게 만들고 있다. 이 시장을 주도하는 두 가지 파괴자는 아디엔(Adyen)과 아지모(Azimo)이다. 아디엔(Adyen)은 해외 가맹점에 금융 송금 서비스를 아웃소싱하여 어디서나 결제를 수락할 수 있는 단일 솔루션을 제공한다. 엔드-투-엔드 인프라는 비자(Visa), 마스터카드(MasterCard) 및 250개의 기타 결제 방법에 직접 연결되며, 회사는 이미 페이스북, 드롭박스(Dropbox), 사운드클라우드(SoundCloud), 스포티파이(Spotify), 우버(Uber), 에어비앤비(Airbnb) 및 넷플릭스(Netflix)와 같은 유명한 기업과 협력하고 있다. 그리고 아지모(Azimo)의 디지털 네트워크를 통해 인터넷에 연결된 모든 장치에서 190개 이상의 국가로 해외송금이 가능하다.

애플페이(Apple Pay)와 같은 더 파괴적인 기술은 모바일 결제 시스템과 관련하여 은행산업의 방향을 형성하는 데 도움이 되었으며 결과적으로 금융 가구의 일부가 되었다. 소비자들이 현금 이외의 결제수단으로 빠르게 이동하면서 결제수단으로서 현금의 종말이 임박한 것에 대해 많은 사람들이 추측하고 반성하고 있다.

다소 시기상조일 수 있지만 전 세계의 은행 고객들이 일반적인 번거로운 절차를 기다리지 않고 신속하게 송금하는 방법을 찾는 것은 사실이다. 그리고 핀테크회사는 이러한 측면에서 공백을 매우 많이 채우는데, 고객이 은행 계좌 별칭을 통해 돈을 이체할 수 있도록 하는 회사의 대표적인 예인 앞서 언급한 페이팔 및 벤모와 같은 회사들이 있다. 이러한 서비스는 이전에 지침원칙이었던 기관이 왕이 되기보다는 은행 서비스에 대한 자유로운 접근이 품질을 정의하는 새로운 고객 서비스 표준을 설정했다.

은행 부문의 큰 변화와 핀테크기업이 고객에게 서비스를 제공하기로 선택하는 방식은 2017년에 초기의 젤러(Zelle)가 2억 4,700만 건의 거래에서 750억 달러를 차지했으며, 2016년 실적에 비해 각각 36%, 45% 증가된 것으로 나타났다(Finextra, 2018). 이는 고객이 금융 서비스를 찾는 방식의 급격한 변화이며, 은행은 고객의 뜻에 굴복하고 있다. 그러나 이 과정은 이제 막 시작되었을 뿐이다.

마지막으로 결제 영역에서 핀테크는 아마도 소액 금융 및 소액 결제와 가장 쉽게 연관될 수 있으며 여러 회사가 이미 이 분야에서 엄청난 인기를 끌고 있다. 보다 혁신적인 최근 사례 중 하나는 '플래터(Flattr)'로 사용자가 콘텐츠 옆에 있는 플래터 버튼을 클릭하여 디지털 콘텐츠의 제작자를 'flattr'할 수 있다. 플래터는 창작산업에 종사하는 사람들이 계속해서 훌륭한 것을 만들 수 있도록 소득에 접근할 수 있도록 돕는 것이다. 그리고 챌린저 은행은 핀테크가 이미 대규모 시장 참여자가 된 또 다른 영역이다.

영국에는 이미 약 75개의 챌린저 은행이 있으며 새로 설립된 금융기관은 특히 100세대와 소규모 비즈니스를 대상으로 한다. 많은 은행들이 소규모 비즈니스 커뮤니티를 만족스럽게 구하는 데 실패했기 때문에 이것은 큰 은행의 간과로 간주될 수 있다. 실제로 그들은 종종 그것을 무시한다. 챌린저 은행은 기존 은행에 대한 신뢰를 잃어버렸고 항상 켜져 있는 디지털 인터페이스를 통해 투명성, 더 낮은 수수료, 더 빠른 서비스 및 우수한 사용자 경험을 통해 맞춤형 인센티브를 제공하는 새로운 신생기업으로 전환할 준비가 되어 있는 고객에게 어필한다.

앞으로 몇 년 동안 소위 '긱 이코노미(gig Economy)'가 더욱 널리 퍼질 가능성이 높아짐에 따라 핀테크는 비정규직, 프리랜서, 독립 계약자, 초기 단계의 기술 기업가 및 소기업 소유자의 정신과 맞물릴 가능성이 높다. 이 자영업 전문가들은 이미 유럽 노동시장의 약 절반을 차지하고 있으며, 이 사회 부문은 향후 10년 동안 전통적인 급여노동을 능가할 것으로 예상된다.

이 시장을 장악한 핀테크의 성공은 액센추어(Accenture) 뱅킹 보고서 'Star Shifting: Rapid Revolution Required'에서 얻은 수치에 반영되어 있다. 이 연구는 새로운 경쟁자들이 이미 영국 은행 시장 수익의 14%를 점유하고 있음을 보여준다. 액센추어는 또한 현재 금융 서비스 운영자의 63%가 불과 10년 전에는 존재하지도 않았다고 언급했다(Accenture, 2018). 이 두 가지 수치만으로도 핀테크가 주류 은행권에서 중요한 역할을 하고 있는 정도를 보여준다.

유럽의 진보적인 법안은 새로 설립된 은행이 운영하는 것을 특히 실행 가능하게 하여 이전에 언급한 레볼루트(Revolut) 및 N26과 함께 아톰뱅크(Atom Bank), 탄뎀뱅크(Tandem Bank), 몬조(Monzo) 및 스탈링뱅크(Starling Bank)와 같은 선도적인 챌린저 은행을 설립하게 된다. 이러한 각 기관은 운영에 필요한 금융 라이선스를 획득했으며 영국은 이 새로운 은행 분야에서 특별한 시장 리더가 된다.

챌린저 은행은 보수적인 미국 시장으로 진출하는 데 있어 몇 가지 문제에 직면해 있다는 점에 유의해야 한다. N26, Monzo, Revolut가 적극적으로 미국 직원을 고용했지만 미국에서 진입장벽과 경쟁장벽이 훨씬 더 높다. 또한 스퀘어(Square), 클라나(Klarna) 및 트랜스퍼와이즈(TransferWise)와 같은 이미 설립된 핀테크는 이미 미국에서 운영되고 있다. 물론 미국 시장에 확고한 업체가 있다는 사실은 핀테크가 이미 이 거대한 경제에서 활성화되고 영향을 미치고 있음을 나타내고 있다.

일부 사람들은 핀테크가 세계의 주요 은행이 될 수 있다는 회의적인 시각도 있지만, 상업의 역사는 불가능해 보였던 변화의 사례들로 가득하다. 아마존, 우버, 에어비앤비 등이 각각의 산업에 미친 영향을 생각해 보자. 이 모든 산업은 고도로 확립된 기업으로 가득 차 있다. 전통적인 은행은 두려워하지 않을 수 있지만 의심할 여지없이 핀테크가 제기하는 위협을 너무 잘 알고 있다.

사례 연구 및 성공 사례, 2012~2018

이미 언급한 회사 외에도 핀테크가 대중적으로 받아들여지는 개념으로 더 많이 확립되면서 지난 몇 년 동안 몇 가지 특별한 성공 사례가 있다. 여기에서는 가장 저명한 핀테크 업체 5개, 즉 스퀘어(Square), 스트라이프(Stripe), 캐비지(Kabbage), 크레딧 카마(Credit Karma) 및 트랜스퍼와이즈(TransferWise)를 간략하게 살펴보고자 한다.

스퀘어(Square)는 특히 다양한 금융 서비스 네트워크를 구축하는 대규모 성공 사례이다. 이 회사는 다양한 소프트웨어 및 하드웨어 결제제품을 판매했으며 소규모 비즈니스 서비스로도 확장했다. 스퀘어는 강력하고 사용자 친화적인 생태계를 제공하고 이를 여러 지역으로 신속하게 추진함으로써 이를 달성했다. 투자자들은 2018년 거래에서 회사 주가가 두 배 이상 상승한 스퀘어의 시장 잠재력에 확실히 동의했다. 그리고 2018년 6월 쿼츠닷컴(Quartz.com)은 스퀘어의 시가총액이 기존 금융기업인 나스닥(Nasdaq)과 시카고옵션거래소(Cboe)를 합친 가치를 추월했다고 보도했다(Detrixhe, 2018).

스트라이프(Stripe)는 짧은 기간에 먼 길을 여행한 또 다른 직접 결제회사이다. 2010년에 설립된 스트라이프는 페이팔(PayPal) 설립자 피터 틸(Peter Thiel)도 자본을 제공할 정도로 빠르게 투자를 유치했다. 인터넷을 통한 보안 결제를 전문으로 하는 스트라이프는 출시 6년 만에 시가총액 90억 달러를 달성했으며 2018년 9월까지 200억 달러로 증가했다(Bary, 2018). 스트라이프가 직접적인 경쟁자가 없기 때문에 크게 성공했다는 것이 일반적인 의견이다. 대부분의 결제 공급업체는 결제 게이트웨이, 소비자 결제 또는 반복 청구와 같은 특정 상업적 요구가 있는 제품을 제공하는 데 중점을 둔다. 스트라이프는 고객의 전체 디지털전략을 위한 기반을 제공하는 보다 광범위한 솔루션을 제공함으로써 경쟁업체와 차별화한다. 연구에 따르면 이 고유한 가치 제안은 특히 스트라이프 고객에게 반향을 일으키고 있는 것으로 나타났다.

캐비지는 고유한 자동 대출 플랫폼을 통해 소기업 및 소비자의 자금 제공자로서 두각을 드러냈다. 그 성공은 고객이 자금조달에 특히 편리하게 접근할 수 있도록 하고 신용결정을 내리기 위해 여러 데이터 소스를 취합하는 데 기반을 두고 있다. 따라서 스트라이프는 신용도를 평가할 때 비즈니스 당좌예금 계좌, 아마존, 퀵북스(Quickbooks), 페이팔, 엣시(Etsy), 제로(Xero), 이베이(eBay), 스트라이프(Stripe) 및 세이지(Sage)를 고려한다. 이 회사는 매우 빠르게 강력한 평판을 얻었고 2018년 포브스 핀테크(Forbes Fintech) 50에 포함되었다(Novack, 2018).

캐비지는 또한 최고의 중소기업 대출 플랫폼으로 렌딧 산업 어워드(LendIt Industry Award)를 수상했다(deBanked, 2017). 그리고 회사는 보다 정교한 데이터 기반 서비스를 제공하기 위해 데이터, 기술 및 분석 전문가 오차드(Orchard)를 인수하여 사업을 확장하고 있다.

크레딧 카르마(Credit Karma)는 2007년에 설립되었으며 고객에게 무료로 제공되는 신용 및 재무관리 플랫폼을 개발했다. 이 비즈니스 모델은 금융상품에 대한 타깃 광고에서 수익을 창출함으로써 달성되는 반면, 회사는 크레딧 카르마가 대출기관에 고객을 성공적으로 추천할 때 대출기관으로부터 기여금을 받는다. 다양하고 유용한 신용 관련 도구를 제공하는 크레딧 카르마는 고객에게 무료 신용 보고서를 제공하고 서비스 사용자가 정기적으로 업데이트되는 다양한 데이터에 액세스할 수 있도록 최선을 다한다. 크레딧 카르마는 또한 사용자 포럼, 금융상품 리뷰 및 금융 계산기 도구를 호스팅한다. 신용점수가 점점 더 중요해지고 있는 시기에 크레딧 카르마는 비즈니스 및 가정 사용자 모두에게 신용 잠재력을 극대화하는 데 필요한 모든 것을 제공한다.

마지막으로 트랜스퍼와이즈(TransferWise)는 탈린, 뉴욕 및 싱가포르와 같은 다양한 장소에 이미 사무실을 두고 있는 강력한 송금 서비스회사이다. 트랜스퍼와이즈는 이미 전 세계적으로 750개 이상의 통화 경로를 설정했으며 다른 통화 중에서 GBP, USD, EUR, AUD 및 CAD를 지원한다. 이 회사는 이미 고객이 연간 약 500억 달러를 송금할 수 있도록 한다. 그리고 트랜스퍼와이즈는 혁신적인 시스템을 사용하여 환전 및 수수료 절감을 이행한다. 회사는 다른 이용자와 이체를 매칭한 후 은행 간 중간환율을 적용하여 소정의 수수료를 차감한다. 트랜스퍼와이즈는 또한 고객이 40개 이상의 통화를 동시에 보유하고 편리하게 변환할 수 있는 고유한 국경 없는 계정을 제공한다. 트랜스퍼와이즈는 이미 2017년에 16억 달러로 평가되었으며(Chernova, 2017) 해당 분야에서 새롭고 흥미로운 것을 제공함으로써 파괴적인 송금 서비스로 자리잡았다.

요약

모든 변혁적 기술 또는 개발은 5가지 필수 단계를 거친다. 첫째, 잠재력에 대한 회의와 경멸을 경험한다. 그런 다음 채택되기 시작하고, 그 후 인기를 얻게 된다. 그렇다면 이 변혁적 기술이나 발전의 존재와 성공은 불가피해 보인다. 그렇다면 우리는 그것이 없는 세상을 상상할 수 없다. 사실, 인터넷 자체는 내가 방금 설명한 과정을 경험한다. '전문가'는 그것은 상업에 영향을 미치지 않을 것이라고 말한다. 인터뷰 대상자가 전자상거래가 엘리베이터보다 덜 중요하다고 우스꽝스럽게 주장하는 오래된 BBC 뉴스 보고서가 있다. 처음에는 불필요해 보이거나 성공할 가능성이 엄청나게 높았던 혁신의 예가 무수히 많다. 핀테크는 현재 2~3단계 사이에 있다.

핀테크는 여전히 일부 시장 및 소비자 회의론을 경험하고 있지만, 그들은 널리 받아들여졌고 인기와 성공을 달성하기 시작했다. 앞으로 몇 년 동안 핀테크가 나머지 디딤돌을 건너 전 세계 금융 아키텍처의 중심 부분이 될 것으로 합리적으로 기대할 수 있다.

참고문헌

Accenture (2018) Star shifting: rapid evolution required [online] https://www.accenture.com/_acnmedia/pdf-87/accenture-banking-rapid-evolution-required.pdf (archived at https://perma.cc/ZPT5-2FGT)

Amberber, E (2015) 'Banking is necessary, banks are not' – 7 quotes from Bill Gates on mobile banking, *Your Story* [online] https://yourstory.com/2015/01/quotes-bill-gates-mobile-banking (archived at https://perma.cc/2GX3-D5RV)

American Banker (2018) Amazon in talks with JPMorgan over checking accounts, report says, 5 March [online] https://www.americanbanker.com/articles/amazon-in-talks-with-jpmorgan-over-checking-accounts-report-says (archived at https://perma.cc/7ZJA-DLEN)

Bary, E (2018) Payments start-up Stripe is worth $20 billion after latest funding round, *Market Watch*, 26 September [online] https://www.marketwatch.com/story/payments-start-up-stripe-is-worth-20-billion-after-latest-funding-round-2018-09-26 (archived at https://perma.cc/P6DQ-RYKY)

BBVA (2015) The Millennial Disruption Index [online] https://www.bbva.com/wp-content/uploads/2015/08/millenials.pdf (archived at https://perma.cc/5FGP-5N62) BFSI (2019)

BFSI market research report [online] https://www.adroitmarketresearch.com/contacts/request-sample/872 (archived at https://perma.cc/4EN4-FK5G)

Blumberg Capital (2016) Are banks an endangered species? [online] https://www.blumbergcapital.com/news_insights/fintechsurvey/ (archived at https://perma.cc/6PQJ-KDP5)

Burnmark Report (2017) Burnmark Report April 17: Digital Wealth [online] https://www.burnmark.com/research/2 (archived at https://perma.cc/3WEWKBE7)

CB Insights (2018) Banks on notice: fintechs are coming for checking accounts & debit cards [online] https://www.cbinsights.com/research/fintech-checking-accounts-debit-card-disruption/ (archived at https://perma.cc/RKG9-FE4Z)

Chernova, Y (2017) TransferWise raises $280 million at $1.6 billion valuation, *Wall Street Journal*, 2 November [online] https://www.wsj.com/articles/transferwise-raises-280-million-at-1-6-billion-valuation-1509598800 (archived at https://perma.cc/6VTN-57N9)

deBanked (2017) The top small business lending platform finalists named by LendIt [online] https://debanked.com/2017/01/the-top-small-business-lending-platform-finalists-named-by-lendit/(archived at https://perma.cc/YV3T-M3ES)

Detrixhe, J (2018) Square is almost as valuable as two of the biggest US exchange companies combined, *Quartz*, 19 June [online] https://qz.com/1309121/squares-market-capitalization-is-nearly-greater-than-the-nasdaq-and-cboe-combined/ (archived at https://perma.cc/PQ8C-5Z4J)

du Toit, G and Cheris, A (2018) Banking's Amazon moment, *Bain and Co*, 5 March [online] https://www.bain.com/insights/bankings-amazon-moment/ (archived at https://perma.cc/WZA2-UE4V)

Finextra (2018) Zelle moves $75bn in 2017, 29 January [online] https://www.finextra.com/pressarticle/72374/zelle-moves-75bn-in-2017 (archived at https:// perma.cc/94U2-LZV9)

Morgenstern, S and Williams, T (2018) Doing well by doing good, *Omidyar Network* [online] https://www.omidyar.com/blog/doing-well-doing-good (archived at https://perma.cc/8RSN-H394)

Novack, J (2018) The Forbes Fintech 50 For 2018, *Forbes*, 13 February [online] https://www.forbes.com/sites/janetnovack/2018/02/13/the-forbes-fintech-50-for-2018/#54c471ac5582 (archived at https://perma.cc/J34F-V8BX)

Pilcher, J (2012) Study shows consumers distrust banks more than any other industry, *The Financial Brand* [online] https://thefinancialbrand.com/22896/edelman-banking-financial-services-consumer-truststudy/ (archived at https://perma.cc/XA86-78PS)

PwC (2017) Redrawing the lines: fintech's growing influence on financial services [online] https://www.pwc.com/gx/en/industries/financial-services/assets/pwc-global-fintech-report-2017.pdf (archived at https://perma.cc/W8UU-3NRE)

Sanghera, T (2018) 80% of Indians now have bank accounts. So why is financial inclusion low? *Business Standard* [online] https://www.business-standard.com/article/finance/80-of-indians-now-have-a-bank-account-so-why-is-financial-inclusion-low-118051700150_1.html (archived at https://perma.cc/ E5EG-VT6E)

Shanley, M (2016) Swedish payments firm Klarna shifts focus to U.S. as revenues swell, *Reuters*, 24 February [online] https://uk.reuters.com/article/us-sweden-tech-klarna/swedish-payments-firm-klarna-shifts-focus-to-u-s-as-revenues-swellidUKKCN0VX1W5 (archived at https://perma.cc/C9AQ-VRNA)

Szmigiera, M (2017) Future strategies of banks regarding Fintech companies worldwide 2017, *Statista* [online] https://www.statista.com/statistics/720792/strategies-of-fintechs-regarding-banks-worldwide/ (archived at https://perma.cc/2MGH-ZXBG)

Chapter

03

초기 협업 모델

Chapter

03 초기 협업 모델

핀테크에 대해 이야기할 때 내가 가장 좋아하는 두 가지 용어가 협업과 파트너십이다. 같은 말을 반복하는 위험을 무릅쓰고 나는 핀테크의 미래를 강조하기 위해 이 용어를 계속해서 사용할 것이다. 핀테크는 더 이상 은행을 붕괴시키거나 파괴하는 것이 아니라 금융 생태계에서 자리를 찾고 해당 생태계 내의 모든 당사자에게 의미가 있는 방식으로 대규모 금융기관 및 규제기관과 협력하는 것이다. 그러나 우리가 이 단계에 도달하기 전에 핀테크는 2012년부터 초기 협업 모델을 실험하기 시작했다.

핀테크 위협

핀테크 초창기인 2010년에서 2013년 사이에 핀테크 스타트업은 기존 은행 시스템에 큰 위협이 되었다. 그러나 대형 은행처럼 확립되고 수익성이 높은 것을 조금씩 깎아내리는 데는 시간이 걸릴 것이다. 영국의 일부 은행은 개인보다는 가족에게 서비스를 제공하며 4~5세대 이상의 가족이 그들과 함께 은행을 운영했을 수 있다. 실제로 2018년에 발표된 수치에 따르면 영국의 '빅5' 은행, 즉 바클레이(Barclays), HSBC, 로이드뱅킹그룹(Lloyds Banking Group), 스코틀랜드 왕립은행(Royal Bank of

Scotland), 산탄데르 영국(Santander UK)은 여전히 영국 소매시장의 80%를 차지하고 있다(Carey, 2018).

그러나 그들이 장기적인 게임을 하고 항상 앞서 나가고 여러 경기침체와 경기하강 주기를 통해 제품 및 비즈니스 라인을 관리함으로써 시장 지위를 달성했다는 점을 기억하는 것이 유용하다. 그들은 핀테크가 앞으로 몇 년 동안 점점 더 중요해질 것이라는 사실을 알고 있으며 그들의 월계관에 안주하지 않을 것이다.

가트너(Gartner, 2018)의 연구에 따르면 2030년까지 금융회사의 80%가 폐업하거나 새로운 경쟁으로 인해 부적절하게 될 것이라고 한다. 그럼에도 불구하고 나는 진정으로 은행이 계속 존재할 것이라고 믿는다. 그러나 오늘날 우리가 보는 것과 같은 형태는 아니다. 이것은 변형의 타임라인에 대한 매우 급진적인 예측으로, 매우 빠른 프로세스로 나타난다. 그리고 우리가 디지털 분야의 경험을 통해 알고 있는 한 가지는 일단 첫 번째 돌이 던져지면 기술의 변화가 믿을 수 없을 정도로 빠를 수 있다는 것이다. 인공지능과 양자역학의 능력이 이에 대한 좋은 예이다.

이 시나리오에서 기존 은행은 적응에 실패하고 기존 비즈니스 라인 및 운영 모델에 계속 의존할 경우 상당한 실패 위험에 직면하게 된다. 이는 기존 금융기관의 초점이 단순히 이익을 창출하고 수익을 늘리는 것에서 효율성과 생산성 향상, 혁신 및 디지털 서비스에 중점을 두는 방향으로 전환하거나 최소한 다각화해야 함을 의미한다. 저비용 디지털 인프라를 활용할 수 있고 종종 서비스 브로커 역할을 할 수 있는 회사는 이러한 환경에서 번창할 것이고 다른 덜 민첩한 회사는 허덕일 것이다.

또한 디지털 전환의 속도와 특성도 규제 환경에 크게 좌우된다는 점에 유의해야 한다. 디지털혁신에 대해 이야기할 때, 우리는 점점 더 세계화되는 세상에 살고 있지만 이를 단일한 프로세스로 간주해서는 안 된다. 법률은 국가에서 국가로 디지털 사회가 발전하는 방식에 영향을 미칠 것이며, 보수적인 국가는 개발을 억제할 가능성이 있고 호주, 브라질, 중국, 인도,

싱가포르 및 영국과 같은 국가는 디지털 경제를 가속화하는 방향을 주도할 가능성이 높다.

고객을 잃다

은행이 핀테크가 고객을 훔치는 것에 대해 진정으로 걱정하는 것은 놀라운 일이 아니다. 이미 오픈뱅킹을 통해 기존 금융 주체가 더 이상 고객 데이터에 대한 단독 소유권을 주장할 수 없는 환경이 만들어지고 있다. 이것은 시장을 자유화하고 핀테크가 전통적인 은행 비즈니스의 상당 부분을 장악하는 것을 훨씬 더 그럴듯하게 만들 것이다.

영란은행(BoE: The Bank of England)은 영국 은행 대부분이 핀테크의 잠재력을 과소평가한다고 지적했다. 2017년 11월 로이터통신은 이에 대해 영란은행 연구에서 "영국의 은행이 '핀테크'기업이 고객을 훔치고 이익을 취하는 것을 막을 수 있는 능력을 과대평가하고 있을 수 있다는 사실을 발견했다"고 지적했다(Jones, 2017). 마크 카니(Mark Carney) 영란은행 총재는 당시 핀테크가 '기존 은행의 자금조달 안정성'을 교란할 수 있으며, 심지어 중앙은행과 영국 경제 경영진이 "영향을 받는 은행에 대한 건전성기준과 정리체제가 이러한 위험에 충분히 견딜 수 있도록 강요할 수도 있다"고 '데일리 텔레그래프(Daily Telegraph)'(Burton, 2017)가 보도했다.

그럼에도 불구하고 핀테크가 은행계층을 위협하는 정도에 대한 포괄적인 합의는 없다. 그러나 가까운 장래에 핀테크가 소매 부문에 더 많은 관심을 갖게 될 것이라는 데 널리 동의하고 있다. 그런 다음 금융 부문에 대한 한때 훼손되지 않은 이미지를 오염시킨 신뢰의 침식을 고려할 때 이러한 분위기는 더욱 희박하다. 사람들은 더 이상 전통적인 은행을 신뢰하는가? 대부분의 사람들이 여전히 가장 큰 소매 은행에 계좌를 가지고 있기 때문에 그렇지 않다고 말하기에는 너무 강력하다.

그러나 소비자의 회의론이 빠르게 커지고 있으며 핀테크가 투명한 가격과 단순한 인터페이스로 이를 만족스럽게 활용하고 있다. 핀테크가 지난 10년 동안 달성한 시장 침투 수준에 대해 이러한 현상이 어느 정도 일어나고 있는지 측정하기 어려울 수 있으며, 데이터와 상충되는 의견이 있다.

그러나 컨설팅회사 액센추어(Accenture, 2018)의 보고서에 따르면 챌린저 은행, 비은행 결제기관 및 기술회사를 포함한 새로운 은행시장 진입자가 유럽 틈새시장에서 새로운 수익의 1/3을 차지한다. 이것은 여전히 다른, 일반적으로 더 전통적인 출처가 새로운 은행 관행의 2/3를 담당한다는 것을 의미하지만 상대적으로 짧은 시간에 달성된 상당한 수치를 나타난다.

이것은 지리적 위치에 따라 크게 좌우된다. 영국에서는 핀테크가 이미 전체 은행 및 결제 수익의 14%를 차지했지만 미국에서는 상황이 매우 다르다. 세계 최대 경제국 중 하나는 신생기업을 훨씬 덜 수용했으며 핀테크 및 은행 신생기업은 총 1조 4,000억 달러의 수익을 창출하는 데 겨우 3.5%를 기록한다(Irrera, 2018). 그러나 여러 지역의 커뮤니티 은행은 더 큰 은행그룹에 대한 신뢰 부족과 환멸로 인해 고객 수가 급증했다. 수치에 따르면 유럽의 은행업계 경쟁자 중 20%가 신규 진입자이며 이러한 신생기업은 전체 시장의 7%를 점유하고 있다(Bambrough, 2018).

신규 진입자가 시장의 2%에 불과한 캐나다에서는 변화에 대한 욕구가 매우 분명하며 아마도 그러한 변화가 불가피하다는 인식이 있을 것이다. 이는 은행 틈새시장에서 캐나다에서 운영되는 금융기관의 47%가 현재 신규 진입자라는 사실에 반영된다(Accenture, 2018). 보다 현대적인 회사들이 집합적으로 엄청난 진전을 이루지 못했을 수도 있지만, 이것이 곧 바뀔 것이라는 것은 불가피해 보인다. 이러한 수치는 대형 은행이 핀테크에 고객을 잃는 것을 두려워하고 있으며 아마도 어느 정도는 불가피하다는 사실을 받아들일 수도 있음을 의미한다. 전 세계적으로 가장 잘 알려진 금융

회사 중 일부가 흔적도 없이 가라앉거나 싸움 없이 무너질 위험은 없지만, 이들이 다변화되고 자유화되고 더 도전적인 시장에서 경쟁해야 하는 것은 불가피할 것이다. 패권은 더 이상 보장되지 않는다.

2008년 금융위기로 인해 댐이 붕괴되었고, 지금 누수를 막을 수 있는 방법이 없다. 핀테크혁명에 대해 이야기할 때 우리는 계속 같은 단어인 애자일(Agile)로 되돌아간다. 핀테크, 금융 신생기업 및 챌린저 은행이 맞춤화할 수 있었던 가장 강력한 방법은 등록, 대출 및 서비스 액세스를 보다 빠르고 쉽고 유연하게 만드는 것이다. 이로 인해 전통적인 은행산업이 적응해야 했으며, 이는 우리가 대형 은행과 관련이 없는 것 같은 특성 중 하나이다. 그들은 금융의 수호자 취급을 받는 데 익숙하며, 따라서 변화하는 시장 상황에 더디게 반응하는 것으로 악명이 높다.

글로벌 금융위기가 언론의 화두로 떠오른 지 10년이 흐른 지금, 핀테크가 자리를 잡을 수 있는 시간은 충분했고, 은행업계는 이제 전례 없는 수준의 경쟁 강도와 격변에 직면해 있다. 대형 은행이 이해할 수 없는 불길하게 다가오는 극도의 두려움이 있으며, 이제 그들은 가속화되는 이 권력 이동의 현실을 너무나 생생하게 인식하고 있다.

우리는 또한 이 프로세스가 신흥시장, 특히 기술 주도적인 인도에서 활발하게 발생할 것으로 예상할 수 있다. 인도 정부는 2016년에 화폐화과정을 발표했는데, 이는 공공 영역에서 특정 화폐가 삭제되었을 뿐만 아니라 경제에 혼란을 가져왔다(Mukherjee, 2017). 그리고 이러한 기회의 분위기에서 새로운 디지털 결제 시스템이 자리를 잡기 시작했다. 이러한 종류의 편리함은 이제 세계 최대 금융기관 중 일부에게 진정한 도전 과제로 입증되고 있다.

핀테크로부터 배우다

이를 염두에 두고 은행이 핀테크로부터 배우기 시작하고 일부 모델, 제품 및 업무 방식을 채택하려고 시도하는 것은 놀라운 일이 아니다. 따라서 은행은 점점 더 활기를 띠는 핀테크 틈새시장에 접근할 수 있도록 벤처캐피탈과 유사한 투자와 풍부한 인큐베이터 및 액셀러레이터 프로그램을 포함하는 전략을 수립하고 있다.

이 분야의 초기 노력이 은행이 온도를 테스트하기 위해 물에 발가락을 담그는 것을 나타내는 것이었다면, 최근의 계획에서는 일부 대기업이 핀테크 시대에 뛰어드는 데 훨씬 더 전념하는 것을 볼 수 있다. 비즈니스 및 작업 프로세스를 향상시킬 수 있는 신선한 아이디어와 개념을 수립하기 위한 목표로 혁신 센터가 설립된다. 대형 은행은 핀테크가 어떻게 작동하는지, 특히 핀테크가 금융산업에 어떤 영향을 미칠지 이해하는 데 훨씬 더 관심을 갖게 된다. 또한 은행은 핀테크보다 유리한 위치와 파트너십을 제공하거나 일종의 상호관계를 맺을 수 있는 위치를 이해하기 위해 동등하게 노력해 왔다.

은행은 불안에 대한 사고방식을 재설정하고 디지털 변화를 수용하는 보다 신중한 사고방식을 채택하고 디지털 혁명에 내재된 신기술을 구현하여 비즈니스를 향상할 수 있는 방법과 위치를 평가하고 있다. 실제로 은행은 핀테크와 관련된 기술 모델, 특히 이 분야의 많은 신생기업과 관련된 린(lean)기술 스펙과 그들이 구현한 민첩한(agile) 작업 방법에서 근본적으로 배울 수 있다. 전통적인 은행과 금융기관은 접근 방식이 너무 느리고 번거롭고 구식 아키텍처와 프로세스로 인해 부담이 가중된다는 느낌이 있다. 따라서 수년 동안 이러한 거대 기업은 현대화를 위해 핀테크를 찾고 있다.

그러나 새로운 핀테크 솔루션이 진정으로 주류가 되고 혁신적으로 되기 위해서는 몇 가지 중요한 요소를 해결해야 한다는 점도 분명해지고 있다.

예를 들어, 국경 간 결제의 광범위한 거래가 성공하려면 확고한 기반이 필요하다. 많은 소비자가 있어야 하고, 공통 표준과 관행이 만들어져야 하며, 규제기관은 이 분야의 발전에 익숙해져야 한다. 그리고 이들 각각은 또한 공생적으로 발전해야 한다. 이를 달성하기 위해 필요한 협력을 고려할 때 은행은 핀테크와의 협력의 중요성을 점점 더 이해하고 있다. 표준화, 상호 운용성 향상, 산업 이니셔티브 및 혁신에 대한 긴밀한 협력을 위해 기존 은행과 신생기업은 협력하고 있다.

불과 몇 년 전에 씨티(Citi)의 글로벌 소비자 은행 CEO인 스테판 버드(Stephen Bird)가 금융 서비스의 디지털 혁신가들이 소매(retail) 은행의 전통적인 비즈니스 모델에 제기한 중대한 위협에 대해 언급했기 때문에 이는 짧은 기간 동안의 또 다른 급격한 변화이다(Pymnts, 2018). 분명히 그 초기 서리가 녹기 시작하고 있다.

그리고 이것은 일방적인 관계가 아니다. 은행은 의심할 여지없이 핀테크가 혜택을 받을 수 있는 여러 자산을 보유하고 있으므로 해당 분야의 스타트업도 협력을 장려할 의향이 있다. 우리는 기존 금융기관에 대한 신뢰의 불황에 대해 이야기했지만 전통적인 은행이 수십 년, 심지어 수백 년에 걸쳐 이 부서에 일정량의 캐시를 쌓았다는 사실은 여전히 남아 있다. 사실상 모든 시민은 일반 은행 계좌를 보유하고 있으며 이는 기존 은행에 상당한 경쟁우위와 방대한 고객 기반을 제공한다. 이것이 핀테크가 대형 은행들과 공을 들이고 앞으로 번영의 중심이 될 기술혁신과정에서 그들을 도울 준비가 된 이유이다. 결제 시스템은 의심할 여지없이 규모가 큰 비즈니스, 위험한 비즈니스, '신뢰' 비즈니스이며 이와 관련하여 많은 신생기업이 기존 은행의 캐시를 활용하여 혜택을 볼 수 있다.

디지털 경제가 대형 은행이 수명주기 동안 획득한 영구적이고 영원한 이미지를 확립하는 데는 의심할 여지없이 시간이 걸릴 것이며, 이는 가장 성공적이고 혁신적인 핀테크에게도 파트너십이 의미가 있음을 의미한다. 마찬가지로 은행이 디지털혁명의 잠재력을 활용하려면 보안, 혁신, 유연성, 기술 및 핀테크와 쉽게 연관될 수 있는 모든 자질을 강조하는 제품을 설계하고 구현해야 한다. 이 방정식의 양쪽에는 서로에게서 얻을 수 있는 것이 있으며, 이는 협업이 최근까지의 경우보다 이미 훨씬 더 보편화되고 있음을 의미한다.

이러한 협력정신의 한 예는 방코 빌바오 비스카야 아르헨타리아(BBVA: Banco Bilbao Vizcaya Argentaria)이다. BBVA의 고객 및 클라이언트 솔루션 글로벌 책임자인 데릭 화이트(Derek White)는 핀테크뱅킹 관계에 대해 '머니20/20아시아(Money 20/20 Asia)'에서 "밀접한 물리적 연합에 살고 있는 서로 다른 두 유기체 간의 상호작용이 일반적으로 둘 다에 유리하다"고 말했다(BBVA, 2018). 이것은 이제 양쪽 '측면'에서 여명이 밝아오고 있는 깨달음의 징후이다.

실제로 '월드핀테크리포트(World Fintech Report) 2018'에서는 스타트업이 품질을 정의하는 단순성, 접근성 및 개인화에 대한 가장 중요한 소비자 요구를 전달함으로써 금융 서비스에서 고객 서비스를 개선하는 데 이미 중요한 역할을 했다고 밝혔다(Capgemini, 2018). 보고서에 따르면 핀테크는 이미 은행시장을 재정의한다는 핵심 목표에 크게 성공했다. 그러나 그들은 여전히 큰 문제에 직면해 있다. 은행 고객은 여전히 가장 큰 대형 소매 은행과 함께 오랫동안 구축해 온 핀테크에 대한 브랜드 인지도를 얻지 못하고 있다. 일부 산업에서는 이것이 큰 문제가 아니다. 그러나 은행 업무에서는 브랜드 인지도가 특히 중요하다(비록 은행 외에도 어떤 형태로든 브랜드 인지도가 성공에 결정적인 역할을 하는 다른 산업이 많이 있음에도 불구하고).

전통적인 소매 은행은 자연 경관처럼 영구적이고 단순한 삶의 사실인 유서 깊은 기관이라는 생각을 대중의 마음에 확고히 하는 데 수십억 달러를 투자한다. 최근 나쁜 언론과 고객 서비스 문제, 높은 수수료 문제에도 불구하고 이 브랜드 이미지와 신뢰 수준은 쉽게 지워지지 않을 것이다.

따라서 '월드핀테크보고서(World Fintech Report)'는 금융 부문 고객이 투자 및 저축을 보관할 때 이러한 새로운 은행업체를 신뢰하는 데 여전히 어려움을 겪고 있다고 결론지었다. 전통적인 금융기관은 위험관리, 규제 경험, 자본에 대한 접근, 정부 및 입법 환경의 지원과 같이 은행 업무와 관련된 가장 중요한 기반을 갖추고 있다. 반대로 핀테크기업은 금융산업 내 많은 문제를 해결할 수 있는 잠재력을 가지고 있다. 이 부문의 소비자들은 수준 이하의 고객 서비스에 익숙해졌지만, 표면 아래에는 아마도 덜 분명한 다른 문제도 숨어 있다. 은행은 빅데이터를 특히 효율적으로 또는 직관적으로 사용하지 않는 경향이 있으며, 지역사회에서 대표성이 낮고 불이익을 받는 구성원에게 접근하지 못한 책임이 있다. 후자의 요점은 핀테크가 단순히 모든 사람들이 서비스에 액세스할 수 있게 하고 슬프게도 이전에 종종 그랬던 것보다 더 많은 존경을 받을 수 있게 함으로써 은행 업무에 혁명을 일으키겠다고 약속하는 영역 중 하나이다. 은행에 대한 이러한 자유화, 대중화 및 위엄 있는 영향은 이 부문이 변혁을 위해 무르익었기 때문에 파괴적인 영향을 미칠 것이다.

그리고 이 과정은 핀테크가 사람들에게 다가가고 은행이 없는 삶을 변화시킬 수 있는 잠재력에 의해서만 확대될 것이다. 이것의 한 예는 시리아 요르단에 있는 신생기업인 '빌딩 블록스(Building Blocks)'가 구축한 분산원장기술 시스템이다. 세계식량계획(WFP)의 지원을 받아 이 회사는 내전으로 인해 실향민이 된 난민들이 그들의 가족을 위해 현금 없는 거래를 통해 식량을 비롯한 꼭 필요한 물품을 구매할 수 있도록 한다. 분명히 핀테크혁명은 엄청난 변화 잠재력을 가지고 있다.

은행의 액셀러레이터 프로그램

핀테크와 협력하기를 원하는 은행의 초기 협업 모델에는 핀테크를 보고 배우는 방법이 포함된다. 액셀러레이터 프로그램의 대부분은 2010년에서

2016년 사이에 은행에서 소규모 종자 투자로 지원하는 것을 목표로 시작했지만 주로 핀테크의 제품, 문화, 프로세스 및 팀관리 스타일을 관찰하여 혁신을 배우기 위한 것이다.

바클레이 액셀러레이터(Barclays Accelerator)는 2012년에 시작된 초기 핀테크 전용 액셀러레이터의 좋은 예이며 뉴욕, 런던, 케이프타운 및 텔아비브에서 프로그램을 실행하고 있다. 테크스타(TechStars)가 지원하는 액셀러레이터는 바클레이 은행(Barclays Bank) 경영진의 네트워킹 및 멘토링을 제공하고 다른 기업 파트너 특전과 함께 투자로 최대 120,000달러를 제공하는 데 전념하고 있다(Nair, 2019). 액셀러레이터는 이미 핀테크 경쟁자들에게 인기를 얻었고 이 분야에서 엄청난 양을 달성했다. 이 시기에 출시된 다른 은행의 액셀러레이터 프로그램에는 다음이 포함된다.

- 웰스파고, 2014
- 노르디아, 2015
- 씨티은행, 2013
- UBS+크레딧 스위스, 2016
- BNP파리바, 2015
- JP모건, 2015
- DBS, 2015
- BBVA, 2014

런던 원캐나다스퀘어(One Canada Square) 39층에 위치한 레벨39는 핀테크 초창기(2012년)에 시작된 몇 안 되는 비은행 인큐베이터/액셀러레이터 프로그램 중 하나였으며, 이제는 시장에서 금융, 소매, 사이버 보안 및 선물 분야에서 유럽 최대의 기술 액셀러레이터로 자리잡았다.

카나리 워프 그룹(Canary Wharf Group)이 운영하는 레벨39는 핀테크 스타트업이 혁신할 수 있는 공간을 제공한다는 아이디어에서 출발하여 전 세계 은행 및 글로벌 허브와 긴밀하게 연결되어 있는 3층, 80,000제곱피트 규모의 액셀러레이터 공간으로 발전한다. 레벨39는 1,200개 이상의 이벤트에 참여했고 100,000명 이상의 방문자를 유치했으며 의심할 여지없이 런던을 방문하는 주요 글로벌 금융업체들 사이에서 인기 있는 곳이 되었다(Canary Wharf, 2016).

시드 펀딩 및 초기 투자

핀테크가 금융 게임의 플레이어가 되려고 처음 시도했을 때 지난 10여년 동안 달성한 만큼, 그들이 직면한 가장 큰 도전 중 하나는 초기 단계인 자금조달이었다. 대부분의 신생기업은 정기적인 수익을 올리기 시작하고 (여러 번 시도한 후) 벤처캐피탈 또는 후기 단계 자금조달을 시작하기 전에 2~3년을 보낸다. 많은 정부 프로그램은 초기에 핀테크 자금이 마련되지 않았기 때문에 은행과 대형 금융기관은 당시 핀테크에 관심을 보인 사람들의 지원을 받아야 했다. 엔젤 및 시드 투자로 빠르게 성장하는 이 산업을 지원하기 위해 여러 초기 단계의 펀드가 곧 나왔다.

2014년 바클레이(Barclays)의 액셀러레이터 프로그램은 대출, 결제, 빅데이터, 현금관리, 규정 준수 및 크라우드 펀딩에서 신생기업을 찾았고 웰스파고(Wells Fargo) 프로그램은 특정 사용 사례에 대한 사용자 경험, 빅데이터 및 사이버 보안에 투자를 했다.

2015년에 바클레이의 액셀러레이터 프로그램은 보안, 중개, 암호화폐 및 게임화와 같은 더 많은 부문에 투자한 반면 JP모건의 프로그램은 대출, 빅데이터 및 개인 재무관리와 같은 예상 부문에 투자했다. BNP 파리바(Paribas)는 2020년 액셀러레이터에서 결제 및 보안 분야의 신생기업과 함께 프로그램을 시작했다.

대부분의 액셀러레이터 프로그램의 두 번째 또는 세 번째 반복에서만 게임화 및 송금과 같은 틈새 영역에 대한 관심이 나타나는 것은 흥미로운 일이다. 대출, 결제 및 빅데이터는 모든 액셀러레이터 프로그램의 스펙트럼에 걸쳐 있는 것으로 보인다. 완전한 인수는 극히 드물지만 이것의 초기 사례 중 하나는 BBVA Bank가 미국에서 심플(Simple)을 인수한 것이다. 심플은 기술 전문가그룹에 의해 2009년 브루클린에서 설립되었으며 다이렉트 은행은 곧 엔젤투자자 제리 노이만(Jerry Neumann)을 통해 종자 자본을 조달했다.

심플이 개념의 실행 가능성을 입증하자 돈이 쏟아지기 시작했다. 투자자 IA 벤처스(Ventures), 샤스타 벤처스(Shasta Ventures) 및 500개의 신생기업이 모두 참여하여 2011년 8월 심플은 1,000만 달러의 초기 자본을 조달했다. 이때 심플은 현재 회사의 본사가 있는 오리건주 포틀랜드로 이전하기로 결정했다(Rogoway, 2011). 이 회사는 2013년 초에 이미 20,000명의 고객을 유치하여 2억 달러 이상의 거래를 처리했으며 이 수치는 몇 달 만에 두 배인 40,000명으로 늘어났다. 하지만 심플의 가장 큰 성과는 2014년 2월 인수로 이어진 BBVA의 관심을 끈 것이다. 이 회사는 당시 이미 1억 1,700만 달러로 평가되었으며 그 이후로 계속해서 사업을 확장하고 있었다. 심플은 BBVA의 온보딩 프로세스에 통합되어 특정 미국 시장의 고객에게 프론트엔드를 제공했다.

초기에 은행이 핀테크 분야에서 인수한 다른 사례로는 BBVA의 홀비(Holvi, 2016), 골드만삭스(Goldman Sachs)의 어니스트달러(Honest Dollar, 2016), 앨리파이낸셜(Ally Financial)의 트레이드킹(TradeKing, 2016) 및 블랙록(Blackrock)의 퓨처어드바이저(Future Advisor, 2015)가 있다.

미국 은행 대 유럽 은행

미국과 유럽은 2010년부터 2016년까지 핀테크의 초기 혁신 노력을 주도했지만 가장 분명한 대조는 핀테크혁명이 유럽에서 훨씬 더 열성적으로 수용되었다는 것이다. 두 지역의 기업들이 핀테크에 투자하는 방식도 상당히 다르다. 핀테크에 대한 초기 유럽의 투자는 챌린저 은행과 P2P 대출에 초점을 맞추는 경향이 있었지만 미국에서는 그렇지 않았다. 챌린저 은행은 규제 개방성 부족과 미국에 이미 구축된 일부 전통적인 소매 및 투자 엔진의 규모로 인해 미국 시장에서 입지를 확립하는 데 더 힘든 시간을 보내고 있다. 그러나 미국에서는 디지털화된 개인 금융관리, 온라인 거래 및 지불 시스템에 상당한 투자가 이루어진다.

골드만삭스(Goldman Sachs), 씨티뱅크(Citibank) 및 JP모건체이스(JPMorgan Chase)는 핀테크 분야에서 활발히 활동하고 있으며, 모건스탠리(Morgan Stanley), 웰스파고(Wells Fargo) 및 뱅크오브아메리카(Bank of America)는 회계 및 세무, 자동화 소프트웨어, 블록체인, 데이터 분석, 보험, 개인 금융, 로봇 자문/자산관리, 자본시장, 대출, 지급 및 결제, 부동산, 규제기술 및 공급망 등의 분야에 걸쳐 다양한 핀테크 포트폴리오에 투자하고 있다.

챌린저 은행을 제외하고 유럽의 핀테크 투자는 데이터 분석, 블록체인, 송금, 금융 포함, 대출 및 규제기술에 초점을 맞추는 경향이 있다. 핀테크 투자 측면에서 미국과 유럽은 확실히 겹치는 부분이 있지만, 확실히 다른 전략을 취하는 것으로 보인다.

2015년 미국은 은행에서 핀테크에 60억 달러가 투자된 반면 유럽 전체는 7억 달러를 받았다. 이 금액은 최근 몇 년 동안 유럽에서 크게 개선되었지만 실리콘밸리는 여전히 전 세계적으로 지불 및 대출 비즈니스의 주요 자금 제공자로 남아 있다. 캐비지(Kabbage), 클라나(Klarna), 스퀘어(Square), 펀딩서클(Funding Circle), 스트라이프(Stripe), 코인베이스(Coinbase), 넛맥(Nutmeg), 이토로(eToro) 및 시그피그(SigFig)와 같은 핀테크기업은 2014년까지 상위 50위의 혁신기업으로 자리잡았으며, 그중 일부는 수백만 달러(일부는 수십억 달러)의 가치 평가를 갖게 되었다.

2013년까지 핀테크에 대한 글로벌 투자는 30억 달러에 이르렀으며 새로운 소비자 행동, 기술 및 규정에 의해 혁신이 점점 더 활성화된다. 런던과 실리콘밸리는 핀테크 혁신과 투자의 특정 허브가 되었으며, 당시 영국과 아일랜드는 유럽 핀테크 거래의 절반 이상을 주최하고 유럽 핀테크 자금의 거의 70%를 유치한다(CB Insights, 2014). 한편 이 기간 동안 실리콘밸리는 전 세계 핀테크 자금의 거의 3분의 1을 담당했는데, 이는 초기 투자자 중 일부가 빅테크기업이었던 이유를 설명하는 데 도움이 된다.

구글, 아마존, 알리바바는 핀테크혁신과 투자의 선두주자이다. 이는 IBM이 AI 계획과 관련하여 특히 중요한 글로벌 위험관리 및 규정 준수 컨설팅회사인 프로몬토리 파이낸셜그룹(Promontory Financial Group)을 인수하면서 계속된다.

한편 2013년 핑안(Ping An), 텐센트(Tencent) 및 알리바바(Alibaba)의 합병 결정은 중요한 이정표이자 앞으로 일어날 일을 암시한다. 그들은 함께 중국 최초의 진정한 디지털 보험사인 중안(Zhong An)을 설립한다. 이 파트너십의 산업 간 특성은 핀테크에게 방대했다. 달성할 수 있는 일종의 협업 및 교류를 나타냈기 때문이다. 중안의 온라인 보험상품은 이미 3억 5,000만 명 이상의 고객을 유치했으며 신흥시장에서도 핀테크를 열광적으로 수용하고 있음을 보여준다(McKinsey, 2018).

은행에 판매

은행이 벤처캐피탈리스트보다 초기 단계의 핀테크 스타트업에 훨씬 더 빨리 투자했다는 것은 이어지는 시장 상황에서 분명하다. 그러나 핀테크 스타트업이 은행에 상품을 성공적으로 판매하는 데 반드시 성공한 것은 아니다. 대중시장은 훨씬 더 수용적이다. 이것은 흥미로운 이분법이며 논의할 가치가 있다. 이 현상을 설명할 수 있는 몇 가지 이유가 있을 수 있지만 즉시 세 가지가 떠오른다.

- 은행이 즉각적인 통합 가능성을 보지 않고 예방조치로 핀테크기업에 투자하고 있는가?
- 은행이 더 많이 투자하는 핀테크 분야와 핀테크기업이 기반을 다질 수 있도록 지켜보고 배우는 분야가 있는가?
- 규제상의 이유 외에 은행은 핀테크기업과의 파트너십을 위해 시스템을 개방할 의향이 있는가?

은행이 최근 몇 년 동안 대출, 결제, 빅데이터 및 분석을 주요 초점으로 하여 핀테크에 열성적으로 투자했다는 것은 분명하다고 할 수 있다. 그리고 그 결과 세 가지 초기 협업 모델이 등장했다.

액셀러레이터 프로그램은 은행이 비옥한 환경에서 핀테크가 어떻게 발전하고 전개되는지 관찰하면서 본질적으로 '보고 배울' 수 있는 템플릿을 제공한다. API를 통해 은행과 핀테크는 기술 측면에서 협력할 수 있다. 또한 은행들은 인수할 가치가 있는 핀테크를 식별함에 따라 점점 더 많은 투자계약을 체결하고 있다. 인큐베이터 프로그램은 또한 가장 중요한 핀테크 스타트업을 만드는 데 큰 도움이 된다. 은행의 이러한 접근 방식은 항상 직접적인 이익이나 지원에 관한 것이 아니라 은행이 최신 기술을 탐색하고 일반적인 시장 상황에서 가장 효과적인 방법을 배우도록 지원하는 경우가 많다.

BBVA 오픈탤런트 유럽 파이널(OpenTalent Europe Finals)과 같은 이벤트는 혁명적인 운영자를 끝없이 만들어낸다. 예를 들어, 블록체인을 사용하여 사기를 방지하고 핀테크에서 가장 인기 있는 두 부문을 결합한 에버레저(EverLedger)와 회사채 발행시장을 제공하는 오리진(Origin)과 같은 이전 수상자는 모두 은행의 열렬한 구애를 받는다. 이는 은행이 핀테크기업의 전문성을 활용하여 포트폴리오와 지식 기반의 격차를 해소하고 있음을 보여준다. 이와 관련하여 오픈뱅킹과 API의 가용성이 특히 두드러졌으며 몇 가지 흥미로운 예가 있다. 개인화된 관계 과학회사인 트리움(Tryum)은 바클레이(Barclays)로부터 핑깃 결제(Pingit Payments) API를 받았고 화이트 라벨 모바일뱅킹 앱인 나무(Namu)는 각 인큐베이터 프로그램을 통해 씨티은행으로부터 프론트엔드 API를 받는다. 이 두 회사는 은행과 긴밀하게 협력한 경험을 활용하여 불가능했을 수도 있는 신속한 혁신을 이루고 금융 서비스 세계에 즉각적으로 호소하는 솔루션을 개발했다.

핀테크의 중요성이 계속 발전함에 따라 은행은 핀테크 스타트업에 계속해서 상당한 투자를 하고 있으며, 이는 제품, 운영 및 고객 서비스를 빠르게 개선하는 데 도움이 될 수 있다. 게임화는 고객 상호작용을 개선하는 가장 극적으로 다른 방법 중 하나가 될 것이며 개선된 고객 중심성과 만족도를 제공하는 데 도움이 될 것이다. 전통적인 은행이 점점 더 챌린저 은행의 위협에 직면하고 비즈니스 모델과의 경쟁에 직면함에 따라 고객 중심에 대한 이러한 개선된 초점을 통해 파생된 충성도가 가장 중요할 것이다.

은행은 또한 고객이 관계의 일부로 상호작용할 수 있는 더 많은 기회를 제공할 수 있도록 보다 광범위한 고객접점을 출시할 예정이다. 은행은 분야가 발전함에 따라 송금, 통화 이체, P2P 대출 및 세무 자문 서비스와 관련된 사업부를 점점 더 제공하고 있다. 한편 고객 자문 서비스는 데이터 분석 및 머신러닝(Machine Learning, 기계학습)에 크게 의존하는 동시에 앱 수준에서 더욱 간단하고 직관적이 될 것이다. 모든 규모의 기존 은행과의 대화에서 보안은 필연적으로 향후 몇 년 동안 더욱 강조되는 영역이 될 것이며 이는 핀테크와 은행이 협력하는 운영의 또 다른 측면이다.

은행의 투자는 단기 및 장기 투자뿐만 아니라 전술적 및 미래적 접근 방식으로 다양하다. 오늘날 은행과 벤처캐피탈리스트는 다양한 전략을 채택하고 있다. 이는 모든 상황에 적합한 단일 경로가 없기 때문이다. 핀테크 틈새시장에서의 은행들의 행동은 그들이 이 기술의 미래에 열광하고 있음을 보여주지만, 업계의 방향이 여전히 발전하고 전개되고 있다는 사실은 은행들이 포기하고 투자하는 것보다 핀테크가 발전하도록 돕는 데 더 편안하다는 것을 의미한다.

요약

은행은 기술회사보다 핀테크혁명을 받아들이는 데 훨씬 더 느렸지만, 우리는 흐름이 바뀌기 시작했을 뿐만 아니라 이미 상당히 많이 바뀌었다는 것을 보았다. 은행이 핀테크를 그들의 비즈니스 모델과 존재에 대한 위협으로 여겼음에는 의심의 여지가 없다. 그들의 관점에서 볼 때 이미 수익성이 높고 잘 확립된 일련의 코드, 관행 및 수익 창출기술을 보유하고 있는데 왜 변경할 필요가 있는가? 이런 점에서 대형 은행들은 처음에 핀테크를 의심하고 노골적인 적대감을 가질 가능성이 항상 있다.

그러나 시간이 지남에 따라 상황이 진정되고 대신 협력 분위기로 바뀌었다. 이것은 어떤 식으로든 빠르게 진행되지 않는다. 아마도 부분적으로는 핀테크의 초기 특성과 부분적으로는 가장 큰 금융기관의 보수적인 특성 때문일 것이다. 실제로 기존 기술회사는 초기에 핀테크혁명을 지원하고 수용하는 데 더 열성적이다. 이제 은행과 핀테크가 건설적으로 협력하고 있다는 상당한 증거가 있다. 앞으로 몇 년 동안 금융 부문의 규모가 상당히 증가할 것을 가리키는 모든 증거와 함께, 우리는 미숙하지만 급성장하는 관계가 보다 편안한 단계로 정착함에 따라 이러한 협력관계가 더욱 성장할 것으로 기대할 수 있다.

참고문헌

Accenture (2018) Banks' revenue growth at risk due to unprecedented competitive pressure resulting from digital disruption, Accenture study finds, 17 October [online] https://newsroom.accenture.com/news/banks-revenue-growth-at-risk-due-to-unprecedented-competitive-pressure-resulting-from-digital-disruption-accenture-study-finds.htm (archived at https://perma.cc/MD94-XDHW)

Bambrough, B (2018) Global fintech warning to traditional banks - the threat is 'real and growing', *Forbes*, 17 October [online] https://www.forbes.com/sites/billybambrough/2018/10/17/global-fintech-warning-to-tradional-banks-thethreat-is-real-and-growing/#3bc82ac62c71 (archived at https://perma.cc/QM89-9EMV)

BBVA (2018) Banks and fintech are looking for the perfect symbiosis, 23 March [online] https://www.bbva.com/en/banks-fintech-looking-perfect-symbiosis/ (archived at https://perma.cc/7C77-GDXB)

Burton, L (2017) Mark Carney warns of fintech threat to traditional banks, *Telegraph* [online] https://www.telegraph.co.uk/business/2017/04/12/mark-carney-warns-fintech-threat-traditional-banks/ (archived at https://perma.cc/272L-BWWG)

Canary Wharf (2016) Canary Wharf Group appoints Ben Brabyn to lead technology strategy, 2 February [online] https://group.canarywharf.com/media/press-releases/canary-wharf-group-appoints-ben-brabyn-to-lead-technology-strategy-240216/ (archived at https://perma.cc/B5RV-3XMA)

Capgemini (2018) The World FinTech Report [online] https://www.capgemini.com/wp-content/uploads/2018/02/world-fintech-report-wftr-2018.pdf (archived at https://perma.cc/VU56-6SLV)

Carey, S (2018) Open banking threatens big banks' most valuable customers, *Computer World UK* [online] https://www.computerworld.com/

article/3427523/open-banking-threatens-big-banks--most-valuable-customers.html (archived at https://perma.cc/Y7UP-AQRC)

CB Insights (2014) The boom in global fin tech investment: fin tech grabs $3 billion in 2013, 27 March [online] https://www.cbinsights.com/research/global-fin-tech-investment-accenture/ (archived at https://perma.cc/33CT-R6WR)

Gartner (2018) Gartner says digitalization will make most heritage financial firms irrelevant by 2030 [online] https://www.gartner.com/en/newsroom/press-releases/2018-10-29-gartner-says-digitalization-will-make-most-heritage-financial-firms-irrelevant-by-2030 (archived at https://perma.cc/X672-AUZU)

Irrera, A (2018) Fintech making inroads, but U.S. bank revenues little changed: report, *Reuters*, 17 October [online] https://www.reuters.com/article/us-fintech-banking/fintech-making-inroads-but-u-s-bank-revenues-little-changed-report-idUSKCN1MR0X1 (archived at https://perma.cc/FUU9-K37G)

Jones, H (2017) BoE says banks may be underestimating fintech threat, *Reuters*, 28 November [online] https://uk.reuters.com/article/uk-boe-banks-fintech/boe-says-banks-may-be-underestimating-fintech-threat-idUKKBN1DS18K (archived at https://perma.cc/7Y8V-3MQ6)

McKinsey (2018) Digital insurance in 2018: December 2018 driving real impact with digital and analytics [online] https://www.mckinsey.com/industries/financial-services/our-insights/digital-insurance-in-2018-driving-real-impact-with-digital-and-analytics (archived at https://perma.cc/3QU4-UJXG)

Mukherjee, A (2017) For banks, threat from Fintech start-ups is real, *IndiaTimes*, 22 February [online] https://economictimes.indiatimes.com/small-biz/money/for-banks-threat-from-fintech-start-ups-is-real/articleshow/57285164.cms (archived at https://perma.cc/MZZ3-FZGF)

Nair, A (2019) This US-based accelerator is redefining 'mentorship' for Indian start-ups, *YourStory*, 2 May [online] https://yourstory.com/2019/05/

us-accelerator-mentorship-india-start-ups-techstars (archived at https://perma.cc/L73N-P6VE)

Pymnts (2018) Why the bank-fintech relationship is more complicated than conflicted, 1 November [online] https://www.pymnts.com/innovation/2018/fintech-banks-relationship-mobile-digital/ (archived at https://perma.cc/3NLD-MT29)

Rogoway, M (2011) Promising NYC start-up BankSimple moves HQ to Portland, *Oregon Live*, 24 August [online] https://www.oregonlive.com/silicon-forest/2011/08/promising_ny_start-up_banksimple_moves_hq_to_portla.html (archived at https://perma.cc/LEU6-KGCK)

Chapter

04

핀테크 생태계 확대

Chapter

04 핀테크 생태계 확대

나는 핀테크 초기 단계인 2016년 이후를 '핀테크2.0'이라고 부르고 싶다. 투자와 스타트업 수의 꾸준한 성장 그리고 가장 중요한 것은 핀테크 생태계의 모든 당사자 간의 협력이 증가하고 개선된 성숙한 시장을 보기 시작한 때이다. 대형 은행과 신생기업이 점점 더 자주 협력함에 따라 전체 핀테크 플랫폼이 확장되는 것을 목격하였다. 컨설팅회사, 소프트웨어 공급업체, 대학, 연구기관, 도메인 전문가 등은 이제 은행 및 신생기업과 협력하여 혁신을 더욱 주도하고 있다. 지난 몇 년 동안 핀테크는 금융 서비스산업의 거대한 성장 영역이 되었으며 계속해서 성숙하고 확대됨에 따라 점점 더 중요해질 것이라고 약속한다.

협업 모델의 진화

양측의 초기 기대치가 다소 바뀌면서 많은 은행과 핀테크가 이제 협력자가 되었다. 은행들은 핀테크를 라이벌로 보는 것을 중단하고 핀테크혁명을 수용함으로써 전반적인 비즈니스를 향상시킬 수 있다는 것을 이해하기 시작했다. 핀테크 스타트업과 금융 서비스업계의 기존 기업들도 은행 시스템을 변경하는 것이 잠재적으로 느리고 힘든 과정이라는 것을 깨달았다. 이것은 반드시 빠르게 움직이는 산업은 아니므로 젊은 핀테크회사가 기존 은행업체와 파트너십을 추구하는 것이 합리적이다.

그 중심에는 핀테크가 개선된 고객 서비스와 경험을 중심으로 하는 새로운 금융 접근 방식으로 많은 기존 은행 서비스를 분리할 수 있는 능력이 있다. 기존 은행은 고객 경험과 관련하여 상당한 마찰을 야기했으며 많은 핀테크는 첫날부터 이 문제를 해결하는 데 집중했다. 따라서 은행이 저비용 기반, 레거시(legacy) 시스템에 대한 부담이 없고, 새로운 기술 숙련도, 고객에게 서비스를 제공하기 위해 기꺼이 위험을 감수하는 문화와 같은 핀테크의 운영 이점에서 배우려는 것은 당연하다.

2016년경에 은행은 핀테크 모델이 업계에서 지속 가능할 뿐만 아니라 앞으로 비즈니스 관점에서 실제로 필요한 모델이라는 것을 깨닫기 시작했다. 실제로 호주에서 자본금기준으로 세 번째로 큰 은행인 앤즈(ANZ: Australia and New Zealand Banking Group)의 CEO는 핀테크가 "빠르게 적응하지 못하거나, 리더가 융통성 없는 사고를 하거나, 고객의 가치를 간과하는 은행의 종말을 의미한다"(Bajkowski, 2018)라고 언급했다. 따라서 은행이 이러한 필요성을 점점 더 인식함에 따라 최근 몇 년 동안 은행과 핀테크 간의 많은 파트너십이 형성되었다.

핀테크 분야의 협력은 다양한 형태를 취할 수 있으므로 보다 일반적인 모델에 대해 논의하는 것이 유용하다. 이 중 첫 번째는 가장 일반적으로 은행 고객에게 직접 제품을 판매하는 핀테크와 관련된다. 은행은 새로운 제품과 서비스를 제공할 수 있는 동시에 이를 제공하는 데 상대적으로 적은 시간, 노력 및 자본을 투자함으로써 이점을 얻는다. 은행은 또한 고객이 요구하는 사항을 즐겼는지 여부에 대한 즉각적인 통찰력을 얻은 다음 확장할지, 중단할지 여부를 결정할 수 있다.

마찬가지로 핀테크도 새로운 고객과 수익에 접근할 수 있는 동시에 브랜드 인지도도 크게 향상된다고 생각한다. 또 다른 분명한 이점은 핀테크가 이러한 계약을 통해 얻을 수 있는 시장 통찰력이며, 존경받는 은행과 연계되는 것은 자연스럽게 신뢰성을 높여준다. 어느 쪽이든 위험이 거의 없기 때문에 이것은 또한 인기 있는 합의이다. 협력에 대한 이러한 접근 방식의 한 예는 중소기업 대출을 제공하기 위한 스코틀랜드 왕립은행과 펀딩 서클 간의 협력이다(Funding Circle, 2015).

두 번째로 널리 사용되는 방식은 은행이 핀테크를 공급자인 것처럼 취급하는 것인데, 이를 위성 모델로 설명할 수 있다. 핀테크의 역량과 은행의 기존 상품을 접목해 새로운 포지션을 창출한다. 데이터는 은행이 서비스를 제공하는 경우 고객에게 효과적으로 나타나지만 실제로는 진정한 협업이다. 실제로 핀테크의 기여는 일반적으로 약관에 포함되어 있다. 이것은 은행이 고객과 함께 새로운 제안을 탐색하는 또 다른 방법이며, 은행은 항상 상대적으로 낮은 지출로 협력을 제거할 수 있기 때문에 일정한 유연성을 얻는다. 종종 이런 종류의 관련 은행들도 핀테크기업에 투자한다. 이러한 방식의 핀테크의 장점은 반드시 배타적이지 않고 다른 은행과의 협업 가능성이 열려 있다는 것이다. 이러한 종류의 모델은 스웨덴 회사 팅크(Tink)가 SEB, ABN암로(Amro) 및 파리바 포르티스(Paribas Fortis)와 만든 파트너십에서 활용되었다.

협력에 대한 세 번째 접근 방식은 은행이 핀테크를 인수하지만 회사가 여전히 상대적으로 독립적인 방식으로 운영될 수 있도록 하는 것이다. 즉시 핀테크에 대하여 눈에 띄는 예는 관련된 회사가 비즈니스 모델의 암묵적 검증과 함께 자본 투입을 받는 것이다. 은행은 또한 약정 문제로 인한 부정적인 영향 없이 잠재적인 비즈니스 영역을 조사할 수 있다. 은행은 강력한 시장정보를 얻고 독점성을 보장하는 반면, 핀테크는 단일 은행보다는 소규모 회사의 범위 내에서 일하는 것을 선호하는 기존 직원을 유지하는 것이 더 쉽다는 것을 알게 될 것이다. 은행은 이러한 형태의 투자에서 더 많은 재정적 위험을 감수하지만 여러 은행이 결단을 내리는 것을 막지는 못했다.

마지막으로 은행과 핀테크 간의 가장 전통적인 협업 형태는 단순한 합병이다. 이러한 거래는 핀테크회사가 약정의 결과로 완전히 통합되고 브랜드가 변경될 것이라는 이해하에 수행된다. 핀테크는 그러한 협정하에서 절대적으로 독립성을 유지하지 않으며 실제로 사실상 존재하지 않는다. 그러나 재정적 보상은 막대할 수 있으며 은행은 기술 형태를 획득하고 이를 효과적으로 자신의 것으로 만들어 이익을 얻는다. 앞으로 이러한 유형의 협업에 대한 더 많은 사례를 보게 될 것이지만 이러한 특성의 주목할 만한 최근 인수는 골드만삭스(Goldman Sachs)의 소비자 은행 마커스(Marcus)가 파이날(Final)을 인수한 것이다.

이 분야가 계속 발전함에 따라 핀테크가 반드시 파괴와 협업 중 하나의 단순한 선택에 직면할 필요가 없다는 것이 분명해지고 있다. 핀테크는 오히려 은행이 제공하는 서비스의 격차를 해소하고 훨씬 더 포괄적인 우수하고 혁신적인 고객 경험을 제공하도록 할 수 있는 잠재력이 있다.

은행 액셀러레이터 프로그램을 넘어서

2018년 1월 세계경제포럼(World Economic Forum)에서 발간한 '스타트업과 기업의 협업: 상호 이해를 위한 실용적인 가이드'에서는 기업과 핀테크 스타트업 간의 협업 프로세스를 살펴보았다. 이 저명한 조직은 논문에서 협업 프로세스가 발전하는 데 시간이 오래 걸리는 이유를 설명했으며 은행과 핀테크 모두 다른 그룹과의 협력이 어떻게 운영될지에 대한 아이디어를 미리 알고 있음을 시사했다. 그러나 이러한 아이디어가 반드시 현실에 근거한 것은 아니다.

세계경제포럼(2018)은 스타트업이 핵심 활동인 기업구조와 인센티브에 대해 더 잘 이해해야 하는 반면, 기업 참여자는 스타트업을 혁신 단위 또는 무료 컨설팅의 원천으로 보는 것을 피해야 한다고 제안했다. 포럼의 결론은 "상호 이해는 협력을 시작할 때 양측이 직면하는 위험과 차이점을 이해하는 데 달려 있다"는 것이다.

JP모건체이스의 글로벌 기술전략 및 파트너십 전무이사인 아담 카슨(Adam Carson)도 은행과 핀테크 파트너십이 어떻게 이상적으로 운영되어야 하는지에 대해 언급했다. 카슨은 은행과 같은 대기업은 일반적으로 파트너십을 약속하는 것은 고사하고 실행 가능한 파트너십을 고려하기 전에 비즈니스 모델이 작동하고, 제품이 고객의 손에 효과적으로 제공되고 있다는 실질적인 증거를 보고 싶어 한다고 제안했다. 카슨은 특히 대형 은행이 입증되지 않은 제품이나 전략에 탐닉할 수 있는 능력이 있다는 점에 주목했다(JPMorgan Chase, 2018).

이를 염두에 두고 은행은 이제 신생기업에 참여하기 전에 실제 사용 및 비즈니스 사례를 보고 싶어 하는 경우가 많다. 사실상 핀테크 분야가 성숙해지면서 경쟁력이 높아졌다는 점과 모든 분야와 마찬가지로 핀테크 운영의 두드러진 사례만이 은행 파트너십을 끌어들였다는 의미이다. 이 프로세스는 핀테크의 미래 방향이 더 확립되고 은행이 실제로 무엇이 작동하고 작동하지 않는지 더 잘 이해함에 따라 앞으로 몇 년 동안 더 확립될 것이다.

그러나 새로운 비즈니스 모델이 적절하게 시행되면 은행은 핀테크와 협력하는 데 주저함이 없을 것이다. 이 한 가지 예가 보안 메시징을 대체하기 위한 계획에서 전설적인 투자은행인 골드만삭스(Goldman Sachs)의 지원을 받은 심포니 커뮤니케이션(Symphony Communications)이다. 2014년 10월 골드만삭스는 다른 14개 금융기관과 함께 심포니 커뮤니케이션 서비스 LLC에 6,600만 달러를 투자하여 종단 간 암호화 메시징을 제공하는 보안 통신 애플리케이션인 페르조(Perzo)를 인수했다(Miller, 2015).

또 다른 좋은 예는 넬넷(NelNet)으로부터 투자를 받은 커먼본드(CommonBond)이다. 이 약정의 결과 넬넷은 커먼본드의 연간 대출규모 중 1억 5,000만 달러에 달하는 자금을 조달하기로 동의했다. 이 협력은 2015년 2월에 처음 발표되었으며 공공 금융 서비스회사가 학자금 대출시장회사에 투자한 것은 이번이 처음이다(CommonBond, 2015).

블렌드랩(BlendLabs)은 은행과 금융기관의 많은 지원을 받은 혁신적인 핀테크회사이다. 블렌드랩은 현재 웰스파고(Wells Fargo) 및 US 뱅코프(Bancorp)와 긴밀히 협력하여 모기지 발생 소프트웨어를 여러 기업으로 대체하기 위해 노력하고 있다.

랜딩클럽(LendingClub)은 여러 은행과 제휴하여 은행이 대출을 구매하고 고객에게 새로운 랜딩클럽 상품을 제공할 수 있도록 하는 회사이다. 랜딩클럽은 2014년에 처음으로 은행과 파트너관계를 시작했으며 오늘 웹사이트에서 54개 은행을 파트너로 조달할 수 있었다고 자랑스럽게 선언했다. 총자산의 범위는 1억 달러 미만에서 1,000억 달러 이상이며 은행은 45%로 회사 투자자 기반의 가장 큰 부분을 차지했다(LendingClub, 2019).

BBVA는 핀테크 분야에서도 활발하게 활동하고 있으며 BBVA 컴패스(Compass) 브랜드는 대출 자격이 없는 고객을 핀테크 온덱(OnDeck)으로 추천하기 시작했다. BBVA 컴패스는 또한 드왈라(Dwolla)와 제휴하여 실시간 결제를 시작한다. 드왈라는 또한 파이싱크(FiSync)를 사용하여 보안인증 및 토큰화를 활성화하여 BBVA 컴패스 계정 소유자가 드왈라와 계정정보를 공유할 필요가 없도록 했다. 이것은 표면을 긁을 뿐이었다.

예스뱅크(Yes Bank)는 UPI 거래를 위해 플립카트(Flipkart)와 중요한 파트너십을 구축했으며 두 회사는 고객에게 파트너십으로 제품을 매우 공개적으로 제공했다. 예스뱅크는 또한 폰페(PhonePe)와 제휴하여 앱을 통해 3,000만 명 이상의 고객을 확보했다(Bhakta, 2018).

테즈(Tez)와 왓츠앱(WhatsApp) 결제는 유사하게 이 시장에서 현금화를 시도하고 있다. 모벤(Moven)은 전 세계의 많은 은행과 협력하는 또 다른 회사이다. 이러한 환경에서 은행, 보험사 및 자산관리자의 82%가 향후 몇 년 동안 핀테크기업과의 파트너십 수를 늘릴 의향이 있다는 것은 놀라운 일이 아니다(PwC, 2017). 이에 대한 최근의 사례는 금융상품의 발행 및 관리 프로세스 자동화에 중점을 둔 핀테크인 니바우라(Nivaura)이다. 이 회사는 2019년 3월 초기 자본금으로 2,000만 파운드를 조달할 수 있었고 몇몇 저명한 파트너가 투자에 뛰어들었다(CityAM, 2019). 핀테크 틈새 시장이 발전함에 따라 기관투자자들은 이 분야의 잠재력을 더 잘 이해하게 되었고 현재 수많은 핀테크 스타트업에 투입되는 자금의 수준은 이를 간결하게 보여준다.

해커톤과 기술에 대한 집중

은행 액셀러레이터 프로그램이 점점 더 일반화되고 핀테크 내 모든 부문에 널리 보급됨에 따라 은행은 사업부가 직면한 특정 문제 또는 사용 사례에 대한 솔루션을 찾아야 한다는 압력을 느껴 왔다. 이 솔루션 찾기 연습에서 혁신 팀이 사업부를 지원하는 방법 중 하나는 해커톤(Hackathons)이다. 은행 내 실제 사용 사례를 기반으로 한 해커톤이 특정 사용 사례를 대상으로 하지 않는 인큐베이터 또는 액셀러레이터 프로그램보다 실질적인 결과와 의미 있는 협업을 가져오는 데 훨씬 더 효과적이라고 생각한다.

은행이 핀테크 분야에 대한 기술 및 재정투자를 가속화하기 위해 노력함에 따라 은행, 컨설팅회사 및 IBM과 같은 공급업체가 대학, 개발자그룹 및 테스트 커뮤니티의 도움을 받아 정기적으로 해커톤을 운영하는 등 점점 더 많은 해커톤이 등장하고 있다. 이러한 활기찬 기술 전문가 모임은 핀테크의 미래에 있어 더 많은 협업과 결과를 이끌어내는 데 매우 중요하다.

디프래그 다이노소어(Defrag Dinosaur)는 개발자, 디자이너, 데이터 과학자 및 분석 전문가가 함께 모이는 다채로운 이름의 해커톤이다. 주최측은 혁신적인 참가자들에게 '은행 시스템의 공룡을 찾고, 캡처하고, 조각 모음하고, 재고하고, 재구축'할 것을 촉구한다. 48시간의 코딩이 진행되고 15,000유로 이상의 상금이 제공되며 주요 고용 기회가 제공되는 디프래그 다이노소어는 재능 있는 IT 전문가에게 흥미로운 기회를 제공한다

(Hackathon.com, 2019a).

핵그리드(Hackgrid)는 참가자들이 실제 문제에 적용할 수 있는 혁신적인 솔루션을 고려하는 36시간 구경거리이다. 핀테크기술은 이 이벤트의 핵심이며 핵그리드는 창립 이래 1,000명 이상의 개발자를 유치했다(Hackathon.com, 2019b).

해커톤의 또 다른 예로는 핵잇투게더(Hack it Together)가 있으며, 이 특정 이벤트는 해당 분야의 재능 있는 여성을 대상으로 한다. 뉴욕시에 게시된 핵잇투게더는 참가자들이 핀테크 세계의 은행 및 기업과 네트워크를 형성할 수 있는 기회를 제공한다. 주최 측은 기술 분야의 재능 있는 여성이 팀을 구성하고 해킹을 통해 저녁이 끝날 때 발표할 수 있는 멋진 프로젝트를 만들도록 권장한다.

왓더핵(WhatTheHack)은 유럽에서 가장 유명한 학생 해커톤 중 하나이며 스몰비즈핵(SmallBizHack)은 소규모 비즈니스 커뮤니티를 대상으로 한다. 실제로 해커톤이 빠르게 성장하고 금융계에 관심 있는 은행, 핀테크 및 IT 전문가에게 가치를 제공함에 따라 수십 개의 다른 사례를 들 수 있다.

해커톤(Hackathon) 사례 연구 | DBS은행

핀테크회사 및 기타 비금융회사의 은행이 직면한 치열한 경쟁으로 인해 은행은 최신 기술을 최대한 활용하여 관련성을 유지하기 위해 프로세스를 재창조해야 한다. DBS가 시작한 글로벌 해커톤은 문제해결을 위한 채용과 신제품 개발이라는 두 가지 공통 과제를 해결하는 혁신 사례이다. 이 은행은 협업 프로세스를 통해 우수한 인재를 데려옴으로써 시스템에 쉽게 통합할 수 있도록 핵심 코드[01]를 변경하지 않고 제품 개발 프로세스를 혁신한다. 대학, 핀테크 스타트업 및 기술 제공업체와 협력하여 제품 생성에 적합한 생태계를 제공한다. 고객의 일상생활에 은행 업무를 제공하기 위한 기술 계획을 시작했으며, 최대 규모의 은행 API 플랫폼을 통해 정부기관, 핀테크, 신생기업 및 중소기업 고객과의 파트너십을 가능하게 한다.[02] 혁신적인 롤아웃에는 세계 최초의 교내 웨어러블기술로 저축 및 결제 프로그램인 'POSB 스마트버디(Smart Buddy)'와 인도와 인도네시아에서 사용할 수 있는 모바일 전용 은행인 '디지뱅크(Digibank)'가 포함된다. 또한 은행이 우선순위를 실행하도록 돕는 데 있어 인적자원(HR)의 중요한 역할을 인정한다. 여러 시장에서 직원의 미래를 보장하기 위해 여러 경력개발 프로그램이 도입되어 기술 기반 변화에 대한 권한을 부여한다.[03]

투명하고 경쟁적이며 독특한 채용 프로세스가 사용된다. 추가 투자는 없었고 고용 파트너십도 구현되지 않는다. 이 은행은 오늘날 24시간 연결되고 디지털에 정통한 고객을 위한 혁신적인 첨단 서비스를 개발하고 은행 문제를 해결하기 위해 전 세계의 개발자 인재를 유치하기 위해 글로벌 해커톤을 개척하는 것으로 시작한다. 기술 및 클라우드 서비스를 위해 AWS(Amazon Web Services), 캡제미니(Capgemini), 마이크로소프트(Microsoft), 퀀텀 블랙(Quantum Black) 및 텔스트라(Telstra)[04]와 협력하여 전문 지식, 멘토십 및 글로벌 봉사활동을 공유하는 데 주력한다. 참여 팀은 더 나은 고객 경험과 효율성을 위한 기술 사용에 중점을 두고 주어진 데이터로 프로토타입을 작업할 것으로 예상된다. DBS는 2015년 성공적인 해커톤 이후 2019년 '패러다임 시프트'로 그 과정을 이어왔다.[05]

DBS 글로벌 해커톤은 마이크로소프트 플랫폼을 기반으로 구축된 차세대 핀테크 솔루션의 씨앗을 뿌리는 모델이다. 이 이벤트는 은행상품 생성 및 인재개발에 혁명을 일으키기 위해 팀, 기술 및 아이디어 지원을 제공하는 은행으로서는 업계 최초이다. 참가자가 애저(Azure)에서 코드를 구축할 수 있도록 하는 종단 간 협업은 최소한의 리소스 할당으로 작업 모델을 구축하기 위한 고유한 제안이다. 이 계획은 또한 개발자에게 프로토타입 솔루션의 민첩성을 위한 작업 모델을 만들 수 있는 기회를 제공한다는 점에서 독특하다. 해커톤을 사용하여 제품을 구축하는 모델은 미래의 인재를 확보할 뿐만 아니라 핀테크 개발을 위한 협업의 기반을 마련한다. 실제 은행 데이터와 실제 문제를 참가자들과 공유함으로써 은행은 프로토타입의 성공을 보장한다. 해커톤에서 사람들을 모집하기 위한 은행의 핵투하이어(Hack2Hire) 프로그램[06]은 채용의 또 다른 혁신적인 개념[07]이다. 금융 서비스의 디지털화는 은행산업의 핵심이다. 선도적인 은행과 협업 플랫폼의 힘의 결합은 인재와 기술 지원의 시너지효과가 실제 은행 문제를 해결하는 데 어떻게 도움이 될 수 있는지 보여주는 예이다. 파트너회사의 지원과 함께 기술에 중점을 두어 더 높은 수준의 출력을 제공하여 프로토타입을 빠르게 만들고 솔루션에 소요되는 시간을 단축할 수 있다. 이는 인재, 기술, 도구 및 프로세스를 활용하여 핀테크 개발의 미래 협업을 위한 토대를 마련한다. 이 사례에서 입증된 바와 같이 수익성 있는 제품개발과 고객만족은 은행의 궁극적인 목표이자 성공의 원동력[08]이다. 2,000명 이상의 직원이 인간 중심의 설계와 민첩한 방법론적인 프로세스를 통해 궁극적으로 내부 인재를 풍부하게 하는 해커톤[09]의 혜택을 받는다.

NOTES

01 Bizenius (nd) From regulation to innovation: new product development in banks [online] https://bizenius.com/from-regulation-to-innovation-new-product-development-in-banks/ (archived at https://perma.cc/Y7RM-BLW3)

02 DBS (nd) Reimagining banking, DBS launches world's largest banking API developer platform [online] https://www.dbs.com/newsroom/Reimagining_banking_DBS_launches_worlds_largest_banking_API_developer_platform (archived at https://perma.cc/9DEC-U7TW)

03 Phua, T (2016) Case Study: how DBS trained more than 2,000 employees on innovation, *Human Resources* [online] https://www.humanresourcesonline.net/case-study-dbs-bank-can-fill-26-vacancies-via-internal-transfers/ (archived at https://perma.cc/7PLN-BG8Z)

04 DBS (2019) DBS breaks new ground with global hackathon [online] https://www.dbs.com/newsroom/DBS_breaks_new_ground_with_global_hackathon (archived at https://perma.cc/C49L-ZJR6)

05 DBS (2019) Virtual global hackathon: hack the future of banking [online] https://www.dbs.com/pshift/index.html (archived at https://perma.cc/48VX-XXMR)

06 DBS (2019) DBS Hack2Hire 2019 launches inaugural Hack2Hire-Her to double female technologists intake this year [online] https://www.dbs.com/newsroom/DBS_Hack2Hire_2019_launches_inaugural_Hack2Hire_Her_to_double_female_technologists_intake_this_year (archived at https://perma.cc/4Q5P-H546)

07 CNBC (2019) DBS Bank to hire 100 techies via hackathon [online] https://www.cnbctv18.com/finance/dbs-bank-to-hire-100-techies-via-hackathon-2224611.htm (archived at https://perma.cc/RWA4-WB5B)

08 Khuram, F (2017) 4 challenges faced in new product development, *IQVIS* [online] https://www.iqvis.com/blog/4-challenges-faced-in-new-product-development/ (archived at https://perma.cc/A3B6-69NC)

09 Phua, T (2016) Case Study: How DBS trained more than 2,000 employees on innovation, *Human Resources* [online] https://www.humanresourcesonline.net/case-study-dbs-bank-can-fill-26-vacancies-via-internal-transfers/ (archived at https://perma.cc/7PLN-BG8Z)

벤처캐피탈 펀딩

핀테크 틈새시장의 협업과 혁신이 발전함에 따라 벤처캐피탈리스트들이 주목하기 시작했다. 이 분야의 주요 투자자 중 하나는 씨티벤처스(Citi Ventures)이다. 뉴욕에 기반을 둔 이 회사는 체인(Chain), 베터먼트(Betterment), 스퀘어(Square), 다큐사인(DocuSign) 및 트레이드잇(Trade It)이 모두 벤처캐피탈의 혜택을 받는 등 결제회사에 특히 적극적으로 투자해 왔다. 씨티벤처스(Citi Ventures)는 씨티이노베이션랩스(Citi Innovation Labs) 및 씨티비즈니스(Citi Business)를 통해 혁신적인 비즈니스 모델을 조사하면서 신생기업과 수많은 신기술에 지속적으로 투자하고 있다.

회사의 공식 목표는 "씨티(Citi) 내에서 제품 로드맵을 가속화하고 상업화 기회를 촉진하는 것"(CitiBank, 2016)이다. 이는 핀테크가 은행의 교수 전략의 일부로 매우 많이 간주된다는 것을 의미한다. 씨티은행(Citibank)은 혁신을 기풍의 중심에 두고 특히 흥미롭고 새로운 대출 플랫폼을 제공하는 데 있어 고객 경험을 강조한다. 핀테크 외에도 투자 부문은 빅데이터 및 분석, 상거래 및 결제, 보안 및 엔터프라이즈 정보기술에서 기회를 계속 추구한다.

또 다른 주요 투자자는 산탄데르 이노벤처스(Santander InnoVentures)를 경유한다. 스페인 은행은 핀테크 분야를 열성적으로 수용하여 다수의 신생기업과 혁신가에게 벤처자금을 제공한다. 예를 들어, 2017년에 산탄데르(Santander)는 픽슨아이(Pixoneye), 커브(Curve) 및 그리드스페이스(Gridspace)를 핀테크회사의 확장된 라인업에 추가했으며 세 혁신자는 각각 예측 개인화, 연결된 금융기술 및 대화형 인텔리전스를 제공한다. 이는 산탄데르가 핀테크를 위해 마련한 벤처캐피탈 펀드가 CB 인사이트(Insights)에서 지구상에서 가장 활발한 은행 지원 기업 벤처로 선정되었다는 사실을 나타낸다. 산탄데르 이노벤처스는 인공지능에 특별한 관심을 가지고 있으며, 은행그룹은 이것이 앞으로 몇 년 동안 금융 환경의 핵심 기술이 될 것이라고 믿고 있다.

이미 언급된 회사 외에도 산탄데르(Santander)는 일리픽틱(Elliptic) 및 소큐어(Socure)와 같은 다른 AI 관련 스타트업에 이미 투자했다. 픽슨아이, 커브 및 그리드스페이스에 대한 투자를 앞둔 6개월 동안 산탄데르의 핀테크 투자 건수는 15건에 이른다. 유럽은 2017년과 2018년 사이에 120% 이상의 성장률을 보이며 핀테크를 위한 벤처캐피탈 투자의 주요 역할을 담당했다. 이는 스타트업부트캠프(Startupbootcamp)와 같은 해커톤이 세계에서 가장 유명하고 부유한 은행을 유치하면서 점점 더 유명해짐을 의미한다.

벤처캐피탈 역량으로 핀테크 분야에 진입하는 또 다른 금융 부문 강자는 스위스 금융기술회사인 아발로크(Avaloq)이다. 이 회사는 가장 빠르게 성장하는 핀테크 비즈니스와 가장 혁신적인 스타트업을 목표로 벤처 펀드를 설립했다. 아발로크벤처스(Avaloq Ventures)는 파이브티 캐피탈(FiveT Capital) AG와 바더뱅크(Baader Bank)의 전 임원인 민호 로스(Minho Roth)가 이끌고 있으며 앞으로 많은 투자를 할 예정이다.

앞서 언급했듯이 디지털 결제 서비스와 온라인 대출 플랫폼은 벤처 캐피탈 자금의 주요 수혜자이다. 이러한 영역에서 혁신적인 기술을 통해 사용자 친화적인 금융 서비스와 상품을 제공하는 능력은 특히 가치 있는 것으로 간주된다. 이는 가장 저명한 금융업체와 함께 핀테크에 대한 신뢰를 가속화하고 있으며, 그 결과 핀테크에 대한 글로벌 투자가 2020년에 500억 달러에 도달할 것이라고 확신한다.

그리고 이러한 성장이 이루어지고 있는 지리적 지역은 매우 명확하다. 중국, 러시아, 중동 국가 및 기타 신흥 경제국이 핀테크 분야에 막대한 투자를 하고 있다는 점은 흥미롭다. 이는 특히 미국과 영국에서 성장을 주도했으며 영국은 벤처캐피탈 자금조달 부문에서 유럽 리그에서 지속적으로 1위를 차지하고 있다. 금융 서비스산업과의 강한 연관성과 런던이라는 강점으로 인해 영국이 이미 이 틈새시장에서 글로벌 리더라는 데는 의심의 여지가 없다.

그리고 영국의 신생기업은 유럽 대륙의 모든 신생기업이 모금한 240억 달러의 거의 1/3에서 77억 달러를 유치할 수 있었다(Henry, 2018). 따라서 영국에서 빠르게 성장하는 기업에 대한 벤처캐피탈 투자는 프랑스 수준의 2.5배, 독일 수준의 1.5배 이상이었다. 챌린저 은행 몬조(Monzo)와 P2P 대출기관 조파(Zopa)는 벤처캐피탈 자금조달 측면에서 영국의 성공 사례 중 하나로 평가된다.

창업 협업 프로그램 및 민간 액셀러레이터

인큐베이션이 빠르게 확산되면서 핀테크 분야의 스타트업 협업 프로그램과 민간 액셀러레이터의 트렌드를 보여주는 대표적인 사례가 있다. 예를 들어, 뉴욕의 테크스타(Techstars)는 바클레이(Barclays)와 제휴하여 큰 성공을 거두었다. 테크스타와 바클레이는 협력으로 세계에서 가장 활발한 핀테크 투자자가 되었고 핀테크 분야의 유명 인사들의 투자 열정을 보여준다. 테크스타는 기술회사와 협력한 회사의 뛰어난 실적을 바탕으로 구축된 강력한 액셀러레이터 프로그램이다. 이것이 바클레이의 은행 전문성과 경이적인 배포 및 자원과 결합될 때, 세계에서 가장 유명한 액셀러레이터 프로그램 중 하나가 된 것은 놀라운 일이 아니다.

마찬가지로 바클레이의 참여는 기준이 매우 높다는 것을 의미하며 은행은 끈기 있고 탄력적이며 혁신적인 참가자를 요구한다. 투자은행은 자본시장, 소비자 금융, 인슈어테크(InsurTech), 위험관리, 결제/신용, 대출, 레그테크(RegTech), 신용 솔루션 등에서 '알려진 경계를 허물고 있는' 회사와 혁신가를 적극적으로 찾고 있다. 핀테크를 위한 수십 개의 다른 액셀러레이터 프로그램이 현재 전 세계적으로 실행되고 있다. 다시 말하지만 그들 중 대다수를 접하는 것조차 불가능하지만 여기에 더 흥미로운 몇 가지 예가 있다.

핀테크 이노베이션랩(FinTech Innovation Lab)은 액센추어(Accenture)와 뉴욕시의 파트너십 펀드(Partnership Fund)가 공동 설립했으며, 뉴욕시에서 연례 액셀러레이터 프로그램을 실행하여 신생 핀/기업가, 숙련된 기술사업가, 은행 고위 임원을 한데 모았다. 워크샵, 패널 토론, 사용자그룹 세션, 네트워킹 기회 및 회의가 벤처 자본가 금융산업 경영진 앞에서 최종 프레젠테이션을 하기 전에 진행되었다.

이것은 뱅크오브아메리카(Bank of America), 바클레이(Barclays), 씨티(Citi), 크레딧 스위스(Credit Suisse), 도이치뱅크(Deutsche Bank), 골드만삭스(Goldman Sachs), JP모건체이스(JPMorgan Chase), 모건스탠리(Morgan Stanley) 및 웰스파고(Wells Fargo)를 비롯한 지원기관과 함께 진정으로 권위 있는 행사로 평가된다.

도이치뱅크 이노베이션랩스(Deutsche Bank Innovation Labs)는 또한 이전에 실리콘밸리, 베를린 및 런던에 액셀러레이터 장소를 설정한 적이 있고, 이제 뉴욕시에서 자금이 소진된다. 이 연구소는 은행이 근본적으로 두려움에 의해 주도되지만 디지털 혁신전략에 상당한 영향을 미칠 만큼 충분히 빠르게 혁신하려는 열망에 힘입어 새로운 기술을 평가하고 채택하는 것을 돕기 위해 설립되었다. 웰스파고 스타트업 액셀러레이터(Wells Fargo Start-up Accelerator)는 미국 최대 은행 중 하나와 관련이 있으며 샌프란시스코에서 6개월 단위로 개최된다. 이 권위 있는 액셀러레이터 프로그램은 기업가와 업계 전문가, 멘토 및 기타 주요 참여자를 한데 모아 잠재고객 및 벤처 자본가 투자자를 다시 불러온다.

BNY 멜론 이노베이션 센터(Mellon Innovation Center)는 핀테크, 클라우드 컴퓨팅, 빅데이터 과학, 사이버 보안, 사물인터넷, 모바일 및 웨어러블 컴퓨팅에 중점을 둔 실리콘밸리 프로젝트이다. 실리콘밸리 파이낸셜 서비스 클라우드(SiliconValley Financial Services Cloud)는 혁신적인 신생기업과 은행을 위한 다양한 네트워킹 이벤트를 주최하는 이 액셀러레이터 프로그램의 협력자이기도 하다.

또 다른 흥미로운 협업 이니셔티브는 의심할 여지없이 핀테크 샌드박스(FinTech Sandbox)이다. 이 조직은 웹 피델리티 인베스트먼트(Fidelity Investments), F-프라임 캐피탈(F-Prime Capital), 톰슨로이터(Thomson Reuters), 실리콘밸리뱅크(Silicon Valley Bank), 아마존웹서비스(Amazon Web Services) EY(Ernst & Young) 및 인텔(Intel)과 같은 권위 있는 조직의 후원을 받는 보스턴의 비영리조직이다. 핀테크 스타트업은 이 이벤트에서 재무 데이터 및 리소스에 대한 귀중한 액세스 권한을 얻는다. 멘토링과 잠재고객 및 투자자에 대한 소개도 큰 매력 요소이다.

런던은 액셀러레이터 프로그램의 주요 허브이며, 흥미로운 이벤트가 많이 열린다. 첫 번째는 액셀러레이터 아카데미(Accelerator Academy)와 런던 시티대학(City University)에서 시작한 FFWD이다. 이 인큐베이터는 지피(Ziffy), 원파인밀(OneFineMeal) 및 커피뭉크(Coffee Munch)를 담당하고 있으며, 초기 자금조달 라운드를 위한 스타트업 준비에 중점을 두고 스스로를 사전 액셀러레이터라고 부른다. 기술, 마케팅 및 재무에 중점을 둔 신생기업이 특히 환영받으며 FFWD는 최근 몇 년 동안 쇼디치(Shoreditch)에서 정착되었다.

테크시티튜브(Tech City Tub)는 베스날그린(Bethnal Green)에서 개최되며 런던 현장에서 가장 활기찬 인큐베이터 중 하나로 간주된다. 테크시티튜브는 데스크 기반(deskbased)의 많은 보조금을 받는 전문 서비스를 제공하는 역동적인 혁신가 커뮤니티를 대표한다. 또 다른 흥미로운 프로그램은 핀테크 및 기타 혁신가가 초기 아이디어를 시작하도록 돕는 데 중점을 둔 에스케이프시티(Escape City)이다. 에스케이프시티는 특히 높은 수준의 혁신으로 유명하며 광범위한 기업 고객을 유치했다.

인큐버스(IncuBus)는 런던 2층 버스의 상단 데크에서 개최되는 것으로 특히 유명하다. YC 및 테크스타(Techstars) 직원과 협력하여 설계된 이 프로그램은 이미 세계 최고의 액셀러레이터로 알려져 있으며, 스타트업이 투자를 추적하고 멘토링, 워크샵 및 데스크 공간을 제공한다.

그리고 일링(Ealing)에서 개최되는 액티베이트 캐피탈(Activate Capital)은 6주간의 흥미진진한 액셀러레이터 활동을 제공한다. 디지털 스타트업은 순가치가 30,000파운드를 초과하는 프로그램에 참여할 수 있다. 액티베이트 캐피탈은 기술 및 금융 분야의 많은 신진 기업가들이 아이디어를 투자자가 사용할 수 있는 제안으로 발전할 수 있도록 도왔다.

핀테크가 현대사회에서 진정한 신뢰를 얻으면서 초기 매개변수와 영역을 넘어 확장되는 것은 아마도 자연스러운 일이다. 실행 가능한 핀테크 개발 프로세스가 더 복잡해지고 계층화되고 복잡해짐에 따라 은행 및 신생기업 이외의 당사자도 참여한다. 이는 규제기관, 대학 및 컨설팅회사가 모두 자체 핀테크 프로그램에 투자하고 있으며 IBM과 같은 공급업체도 참여하고 있음을 의미한다. 이 모든 것이 가치 있는 투자가 빠르게 쏟아지고 있는 점점 더 활기차고 실행 가능한 영역으로 이어진다.

이를 염두에 두고 인공지능은 지난 1년 동안 핀테크 분야에서 뜨거운 주제가 되었으며, 이는 아마도 미디어에서의 인지도가 높아진 덕분일 것이다. 특히 알파제로(AlphaZero)의 형태로 세계적인 수준의 바둑 기계를 만드는 구글의 업적이 이 과정에 도움이 되었을 것이다. 이는 금융계의 거물들이 인공지능(AI)과 겹치는 핀테크 분야에 참여하도록 독려한다.

따라서 뱅크오브아메리카(Bank of America)는 이미 하이라디우스(HighRadius)와 제휴하여 인공지능을 활용하여 결제 관련 새로운 서비스인 지능형 채권 시스템(Intelligent Receivable System)을 출시했다. 이것은 핀테크 분야에 영향을 미치는 인공지능의 두드러진 예이지만 확실히 유일한 것은 아니다. 웨스트팩뱅킹기업(Westpac Banking Corp)은 또한 얼마 동안 스타트업인 하이퍼안나(Hyper Anna)와 협력하여 데이터 분석 및 시각화를 수행하는 데 사용된 이 협업을 통해 생산된 기술을 사용하고 있다. 이것은 확실히 인공지능이 지배적이지는 않더라도 의심할 여지없이 향후 몇 년 동안 매우 두드러지게 될 분야 중 하나이다.

NAB의 디지털 은행 유뱅크(Ubank)는 주택 대출에 대한 질문에 답변하기 위해 IBM 왓슨(Watson)으로 로보챗(RoboChat)을 만들었다. 그리고 ANZ 뱅킹그룹(Banking Group)은 기술회사 누안스(Nuance)와 함께 생체인식 음성기능을 만들어 고객이 소프트웨어와 직접 대화하여 은행 서비스에 액세스할 수 있도록 했다. 사람들이 인공지능(AI)이 자신의 삶에서 역할을 하는 것에 익숙해짐에 따라 우리는 미래에 이러한 유형의 혁신을 더 많이 보게 될 것이다. 아마존, 구글 및 애플과 같은 회사에서 생산하는 가정용 스피커 시스템의 인기는 이 과정에 기여할 뿐이다.

금융기관의 경우 이 분야의 일부 개척자들과 협력하면 여러 가지 중요한 이점이 있다. 뱅크오브아메리카(Bank of America)는 특히 고객 중심 및 운영 효율성을 개선하기 위해 고객 및 운영 중심의 유입 운영에 투자하려고 했다. BNP 파리바(Paribas), 크래딧 스위스(Credit Suisse) 및 골드만삭스(Goldman Sachs)와 같은 회사는 비즈니스의 자동화 수준을 향상시키는 가장 중요한 목표로 거래 및 포트폴리오 기능을 향상시키기 위한 핀테크에 막대한 투자를 하고 있다. 그리고 웰스파고(Wells Fargo)와 씨티은행은 규제 준수 및 감독 문제를 지원하기 위해 핀테크를 찾는다. 획득 틈새와 관련된 인공지능의 또 다른 흥미로운 영역이 챗봇이다. 이들은 가장 잘 알려진 은행 중 일부에서 매우 인기를 얻었으며 여러 유명 은행이 이 개념에 막대한 투자를 하고 있다. 챗봇은 고객 서비스에 막대한 기여를 할 수 있어 많은 사람을 상대하는 은행의 시간과 비용을 절약할 수 있다.

엑시스뱅크(Axis Bank)는 지능형 뱅킹 챗봇을 출시하기 위해 이미 능동적 인공지능과 제휴했다. 아메리카 익스프레스(American Express)는 페이스북과 긴밀히 협력하여 카드 회원에게 아멕스(Amex) 봇을 제공하고 있다. HDFC 은행은 이미 니키닷 에이아이(Niki.ai)가 개발한 챗봇을 사용하여 소셜 미디어 상거래에 진출했으며 뱅크오브아메리타(Bank of America)는 은행의 모바일 뱅킹 앱에서 사용할 수 있는 챗봇 에리카

(Erica)를 완성했다.

챗봇에 투자하는 다른 은행 및 기관에는 DBS, 캐나다의 ATB, 러시아 기반의 토치카뱅크(Tochka Bank), 대륙 최초의 은행인 바클레이 아프리카(Barclays Africa), 캐나다 온라인 대출기관인 싱킹캐피탈(Thinking Capital)이 있다. 이 후자의 경우 페이스북과 다시 제휴가 이루어지며 회사는 이미 소셜 미디어 플랫폼에서 '루시(Lucy)' 챗봇의 출시를 발표했다.

은행이 핀테크 스타트업과 크게 협력하기 시작한 또 다른 주요 새로운 영역은 블록체인이다. 이것은 은행이 탈중앙화의 힘을 통해 발생할 수 있는 심각한 혼란 잠재력을 인식하게 한 영역이다. 암호화폐에 대한 과대 광고에도 불구하고 은행은 실제 사용되는 통화가 아니라 기본 블록체인기술에 진정한 힘이 있다는 것을 깨달았다. 블록체인은 조직에서 구식 프로세스와 시스템을 제거하고 명확하고 투명하며 동의 기반 데이터 교환을 하려는 은행의 야심을 지원하고 있다. 은행은 장기적으로 제공할 수 있는 비용 절감효과를 보고 있다.

암호화폐를 블록체인(실제로는 인프라일 뿐임)에 연결함으로써 발생하는 부정적인 연관성도 있어 은행 내 블록체인 도입에 대한 두려움이 더욱 커졌다. 그러나 이것은 빠르게 변했고 리플(Ripple)과 같은 통화는 금융부문 참가자에게 특히 관심을 가져왔으며 국경 간 결제에서 상당한 비용 및 시간 이점을 제공하고 있다.

웨스트팩(Westpac), ANZ, JP모건(JPMorgan), ING 및 크래딧스위스(Credit Suisse)와 같이 다양하고 중요한 회사들이 블록체인기술에 투자했으며 다양한 이점이 파생된다. 은행 보증, 결제, 증권 대출, 기업 대출 및 거래는 모두 운영 효율성 개선, 더 빠른 결제, 위험 감소 및 더 빠른 분산을 통해 이러한 주요 금융산업 참가자에게 관심을 보인다. 앞서 언급한 리플 외에도 주요 기업들은 블록체인 틈새시장이 더욱 다양해지고 신뢰할 수 있게 됨에 따라 서클(Circle), 악소니(Axoni), 코발트(Cobalt), 세틀(Setl), 체인(Chain) 및 r3와 같은 이름에 투자한다.

우리가 의심의 여지없이 핀테크의 발전을 보게 될 또 다른 영역은 수익화가 올바르게 제공되기 어려운 것으로 판명되었음에도 불구하고 오픈뱅킹이다. 그럼에도 불구하고 토큰(Token), 트루레이어(TrueLayer) 및 플레이드(Plaid)와 같이 이미 이 분야에 참여하고 있는 흥미로운 회사가 있다. 이 회사 중 후자의 두 회사는 모두 API 도구를 제공하는 반면 토큰은 블록체인의 순수한 개방형 뱅킹 플랫폼이다.

한편 조파(Zopa)는 소득 확인을 위해 수동으로 문서를 업로드할 필요가 없는 소득 확인 프로젝트인 트루레이어와 협력하여 이 프로세스를 오픈뱅킹 데이터로 대체한다. 그리고 플레이드는 이미 체이스(Chase), 씨티뱅크(Citibank), 심플(Simple), 스트라이프(Stripe), 캐피탈원(Capital One) 및 코인베이스(Coinbase)를 포함하여 매우 매력적인 고객을 확보했다. 씨티벤처스(Citi Ventures)는 또한 오픈뱅킹의 잠재력에 막대한 투자를 이행했다. 디지털 랜딩은 핀테크 협업에 분명히 적합한 영역이므로 은행이 이미 이 분야의 스타트업과 파트너십을 맺고 있는 것은 놀라운 일이 아니다.

예를 들어, C2FO와 씨티(Citi)는 은행에서 제공하는 채무 솔루션 제품군 간의 동적 할인을 포함하는 종단 간 무역 금융 솔루션을 제공하기 위해 협력한다. ING-캐비지(Kabbage)는 주요 은행-핀테크 파트너십으로 캐비지는 ING와 협력하여 대출을 제공하지만 산탄데르(Santander) 및 스코샤뱅크(Scotiabank)도 포함한다. JP모건체이스(JPMorgan Chase)는 온라인 소기업 대출의 선두 제공업체 중 하나인 온덱(OnDeck)과도 협력했지만 이 파트너십은 2019년 7월에 종료되었다. 이를 통해 회사는 중소기업에 부여된 대출을 기반으로 적절한 신용점수를 제공할 수 있다.

또 다른 흥미로운 파트너십은 TD뱅크와 엔시노(nCino) 간의 제휴이다. 이를 통해 전자는 전체 소비자 대출 프로세스를 처음부터 끝까지 디지털화할 수 있다. 또한 DBS는 P2P 대출 사이트, 펀딩 소사이어티(Funding Societies) 및 물라센스(MoolahSense)와 협력하여 비즈니스에 더 나은 서비스를 제공할 수 있다. 그 대가로 두 가지 주요 플랫폼은 현금관리와 같은 상업은행 솔루션을 위해 DBS에 좋은 신용을 가진 차용인을 추천한다. 은행은 또한 재무 운영을 자동화하기 위해 핀테크와 자주 제휴하고 있다. 이에 대한 몇 가지 두드러진 예가 존재한다.

훌륭한 예는 캐피탈원(Capital One), 빌닷컴(Bill.com) 및 구스토(Gusto) 간의 협력이다. 이를 통해 신용 제공자는 소기업의 현금흐름을 단순화하고 인적자원을 전체 비즈니스 프로세스에 통합하여 캐피탈원이 보다 효율적으로 운영되도록 할 수 있다. 키뱅크(KeyBank)는 또한 아비드엑스체인지(AvidXchange)와 제휴하여 키뱅크의 재무관리 플랫폼의 일부로 SaaS(software-as-a-service) 솔루션을 제공한다. 이 솔루션은 서류 기반 송장을 디지털기능으로 대체한다. BBVA는 온라인 비즈니스 뱅킹 서비스인 홀비(Holvi)를 인수했다. BBVA는 핀테크산업의 주요 투자자 중 하나였으며 특히 기업가를 대상으로 하는 홀비에 열광했다. 중소기업에 판매 플랫폼과 현금흐름 추적기를 제공하는 홀비는 소매업체와 기업을 위한 원스톱 상점을 제공한다.

현재 베타 핀테크 플랫폼과의 투자 협력 수준이 너무 높아서 수많은 주요 은행이 어느 정도 관여하고 있다. 예를 들어, 이 분야에서 가장 성공적인 4가지 플랫폼을 살펴보면 많은 수의 주요 투자은행이 각각에 관련되어 있음을 알 수 있다. 세부정보는 다음과 같다.

- **비저블 알파(Visible Alpha)**: B2B 플랫폼은 모건스탠리, 골드만삭스, 씨티뱅크, UBS 및 HSBC와 파트너십을 맺는다.
- **드로이트(Droit)**: 웰스파고, 골드만삭스 및 DRW는 모두 드로이트(Droit)에 참여한다.
- **아카디아 소프트(Acadia Soft)**: B2B 플랫폼은 모건스탠리, 씨티뱅크, 골드만삭스, UBS, 뱅크오브아메리카, HSBC 및 도이치뱅크가 모두 참여하여 기업 투자 유치에 특히 성공적이다.
- **심포니(Symphony)**: 골드만삭스, JP모건, 도이치뱅크, 크래딧스위스, 씨티뱅크, 뱅크오브아메리카 및 BNY멜론(Mellon)이 모두 참여하여

은행업계에서 가장 큰 명성을 얻고 있는 또 다른 핀테크 B2B 솔루션이다.

그리고 은행은 디지털뱅킹 협업이 제공하는 탁월한 고객 경험 덕분에 핀테크에 참여하고 있다. 모바일 우선 은행 자회사는 틈새 고객 세그먼트, 특히 젊은 층과 밀레니얼 세대를 잡을 수 있다. 이로 인해 페퍼(Pepper), 디지뱅크(Digibank) 및 헬로뱅크(Hello Bank)와 같은 회사가 이 영역에 자리를 잡았다.

핀테크는 또한 지능형 금융 지원 및 대화 없는 인터페이스를 제공하여 고객 참여를 개선하고 채널 파트너십을 강화하는 데 도움이 된다. K어시스트(K-Assist), 핀닷에이아이(finn.ai) 및 토크뱅크(TalkBank)와 같은 회사가 여기에 적극적으로 참여하고 있다. 마찬가지로 기술 파트너십은 종종 챌린저 은행의 화이트 라벨 모듈식 및 API 기반 플랫폼으로 만들어지며 다시 고객 경험을 개선하는 데 도움이 된다. 피도르(Fidor), 레일스뱅크(Railsbank) 및 솔라리스뱅크(solarisBank)는 모두 이러한 현상의 좋은 예이다.

고객 대면 챌린저 은행의 플랫폼은 향상된 온보딩 경험과 향상된 셀프 서버 기능을 제공하는 데 도움이 된다. 고(Go), 심플(Simple) 및 모벤뱅크(MovenBank)가 모두 이러한 유형의 회사의 예이다. 그리고 챌린저 은행의 데이터 기반 개인화 상품은 종종 전통적인 은행산업보다 더 나은 이율을 제공할 뿐만 아니라 투명성을 개선하는 데 도움이 된다. 소파이(SoFi)와 카피탈(Qapital)은 이러한 추세의 또 다른 예이다.

협업 사례 연구 | 스코샤뱅크-캐비지(Scotiabank-Kabbage)

캐나다에서는 중소기업이 고용주의 97.9%를 차지한다.[01] 페이넷(PayNet)의 데이터에 따르면 2014년 캐나다 중소기업의 대출활동은 지속적으로 감소했으며[02] 캐나다 중소기업의 80% 이상이 대출을 확보할 신용기록이나 담보가 부족하다.[03]

중소기업이 GDP의 40%를 차지하는 경제의 중요한 엔진인 멕시코에서 중소기업은 비즈니스 프로필의 90% 이상을 차지한다.[04] 이 중 12%만이 금융기관에서 대출을 받았고 대출절차는 길고 수동적이다. 대출 검증 및 위험평가는 비대칭적이었고 은행이 더 큰 대출을 선호하는 경향과 함께 대부분의 소기업 소유자는 대출 없이 방치된다. 은행가의 입장에서 보면 연간 수입이 20만 달러 미만인 기업 소유주에게 대출을 제공하는 것은 효율적이지 않았다. 비즈니스 검증, 대출 승인 및 대출 채점비용도 어마어마하다.

캐비지(Kabbage)[05]와 스코샤뱅크(Scotiabank)[06]의 2016년 은행-핀테크 파트너십[07]은 은행 배송의 금융혁신 사례이다. 그것은 전통적으로 목표로 삼지 않았던 시장 부문인 소규모 비즈니스 고객 부문에 서비스를 제공한다.[08] 보조 플랫폼을 배치하거나 신제품을 개발하지 않고 소상공인에게 대출을 제공하는 것은 초기 단계이다. 은행에서 추가 투자를 하지 않았으며 새로운 제품도 설계하지 않았다. 스코샤뱅크는 프로젝트에 기존 소기업 소유자 계정을 사용한다. 캐비지 비즈니스 모델의 원활한 고객 경험과 자동화된 의사결정을 활용하여 은행의 소규모 비즈니스 고객을 신용 한도 내로 끌어들였다. 사업 대출, 급여 대출, 신용 한도 또는 가맹점 현금 서비스 신청이 몇 분 이내에 승인되어 소기업 소유자 부문에 영향을 미쳤다. 캐비지 플랫폼은 신용 평가 작업을 위해 고급 메트릭, 소셜 미디어 분석 및 FICO의 오리지내이션 관리자 의사결정모듈(Origination Manager Decision Module)을 사용한다.[09]

이 자동화된 위험평가는 30개의 서로 다른 데이터 소스에서 수집한 데이터와 대출 위험 제거를 극대화하기 위한 50개의 서로 다른 모델로 추가로 보완한다. 은행은 전용 상환조건에 대해 캐비지 채점 시스템을 사용한다. 플랫폼 파트너십은 캐나다에 기반을 둔 국제은행으로서는 업계 최초이다.[10] 그것은 캐비지의 제품을 출시하기 위해 특별히 구현되었다.

자동 대출, 은행 제품에 브랜드를 다시 지정하지 않고[11] 기업을 위한 스코샤뱅크 패스트라인(Scotiabank Fastline for Business)[12]으로 공동 브랜딩된다. 이 계획은 중소기업 부서를 위한 스코샤뱅크의 첫 번째 디지털 제품이다.[13] 은행이 소규모 기업 대출 솔루션의 모든 브랜딩에 캐비지 이름을 사용하지는 않았지만 모든 보도자료에서 Scotiabank for Business가 Kabbage® 대출을 기반으로 한다고 명시적으로 언급한다. 은행은 대출 제공을 위한 사전 승인 계정을 쉽게 설정할 수 있도록 소기업 은행 프로필을 조정한다. 즉 제품 맞춤화는 수행되지 않는다. 핀테크 플랫폼이 은행에 기술 라이선스를 부여함에 따라 API 제품군은 스코샤뱅크의 기존 백엔드에 직접 통합되는 동시에 고객 경험을 위해 프론트엔드에서 동화된다. 이 사례는 은행이 처음부터 디지털 솔루션을 구축하는 대신 핀테크 스타트업과 파트너십을 맺은 사례이다.

캐비지의 데이터와 기술 지원을 사용하여 중소기업 대출 운영에 대한 향후 계획을 추진한다. 스코샤뱅크는 멕시코의 출시시장에서 120,000명 이상의 비차입 소기업 고객을 보유하고 있다. 그들은 20억 캐나다 달러의 예금을 가지고 있었지만 대출은 제한적이다. 자동화된 대출 형식을 통해 은행은 캐나다와 멕시코의 중소기업에 대한 대출 프로그램을 단계적으로 진행할 수 있다.

파트너십을 통해 은행은 비즈니스용 스코샤 러닝 스타트(Scotia Running Start)를 통해 소규모 비즈니스에 전용 신용 한도를 구축하게 된다.[14] 캐비지는 자본을 구하는 기업에 대한 귀중한 데이터를 은행에 제공했으며 플랫폼 온보딩을 돕도록 훈련된 직원도 제공한다. 최근 몇 년 동안 대체 대출이 높은 성장 영역으로 여겨지면서 스코샤뱅크-캐비지 파트너십 모델은 중소기업 대출에 혁신을 가져왔다. 선도적인 은행과 핀테크 플랫폼의 힘이 결합하여 은행의 기존 인프라와 대출에 대한 신속한 평가 및 제재를 위한 디지털 대출 플랫폼이 결합되었다.

NOTES

01 Government of Canada (2016) Key small business statistics [online] https://www.ic.gc.ca/eic/site/061.nsf/eng/h_03018.html (archived at https://perma.cc/4NY8-Z5G5)

02 Innovation, Science and Economic Development Canada (2016) Key Small Business Statistics, June 2016 [online] https://www.ic.gc.ca/eic/site/061.nsf/425f69a205e4a9f48525742e00703d75/0084a61ef063217785257fcb0042d60b/$FILE/KSBS-PSRPE_ June-Juin_2016_eng.pdf (archived at https://perma.cc/5RFU-LFQG)

03 Cision (2016) Scotiabank and Kabbage partner to provide small business customers with a new, streamlined digital lending experience [online] https://www.prweb.com/releases/2016/06/prweb13505107.htm (archived at https://perma.cc/YZM3-Y7SJ)

04 Scotiabank (nd) News releases [online] https://scotiabank.investorroom.com/index.php?s=43&item=53 (archived at https://perma.cc/T8RL-T6SN)

05 Marous, J (2016) How small banks can partner with fintech firms, *Financial Brand* [online] https://thefinancialbrand.com/58829/small-community-banking-partnership-fintech/ (archived at https://perma.cc/D522-PDDP)

06 https://www.kabbage.com/ (archived at https://perma.cc/Y55S-37LF)

07 https://www.scotiabank.com/global/en/global-site.html (archived at https://perma.cc/35HQ-UUVH)

08 https://www.strategyand.pwc.com/media/file/Small_Business_Growth.pdf (archived at https://perma.cc/L3B4-S9RR)

09 Jackson, B (2016) How Kabbage knows if it can lend you $100,000 in just seven minutes, *itbusiness.ca* [online] https://www.itbusiness.ca/news/how-kabbage-knows-if-it-can-lend-you-100000-in-just-seven-minutes/78573 (archived at https://perma.cc/A33V-7J5R)

10 Scotiabank (nd) News releases [online] https://scotiabank.investorroom.com/index.php?s=43&item=53 (archived at https://perma.cc/T8RL-T6SN)

11 Muhn, J (2016) Kabbage and Scotiabank ink partnership, *Finovate* [online] https://finovate.com/kabbage-scotiabank-ink-partnership/ (archived at https://perma.cc/DKJ4-N5NG)

12 Scotiabank (nd) Scotiabank Fastline for business Credit Agreement [online] http://www.scotiabank.com/eExprienceTC/NPA/EN/LOANTC/tc.pdf (archived at https://perma.cc/N6E8-NTT5)

13 Scotiabank Business Centre [online] https://www.scotiabank.com/ca/en/small-business.html (archived at https://perma.cc/2TAX-A7TX)

14 Scotiabank Running Start for Business tool [online] https://dmts.scotiabank.com/tools/runningstart/Eng/Index.html (archived at https://perma.cc/UC7K-D8HK)

요약

따라서 이 장에서 핀테크가 실제로 주요 금융 아키텍처의 일부가 되고 있음을 분명히 해야 한다. 이 기술에 대한 발전으로 핀테크는 분명히 존재하고 앞으로 몇 년 동안 실제로 확장될 것이다. 아마도 핀테크의 새로운 사실의 가장 흥미로운 측면은 핀테크기술이 금융 시스템의 여러 영역에 영향을 미치는 다양성과 다원성일 것이다.

참고문헌

Bajkowski, J (2018) ANZ CEO says robots can't replace bankers, *ITNews*, 22 October [online] https://www.itnews.com.au/news/anz-ceo-says-robots-cant-replace-bankers-514312 (archived at https://perma.cc/29RA-PWZP)

Bhakta, P (2018) The UPI bandwagon: banks to partner with fintech start-ups, *India Times*, 1 June [online] https://economictimes.indiatimes.com/small-biz/start-ups/newsbuzz/standing-on-the-shoulders-of-start-ups/articleshow/64410422.cms (archived at https://perma.cc/87DG-273B)

CitiBank (2016) Citi launches innovative analytical tool to help institutions optimize banking connectivity and automate and digitize treasury and shared service center operations [online] https://www.citibank.com/tts/about/press/2016/2016-1107.html (archived at https://perma.cc/3GJH-44QP)

CityAM (2019) London Stock Exchange Group leads $20m Nivaura funding round [online] https://www.cityam.com/london-stock-exchange-group-leads-20m-nivaura-funding-round/ (archived at https://perma.cc/QZG5-R6DU)

CommonBond (2015) Marketplace lending in 2015: from the margins to the mainstream, 7 November [online] https://www.commonbond.co/post/marketplace-lending-in-2015-from-the-margins-to-the-mainstream (archived at https://perma.cc/U93J-NZ2T)

Funding Circle (2015) RBS partners with Funding Circle to support thousands of UK businesses, 22 January [online] https://www.fundingcircle.com/blog/press-release/rbs-partners-funding-circle-support-thousands-uk-businesses/ (archived at https://perma.cc/N4QT-MMHV)

Hackathon.com (2019a) SGEF Digital Factory presents: Defrag the Dinosaur

Hackathon 2019 [online] https://www.hackathon.com/event/defrag-the-dinosaur-5c61ac16ad437b001b288324 (archived at https://perma.cc/Q7J9-2KBK) Hackathon.com (2019b)

Hackgrid [online] https://www.hackathon.com/event/hackgrid-5c78254da4bcbd001bded35c (archived at https://perma.cc/F44GSFB5)

Henry, Z (2018) Research suggests Brexit has had little impact on UK companies, Inc. [online] https://www.inc.com/zoe-henry/forget-brexit-uk-start-up-investment-rises..html (archived at https://perma.cc/6LSM-ZCDX)

JP Morgan Chase & Co (2018) Tips for fintech start-ups on partnering with banks [online] https://www.jpmorganchase.com/corporate/news/stories/acarson-tips-fintech-start-ups.htm (archived at https://perma.cc/N3SV-ETA3)

LendingClub (2019) Banks and LendingClub [online] https://www.lendingclub.com/investing/institutional/banks (archived at https://perma.cc/3GLW-UX4L)

Miller, R (2015) Wall Street-backed symphony wants to revolutionize financial services communication, *TechCrunch* [online] https://techcrunch.com/2015/02/21/wall-street-backed-symphony-wants-to-revolutionize-financial-services-communication/ (archived at https://perma.cc/DT8U-FLR9)

PwC (2017) PwC: 82% of banks, insurers, investment managers plan to increase FinTech partnerships; 88% concerned they'll lose revenue to innovators [online] https://www.pwc.com/bb/en/press-releases/fintech-partnerships.html (archived at https://perma.cc/C93B-N9SE)

World Economic Forum (2018) White paper: collaboration between start-ups and corporates, A practical guide for mutual understanding, 19 January [online] https://www.weforum.org/whitepapers/collaboration-between-start-ups-and-corporates-a-practical-guide-for-mutual-understanding (archived at https://perma.cc/4M2W-K3QX)

Chapter

05

혁신을 주도하는
신흥시장

Chapter

05 혁신을 주도하는 신흥시장

신흥시장은 항상 파괴적인 기술로 우위를 점해 왔다. 시장의 전통적인 은행에는 레거시(legacy) 시스템이 없고 전화 및 소셜 미디어의 높은 채택률과 함께 아프리카, 아시아 및 라틴아메리카 국가는 세계에서 가장 인상적인 핀테크혁신을 주도한다. 즉 부문의 발전에 중요한 역할을 하고 있다. 소비자는 기술 사용에 대한 교육을 받을 필요가 없다. 그들은 전통적인 은행 방식을 건너뛰고 소셜 미디어 친화적인 파괴적인 기술로 직접 이동하여 기본 휴대전화 앱이나 트위터를 통해 친구에게 돈을 빌리는 데 매우 익숙하다. 신용카드나 직불카드를 사용하지 않도록 재교육할 필요가 없다. 그들은 현금 사용에서 모바일 지갑 및 앱 기반 뱅킹으로 기하급수적인 속도로 전환하고 있다.

신흥국이 핀테크를 잘하는 이유는?

멕시코, 인도, 한국, 터키, 케냐, 인도네시아와 같은 국가가 일부 더 성숙한 은행시장에 비해 혁신을 잘 수행하는 데에는 몇 가지 이유가 있다.

레거시 뱅킹 시스템이 부족

유럽과 미국의 은행들은 1980년대부터 복잡한 코어뱅킹 시스템과 고객관리 시스템을 도입해 시스템을 혁신해 온 반면, 신흥국 은행들은 대부분 2000년대에 들어서야 유사한 혁신을 시작했다. 전환 당시 레거시(legacy) 시스템과 메인프레임이 없었기 때문에 이들 국가의 은행은 모든 접점에서 탁월한 고객 경험을 제공하는 매우 혁신적이고 소셜 미디어적인 빅데이터 친화적인 시스템을 구현할 수 있다. 이러한 변화의 한가운데에 등장한 핀테크는 이러한 은행의 핵심 시스템에 대한 의사결정에 쉽게 통합될 수 있다.

스마트폰 보급률과 인터넷 비용

싱가포르, 한국, 대만, 말레이시아와 같은 국가는 스마트폰 보급률이 70% 이상인 반면(Burnmark, 2016), 필리핀, 인도, 브라질과 같은 국가는 스마트폰 보급률이 낮지만(40% 미만), 휴대전화 보급률은 매우 높다. 이 인구는 기술에 능통하고 커뮤니티에서 가장 많이 사용되는 장치인 휴대폰을 통해 삶을 더 쉽게 만들어 주는 앱이 필요하다. 이 국가들은 또한 모바일 기반 인터넷 액세스 비용이 매우 저렴하다. 인도는 1GB의 모바일 데이터에 0.3달러, 칠레는 1.9달러이다(cable.co.uk, 2019).

은행에 대한 낮은 신뢰

몇몇 신흥 국가는 심각한 경제위기를 경험했거나 국민들이 경험한 열악한 고객 서비스로 인해 전통적인 은행 시스템에 대한 신뢰가 없다는 공통된 특징을 가진다. 멕시코, 말레이시아, 한국과 같은 국가는 은행 설립에 대한 불신이 낮거나 중간 정도이다.

비은행 수준

은행을 이용하지 않는 인구가 많다는 것은 국가에서 현금 사용이 많다는 것을 나타내며, 이는 정부와 개인을 위한 통화 투명성 부족, 열악한 자금관리 옵션 및 도난 또는 손실 가능성이 높음을 나타낸다. 기술은 소말리아, 나이지리아, 콜롬비아와 같은 국가에서 현금을 없애고 은행이 없는 인구에게 자금관리에 관한 우수한 교육 및 접근을 제공하기 위해 환영받고 있다.

은행 부족 수준

인도와 인도네시아와 같은 국가는 은행이 없는 인구에도 불구하고 상당히 잘 정립된 전통적인 은행 인프라를 가지고 있지만 중소기업, 기업가, 프리랜서 및 빠르게 증가하는 중산층 인구와 같은 틈새그룹에 적절하게 서비스를 제공하지 못하고 있다.

아프리카

아프리카는 하나의 동질적인 지역이 아니라 아프리카의 여러 국가 핀테크 투자와 스타트업 진출 모두 괄목할 만한 성장을 보이고 있다. 아프리카에서 핀테크의 성장은 헬스테크, 에드테크 및 리테일테크와 같은 다른 부문을 포함하여 아프리카 대륙의 일반적인 기술 급증을 나타내고 있다. 핀테크는 인구의 17%만이 은행 계좌를 가지고 있는 아프리카 대륙에서 특히 성공적이었다. 이러한 환경에서 핀테크 서비스의 가치는 분명하며 2017년에는 아프리카 신생기업이 모은 자금의 30% 이상이 핀테크 영역에 있다. '디스러프트 아프리카(Disrupt Africa)'(Letsebe, 2018)의 수치에 따르면 작년에 벤처자금은 51% 증가하여 1억 9,500만 달러에 이르렀다.

아프리카에서 성공적인 핀테크 스타트업의 많은 사례가 있으며 기업이 경제적 및 사용자 침투를 달성하고 있는 여러 영역이 있다. 엠페사(M-pesa)는 은행이 거의 없는 아프리카 대륙의 10개국에서 모바일 결제 시스템이 이미 3,000만 명의 사용자를 자랑하는 가장 성공적인 회사 중 하나이다. 모바일 머니가 정착되면서 아프리카는 모바일 머니가 해당 지역의 은행 계좌를 넘어선 선구자로 자리잡았다. 사하라 사막 이남의 아프리카는 GDP 거래의 10%가 모바일 결제를 통해 발생하는 세계 유일의 지역이다(Sy, 2019).

핀테크는 아프리카에서 상당한 경제적 영향을 미칠 뿐만 아니라 많은 국가가 상대적으로 소수의 산업 부문에 의존하는 미래에 아프리카 대륙의 구조적 발전에 여전히 상당한 영향을 미칠 수 있다. 이것은 거의 확실히 아프리카의 경제적 잠재력에 상당한 영향을 미칠 것이다.

그리고 계속되는 분위기로 인해 은행이 없는 아프리카인의 금융상품에 접근할 수 있는 수를 증가시키는 결과를 가져올 것이다. 예를 들어, 현재 3,700만 명의 케냐인이 문자 가능 휴대전화를 소유하고 있는데, 이는 ATM의 수를 훨씬 초과한다(Ramadan, 2018). 이는 케냐와 같은 아프리카 국가에서 모바일 머니 및 지갑 솔루션을 제공하는 회사가 실제로 자금관리기술의 보상을 받을 수 있음을 의미한다. 2020년까지 사하라 사막 이남 아프리카에서 5억 2,500만 대의 스마트폰이 예상된다(Ramadan, 2018). 혁신가와 소비자 모두에게 이러한 기회는 확대될 것이다.

아프리카에서 핀테크의 잠재력이 점점 높아짐에 따라 핀테크에 참여하는 주류 금융기관의 수도 증가하고 있다. 예를 들어, 스탠다드차타드(Standard Chartered)는 이미 케냐 및 더 넓은 아프리카 지역의 핀테크와 협력하기 위한 플랫폼 역할을 하는 아프리카 혁신 연구소를 출범했다. 스탠다드차타드는 싱가포르와 홍콩에 다른 연구소를 두고 계속해서 신흥 경제국에 전략적으로 투자하고 있다. 실제로 스탠다드차타드 케냐의 최고경영자인 카리우키 니가리((Kariuki Ngari)는 이 회사를 '커넥터 뱅크'로 표현하며 "고객, 시장 및 제품을 네트워크로 연결하고 가장 빠르게 성장하는 일부 시장에서 전 세계적으로 무역 및 투자를 촉진"하는 방법을 모색하고 있다고 밝혔다(Standard Chartered, 2019).

마스터카드 인게이지(Mastercard Engage)는 주요 금융 부문 업체가 아프리카의 핀테크와 파트너십을 맺어 이 지역의 파트너십 기회를 확대한 또 다른 예이다. 나이로비와 라고스에서 처음 시작된 인게이지(Engage)는 디지털 결제기술 생태계를 구축하고 시장 출시 속도를 높이는 데 도움이 되는 글로벌 파트너십 및 개발 프로그램이다. 아프리카에서 이 계획을 채택한 것은 주요 금융 주체가 아프리카 대륙에서 핀테크 개발을 얼마나 진지하게 받아들이고 있는지를 보여준다.

아프리카의 모바일 지갑 성공 사례 | 케냐의 엠페사(M-pesa)

케냐의 빈곤율은 개발도상국에서 가장 높은 편에 속한다. 2007년 국가 빈곤율은 45%로 추산된다.[01] 경제구조는 급속하게 확장되는 비공식 부문과 정체된 제조업 부문으로 이루어진 농업이다.[02] 부의 분배와 빈곤 수준의 불평등이 매우 높았으며 인구는 대부분 가난하고 농촌인구이다. 인구의 55% 이상이 케냐의 빈곤선 이하에서 살고 있으며 58%는 하루 2달러 미만[03]으로 생활하고 있다. 대부분의 시민들은 은행 계좌가 없었고 중소기업은 신용이나 대출을 이용할 수 없다. 은행은 계좌에 돈이 거의 없는 가난한 사람들에게 서비스를 제공하는 것이 불가능했기 때문에 은행 네트워크가 시골 지역으로 침투하지 못했다. 이 시나리오에서 모바일 장치의 통합 계정을 통해 소액 결제기능을 갖춘 엠페사(M-pesa)의 진입은 빈곤층과 은행 서비스를 받지 못하는 사람들을 위한 솔루션으로 떠올랐다. 소기업은 모바일 지갑을 통해 엠페사 송금 서비스 및 대출을 사용할 수 있다.

2007년 케냐 모바일 네트워크 운영자 사파리콤(Safaricom)이 출시한 엠페사는 아프리카의 모바일 지갑 및 소액 금융 성공 사례이다. 그것은 전통적으로 무시되었던 시장 부문, 즉 은행이 없는 개인과 중소기업에 서비스를 제공한다. 또한 이 사례 연구에서는 케냐에서 시작된 모바일 뱅킹 서비스가 모바일 지갑 환경이 경쟁이 치열한 인도[04]를 비롯한 여러 다른 국가로 영역을 확장한 방법을 살펴본다. 소액 송금을 위해 개발된 초기 프로토타입은 이후 부가가치 제안인 소액 금융으로 재배치된다. 파일럿 출시에는 사용자 간에 소액 송금을 문자로 보내는 간단한 메커니즘이 있었다.

에이전트, 방송 재판매 및 소매점 네트워크가 사용자에게 서비스를 제공했으며 사용자는 PIN 보안 문자 메시지를 사용하여 돈을 입금하고 결제할 수 있다. 송금 및 출금에 약간의 수수료가 부과된다. 이 모델의 성공으로 인해 해외송금, 대출, API를 통한 제3자 통합, 시설 및 공급업체 파트너십과 같은 새로운 서비스가 점진적으로 도입되었다. 지리적 범위는 탄자니아, 남아프리카, 모잠비크, 레소토, 이집트, 아프가니스탄, 인도 및 루마니아로 확대되었다. 2019년 3월 기준으로 가입자는 3,000만 명을 넘었다.

모바일 지갑 지원 금융 서비스인 엠페사 모델이 케냐와 같은 저개발 지역에서 '사회적' 역할을 한다는 점에서 독특하다. 이는 재정적 탄력성을 부여하고, 결과적으로 장기적인 빈곤 감소, 성장 및 여성 권한 부여의 원동력이 된다. 모바일 머니의 보급으로 가계의 2%가 빈곤선을 넘어섰다.[05] 가난한 지역과 농촌 지역에 서비스를 제공할 수 없기 때문에 전 세계의 은행가들이 항상 무시해 왔던 시장 부문을 목표로 삼았다. 사례 연구는 모바일 지갑이 도입된 케냐 및 기타 아프리카 국가에서 더 큰 재정적 통합을 가능하게 했기 때문에 독특하다.[06] 케냐에서 출시된 이후 1인당 일일 소비 수준은 6% 증가했다. 일반적으로 2차 소득자인 여성은 모바일 머니 서비스를 통해 권한을 얻었다. 약 185,000명의 여성이 농업에서 사업으로 옮겨 재정적으로 독립했다.[07]

피라미드 바닥에 대한 초점은 케냐인의 삶을 변화시켰고, 그럼에도 불구하고 경제 성장의 핵심을 형성하는 전통적으로 무시된 사회계층의 지배에 초점을 맞추었다. 엠페사 사례 연구는 피라미드의 바닥에 서비스를 제공하는 것이 핀테크 운영의 상업적 실행 가능성에도 도움이 될 수 있음을 입증했다.[08]

엠페사의 연간 매출은 작년보다 18.2% 증가한 8억 8,933만 달러를 기록했다. 쉽고 안전하게 돈을 보관하면, 특히 여성에게 더 나은 재정관리와 저축으로 이어지며 이는 엠페사가 입증했다.

소액결제는 사회와 경제의 가장 광범위한 영역에 기여하기 때문에 경제 성장의 핵심이다. 금융 서비스의 디지털화는 소기업을 위한 긍정적인 생태계를 가능하게 했으며 케냐 시골 구석구석을 덮는다. 소외된 개인, 기업가, 중소기업 소유자는 공식 경제에 통합되어 혜택을 받는다. 반대로 은행과 정부는 소외계층을 공식 경제에 통합함으로써 이익을 얻는다. 기존의 은행 업무에 접근할 수 없었던 가난한 고객과 소규모 사업주는 이제 공식 금융 시스템의 일부가 된다.

NOTES

01 Kenya National Bureau of Statistics (2007) Basic report on well-being in Kenya [online] http://catalog.ihsn.org/index.php/catalog/1472/download/42105 (archived at https://perma.cc/9V4Z-NRBF)

02 Arndt, C, McKay, A and Tarp, F (2016) Growth and poverty in sub-Saharan Africa, *Oxford Scholarship Online* [online] https://www.oxfordscholarship.com/view/10.1093/acprof:oso/9780198744795.001.0001/acprof-9780198744795-chapter-15(archived at https://perma.cc/H7SK-4FVD)

03 Library of Congress (2007) Country profile ? Kenya [online] https://www.loc.gov/rr/frd/cs/profiles/Kenya.pdf(archivedat https://perma.cc/BRZ3-T6ZN)

04 Sen, S (2014) Inclusion by mobile, *Business Today* [online] https://www.businesstoday.in/magazine/case-study/case-study-vodafone-mpesa-mobile-cash-transfer-service-future/story/211926.html (archived at https://perma.cc/MNK4-8T7L)

05 Matheson, R (2016) Study: mobile-money services lift Kenyans out of poverty, *MIT News* [online] http://news.mit.edu/2016/mobile-money-kenyans-out-poverty-1208 (archived at https://perma.cc/2ZGQ-B3H7)

06 Adams, T (2018) Why financial inclusion matters (blog post) *Center for Financial Inclusion* [online] https://www.centerforfinancialinclusion.org/why-financial-inclusion-matters/(archived at https://perma.cc/E9CE-M5YF)

07 Jack, W and Tavneet, S (2011) Mobile money: the economics of M-pesa [online] http://faculty.georgetown.edu/wgj/papers/Jack_Suri-Economics-of-M-PESA.pdf (archived at https://perma.cc/JU5Y-DH94)

08 Monks, K (2017) M-pesa: Kenya's mobile money success story turns 10, *CNN* [online] https://edition.cnn.com/2017/02/21/africa/mpesa-10th-anniversary/index.html (archived at https://perma.cc/CW2D-UBUY)

아시아

아시아에서는 바레인과 UAE, 인도, 인도네시아, 중국에 이르는 국가에 걸쳐 동질성이 훨씬 더 적다. 그러나 이것은 핀테크의 진화가 극적이고 지속적인 영향을 미친 또 다른 지역이다. 당연히 이 기술 중심의 대륙은 핀테크 발전에 기여하기에 특히 적합하며 아시아 내 여러 국가가 이를 달성한다. 아시아는 결제 및 전자상거래에서 핀테크 제품을 채택하는 데 앞장서 왔다.

지구상에서 가장 인구가 많은 두 국가가 포함되어 있다는 사실이 이 프로세스에 상당한 영향을 미쳤으며 중국과 인도의 설문조사에 따르면 인터넷에 연결된 성인 소비자의 절반 이상이 정기적으로 핀테크 서비스를 사용하여 핀테크를 성숙한 핀테크로 만들었다. 이 두 국가는 10억 명이 넘는 사용자가 있는 시장이다. 중국 응답자의 80% 이상이 모바일 송금 및 결제 시스템을 사용한다고 응답했으며, 이러한 소비자 중심 핀테크가 대규모 시장 침투를 달성할 수 있는 지역이다. 그러나 중국과 인도 소비자의 약 절반이 핀테크 보험상품에 접근했다고 응답하는 등 아시아 핀테크 경험에는 고유한 다양성이 존재한다.

핀테크 스타트업을 위한 자금은 2018년 내내 계속해서 빠르게 증가했으며 사모펀드와 전략적 투자자 모두 이 분야에 관심을 보인다. 그 해에 120억 달러가 벤처캐피탈 지원 핀테크에 투자되었으며 이 중 1/3 이상이 아시아에 기반을 둔 회사에 투자되었다.

한편, 최소 10억 달러 가치의 벤처캐피탈 지원 민간기업인 중국의 투안다이왕(Tuandaiwang), 통둔테크놀로지(Tongdun Technology), 51신용카(51Xinyongka), 루닷컴(Lu.com), 인도의 정책바자회(Policybazaar) 및 페이티엠(Paytm) 등 6개의 핀테크 유니콘이 아시아에 기반을 두고 있다.

사례 연구 | 아시아 모바일 지갑 성공 사례: 페이티엠(Paytm)

페이티엠(Paytm)이 출시되기 전인 2010년 인도의 인터넷 사용자 기반은 5,100만 명이었으며 도달 범위는 10%였고 인터넷 사용자 4명 중 1명이 모바일 액세스를 사용했다.[01] 2010년 스마트폰 대수는 850만 대를 넘어선다. 인터넷 사용과 시장 침투가 증가함에 따라 전자상거래 트렌드가 시작되었고, m-커머스의 출현은 당연했다. 페이티엠은 선불전화 충전을 용이하게 하기 위해 증가하는 휴대전화 사용량을 활용한다. 생활편의성 향상을 위한 부가 서비스를 추가하여 폭넓은 가입자 망을 확보했다. 결제지갑은 온라인 결제 게이트웨이 및 디지털 지갑으로 확장했다.

2016년 인도 정부의 화폐화 운동의 여파로 전화요금과 공과금에서 모바일 상거래에 이르기까지 모든 서비스에 대한 지불 시스템이 되었다. 페이티엠은 인도의 전자상거래 결제 시스템이자 디지털 지갑 성공 사례이다. 그것은 높은 현금 기반 경제와 전통적으로 밝혀지지 않은 시장 부문인 소액 결제 사용자에게 서비스를 제공했다. 이 사례 연구에서는 전자 결제 플랫폼으로 시작한 모바일 결제 서비스가 다양한 가맹점 서비스, 모바일 충전, 공과금 결제, 여행 및 엔터테인먼트 예약, 파트너 기관과의 매장 내 결제를 포함하도록 확장된 방법을 이용했다.

모바일 충전 플랫폼용으로 개발된 초기 프로토타입은 이후 모바일 앱과 QR 코드를 모두 사용하여 여러 서비스를 제공하는 모바일 지갑으로 재포지셔닝된다. 페이티엠은 모바일 충전으로 시작하여 점차적으로 청구서 결제, 버스 티켓, 전자상거래, 결제 게이트웨이, 거래 및 쿠폰을 포함하도록 확장된다. 고객은 페이티엠 앱을 통해 신용카드 및 직불카드 결제 및 은행 송금을 할 수 있다. 10개 지역 인도 언어로 된 '비즈니스에 대한 페이티엠(Paytm for Business)' 앱을 통해 현지 판매자 파트너는 결제를 추적하고 일일 결제를 할 수 있다. 판매자는 페이티엠, UPI 및 카드 결제를 0% 요금으로 은행 계좌로 직접 수락했다.

2019년 5월 기준 가맹점 기반은 1,200만 가맹점[02]으로 시장점유율의 60%[03]를 차지했다. 오늘날 1억 건 이상의 앱 다운로드가 있는 페이티엠 모델의 성공 스토리는 끊임없이 진화하는 서비스 제공에 달려 있다. 개인, 소기업, 상인, 유틸리티, 여행 및 엔터테인먼트 플랫폼까지 사용자 기반을 확장했다. 모바일 뱅킹 분야는 페이티엠 골드세이빙플랜(Paytm Gold Savings Plan) 및 골드기프팅(Gold Gifting)과 같은 소규모 투자 계획으로 확장했다. 결제은행은 서비스를 받지 못하고 서비스를 받지 못하는 5억 명의 인도인에게 은행 및 금융 서비스를 제공한다. 온라인 결제에는 유지관리비용이 없지만 각 거래에 대한 수수료가 있다. 페이티엠몰(Paytm Mall) 앱을 통해 소비자는 페이티엠 인증 마켓플레이스에 액세스할 수 있다.

페이티엠의 지불 탈중개화 모델은 빠른 속도로 진행되는 다양한 결제 및 지갑 서비스로의 다각화를 도왔다. 현금 거래에 대한 손쉬운 모바일 기반 대안을 제공하는 데 중점을 둔 덕분에 신뢰할 수 있는 결제 플랫폼이 되었다. 교육비, 공과금 및 세금까지 지불함으로써 이 모델은 생활의 편의성을 제공했다. 소비자와 마케터 모두를 위한 모바일 애플리케이션에서 사용하기에 편리하고 안전하며 보안이 강화되어 인도 경제에서 변화의 원동력이 되었다.[04] 통합 대시보드[05] API는 모든 거래를 원활하고 즉각적이며 현금 없이 처리했다.

이 사례 연구는 수익이 사용자로부터 발생하는 것이 아니라 에스크로 계정, 광고, 구독 및 판매자로부터 판매 수수료에서 받은 이자에서 발생한다는 점에서 독특하다.[06] 광범위한 소비자 기반과의 강력한 파트너십은 광고 캠페인 없이도 사용자 기반을 늘릴 수 있음이 입증된다. 인도 철도, 택시 통합업체, 여행 및 엔터테인먼트회사와의 파트너십은 디지털 지갑의 롤 모델이 된다. 모바일 플랫폼의 높은 신뢰 등급과 은행 시설을 포함한 다양한 서비스로 인해 인도 전역의 모바일, 전자지갑 및 상거래에 널리 퍼진 플랫폼이 되었다. 이는 결제 분야에 혁명을 일으킬 뿐만 아니라 '디지털 인도'와 현금 없는 경제에 대한 인도 정부의 추진을 보완하고 있다.[07]

사례 연구에 따르면 디지털 결제를 주류화하면 금융 포용성을 높이고 블랙 머니의 위협에 맞서 싸울 수 있다.

NOTES

01 India Microfinance (2010) India online landscape 2010 internet usage statistics for India [online] https://indiamicrofinance.com/india-online-landscape-2010-internet-usage-statistics-india.html (archived at https://perma.cc/7MGC-KTCM)

02 Economic Times (2019) Paytm dominates UPI merchant payment segment with 60% share [online] https://economictimes.indiatimes.com/small-biz/start-ups/newsbuzz/paytm-dominates-upi-merchant-payment-segment-with-60-share/articleshow/69724483.cms?from=mdr (archived at https://perma.cc/SF85-A95U)

03 Livemint (2019) Paytm dominates UPI merchant payment segment with 60% share [online] https://www.livemint.com/companies/start-ups/paytm-dominates-upi-merchant-payment-segment-with-60-share-1560160951172.html (archived at https://perma.cc/NJ3G-QNBF)

04 NazimSha, S and Rajeswari, M (2018) A study on Paytm services in promoting cashless economy after demonetization in India and an outline on its support towards making India digital, *International Journal of Pure and Applied Mathematics* 119 (7) [online] https://www.researchgate.net/publication/324994017_A_Study_On_Paytm_Services_In_Promoting_Cashless_Economy_After_Demonetization_In_IndiaAnd_An_Outline_On_Its_Support_Towards_MakingIndia_

Digital (archived at https://perma.cc/DR5Z-GRLJ)

05 Delhi School of Internet Marketing (2015) Case study: Paytm, journey from mobile recharge to e-commerce market [online] https://dsim.in/blog/2015/05/08/case-study-paytm-journey-from-mobile-recharge-to-e-commerce-market/ (archived at https://perma.cc/7E5P-6HEN)

06 Sharma, H (2017) Pay through mobile: a case study on Paytm, *Academia.eu* [online] https://www.academia.edu/32150913/_PAY_THROUGH_MOBILE_A_CASE_STUDY_ON_PAYTM (archived at https://perma.cc/6J88-ARAZ)

07 NazimSha and Rajeswari (2018)

현금 없는 경제를 향한 움직임은 다른 대륙보다 아시아에서 더 빠르다. 아마도 혁신을 수용하려는 대륙 시민들의 문화적 의지 때문일 것이다. 중국의 수치에 따르면 제3자 결제 시스템과 디지털 거래로 인해 현금 이체가 급격히 감소하고 있어 현금 없는 사회가 거의 빠르게 진화하고 있다. 모바일은 이 과정에서 핵심적인 역할을 하며 중국의 모바일 거래규모는 2017년 120조 위안(174억 달러)에서 2020년 354조 위안으로 거의 3배 증가할 것으로 예상된다. 이미 중국에는 핀테크 귀족이 등장하고 있으며 틈새시장은 3개의 큰 제공업체가 장악하고 있다.

앤티파이낸셜(Ant Financial)의 알리페이(Alipay), 텐센트홀딩주식회사(Tencent Holding Ltd)의 텐페이(Tenpay) 및 차이나페이(ChinaPay)는 2017년 말까지 66%의 시장점유율을 달성했으며 다른 아시아 지역에 대한 투자도 증가하고 있다. 예를 들어, 홍콩의 핀테크 투자는 작년에 5억 4,600만 달러에 이르렀으며, 이는 불과 2년 전의 2억 1,600만 달러에서 크게 증가한 수치이다(Moroccan Trader, 2018). 모든 증거는 아시아가 핀테크 발전의 중요한 지역임을 가리키며 중국은 의심할 여지없이 이 분야에서 중요한 역할을 하고 있다. 가장 큰 핀테크산업 유니콘 중 4개는 세계에서 가장 인구가 많은 국가 출신이며 앞서 언급한 알리바바(Alibaba)는 총가치가 1,500억 달러가 넘는 세계에서 가장 큰 핀테크 유니콘이다.

인도는 특히 2016년 말 정부가 현금화 해제전략을 채택한 이후로 매우 빠르게 현금 없는 방식으로 전환하고 있다. 이는 중국과 인도에서 정기적으로 핀테크를 활용하는 사람들의 수에도 반영되고 있으며, 2017년 조사에 따르면 중국 인구의 69%와 인도 인구의 52%가 핀테크기술이나 제품의 형태를 사용한 적이 있는 것으로 나타냈다(Govind, 2018).

핀테크는 의심할 여지없이 영국, 미국 및 유럽 은행의 주요 경쟁자가 되지만 아시아에서는 훨씬 더 사실로 알려졌다. 실제로 기술 대기업은 아시아의 대형 은행에 대한 강력한 경쟁자이다. 결제 플랫폼을 통해 금융시장에 진출한 핀테크는 빅데이터를 활용하여 다양한 금융 영역으로 확장할 수 있는 기반을 마련하고 있다. 그리고 핀테크의 기술 기반에 도움이 될 아시아의 사회적, 정치적 분위기의 특정 측면이 있다. 특히 사회 신용점수의 중요성이 높아짐에 따라 아시아에서 금융 거래가 처리되는 방식에 영향을 미칠 것이다.

주요 핀테크업체는 성장하는 사회 신용 시스템의 정부 파트너로 설립되었고, 이것이 중국 사회에서 논란의 여지가 있는 측면임에는 의심의 여지가 없지만 앞으로 더 깊이 뿌리내리게 될 것이다. 이러한 추세는 다른 지역으로도 확대되고 있으며 싱가포르에 기반을 둔 신생기업인 렌도(Lenddo)는 현재 20개 이상의 국가에서 50개 이상의 주요 기관에 사회 신용점수를 제공하고 있다.

한편 금융기관과 소비자 모두가 보안을 강화하고자 하는 바람이 있으며, 이는 안면인식과 지문기술을 통해 이루어지고 있다. 안면인식은 2015년부터 이미 중국의 은행 현금 인출기에 설치되었으며 현재 중국 사회의 여러 측면에서 테스트되고 있다. 소매 구매부터 공항 탑승까지 모든 것이 관련된다. 인도에서는 지문과 홍채 스캐너가 이미 ID 카드를 대체했으며 11억 7,000만 명의 인도인이 아드하르(Aadhaar)로 알려진 정부 기반 ID 데이터베이스에 등록했다(Hays, 2017). 아드하르에 대한 일련의 개인정보 보호 문제와 구현에 대한 보안 문제에도 불구하고 이 ID 프로그램 덕분에 금융 서비스 및 유틸리티에 액세스할 수 있는 수십억 명의 삶을 변화시키는 엄청난 힘이 있다.

아시아에서 핀테크 혁신이 성장하는 또 다른 주요 요인은 기술이 급속하게 변화하는 영향을 미치고 있어 주요 은행들이 생존을 위해 개방형 협업에 의존하고 있다는 것이다. 전통적인 금융 부문 참여자들은 아시아에서 이것을 매우 빠르게 이해했으며 이미 광범위한 범위의 협업으로 이어지고 있다. 따라서 중국의 5대 은행 모두는 이미 핀테크 및 기타 기술 혁신자들과 협력하여 지속적인 파트너십을 구축하고 있다. 그러한 예 중 하나는 중국은행(Bank of China)과 함께 하는 텐센트(Tencent)의 작업이다. 두 금융 부문의 거물은 소매 은행 고객에게 인터넷뱅킹 및 자금조달 솔루션을 제공할 새로운 크라우드 플랫폼을 구축하고 있다.

아시아의 핀테크는 또한 대륙에 디지털 기반의 고도로 숙련된 인력을 보유하고 있다는 큰 이점을 가지고 있다. 특히 아시아 태평양 지역은 핀테크가 야기하는 재정적 혼란을 이해하고 수용하기에 이상적인 기술 졸업생을 보유하고 있어 운이 좋다. 점점 더 많은 젊은이들이 소비자와 고용 관점에서 혁신을 수용함에 따라 핀테크가 이 지역 전역으로 계속 확장되는 것은 거의 불가피해 보인다.

핀테크 도입 측면에서 다른 아시아 국가만큼 많이 언급되지 않는 아시아 국가는 일본이다. 이는 부분적으로 이 나라의 기술 채택문화가 인도와 중국보다 약간 더 신중하기 때문이다. 아마도 일본이 현대사회의 이러한 측면과 거의 본질적인 관계를 가지고 있기 때문에 소비자가 기술에 대한 기대가 높기 때문일 것이다. 그러나 일본에서 핀테크는 중국에 버금가는 총투자액임에도 불구하고 돌파구를 찾기 시작했다. 그럼에도 불구하고 2018년에는 핀테크에 대한 투자가치가 5배 증가하여 5억 달러를 초과했다(Accenture, 2019). 도쿄에 기반을 둔 모바일 결제 제공업체인 오리가미(Origami)는 일본에서 혁신과 성장을 주도하는 핀테크 스타트업의 한 예로 일본 내의 경험 많은 금융업체가 핀테크 신규 참여자와 협력하기 시작했다.

아시아가 전 세계적으로 핀테크를 주도하고 있다는 데는 의심의 여지가 없으며, 이 지역의 자금은 지난 2년 동안만 두 배 이상 증가했다. 아시아는 글로벌 핀테크 투자의 약 43%를 책임지고 있으며, 앞서 언급한 바와 같이 7대 핀테크 기업 중 6곳이 아시아에 기반을 두고 있다. 이 기술 중심의 대륙이 이 혁신적이고 중요한 기술의 성장에서 계속해서 거대하고 영향력 있는 역할을 할 것이 분명해 보인다.

라틴아메리카

멕시코와 함께 라틴아메리카의 여러 국가에서 대출, 지불 및 디지털뱅킹의 혁신을 신속하게 수용했다. 라틴아메리카의 핀테크활동은 이미 18개국으로 확산되었으며, 이는 탈중개화기술의 잠재력을 열광적으로 수용한 또 다른 지역이다.

미주개발은행과 피노비스타(Finnovista)에서 발행한 '라틴아메리카의 핀테크 2018: 성장과 통합(Fintech en América Latina 2018: Crecimiento y Consolidación)(Fintech in Latin America 2018: Growth and Consolidation)' 보고서에 따르면 2018년에 라틴아메리카 지역에서 1,066개의 핀테크 벤처가 확인되었으며, 이는 단 12개월 만에 66%의 놀라운 증가를 나타냈다(Finnovista, 2018). 그리고 이러한 핀테크 트렌드는 예상보다 늦은 성숙기에 이르렀다. 같은 보고서에 따르면 핀테크 벤처 3개 중 거의 2개가 이미 발전 단계에 있으며, 이는 이 지역의 성장 속도가 실제로 빨랐음을 나타낸다.

예상대로 라틴아메리카 경제 강국인 브라질은 총 380개의 스타트업으로 핀테크 분야를 지배하였고 다른 국가에서도 인상적인 수치를 기록했다. 멕시코 273명, 콜롬비아 148명, 아르헨티나 116명, 칠레 84명으로 핀테크가 지역에서 확대되면서 브라질에 이어 뜨거운 인기를 누리고 있다.

그리고 많은 라틴아메리카 핀테크 제공업체가 이미 이 지역 너머를 바라보고 있다는 사실만큼 이러한 확장과정의 명백한 징후는 없다. 라틴아메리카의 핀테크회사 3곳 중 1곳은 이미 본국의 국경 너머로 사업을 확장했으며 라틴아메리카의 모든 국가에서 이니셔티브를 확인할 수 있었다.

실제로 IDB의 연결성, 시장 및 재무 부문 책임자인 후안 안토니오 케터러(Juan Antonio Ketterer)는 "(라틴아메리카에서) 국제화 추세가 증가하고 있다. 이것은 기업가들이 보고 있는 기회를 보여주지만 동시에 지역 차원에서 대화와 화합을 강화하는 것의 중요성을 보여준다"(IADB, 2019)라고 언급했다.

전 세계적으로 핀테크가 널리 퍼져 있는 것처럼 결제 및 송금은 라틴아메리카의 기술 발전에 중요한 역할을 했다. 지역에서 확인된 계획 중 24%가 이 부문에 집중되었으며 대출도 핀테크 영역의 주요 부분이다. 그러나 라틴아메리카에서도 디지털 은행이 생겨났고 신용점수, 신원(identity) 확인 및 사기 방지기능이 급격히 증가했다.

핀테크가 라틴아메리카 금융 현장의 일부가 되면서 벤처캐피탈이 자리를 잡고 주목받기 시작했다. 시장이 성숙기에 대한 설득력 있는 신호를 보여줌에 따라 최근 몇 달 동안 라틴아메리카 핀테크에 기록적인 수준의 투자가 쏟아졌다. 라틴아메리카 핀테크시장의 성숙도에 대한 추가 징후는 시장의 주요 국제 투자자와 특정 규제 프레임워크를 채택한 이 지역 최초의 정부에 대한 면밀한 조사에서 나왔다.

흥미롭게도 라틴아메리카의 핀테크 분야에서 여성이 특히 활발히 활동하는 것으로 나타났다. 연구에 따르면 이 지역의 핀테크회사 중 35%가 여성이 설립했거나 공동 설립했으며 이는 약 7%로 추정되는 세계 평균보다 훨씬 높다(Ammachchi, 2019). 이러한 특정 핀테크회사는 전통적인 금융 부문에서 열악한 대우를 받거나 완전히 배제된 인구를 대상으로 하는 것으로 보인다. 이는 라틴아메리카의 핀테크 발전이 은행이 없는 아프리카 인구와 특성을 공유한다는 의미이다.

라틴아메리카의 금융 시스템은 종종 다른 지역과 차별화되었지만 핀테크는 이러한 인상을 바꾸는 데 도움이 되어 훨씬 더 국제주의를 촉진하고 고립주의를 줄인다. 라틴아메리카 금융 환경의 이러한 고립주의적 측면은 종종 이 지역의 도전적이고 복잡한 특성에 기인한다. 그러나 핀테크 덕분에 벤처캐피탈 신생기업과 전통적인 은행조차도 이 지역에서 이용할 수 있는 놀라운 성장 기회를 이해하기 시작했다. 이에 따라 라틴아메리카의 핀테크시장이 불과 2년 안에 1,500억 달러 규모가 될 것으로 추산했다.

라틴아메리카의 은행 계좌가 없는 시민의 수준은 여전히 높지만 그럼에도 불구하고 정부가 언급한 변화의 영역으로 남아 있다. 현재 전체 라틴아메리카 인구의 약 45%가 은행을 이용하지 않는 것으로 추정되며, 전체 지역 인구 6억 2,500만 명 중 1억 1,300만 명이 신용카드를 이용할 수 있는 것으로 추산한다(Patchiki, 2019a).

신용카드를 소지한 사람들도 기존 제품이 국내용으로만 적합하여 국제적 접근이 거부되는 경우가 많다. 분명히 이렇게 소비자 신용에 대한 접근성이 부족하다는 것은 라틴아메리카 인구가 세계경제에 참여하기 어렵고 어떤 경우에는 안심하고 여행하는 것이 어렵다는 것을 의미한다. 핀테크가 은행이 없는 이 중요한 인구에 침투하는 과정을 시작하면서 이 지역의 사람들을 크게 도왔다.

이는 사용자가 모바일 디지털 계정을 만들 수 있게 해주는 네오뱅크가 라틴아메리카 문화에 이상적으로 적합하다는 것을 의미한다. 따라서 이 혁신적인 개념은 이미 브라질, 멕시코, 칠레 및 아르헨티나에 침투하기 시작했다. 라틴아메리카 정부가 직면한 물류적 어려움을 고려할 때 여러 정부는 이미 라틴아메리카에서 핀테크가 번성할 수 있도록 은행 부문 규제 수준을 낮추려는 시도를 하고 있다. 2018년에 발표된 보고서에 따르면 은행의 85%가 이 지역에서는 이미 핀테크를 잠재적 파트너로 고려하고 있으며 또 다른 6%는 핀테크 경쟁업체 인수에 관심을 표명했다(Patschiki, 2019b).

분명히 라틴아메리카에서 핀테크 서비스의 보급은 이미 주류 금융 아키텍처에 큰 영향을 미치고 있다. 또한 인수 프로세스는 이미 시작되었으며, 콜롬비아의 가장 큰 국립은행 중 하나가 2018년에 콜롬비아 네오뱅크를 인수했다. 이 파트너십을 통해 핀테크 서비스 사용자는 은행 지점과 현금 인출기(ATM) 장소에 있는 자신의 계좌에서 현금을 인출할 수 있다. 요컨대 핀테크의 범위는 이미 라틴아메리카에서 상당한 발자국을 남겼다. 그리고 이것은 핀테크의 영향력이 앞으로 몇 년 동안 증가할 것으로 예상되는 많은 지역 중 하나일 뿐이다.

핀테크 허브와 흥미로운 스타트업

핀테크가 신흥 경제에서 금융 시스템의 중요한 측면으로 등장하면서 흥미롭고 예시적인 다양한 사례 연구도 등장했다. 다음 사례 연구는 핀테크가 특정 지역적 영향과 특징을 가지고 있지만 혁신 측면에서 본질적으로 글로벌임을 보여준다.

뭄바이: 인크래드(Incred)

인크래드는 지능형 웹 기반 금융 서비스 플랫폼으로 인도에서 엄청난 도약을 했다. 불과 몇 년 전 2016년 4월에 출시된 이 기술 플랫폼은 개인, 소비자, 주택 및 교육 대출을 제공하는 동시에 중소기업에 상당한 자금을 대출하여 결과적으로 비즈니스 영역에서 우수한 연결을 만든다. 인크래드 운영의 핵심에는 기술 및 데이터 과학이 있으며, 이는 대출이 기존 은행의 경우보다 훨씬 더 짧은 기간에 이루어질 수 있도록 하는 데 사용된다. 인크래드는 뭄바이에서 엄청난 인기를 얻었고 막대한 자본자금을 유치함에 따라 이러한 편의성은 고객에게 큰 반향을 불러일으켰다. 실제로 이 회사와 관련된 최근 자금조달 라운드는 총자기자본을 130억 달러 이상으로 늘렸다. 확실히 무시할 수 있는 수치는 아니다.

싱가포르: 베터트레이드오프(BetterTradeOff)

싱가포르는 특히 기술혁신과 관련된 또 다른 지역이며 이러한 분위기 덕분에 베터트레이드오프와 같은 거대한 성공 사례가 탄생했다. 싱가포르에 설립된 이 회사는 아드바이저(Aardviser)라고 하는 매혹적이고 혁신적인 라이프 플래닝 솔루션을 제공한다.

아드바이저(Aardviser)는 베터트레이드오프라는 플랫폼을 사용하여 금융기관에 디지털 금융 조언을 제공한다. 베터트레이드오프 사용자는 통계 모델과 정교한 인공지능의 이점을 활용하여 회사 고객이 재정적 미래를 계획할 때 더 나은 결정을 내릴 수 있도록 한다. 베터트레이드오프는 고객의 재정 상황을 파악한 다음 전통적으로 재정 고문과 관련된 데이터 수집 프로세스를 디지털화하는 유연한 모듈식 조언을 제공할 수 있다. 이를 통해 재무상태 확인에 필요한 시간이 몇 분으로 단축될 뿐만 아니라 보다 정교한 의사결정을 내릴 수 있다.

베터트레이드오프는 투자상품을 통해 고객의 재무 계획을 동적으로 조정할 수 있으며 거의 실시간으로 조정할 수 있다. 매우 인상적인 시스템은 싱가포르 재무 계획 아키텍처의 중요한 부분으로 자리잡았으며 세계의 다른 지역에서도 유사한 솔루션이 제공되는 것을 보게 될 것이다. 이러한 핀테크혁신의 또 다른 장점은 경험이 풍부한 사람과 협력할 때 탁월한 결과를 제공할 수 있다는 것이다.

여러 분야에서 머신러닝과 인간의 직관을 결합하면 탁월한 결과를 얻을 수 있다는 사실이 알려졌으며 기존 재정 고문은 궁극적인 재정 계획을 제공하기 위해 베터트레이드오프와 점점 더 협력하고 있다.

홍콩: 블루파이어(Blue Fire)

블루파이어 인공지능(AI)은 홍콩의 큰 핀테크 혁신기업 중 하나였으며 기업이 정교한 머신기업 기반 알고리즘을 통해 혁신을 달성할 수 있도록 지원한다. 자본시장 인텔리전스 엔진은 고급 알고리즘을 통해 정보를 매핑할 수 있으므로 시스템이 수익성 있는 인간행동을 신속하게 이해하고 자산 성과에 직접적인 영향을 줄 수 있다. 이 고도로 정교한 기술은 이미 75,000개 이상의 기초 자산의 미래 현금흐름에 미치는 영향을 점점 더 많이 이해하고 있다. 주식, 이자율 및 신용을 처리하는 이 시스템은 만다린어(Mandarin)에 기반한 정보를 자본시장에 알고리즘 방식으로 매핑하는 세계 최초의 시스템으로 자리잡았다.

블루파이어 AI에 대해 이해해야 할 또 다른 핵심 사항은 머신러닝 기능 덕분에 시간이 지남에 따라 예측이 더욱 정확해질 수 있다는 것이다. 인공지능은 변화하는 시장 상황에 대처하고 추세 예측에 데이터를 사용하는 능력이 은행의 현재 기술 역량보다 훨씬 뛰어나므로 디지털 자문에 유용한 도구이다. 이미 홍콩에서 권위 있는 상을 수상한 블루파이어 AI는 인공지능 분야의 선구자이자 개발도상국시장에서 핀테크의 힘을 보여주는 또 다른 사례이다.

베이징: 바이두(Baidu)

우리는 이미 이 장에서 중국이 핀테크 분야의 글로벌 리더임을 살펴보았다. 그리고 베이징은 자연스럽게 이 성공 스토리의 주요 부분이 되었으며, 이는 바이두와 같은 이니셔티브가 관심을 끌었다는 것을 의미한다. 바이두는 소비자 금융, 재무관리, 전자지갑 결제, 인터넷뱅킹 및 보험을 포함한 통합 금융 서비스를 제공한다. 회사는 핀테크 개발에 특히 전략적인 접근 방식을 취하고 있으므로 금융 클라우드 서비스 및 블록체인과 함께 식별, 빅데이터 위험 제어, 스마트 투자 컨설팅 및 지능형 고객 서비스 제품을 제공한다.

이것은 금융산업의 AI 혁명을 수용하고 인구의 일부가 소외될 수 있는 국가에서 포용적 금융의 개념을 홍보하려고 시도하는 또 다른 회사이다. 바이두는 중국에서 큰 파장을 일으키고 있으며 이미 세계에서 가장 인구가 많은 국가에서 주류 재무구조의 일부로 간주될 수 있다.

상파울루: 게루(Geru)

게루는 활기찬 도시 브라질에서 100명 이상의 직원을 고용하고 있으며 의심할 여지없이 이 혁신적인 기술을 수용하는 국가에서 주요 핀테크기업 중 하나로 자리잡았다. 게루는 전통적인 은행이 제공하는 것과 비교할 때 매우 경쟁력 있는 이율로 대출을 제공함으로써 브라질의 금융 시스템에 자리를 잡을 수 있었다.

신생기업은 또한 다양한 회사문화를 조성했으며 주요 관리 직책에 대다수의 여성을 고용함으로써 라틴아메리카에서 핀테크에 대한 여성의 관심의 중요성을 활용한다. 게루는 철저하게 현대적인 비즈니스로서 브라질의 다양한 인구통계에 걸쳐 소비자에게 어필하는 비즈니스임을 입증하고 있다.

케이프타운: 요코(Yoco)와 주모(JUMO)

남아프리카공화국의 케이프타운은 핀테크를 수용한 선도적인 신흥 경제국에 위치한 도시의 가장 좋은 예 중 하나이다. 이를 염두에 두고 국내 사람들이 금융 서비스에 대해 생각하는 방식을 바꾸고 있는 두 개의 특정 핀테크 스타트업을 살펴볼 가치가 있다.

요코(Yoco)는 모바일 카드 처리 기계를 전문적으로 제공하며 전 세계 국가에 이미 등장했다. 이 회사는 세계 250대 핀테크기업에 선정되었으며, 이에 따라 CEO 카틀레고 마파이(Katlego Maphai)는 비즈니스의 글로벌 마인드와 "아프리카와 그 너머의 소규모 비즈니스에 세계적 수준의 무언가를 구축하여 제공"할 계획에 대해 숙고하게 된다(Global Ethical Banking, 2019).

그 밖에 주모(JUMO)는 신흥시장의 비즈니스에 신용 및 저축과 같은 디지털 금융 서비스를 촉진할 수 있는 잠재력을 제공함으로써 아프리카 대륙 전체에 큰 파장을 일으킨 또 다른 핀테크기업이다. 주모는 신흥시장의 고객이 접근하기 어려운 금융 서비스를 받을 수 있도록 하여 아프리카의 일부 소외된 사람들이 금융상품을 더 많이 이용할 수 있게 되었다. 주모는 개발도상국과 신흥 경제국 모두에서 널리 퍼진 주제를 다루고 있지만 핀테크가 솔루션의 중요한 부분을 형성하고 있다.

신흥 경제국의 핀테크 분야에서도 엄청난 혁신이 일어나고 있다. 따라서 이 섹션에서는 특히 개발도상국시장에서 한계를 뛰어넘는 기업들의 사례 연구를 검토할 것이다.

케냐: 비트페사(BitPesa)

비트페사는 케냐에 본사를 두고 있으며 비트코인(Bitcoin), 이더리움(Ethereum) 및 리플(Ripple)과 같은 디지털 통화를 보다 전통적인 아프리카 통화로 변환할 수 있는 암호화폐 거래 플랫폼을 제공한다. 이를 통해 소비자와 기업 모두 사하라 사막 이남의 아프리카로 지불금을 더 쉽게 받고 보낼 수 있다. 회사는 또한 송금 수수료비용을 줄여 이러한 거래가 더 쉽게 이루어지도록 하였다. 런던과 라고스에도 지사를 설립한 비트페사는 이 지역의 사람들과 기업에 널리 채택되고 있으며 미래가 매우 밝을 것으로 보인다.

홍콩: 위랩(WeLab)

위랩은 2013년에 설립된 홍콩 스타트업으로, 홍콩 최초의 P2P 대출 플랫폼기업이다. 위랩은 사용자가 다른 개인으로부터 개인 대출로 돈을 빌리는 동시에 기존 은행보다 낮은 금리를 제공할 수 있도록 한다. 위랩은 온라인 지원 양식과 비교적 짧은 평가 프로세스가 크레딧 액세스에 대한 유일한 장벽으로 이 프로세스를 최대한 쉽게 만든다.

위랩이 구현한 매력적인 이니셔티브 중 하나는 중국의 일류 대학생을 위한 모바일 P2P 대출 플랫폼인 월라이다이(Wolaidai)이다. 씨티은행(Citibank) 및 스탠다드차타드(Standard Chartered)에서 상업은행산업에 경험이 있는 시몬 룽(Simon Loong)이 위랩을 설립하였고, 이 핀테크 솔루션은 기존 금융 시스템의 전문가를 활용하는 동시에 가장 큰 지지자 중 일부를 끌어들이고 있다. 우리는 의심의 여지없이 앞으로 몇 년 동안 이것을 더 많이 보게 될 것이다.

인도: 톤테그(ToneTag)

톤테그는 모바일 결제 솔루션이 사운드 또는 NFC(근거리 무선통신)를 사용하여 매장 내 구매를 시작할 수 있도록 하는 뛰어난 소프트웨어 개발 회사이다. 애플페이(Apple Pay)와 같은 시스템과 달리 톤테그는 모든 스마트폰 또는 모바일 장치에서 작동할 수 있으므로 모든 소비자에게 유연한 솔루션을 제공한다.

톤테그는 아마도 세계에서 가장 포괄적인 모바일 결제 시스템이며 이미 다양한 회사의 14개 금융 부문 운영자와 파트너관계를 맺고 있다. 이 혁신적인 모바일 결제 시스템은 특히 모바일 결제 시스템이 의심할 여지없이 계속해서 인기를 얻게 될 환경에서 계속 유지될 것으로 보인다.

홍콩: 8시큐리티스(Securities)

8시큐리티스는 아시아에서 가장 성공적인 핀테크기업 중 하나일 뿐만 아니라 매우 혁신적이고 선구적인 기업이다. 8시큐리티스는 이미 아시아 대륙 최고의 모바일 거래 및 투자 플랫폼으로 자리잡았다. 8 Now 형태의 로보투자 서비스를 최초로 출시하여 전 세계 소비자들이 정교한 글로벌 투자 포트폴리오에 접근할 수 있도록 함으로써 이를 달성했다. 회사가 이미 8억 달러 이상의 자산을 보유하고 있는 8시큐리티스는 이미 엄청난 성공을 거둔 비즈니스이며 로보어드바이저가 거래 환경에서 더욱 중요해지고 수용되는 부분이 됨에 따라 앞으로 성장할 것으로 예상된다.

케냐: 코포코포(Kopo Kopo)

코포코포는 이미 케냐에서 큰 영향을 미치고 있는 또 다른 솔루션이다. 웹 기반 모바일 결제 게이트웨이를 통해 중소기업 소유자는 다양한 전자 방식을 통해 모바일 결제를 수락할 수 있다. 이 회사는 또한 엠페사(M-Pesa)와 같은 지역의 다른 주요 핀테크업체와 제휴하여 제품을 공개한다.

이 케냐 핀테크는 매달 수백만 달러의 거래를 생성하는 동시에 비즈니스에서도 혁신적인 추가 서비스를 출시한다. 그중 하나인 GROW를 통해 고객이 현금 서비스를 받을 수 있고 차용인은 회사에 단 1%의 무이자만 지불한다. 코포코포는 이 서비스를 확장하고 가맹점 결제를 출시하기 위해 모바일 머니 서비스 제공업체와 파트너관계를 맺었다. 대기업이 이미 코포코포와 협력하고 있기 때문에 이 케냐 핀테크는 모바일 결제 및 신용에 대한 혁신적인 접근 방식으로 계속해서 큰 발전을 이룰 것으로 보인다.

인도네시아: 크라우도(Crowdo)

크라우도는 싱가포르, 말레이시아 및 인도네시아에 본사를 두고 있는 회사로, 크라우드 펀딩 영역에서 특히 흥미로운 작업을 수행한다. 크라우도는 주식 크라우드 펀딩 및 P2P 대출을 포함한 크라우드 펀딩 솔루션 포트폴리오를 제공한다.

2012년에 설립된 크라우도는 현재 25,000명 이상의 회원을 보유한 대규모 커뮤니티를 보유한 가장 큰 규모의 회원 기반 플랫폼으로 성장했다. 크라우도는 5개 대륙에 걸쳐 크라우드 펀딩 캠페인을 시작하는 데 도움을 주어 전 세계 50개 이상의 국가에서 재정 지원을 촉진한다. 금융 및 기술 분야 모두에서 풍부한 경험을 가진 관리 팀과 함께 크라우도는 크라우드 펀딩 틈새시장에서 계속 성장하고 혁신할 것으로 보인다.

필리핀: 렌도(Lenddo)

이 장 초반에 렌도에 대해 언급했는데 렌도는 필리핀, 콜롬비아, 뉴욕, 인도에 지사를 두고 비교적 짧은 시간에 빠르게 사업을 확장하였다. 그 이유는 매우 간단하다. 렌도는 소셜 미디어를 기반으로 소비자의 신용도를 결정할 수 있는 혁신적인 알고리즘을 개발했다. 이것은 의심할 여지없이 핀테크가 밀레니얼 세대를 끌어들이는 동시에 젊은이들에게 다른 방법으로는 이용할 수 없는 신용에 대한 접근을 제공하는 이상적인 방법이다. 기본 신용 서비스 외에도 렌도를 통해 고용주는 직원 및 지원자 정보를 신속하게 확인할 수 있다.

렌도는 시장을 신중하게 고려하여 추가 신용점수와 담보 프레임워크가 존재하지 않는 신흥시장에 서비스를 최적화한다. 렌도가 성공을 거두고 가치가 입증되면서 은행, 카드 발급사, 통신회사 및 P2P 대출기관이 관심을 기울이기 시작했으며 현재 여러 제3자가 렌도와 파트너관계를 맺고 있다.

이 비즈니스는 머신러닝과 인공지능이 핀테크 분야를 혁신하여 신생기업이 놀라운 일을 하고 더 넓은 시장에 도달할 수 있도록 하는 방법의 또 다른 예이다.

라트비아: 줌차트(ZoomCharts)

라트비아의 회사 줌차트는 현대사회의 이러한 흥미로운 측면을 수반하는 시각화 소프트웨어를 개발하여 빅데이터로 특히 흥미로운 일을 하고 있다. 줌차트는 사용자가 방대한 양의 정보를 세부적으로 분석하여 절대적으로 필요한 데이터를 식별할 수 있도록 하는 고도로 상호작용하고 반응이 빠른 소프트웨어 패키지이다. 줌차트는 이미 여러 국가의 회사와 파트너십을 구축한 상태에서 광범위한 기업에 매우 유용하다.

인도: 인디아랜드(IndiaLends)

인디아랜드는 저금리 대출을 원하는 소비자와 중소기업을 좋은 수익을 원하는 투자자와 연결하는 온라인시장이다. 인디아랜드가 설정한 상호 연결 덕분에 이미 매달 10,000건 이상의 대출 요청을 처리하고 있는 회사와 우수한 업무관계가 형성된다. 10개 금융기관과 파트너관계를 맺고 뭄바이, 벵갈루루 및 델리에 사무소를 설립한 이 신생기업은 인도의 금융 환경을 변화시키는 데 일조하고 있다.

인디아랜드는 특히 잠재적 대출자를 선별하기 위해 분석과 판단 감독의 조합을 사용하여 이 분야에서 혁신을 이루었다. 이는 인디아랜드가 다양한 빅데이터, 심층분석 및 머신러닝 알고리즘을 활용하는 또 다른 핀테크 기업이기 때문에 지속적으로 업데이트되는 프리미엄 대출 상품 목록이 생성되었다. 이를 통해 대출자는 더 나은 대출을 확보하고 대출기관은 정보에 입각한 신용위험 결정을 내릴 수 있다.

인디아랜드가 성공적으로 입증되었을 뿐만 아니라 주류 제공업체는 점차 대출 및 신용 분야에 대한 전체 접근 방식을 채택할 것이다. 그리고 시간이 지남에 따라 인디아랜드와 유사한 핀테크 혁신가가 실제로 주류 제공업체가 되어 다양한 대출자에게 어필할 수 있는 템플릿을 제공할 것이다.

요약

개발도상국은 핀테크 발전에 중심적인 역할을 하고 있다. 비록 그들이 반드시 선구자 및 최초는 아니더라도 일부 기술을 개발하고 있다. 사회적, 정치적, 경제적, 문화적 요인이 결합되어 특히 아시아 지역이 서구 국가를 능가하는 속도로 핀테크를 수용하고 있다. 혁신정신은 이러한 신흥 경제국 중 일부를 진정으로 사로잡았다. 핀테크의 미래가 점점 더 밝아짐에 따라 신흥 경제국의 스타트업이 산업의 방향성을 발전시키는 데 핵심적인 역할을 할 것이 분명하다.

참고문헌

Accenture (2019) Global fintech investments surged in 2018 with investments in China taking the lead, Accenture analysis finds; UK gains sharply despite Brexit doubts, 25 February [online] https://newsroom.accenture.com/news/global-fintech-investments-surged-in-2018-with-investments-in-china-taking-the-lead-accenture-analysis-finds-uk-gains-sharply-despite-brexit-doubts.htm (archived at https://perma.cc/WH7X-HCW8)

Ammachchi, N (2019) LatAm fintech market is buzzing with start-ups, *Near Shore Americas*, 23 January [online] https://www.nearshoreamericas.com/latam-fintech-market-buzzing-start-ups/ (archived at https://perma.cc/M3GN-Y85Y)

Burnmark (2016) Challenger Banking Report [online] https://www.burnmark.com/research/7 (archived at https://perma.cc/MWF7-8TNT)

cable.co.uk (2019) Worldwide mobile data pricing: The cost of 1GB of mobile data in 230 countries [online] https://www.cable.co.uk/mobiles/worldwide-data-pricing/ (archived at https://perma.cc/MJ43-82LY)

Finnovista (2018) The Inter-American Development Bank (IDB) and Finnovista release the second edition of the greatest report on Fintech innovations in Latin America, 11 June [online] https://www.finnovista.com/informe-fintech-2018/?lang=en (archived at https://perma.cc/KRA6-MNTP)

Global Ethical Banking (2019) Fintech 250 Report: Cape Town-based start-ups JUMO and Yoco made the list, 10 November [online] https://www.globalethicalbanking.com/fintech-250-report-cape-town-based-start-ups-jumo-yoco-made-list/ (archived at https://perma.cc/VA9E-BQBW)

Govind, D (2018) How fintech firms are disrupting the ecosystem, *Livemint*, 20 July [online] https://www.livemint.com/Industry/qUvIjAew6YcIWqnQsM1pNI/How-fintech-firms-are-disrupting-the-ecosystem.html (archived at https://perma.cc/8K47-HV76)

Hays, P (2017) India's Aadhaar programme and the future of biometrics, *Global Risk Insights*, 10 October [online] https://globalriskinsights.com/2017/10/aadhaar-future-biometric-databases/ (archived at https://perma.cc/KQE8-W62R)

IADB (2019) Fintech activity in Latin America spreads to 18 countries, 17 January [online] https://www.iadb.org/en/news/fintech-activity-latin-america-spreads-18-countries (archived at https://perma.cc/W76Y-3QW6)

Letsebe, K (2018) African start-ups bag $195m in funding for 2017, *ITWeb*, 22 January [online] https://www.itweb.co.za/content/kYbe9MX6aAJvAWpG (archived at https://perma.cc/UL78-GG2W)

Moroccan Trader (2018) HK a thriving cultural hub, 29 September [online] https://moroccantrader.wordpress.com/2018/09/ (archived at https://perma.cc/4CXH-GC2U)

Patschiki, A (2019a) Fintech is transforming Latin America's financial sector. Here's how, *Brinknews*, 12 February [online] https://www.brinknews.com/fintech-is-transforming-latin-americas-financial-sector-heres-how/ (archived at https://perma.cc/V6ZC-JQ76)

Patschiki, A (2019b) Why fintech start-ups are rapidly becoming unicorns in Latin America, *Payments Journal*, 29 March [online] https://www.paymentsjournal.com/fintech-start-ups-unicorns-latin-america/ (archived at https://perma.cc/S9UH-JT5H)

Ramadan, A (2018) The unbanked in Africa could be one of the biggest opportunities in fintech history, *Plug and Play* [online] https://www.plugandplaytechcenter.com/resources/hottest-african-payments-start-ups-fintech/ (archived at https://perma.cc/QG26-X7GL)

Standard Chartered (2019) We've launched our Africa eXellerator innovation hub in Kenya, 8 April [online] https://www.sc.com/en/media/press-release/weve-launched-our-africa-exellerator-innovation-hub-inkenya/ (archived at https://perma.cc/7MQK-RESD)

Sy, A (2019) Fintech in sub-Saharan Africa: a potential game changer, *IMF Blog*, 14 February [online] https://blogs.imf.org/2019/02/14/fintech-in-sub-saharan-africa-a-potential-game-changer/ (archived at https://perma.cc/J42S-648F)

Chapter

06

정부 및 핀테크 허브

Chapter

06 정부 및 핀테크 허브

핀테크에서 주목한 가장 흥미로운 트렌드 중 하나는 정부와 감독당국이 자국의 핀테크 움직임에 영향을 미칠 수 있는 능력이다. 정부가 반권위주의적 파괴적인 목소리로 나온 혁신 수준을 주도하거나 파괴할 수 있다고 말하는 것은 거의 직관적이지 않다. 자국(영국이든 나이지리아든)의 전통적인 인프라 및 정책에 맞서 싸운 대부분의 핀테크 기업은 이제 규모를 달성하고 혁신의 영향을 확산하며 단순히 생존을 보장하기 위해 그들과 긴밀하게 협력할 수 있는 가능성을 따뜻하게 포용하고 있다.

반면 정부는 핀테크 활성화에 열심이다. 인도, 핀란드, 터키는 현금 없는 여정에서 결제 중단을 지원하기 위해 핀테크 스타트업을 수용한다. 영국과 싱가포르와 같은 국가의 감독관은 핀테크를 통한 혁신을 촉진하기 위해 별도의 팀을 구성한다. 대부분의 국가는 가장 혁신적인 도시에 핀테크 허브를 설립하여 기술, 자원 및 자본에 접근할 수 있도록 지원한다. 핀테크 초기에는 특정 지역과 핀테크 허브(미국의 실리콘밸리, 영국의 올드스트리트)에서 핀테크의 확산이 가장 컸다. 그러나 이것은 빠르게 변화하고 있으며 전 세계적으로 핀테크의 지리적 확산은 이제 꽤 완성되었다.

인도는 실제로 중앙 및 주 정부가 여러 핀테크 허브를 통해 핀테크의 급속부상을 어떻게 지원했는지에 대한 최고의 사례 연구 중 하나이다. MEDICI 자료(2018)에 따르면 2010년부터 2015년까지 불과 5년 동안 인도에서 1,216개의 새로운 핀테크기업이 설립되었다. 그리고 이 기간 동안 인도의 성공은 2015년에 454개의 신생기업이 인도에서 설립된 반면, 같은 해에 미국에서 설립된 스타트업은 364개에 불과하다는 사실에서 잘 드러난다. 이러한 허브는 뭄바이와 벵갈루루와 같은 인도의 가장 큰 도시에서만 생겨난 것이 아니다. 현재 2단계 및 3단계 도시에 걸쳐 있으며 28개 주에서 각각의 개별 혁신 프로그램을 추진하고 있다.

오늘날 핀테크 스타트업의 15%는 도시당 인구가 600만에서 200만 사이인 인도의 2단계 및 3단계 도시에 기반을 두고 있다. 내가 태어난 해변가의 작은 도시 트리반드룸은 이제 거대한 AI 허브가 되었으며 닛산(Nissan), UN기술혁신연구소, 에어버스(Airbus) 및 피나스트라(Finastra)의 글로벌 R&D 센터를 유치하고 있다. 핀테크가 인도에서 발전함에 따라 결제, 대출 및 투자 플랫폼은 소규모 스타트업을 지원하기 위해 꾸준히 발전하고 있다.

성공적인 스타트업에는 소규모 현금 기반 가맹점을 위한 FTCash, 간소화된 청구 및 결제 소프트웨어를 제공하는 프로핏북스(ProfitBooks), 소규모 비즈니스 신용 지원을 제공하는 파인트레인(FineTrain), 저소득 학생에게 대출을 제공하는 식샤 파이낸셜(Shiksha Financial)이 포함된다. 키아시(Kyash)는 결제 포인트 네트워크와 최저 비용 결제 게이트웨이에 중점을 둔 또 다른 성공 사례이다. 이 회사는 완전히 자동화되고 안전한 시스템을 제공하여 판매자가 Pay2vpa, Pay2Account 및 KyashCode와 같은 소스를 통해 디지털 결제로 현금을 수집할 수 있도록 한다. 결제 네트워크는 이제 인도 전역에서 일련의 국가표준을 제공하여 기존 비즈니스와 연결되고 결제 징수를 안전하고 간단하게 만든다. 마하라슈트라(Maharashtra) 정부와 안드라프라데시(Andhra Pradesh)주 행정부는 핀테크밸리 비자그(Fintech Valley Vizag)에서 핀테크를 위한 혁신적인 생태계를 구축하기 위한 흥미로운 전략에 참여했다. 둘 다 특히 혁신과 지속가능한 비즈니스를 위한 환경을 조성하기 위해 생태계 접근 방식을 채택하는 것을 강조했다.

이스라엘 핀테크 허브는 중동 국가에서 500개 기업이 부상하고 약 6억 달러에 달하는 자금을 조달하는 등 큰 성공을 거두고 있다. 페이오니아(Payoneer)는 국경 간 결제에서 큰 성공을 거두고, 크레딧플레이스(CreditPlace)는 P2P투자에서, 펀드박스(Fundbox)는 소규모 비즈니스 현금흐름관리 분야에서 파장을 일으키면서 결제는 미국에서 가장 큰 시장 부문이 되었다. 한편 블록체인의 사용, 개발 및 규제를 촉진하는 이스라엘 비트코인 커뮤니티인 비트코인 엠버시(Bitcoin Embassy)를 포함하여 많은 핀테크 허브가 이스라엘에 등장했다. 바클레이(Barclay)의 커뮤니티 분야인 라이즈 텔아비브(Rise Tel Aviv)는 핀테크 스타트업과도 파트너십을 맺었으며, 더플로어(The Floor)는 이스라엘 핀테크산업과 아시아 시장을 연결하는 것을 목표로 한다. B-하이브 텔아비브(B-Hive Tel Aviv)도 2017년에 등장하여 이스라엘과 벨기에의 핀테크를 연결했다.

호주는 또한 핀테크활동의 중심지가 되고 있으며 투자금액은 2012년 5,300만 달러에서 2016년 6억 7,500만 달러 이상으로 빠르게 증가했다(Nathani, 2018). 현재 호주에는 거의 600개의 핀테크회사가 운영되고 있으며 도크랜드의 빅토리아 시대의 독창적인 'Good Shed North'와 같은 핀테크 허브는 신생기업, 투자자, 기업 및 연구원을 한데 모으고 있다(Kumar, 2018). 스톤앤초크(Stone & Chalk)는 시드니와 멜버른에 지사를 두고 있는 주요 핀테크 허브이며 규제 샌드박스(Regulatory Sandbox)에 대해 감독자인 ASIC와 긴밀하게 협력하여 범아시아 협업을 진행하고 있다.

핀테크가 전 세계적으로 계속 성장함에 따라 싱가포르, 홍콩, 베를린, 룩셈부르크, 뉴욕, 오스틴 등 많은 중요한 허브를 유치한 다른 지역이 있다. 중국에는 베이징, 상하이, 항저우, 청두 등 강력한 핀테크 허브가 있는 여러 도시가 있다. 그러나 정부와 규제가 핀테크를 깨거나 만들 수 있는 권한이 있는지에 대한 추가 검증에서 핀테크에 대한 중국의 자금조달 수준은 대출 규제에 대한 엄격한 통제로 인해 2018년 2분기 7,000만 달러에서 2019년 1분기 2,900만 달러로 급락했다(CBInsights, 2019).

좋은 핀테크 허브는 무엇인가?

핀테크 허브를 위한 이상적인 환경을 만드는 데 필요한 다양한 요소가 있지만 번마크(Burnmark, 2018)에서는 다섯 가지 특히 중요한 요소를 확인했다.

첫 번째는 전체 생태계에 기여하는 세 가지 개별 요소가 있는 정책 환경이다. 규제 환경은 핀테크가 개발하기에 적합해야 하며, 이는 샌드박스, 헬프데스크, 자금 지원 및 라이선스와 같은 계획에 대한 명시적 지원을 의미한다. 이러한 요소 중 하나인 자금조달 접근은 정책 및 기술 창업을 지원하는 계획에 특히 중요하다. 최고의 인재를 채용하는 것도 중요하며, 가장 좋은 방법 중 하나는 이를 달성하기 위해 핀테크 스타트업과 기업가에게 세제 혜택을 제공하는 것이다. 비옥한 경제 환경은 핀테크의 빠른 발아를 가능하게 한다.

핀테크를 위한 이상적인 환경의 두 번째 항목은 성장 자본을 포함하여 혁신적인 기업이 재정 요구사항에 접근할 수 있도록 하는 것이다. 이는 두 개의 개별 부문으로 나눌 수 있으며, 첫째는 엔젤 투자자, HNI 및 정부로부터 위험 자본에 접근하는 것이다. 둘째는 핀테크가 벤처캐피탈과 기술 벤처로부터 성장 자본에 접근할 수 있도록 혁신문화를 활성화하는 것이 중요하다.

핀테크 허브 개발의 세 번째 핵심 영역은 미래의 숙련된 인적자본에 대한 투자이다. 우리는 재능을 키우고 발전시키면 핀테크가 싹트게 될 것이라는 사실을 전 세계적으로 보아왔다. 이는 핀테크가 학술기관, 기술회사 및 금융 부문 플레이어의 현지 인재에 접근할 수 있도록 하는 것이 중요하다는 것을 의미한다. 핀테크 분야의 혁신가의 모든 요구를 충족시키기에는 국내 노동력이 만족스럽지 않을 수 있으므로 회사가 해외인재를 위한 비자를 취득할 수 있는 능력을 갖추는 것이 중요하다. 인적자본의 또 다른 측면은 재능 있는 사람들이 자신이 하는 일에 대해 적절한 보상을 받도록 하는 것이다. 이를 통해 핀테크는 글로벌 은행, 빅테크(BigTech), 포춘지(Fortune) 500대 기업 등의 전문가를 고용할 수 있다. 이러한 지식과 전문성은 핀테크가 성장할 수 있도록 하는 데 매우 중요하다. 마지막으로 인적자본의 측면에서 소매 수요를 이해하고 인터넷 및 스마트폰 보급, 소매 금융 세대 및 소매 지식과 같은 거시적 요인에 주의를 기울이는 것이 중요하다.

핀테크가 성장하고 핀테크 허브가 발전하기 위해 요구되는 네 번째 중요한 측면은 지속적인 시장 발전이며, 이는 특히 중소기업의 수요가 필요하다. 중소기업 부문 규모, 업계 내 성장률, 금융상품 및 서비스에 대한 수요별 제공을 이해하고 이에 대응하는 것은 모두 매우 중요하다. 마찬가지로, 이것은 기존 금융 기관의 요구와 균형을 이룰 필요가 있다. 은행 부문의 규모에 대응하는 것은 적절한 레거시 인프라를 제공하는 데 도움이 될 수 있으며, 협업 추세를 이해하고 대응하는 것은 핀테크 허브의 효율성에 영향을 미칠 것이다.

마지막으로 핀테크가 작동할 수 있는 환경이 절대적으로 중요하다. 정부와 무관하고 재능 있는 사람들이 혁신할 수 있도록 지원하는 촉진 프로그램 및 기타 혁신 지원 프로그램이 등장해야 한다. 은행이 후원하는 액셀러레이터는 특히 성공적이었고 이용 가능한 핀테크 이벤트의 빈도와 품질은 특정 국가 내에서 신흥기술의 성공에 막대한 영향을 미칠 것이다. 시장 접근 또한 매우 중요한 것으로 간주되어야 한다. 핀테크 허브의 글로벌 연결성은 해당 분야에 대한 국가의 접근 방식의 성공 여부에 있어 가장 중요하다. 스타트업이 방해 없이 빠르게 해외시장에 접근할 수 있다면 성공할 가능성이 훨씬 더 높아진다. 또한 핀테크 성공 사례를 경험한 다양한 국가에서 유니콘이 필요한 것으로 나타났다. 이 분야의 개척자들은 확립된 지식 기반과 인재 풀을 제공하는 동시에 다른 신생기업을 위한 네트워킹 전문 지식을 제공하고 있다.

성공적인 핀테크 허브

성공적인 핀테크 허브의 가장 눈에 띄는 두 곳은 런던과 싱가포르이다. 두 혁신적인 장소는 이 급성장하는 산업의 선두로 급등하고 있다. 두 지역 모두 핀테크산업의 모범 사례를 파악하기 위한 추가 연구에 막대한 투자를 하고 있다. 잉글랜드 및 웨일스의 공인회계사협회(ICAEW)와 싱가포르 공인회계사협회의 공동 보고서에 따르면 한 지역에서 핀테크 성공 촉진요인은 시장, 인재, 자본, 진보적인 규제 및 강력한 정부 지원이다. 번마크(Burnmark)의 결과와 매우 일치한다.

연구에 따르면 런던과 싱가포르 모두 이러한 특성을 나타낼 수 있는 동시에 '성숙하고 성공적인 금융 서비스 부문'의 혜택도 누렸다(McCance, 2018; ICAEW, 2018). 두 지역의 규제 환경도 도움이 되고 지원이 되었으며 핀테크 허브의 성공 여부를 결정하는 요소로 점점 더 인식되고 있다. 기술 허브의 강점은 궁극적으로 핀테크가 번영할 수 있도록 설계된 진보적인 정책 및 규정의 효율성뿐만 아니라 인재, 자본 및 수요에 접근할 수 있는 해당 부문 내 조직의 능력과 직접적인 관련이 있다.

성장의 수레바퀴에 기름을 부은 정부는 핀테크혁명의 발전을 가능하게 한 강력한 핀테크 허브의 혜택을 받았지만, 이를 방해한 정부는 거의 예외 없이 어려움을 겪었다. 생태계의 모든 당사자가 원활하게 작동하지 않으면 소규모 스타트업에도 큰 문제가 발생할 수 있다. 핀테크가 라이선스 프로세스를 통해 직면하는 길고 복잡한 여정은 규제기관의 명백한 지원 없이는 때때로 매우 어려울 수 있다. 특히 규제 샌드박스가 없는 국가에서 많은 신생기업은 관련 프로세스에 대해 거의 이해하지 못하고 있으며 종종 금융 서비스에 대한 법적 신청으로 인해 발생할 수 있는 기간이 장기화된다. 적절한 기간 내에 승인된 보안 라이선스를 고려하고 확보하는 것은 시장 준비를 달성하는 데 중요한 요소가 될 수 있다.

특히 GDPR과 같은 새로운 규정에 비추어 볼 때 고객 및 직원 데이터에 대한 보안 및 개인정보 보호는 신생기업이 사업을 운영하는 모든 국가 및 주의 법률을 고려하고 준수하는 데 중요하다. 핀테크시장 참여자들은 자본조달, 규정 준수, 심지어 지적 재산을 적절하게 보호하지 못하는 문제도 경험한다. 실제로 핀테크에 대한 글로벌 특허 보호를 획득하는 것은 매우 복잡할 수 있지만 가능한 한 빨리 자리를 잡으려고 하는 회사에서는 이 프로세스를 종종 간과하기도 한다.

저작권 보호는 컴퓨터 코드 및 시청각기능과 같은 영역에 적용되지만 핵심 혁신을 보호하려면 특허가 필요하다. 그리고 이것은 특정 특허가 추상적 아이디어라는 이유로 기업에 대해 대법원 판결을 내리는 등 모호한 영역이다.

정부는 핀테크를 어떻게 지원하고 있는가?

전 세계적으로 핀테크와 핀테크 허브가 생겨나면서 정부의 지원이 점점 더 중요해지고 있다. 적절한 입법 환경을 조성하는 것은 의심할 여지없이 매우 어려운 일이지만, 정부가 핀테크를 방해하는 대신 지원하기 시작하는 것을 목격하는 것은 고무적인 일이다. 예를 들어, 영국 정부의 첫 번째 핀테크 부문 전략이 최근에 발표되었으며(GOV.UK, 2018), 이 프로그램의 하이라이트에는 암호화폐(Cryptoassets), 태스크포스(Taskforce), 레그테크(RegTech)의 발전 및 영국-호주 창업 지원 프로그램이 포함되었다. 당시 수상이었던 필립 해먼드는 이 프로그램이 가까운 장래에 영국

경제에 크게 기여할 것이라고 제안했다. 암호화폐 태스크포스(Cryptoassets Taskforce)는 영국 재무성, 영란은행 및 영국 금융감독청으로 구성되며 이 강력한 영향력의 세 가지 요소는 기본 블록체인기술의 이점을 활용하면서 디지털 통화와 관련된 문제를 지속적으로 조사할 것이다.

미국이 핀테크혁명에 참여하는 데 다소 더디긴 했지만 2018~19년 연방 예산은 오픈뱅킹, 디지털 신원 프로그램, 블록체인 및 핀테크 부문에 1억 3,800만 달러를 할당했다(Yun, 2019). 미국이 여러 금융 부문의 거대 기업을 포함하고 있기 때문에 핀테크에 대한 지원은 다른 유사한 경제 국가보다 약간 더 느렸기 때문에 미국 정부는 최소한 공개 문서에서 입법 지원에 대한 세부 정보를 공개하는 데 약간 주저했다. 그러나 이제 적어도 핀테크를 지원하고 이 분야의 혁신가가 잠재력에 도달할 수 있도록 하려는 의지가 있는 것 같다.

다른 곳에서는 중동에서 바레인 정부가 핀테크 분야의 주요 혁신기업 중 하나가 되었다. 바레인 정부는 이미 국가가 주요 핀테크 허브가 되도록 돕기 위해 여러 가지 계획을 시행했다. 이를 염두에 두고 왕국 중앙은행은 규제 샌드박스를 포함하는 전용 핀테크 및 혁신 부서를 출범했다. 이 계획을 지원하기 위해 바레인에서 국가적 클라우드 우선 정책을 발표했으며, 이는 야심찬 국가 디지털전략의 기반을 제공한다. 바레인 정부는 핀테크 기업을 위한 원스톱 상점으로 자처하는 바레인 핀테크 베이(Bahrain Fintech Bay)도 설립했다. 현재 중동의 다른 국가들이 이 선두를 따르고 있지만 바레인은 의심할 여지없이 선구자적 역할을 하고 있다.

나는 이전에 싱가포르가 핀테크 혁명에서 가장 중요한 지역 중 하나라고 언급했는데, 싱가포르 정부가 이민정책을 포함하여 핀테크 개발을 지원하기 위해 모든 노력을 기울이는 것은 아마도 놀라운 일이 아닐 것이다. 특히, EDB와 싱가포르 기반 핀테크 컨소시엄 간의 민관 파트너십은 기업 인큐베이션 및 기타 계획의 지원과 사주를 받아 현지 핀테크기업을 위한 물리적 공동 작업 공간을 제공하는 데 도움이 된다.

그리고 오세아니아 대륙에서도 핀테크 허브가 등장했다. 모든 지역에서 이 다가오는 기술을 수용했다. 호주의 두 주요 도시인 시드니와 멜버른은 핀테크 분야에서 활발한 활동을 펼치기 위해 상당한 노력을 기울였다. 빅토리아 주 정부는 행정부가 멜버른에 핀테크 허브를 구축할 수 있도록 '경험이 풍부한 혁신 허브 운영자'를 요청했으며 가능한 한 빨리 이를 시작하기 위해 운영자와 대화를 진행 중이다(Business Insider, 2018). 이 허브는 비즈니스와 투자자를 연결하여 멜버른의 핀테크 생태계를 강화하는 것을 목표로 한다.

동유럽에서도 핀테크 업체와 허브가 상당히 많이 생겨나고 있으며 에스토니아 정부는 이러한 계획의 초기 지지자 중 하나이다. 에스토니아 정부는 e-에스토니아 이니셔티브(e-Estonia Initiative)와 같은 노력을 통해 핀테크 생태계가 탄력을 받을 수 있도록 지원한다. 이것은 자동화된 솔루션을 사용하여 시민들이 국가와 상호작용할 수 있도록 돕는 공공 부문 운동이다. 계획에 따라 생성된 전자 서비스에는 인터넷을 통한 i-Voting, e-Tax Board, e-Business, e-Banking, e-Ticket, e-School 및 University가 포함된다. 그러나 아마도 에스토니아에서 핀테크혁신의 가장 잘 알려진 예는 e-레지던시(e-Residency) 프로그램일 것이다. 이 프로그램은 에스토니아가 2014년에 비원어민을 위한 전자 거주를 제공하는 세계 최초의 국가가 되도록 도왔다. 이 프로그램은 비거주자가 스마트 ID 카드를 신청할 수 있도록 하여 에스토니아에 구축된 다양한 전자 서비스에 대한 액세스를 제공한다.

핀란드의 온라인 전용 비즈니스 은행인 홀비(Holvi)는 이미 이 프로그램과의 파트너십을 발표하여 전자 거주자를 위한 디지털 비즈니스 뱅킹을 제공한다. 에스토니아 정부는 또한 지역 스타트업 생태계를 지원하기 위해 스타트업 에스토니아를 만들었다. 스타트업을 위한 교육 프로그램을 제공하고 현지 투자자 교육에 집중하며 해외 투자 유치를 지원하는 등 다양한 혜택을 제공한다. 이 프로그램은 유럽지역개발기금(European Regional Development Fund)에서 700만 유로의 자금을 지원받았다.

규제기관-핀테크 협력 및 지원

규제기관은 핀테크 분야가 발전하고 성숙해짐에 따라 핀테크에 대한 지원과 협력을 제공하기 위해 매우 적극적이다. 영국, 호주, 대만과 같은 가장 성공적인 핀테크시장의 규제기관은 일찍부터 더 크고 더 긴 샌드박스의 필요성을 인식하였다. 그러나 미국 증권거래위원회(SEC)가 규제기관과 핀테크와 같은 비은행 대출기관 간의 잠재적으로 친밀한 관계의 위험에 대해 경고하면서 다른 사람들은 더 느리게 움직였다. 결과적으로 규제 및 입법 환경은 국가마다 상당히 다르지만 핀테크에 대한 협력적인 태도와 정책을 가진 여러 규제기관이 있다.

특히 핀테크 규제에 있어 국제증권위원회(IOSCO) 기구의 역할이 커지고 있으며, 유럽증권감독원(European Securities Regulator), 미증권거래위원회(SEC), 중국증권규제위원회(China Securities Regulation Commission)도 눈에 띈다. 핀테크 환경이 국제적 도전을 제기할 것이 분명해짐에 따라 그러한 기구들 사이에 점점 더 조정된 노력이 이루어지고 있다. 2018년 IOSCO 보고서에 따라 규제기관은 정보, 지식 및 경험의 공유를 촉진하기 위해 핀테크 네트워크를 구축하기로 합의하였다. 공동 규제와 핀테크 프레임워크가 나와야 하며, 보다 통일된 국제사회와 환경에 꾸준히 초점이 맞춰질 것이다. 글로벌 규제기관은 블록체인 영역에서 규제 및 규정 준수를 국제화하기 위한 핀테크 활용을 건설적으로 촉진할 것으로 예상된다.

프랑스의 금융시장감독청(AMF: Autorité des Marchés Financiers)과 같은 다른 규제기관도 핀테크와 협력할 의향을 보여준다. 이 조직은 핀테크 규제 기반을 마련하는 데 전념하는 전체 부서를 설정하여 게임 체인저로 자리잡았다. 일본 금융청(FSA) 등 해외기관과도 공동 협약을 맺는 등 외형적 시각을 보여줬다. AMF는 핀테크의 대의를 발전시키기 위해 프랑스 비즈니스 커뮤니티와 직접 소통하기 위해 노력했으며 최근 몇 년 동안 수백 명의 CEO와 업계 전문가가 모인 파리 핀테크 포럼을 지원하고 참석

했다. 그리고 2016년에 IMF는 프랑스 건전성감독원(ACPR: Autorité de Contrôle rubentiel et de Résolution)과 협력하여 협의체를 출범시켰다. 이 새로운 조직을 통해 핀테크기업의 수장과 업계 전문가는 금융혁신의 규제 및 감독 문제에 대한 명확한 그림을 그릴 수 있도록 지원한다.

규제기관과 핀테크 간의 협력으로 이익을 얻은 다른 국가로는 정부가 금융 부문에서 가능한 한 공정성과 평등을 구현하는 데 중점을 둔 국가인 스웨덴이 있다. 이미 많은 국제 규제기관이 스웨덴을 예로 들며, 스웨덴의 규제 프레임워크는 성숙하고 모든 것을 포괄하는 것으로 간주한다.

미국 통화감사국(Office of the Comptroller of the Currency)도 핀테크회사의 국가 특허 신청을 수락하도록 이동했으며 사우디아라비아 통화청(Saudi Arabian Monetary Authority)은 지역 및 국제 금융기술회사가 새로운 디지털 솔루션을 테스트할 수 있는 샌드박스 규제 환경의 시작을 발표했다. 호주 건전성규제 당국(Australian Prudential Regulation Authority)의 프레임워크도 이 지역 규제기관의 모델로 간주된다. 핀테크에 참여하고 혁신을 장려하려는 시도가 빠르게 나타나고 있다. 2018년 신용카드회사 아메리칸익스프레스(American Express)의 보고서에 따르면 미국, 영국, 호주, 싱가포르, 홍콩 및 캐나다를 포함한 국가에서 규제기관과 핀테크업체 간에 이미 30건 이상의 계약이 체결되었다. 규제기관과 전문가들은 이것이 매우 복잡한 프로세스가 될 것이라고 경고하지만 글로벌 샌드박스 환경을 만들기 위한 시도도 진행 중이다.

영국 금융감독청(FCA: Financial Conduct Authority)의 전략 및 경쟁 담당 이사인 크리스토퍼 울라드(Christopher Woolard)는 "글로벌 샌드박스를 구축하는 것은 엄청난 일이며 당면한 과제에 대해 현실적이어야 한다"라고 말했다(Law360, 2018).

빠르게 변화하는 핀테크의 특성은 이러한 표준을 설정하고 업계와 함께 이동하는 것이 숙련된 규제기관 및 업계 전문가에게도 어려운 물류 작업이 될 것임을 의미한다.

규제 프레임워크

규제 샌드박스는 아마도 핀테크 분야에서 규제기관이 제공하는 가장 일반적인 결단력일 것이며 많은 경우에 핀테크 개발을 도왔다. 샌드박스는 특히 규제기관이 적절한 핀테크 솔루션의 경계를 관찰하고 이해하는 데 도움이 된다. 이는 핀테크산업의 혁신을 장려하고 지원하는 방법이었으며 관심 있는 핀테크가 데이터 및 뱅킹/규제 API를 쉽게 사용할 수 있도록 한다. 대부분의 경우 이것은 적극적으로 규제되는 데 관심이 있는 사람들이다.

그러나 레그테크(RegTech, 규제기술)는 일반적으로 규제 채널을 통하지 않고 은행과 직접 협력해야 하므로 샌드박스 환경에 특히 인기 있는 진입자는 아니라는 점에 유의해야 한다. 그럼에도 불구하고 DLT(분산원장기술) 기반 신원확인(ID)회사인 트래딜(Tradle)과 같은 성공적인 사례도 있다. 2017년 영국 금융감독청(FCA) 프로그램에 스위스 인공지능회사 엔비소(nViso)와 안면인식 결제 스타트업 사페(Saffe)와 같이 규제에 중점을 둔 스타트 기업이 참여하였다(Lee, 2017).

실제로 번마크(Burnmark) 연구(2018b)에 따르면 규제 샌드박스는 지구상의 어느 곳보다 아시아의 규제기관에서 더 인기가 있다. 아시아는 지난 몇 년 동안 규제기관이 시작한 규제 샌드박스의 80%를 담당한다. 이 연구는 또한 비교적 적은 수의 레그테크(RegTech)회사가 현재 15%에 불과한 규제 샌드박스가 있다는 사실을 밝혀냈다. 대신 샌드박스는 주로 레그테크 외부에서 운영되는 핀테크 및 규제 대상을 위한 환경을 제공한다.

그러나 전 세계의 규제기관은 레그테크에 대해 낙관적이며, 다양한 규제기관들이 이 개념에 에너지를 투자했다. 이 분야의 발전을 돕기 위해 레그테크와 협력하는 규제기관은 다음과 같다.

- 미국: 통화감사원, 증권거래위원회, LabCFTC
- 영국: 금융감독청

- 호주: 호주증권투자위원회
- 유럽연합: 유럽증권시장국
- 독일: 연방금융감독기관
- 홍콩: 증권선물위원회
- 싱가포르: 싱가포르 금융당국
- 리투아니아: 리투아니아 은행
- 바레인: 바레인 중앙은행

규제 샌드박스 사례 연구 | 싱가포르 통화청(MAS)

아세안(ASEAN) 지역의 번영 성장, 선진국으로부터의 자금흐름 증가, 금융시장 자유화, 정교한 역외 은행업은 싱가포르가 아시아 금융 중심지이자 글로벌 금융 허브가 될 수 있는 기반을 마련한다.[01] 잘 발달된 인프라, 고도로 숙련된 인력 및 전략적 위치를 갖춘 싱가포르는 핀테크 분야에서 하이테크 스타트업의 출현을 보았다. 그러나 2016년에는 글로벌 핀테크 투자가 전년 대비 거의 50% 감소했으며 싱가포르는 가장 가파른 하락은 US $605에서 US $186M이다.[02] 싱가포르가 혁신의 중심이었음에도 불구하고 벤처캐피탈 자금의 영향은 거의 인식되지 않았다. 싱가포르는 2014년 '스마트 네이션'[03]이라는 비전을 수립했으며, 금융산업에서 기술의 보급을 위한 스마트 네이션 로드맵의 일부로 싱가포르 스마트 금융센터를 설립했다. 2016년 규제 샌드박스의 싱가포르 통화청(MAS) 도입은 핀테크 성숙을 위한 안전하고 규제된 생태계를 만들고 금융 포용을 위한 핀테크 실험과 혁신을 육성하기 위한 후속 조치였다. 이는 금융기관(FI)과 소규모 비금융기업이 잘 정의된 공간과 기간 내에서 혁신적인 금융상품을 실험할 수 있도록 지원한다. 규제기관 지침은 FI와 협력하여 프로젝트를 신속하게 평가할 수 있는 플랫폼을 제공한다. 궁극적인 방향은 핀테크 실험을 위한 안전하고 도움이 되는 공간이다. 이를 통해 싱가포르와 해외에서 성공 사례를 더 폭넓게 채택할 수 있다.

싱가포르 통화청(MAS)은 핀테크산업을 발전시키기 위해 응집력 있는 다양한 계획을 구현하였다. 규제 샌드박스[04] 접근 방식은 핀테크 실험과 혁신이 뿌리를 내리기에 유리한 환경을 제공한다. 핀테크 이노베이션랩(Fintech Innovation Lab)[05]은 MAS, 금융기관, 혁신가 및 기술자 간의 협업을 지원하기 위해 만들어졌다.[06] 핀테크 이노베이션 빌리지(Fintech Innovation Village)[07]는 스타트업 전용 물리적 작업 공간으로 출시된다. MAS 월간통계 게시판(Monthly Statistical Bulletin)의 데이터는 작업의 용이성을 위해 API로 제공된다. 투자를 장려하기 위해 벤처캐피탈 펀드에 대한 규정을 검토했으며 샌드박스를 위해 미화 1억 6,000만 달러를 확보했다.

이 모델은 규제기관의 성공적인 샌드박스 접근 방식의 대표적인 예이다. 핀테크는 금융 포용,[08] 일자리 창출 및 생활 편의를 위한 변혁의 도구로 활용된다. 샌드박스는 개척자에게 기회를 제공하고 싱가포르인의 삶을 개선하는 원동력이다. 또한 기업이 새로운 비즈니스 모델을 탐색하고 실험할 수 있는 기회를 제공하고 스타트업, 금융기관 및 규제기관의 교차점에 있어 성공적인 핀테크혁신의 기회를 제시한다. 더욱 독특한 점은 MAS가 독립형 샌드박스 접근 방식 대신 여러 병렬적인 계획을 사용하여 아시아의 핀테크 허브가 되려는 싱가포르의 계획에 견인력을 주었다는 것이다.

싱가포르 통화청(MAS) 사례 연구는 규제 샌드박스가 고객, 핀테크 신생기업, 규제기관 및 투자자에게 이익이 될 가능성이 있음을 증명한다. 샌드박스(Sandbox)는 핀테크혁신의 급속한 박차와 함께 규정 준수 및 규제를 조정한다. 은행, 사모펀드, 벤처캐피탈 펀드 등 다양한 주체들이 투자를 유치했다. 투자자들이 주의를 기울이는 경향이 있었기 때문에 초기 혁신은 종종 억눌렸고 기회를 잃었다. MAS가 고객 보안 또는 자금 세탁 방지와 같은 주요 요구사항에 대해 타협하지 않았기 때문에 투자 환경이 규제되었다. 규제의 확실성은 차례로 투자자의 관심을 통합했다. 규제기관이 주도하는 샌드박스 모델이기 때문에 혁신적인 제품과 서비스를 개발하면서 규정을 준수할 수 있는 혁신가의 능력에 대한 투자자의 확신을 불러일으켰다.[09] 핀테크회사는 라이브시장에서 제품을 테스트하면서 MAS와 협력할 수 있다. 제품이 상업적으로 구현되기 전에 통제된 환경에서 테스트되었기 때문에 고객의 이익이 보호된다.

NOTES

01 Yew, L K (2017) Singapore's Transformation into a Global Financial, National University of Singapore [online] Hubhttps://lkyspp.nus.edu.sg/docs/default-source/case-studies/entry-1516-singapores_transformation_into_a_global_financial_hub.pdf?sfvrsn=a8c9960b_2

02 KPMG (2017) Global fintech investment sees sharp decline in 2016 despite record VC funding: KPMG Q4'16 Pulse of Fintech Report (press release) [online] https://assets.kpmg/content/dam/kpmg/sg/pdf/2017/02/global-fintech-

investment-sees-sharp-decline-in-2016-despite-record-vc-funding.PDF (archived at https://perma.cc/K2EL-Y5M7)

03 Liang, F S and Pan, G (2016) Singapore's vision of a smart nation, *Asian Management Insights*, 3 (1), pp 7682 [online] https://cmp.smu.edu.sg/sites/cmp.smu.edu.sg/files/pdf/12.AMI_Issue5_SmartNation.pdf (archived at https://perma.cc/YU4Z-LGLW)

04 MAS (2016) MAS Proposes a 'Regulatory Sandbox' for fintech experiments [online] https://www.mas.gov.sg/news/media-releases/2016/mas-proposes-a-regulatory-sandbox-for-fintech-experiments (archived at https://perma.cc/6JM4-67XE)

05 MAS (2016) MAS establishes FinTech Innovation Lab [online] http://www.mas.gov.sg/News-and-Publications/Media-Releases/2016/MAS-establishes-FinTech-Innovation-Lab.aspx

06 Tan, R (2017) Singapore's 'disrupt yourself first' strategy for fintech innovation, *Innovation is Everywhere* [online] https://www.innovationiseverywhere.com/singapore-fintech-innovation/ (archived at https://perma.cc/P5WS-X7LS)

07 Lattice80.com (nd) https://www.lattice80.com/ (archived at https://perma.cc/YTB6-XSDC)

08 DemirgÜÇ-Kunt, A, Klapper, L and Singer, D (2017) What do we know about the link between financial inclusion and inclusive growth? *World Banks Blogs* [online] https://blogs.worldbank.org/allaboutfinance/what-do-we-know-about-link-between-financial-inclusion-and-inclusive-growth (archived at https://perma.cc/SPM8-ST5R)

09 Finextra (2018) The role of regulatory sandboxes in fintech innovation [online] https://www.finextra.com/blogposting/15759/the-role-of-Regulatory-Sandboxes-in-fintech-innovation

섭테크

규제 환경의 또 다른 주요 측면은 규제기관이 시장 모니터링 솔루션을 위해 레그테크(RegTech) 신생기업과 직접 협력하는 섭테크(SupTech) 또는 감독기술이다. 혁신가들도 이 과정을 보완하고 있다. 예를 들어, 비저(Vizor)는 금융 규제기관이 금융기관을 자동으로 모니터링하여 규제 요구사항을 충족하는지 여부를 판단할 수 있는 기술을 개발한다. 비저는 영국, 캐나다, 아일랜드, 사우디아라비아 및 기타 12개 이상의 국가에서 여러 중앙은행과 규제기관에 서비스를 제공한다. 규제기관과 감독관은 다양한 이유로 스타트업과 직접 협력하기로 결정한다.

레그테크의 두 번째 단계에서는 특히 핀테크 허브가 두드러진 지역의 규제기관이 레그테크 자체의 중요한 사용자가 될 것이다. 이것은 액셀러레이터 프로그램을 통한 것을 제외하고는 레그테크와의 직접적인 참여가 최소화된 첫 번째 단계와 다르다. 이는 규제기관이 감독 문제에 대처할 수 있도록 지원함으로써 도움이 될 것이다. 섭테크(SupTech)는 이 프로세스의 주요 부분이 되어 규제기관이 감독 프로세스에 대한 데이터 기반 접근 방식을 취하고 회고적 접근 방식에서 미래 지향적 접근 방식으로 전환할 수 있다.

규제기관이 배치한 섭테크는 감독에 대한 정보 중심 접근 방식을 더 많이 취할 수 있게 하고 잠재적으로 소급 검토에서 보다 미래 지향적인 감독 절차로의 전환을 촉진할 것이다.

협력의 촉매제로서의 정부

정부는 핀테크 협력의 촉매제가 될 수도 있다. 그리고 인도의 아드하르 스택(Aadhaar Stack)(간단히 인디아 스택(India Stack))이 이 프로세스의 한 사례이다. 아드하르 스택은 인도 인구를 디지털 시대로 이끌 통합 소프트웨어 플랫폼을 만들기 위한 중요한 정부 계획이다. '인디아 스택'은 정부, 기업, 신생기업 및 개발자가 고유한 디지털 인프라를 활용하여 인도의 대면 없고(presence-less), 종이 없고(paperless), 현금 없는(cashless) 서비스 제공에 대한 어려운 문제를 해결할 수 있도록 하는 API 세트이다(IndiaStack, 2016).

인도정부는 아드하르(Aadhaar)가 시민들에게 다양한 디지털 서비스를 제공하는 플랫폼을 통해 디지털 경제의 기반이 되기를 바란다. 그러나 시스템에 생체 데이터를 저장하는 것에 대해 논란이 있어 왔고, 이것은 특히 서구 국가에서 훨씬 더 민감하게 다루어져야 할 필요가 있다.

필수 기술개발

이 장에서 언급했듯이 핀테크 분야를 정의하는 특징 중 하나는 급속한 진화이다. 핀테크가 주도하는 기술이 그러하듯 모든 산업에서 거의 불가피한 일이다. 이것은 핀테크 분야에서 일하는 사람들이 스스로 '미래 기술'을 갖춰야 한다는 의미다. 핀테크 센터의 미래 인적자본의 다양한 기술 역량은 앞으로 틈새시장을 정의할 것이며, 신흥기술에 대해 충분히 숙련된 인재의 깊이는 모든 핀테크 허브의 핵심 요소이다.

대부분의 핀테크 솔루션 제공에는 인공지능 및 블록체인과 같은 미래 기술이 포함된다. 물론 이들은 기술에 대한 특정 지식과 전문 지식을 필요로 하므로 이 분야의 계획이 성공하려면 적절한 인력이 채용되어야 한다. 이 지식 기반을 구축하는 것과 관련된 다른 문제도 있다. 자금은 말할 것도 없고 제한된 트레이너 및 관리자 풀과 함께 대부분의 핀테크가 요구하는 슬림화된 팀 규모는 올바른 인재를 고용, 교육 및 유지하는 것이 중요하다는 것을 의미한다. 미래의 숙련된 인적자본은 아마도 성공과 실패의 차이가 될 것이다.

번마크(Burnmark) 연구(2018a)에 따르면 기술 중심 직원과 코더(coders)는 핀테크 신생기업의 핵심을 형성하며 창업자의 87%는 기술개발에 중점을 둔 직원이 전체 인력에 중요하다고 밝혔다. 핀테크 분야 내에서 전체 직원의 32%가 코더이며 이 숫자는 아이디어 및 수익 단계 전 스타트업에서 67%에 달한다.

그러나 현재 사용 가능한 인재 풀은 기술 졸업생이 풍부할 수 있지만 미래 기술 측면에서 지식의 실제 격차가 있다. 인도와 같은 국가는 STEM 분야에서 매우 풍부하고 강력한 인재 풀을 보유하고 있으며 150만 엔지니어링 졸업생과 300,000 기술 석사를 포함하여 240만 졸업생을 자랑한다. 이것은 핀테크 스타트업을 위한 거대한 잠재 직원 풀을 생성하고 인도가 이미 이 분야에서 중요한 인상을 남긴 이유를 설명하는 데 도움이 된다.

그러나 다른 나라들은 그렇게 운이 좋지 않다. 많은 핀테크는 그들이 요구하는 기술적 전문성에 상당한 격차가 있다고 생각한다. 번마크가 핀테크를 조사했을 때 응답자의 71%가 심층적인 기술 전문성의 부족이 성장의 주요 장애물이라고 밝혔으며 B2B 핀테크의 경우 이 수치는 81%로 증가한다. 이 발견은 블록체인 부문에서 일하는 핀테크에 의해 더욱 입증되었으며, 많은 사람들이 코더의 가용성이 특히 낮다는 점을 인정하고 있다. 이로 인해 이 분야에서 일하는 핀테크가 러시아, 폴란드, 실리콘밸리와 같이 이 분야에서 강력한 기술 기반을 갖춘 지역에서 인력을 채용해야 했다. 핀테크에 대한 또 다른 채용 문제는 숙련된 기술 인재 유지가 자금이 없고 부트스트랩이 없는 회사에 주요 도전 과제라는 것이다. 의심할 여지없이 제한된 기술 인재 풀이 있으며 이는 사용 가능한 인재를 고용하고 유지하는 것이 앞으로 핵심이 될 것임을 의미한다.

번마크 설문조사의 응답자들은 특히 프리시리즈(Pre-Series) A 신생기업의 경우 이를 특정 과제로 강조한다. 시리즈 A 이전의 63%와 수익 이전의 핀테크기업의 83%는 숙련된 기술 인재의 유지를 주요 관심사로 생각한다. 핀테크혁명의 핵심은 교육이 될 것이라는 의미다. 자문 비즈니스 캡스톤(Capstone)의 로렌스 윈터마이어(Lawrence Wintermeyer) 대표는 "다음 세대를 위한 STEM 교육, 지식 및 연구를 장려하는 것이 미래에 장비를 갖추고 적응력이 뛰어난 인력의 핵심이 될 것"이라고 말한다. 윈터마이어는 특히 핀테크산업, 그리고 일반적으로 기술/금융 분야에서 핵심이 될 기술의 종류에 대해 논의했다(YesFintech, 2018).

STEM 교육이 업계의 변화하는 요구에 적응하는 것도 중요하다. 금융기술과 뉴에이지기술은 데이터 분석, 뉴에이지 코딩 및 블록체인 코딩 및 파이썬(Python) 데이터베이스 관리와 같은 데이터베이스 관리기술에 대한 숙련도가 중요해짐에 따라 기존 산업에 비해 요구사항이 매우 다르다. 따라서 이러한 기술을 연마하기 위해 R&D 연구소를 만드는 것뿐만 아니라 STEM과정에 이를 포함하는 것이 중요하다. 핀테크 조직이 학계와 더 잘 협력할 필요도 분명히 있다. 또한 STEM, 금융 이해, 혁신 및 디자인 교육은 일찍 학교에서 시작해야 한다. 성숙한 회사들이 계속해서 이 분야에서 채용을 위한 추천에 의존하고 있다는 점도 흥미롭다.

핀테크산업의 주요 업체는 점점 더 디지털 채널을 활용하고 있지만 대부분은 여전히 참조에 크게 의존하고 있다. 번마크 연구 응답자의 90%는 다른 핀테크회사 또는 공동 설립자의 추천을 통해 고용되었으며, 이는 인재 채용이 여전히 핀테크 간의 커뮤니케이션에 크게 의존하고 있음을 의미한다. 이는 네트워킹 및 중매 이벤트, 결단력 등이 업계에서 특별한 중요성을 가지고 있다. 그럼에도 불구하고 채용 방법도 성숙해지고 있으며 성공적인 스타트업의 77%와 시리즈 A 자금 지원을 받은 기업의 83%가 취업 포털 및 링크드인과 같은 온라인 채널이 선호하는 채용 소스가 되었다고 말한다. 업계는 계속 발전하고 있으므로 이러한 추세는 더욱 널리 퍼질 것이다. 특히 자금조달도 여전히 중요한 문제이다.

번마크(Burnmark, 2018a)는 사전 수익의 71%와 아이디어 단계 핀테크의 81%가 자금조달에 심각한 어려움을 보고했다고 밝혔다. 이 문제는 자금조달을 증명하는 개념을 추구할 때 더욱 확대된다. 흥미롭게도 핀테크 창업자의 교육적 배경과 경험은 자금조달과정에 어느 정도 영향을 미치는 것으로 보이며, 대학원생이 설립한 신생기업의 84%가 비교적 쉽게 자금을 조달할 수 있다. 이는 15년 이상의 경력을 가진 창업자의 85%에게도 적용된다. 이것이 의미하는 바는 새로운 핀테크 진입자와 신생기업이 자금조달 프로세스가 더 방해가 된다는 것을 알게 될 것이며, 이는 새로운 아이디어와 혁신이 지원되려면 변경되어야 한다는 것이다. 일부 핀테크 기업의 재정적 어려움은 스타트업의 74%가 연간 10,000달러 및 50,000달러이지만 이 회사 중 7%만이 수익성이 있다(Economic Times, 2018).

전 세계의 관리자들이 핀테크의 중요성과 변혁적 잠재력을 인식함에 따라 자금이 점점 더 많이 이용 가능해지고 있다. 그러나 번마크 리서치의 응답자와 업계 전문가들은 모두 자금조달절차와 기준이 모호할 수 있다고 지적했다. 여러 정부가 핀테크 명세서에 대한 직접 투자를 목적으로 하는 기금을 마련했지만, 그 지출은 부분적으로는 핀테크 부문의 복잡성으로 인해 상대적으로 낮은 수준에 머물고 있다.

요약

핀테크 허브는 이제 모든 대륙에서 전 세계적으로 나타나고 있다. 다양한 지리적 위치에 걸쳐 있다. 핀테크 부문은 성숙하기 시작했고 정부와 규제 당국은 모두 이 산업의 정당성을 인정하기 시작한다. 그러나 핀테크, 특히 스타트업인 핀테크는 계속해서 많은 도전에 직면해 있다. 규제 및 자금 지원 장애물은 여전히 극복해야 하고 꾸준히 제거해야 하며, 핀테크 역시 가까운 장래에 증가하는 교육 및 채용 수요에 직면하게 될 것이다. 또한 규제기관이 핀테크를 지원하려고 시도했지만 산업의 복잡하고 빠르게 진화하는 특성으로 인해 문제에 직면하게 되었으며 핀테크와 당국 간의 협력을 일방적인 프로세스로 간주해서는 안 된다. 규제기관도 핀테크의 도움이 필요하다.

참고문헌

Burnmark (2018a) The Indian Fintech Report [online] https://www.burnmark.com/research/4 (archived at https://perma.cc/QC9S-DMYN)

Burnmark (2018b) RegTech Report [online] https://www.burnmark.com/research (archived at https://perma.cc/AS2W-CQ7T)

Business Insider (2018) The two Australian cities that have built global reputations as fintech hubs, 29 August [online] https://www.businessinsider.com.au/fintech-snapshot-australia-2-2018-8 (archived at https://perma.cc/T98T-U78J)

CBInsights (2019) Global Fintech Report Q2 2019 [online] https://www.cbinsights.com/research/report/fintech-trends-q2-2019/ (archived at https://perma.cc/ X4EA-FNRN)

Economic Times (2018) Managing burn rate a worry for fintech start-ups, 12 March [online] https://economictimes.indiatimes.com/small-biz/start-ups/newsbuzz/managing-burn-rate-a-worry-for-fintech-start-ups/articleshow/63264615.cms (archived at https://perma.cc/NY65-2S7N)

GOV.UK (2018) Fintech Sector Strategy launched at International Fintech Conference [online] https://www.gov.uk/government/news/fintech-sector-strategy-launched-at-international-fintech-conference (archived at https://perma.cc/7EK7-AUQQ)

ICAEW (2018) ICAEW: Fintech innovation: perspectives from Singapore and London [online] https://www.icaew.com/technical/technology/technology-and-the-profession/fintech-innovation-perspectives-from-singapore-and-london (archived at https://perma.cc/Q79W-9D2K)

IndiaStack (2009) What is IndiaStack? [online] https://indiastack.org/about/ (archived at https://perma.cc/J9XE-WHGH)

Kumar, S (2018) Increasing financial inclusion in Australia through fintech, *Borgen Project*, 20 November [online] https://borgenproject.org/increasing-financial-inclusion-in-australia-through-fintech/ (archived at https://perma.cc/CR54-7UMU)

Law360 (2018) Regulators teaming up on global fintech sandbox, FCA says, 19 March [online] https://www.law360.com/articles/1023530/regulators-teaming-up-on-global-fintech-sandbox-fca-says (archived at https://perma.cc/LP5T-8WUZ)

Lee, J (2017) Selfie payments firm accepted into FCA's 'regulatory sandbox', *Biometric Update* [online] https://www.biometricupdate.com/201706/selfie-payments-firm-accepted-into-fcas-regulatory-sandbox (archived at https://perma.cc/74A2-9MVR)

McCance, D (2018) London and Singapore named top fintech hubs, *ICAEW*, 31 October [online] https://economia.icaew.com/news/october-2018/london-and-singapore-named-top-fintech-hubs (archived at https://perma.cc/R674-3ZEK)

MEDICI (2018) The story of India's emergence as a leading fintech hub, 19 March [online] https://gomedici.com/story-of-indias-emergence-as-leading-fintech-hub (archived at https://perma.cc/XT9P-5DXQ)

Nathani, K (2018) Why this 201-year-old bank is building Asia-Australia economic corridor, *Entrepreneur*, 5 December [online] https://www.entrepreneur.com/article/324348 (archived at https://perma.cc/YS24-T98X)

YesFintech (2018) Yes Bank India Fintech Opportunities Review 2017-2018 [online] http://burnmark.com/uploads/reports/Burnmark_Report_YesBank_India.pdf (archived at https://perma.cc/JVA9-DSTE)

Yun, J (2019) Government sets aside $138m for innovation and fintech, *Fintech Business*, 9 May [online] https://www.fintechbusiness.com/industry/1017-government-sets-aside-138m-for-innovation-and-fintech (archived at https://perma.cc/ET84-PN57

Chapter

07

핀테크 활용 부문

Chapter

07 핀테크 활용 부문

핀테크라는 단어는 1980~90년대 영국 언론에 처음 등장했지만 2008년 금융위기 이후 대중화되지 못했다. 2008년에서 2012년 사이에 핀테크는 고객에게 제품과 서비스를 제공하는 방식을 파괴하고 중개하지 않는 전통적인 은행과 직접 경쟁한 신생기업이다. 핀테크가 부상하는 이 초기 시대에 대부분의 대중과 전문가의 관심은 네오뱅크, B2C 로보어드바이저, 송금 서비스, 디지털 중개 및 P2P(Peer-to-Peer) 대출회사와 같은 B2C(Business-to-Consumer) 부문으로 이동했다. 고객은 훨씬 더 나은 경험을 신속하게 원한다. 그러나 핀테크의 초기 정의가 점차 확대되고 있다.

오늘날 핀테크는 효율성, 비용 또는 프로세스를 개선하기 위해 기술을 활용하는 모든 혁신적인 회사이며 소비자와 직접 거래하지 않는 상당수의 기술회사를 포함한다. 레그테크(RegTech) 및 B2B 로보어드바이저(robo-advisory)와 같은 B2B(Business-to-Business) 핀테크 부문은 2017년까지 특히 전략적 투자자와 벤처 캐피탈리스트로부터 큰 관심을 받지 못했다. 그 이유는 고객 성장 곡선이 뚜렷하지 않았기 때문이다. 그러나 다음과 같은 이유로 B2B 핀테크에 대한 벤처 자본가들의 관심이 최근 증가하고 있다.

- 규제 환경의 변화
- 은행과 핀테크 협력 증가

- 핀테크산업에서 더 우수하고 강력한 수익 모델에 대한 필요성
- 비즈니스 모델 확장/피봇팅(pivoting)
- 블록체인 및 인공지능과 같은 구현기술의 출현

한 가지 예는 국경 간 B2B 결제로, 2018년 150조 달러에서 2022년까지 218조 달러를 초과할 것으로 예상했다(Juniper Research, 2018). 이러한 성장은 B2B 국가 간 전송이 제공하는 투명성 및 효율성과 결합된 파괴적인 기술의 출현에 기인할 수 있다.

또 다른 예로는 둘 이상의 당사자가 통합 전자 형식으로 송장을 교환할 수 있는 전자 청구 형식인 전자 송장이 있다. 빌렌티스(Billentis)의 연구에 따르면 전 세계 전자 인보이스 시장은 꾸준히 성장하고 있으며 2024년까지 161억 유로의 가치가 있을 것으로 예상된다(Office Torque, 2017). EU와 미국 모두 2018년부터 전자 인보이스를 의무화했다는 사실은 규제 압력에 힘입어 시장성장을 촉진하는 데 도움이 되었다.

B2B 핀테크와 B2C 핀테크의 주요 차이점은 B2B 핀테크에 비해 B2C 핀테크와 관련된 고객 확보비용이 더 높다는 것이다. B2C 핀테크는 확장을 위해 벤처캐피탈 자금에 크게 의존해야 한다. 그러나 사용자 관련 이정표를 매우 명확하게 파악하고 시장에 빠르고 효과적으로 영향을 미칠 수 있다. 고객 여정과 프론트엔드(front-end) 및 백엔드(back-end) 중단 모두에 중점을 둔 B2C 핀테크는 혁신을 더 쉽게 달성할 수 있다. 반면 B2B 핀테크는 빠르게 수익을 얻을 수 있지만 협업이나 자금조달을 위해 기존 은행이나 기업에 크게 의존할 수 있다. 대형 은행에서 레거시 시스템 및 프로세스로 작업할 때 일반적으로 앞에 놓인 엄청난 규모의 문제로 인해 이러한 영향이 미미해 보일 수 있다.

예를 들어, P2P 결제 프로세스는 외부 프로세스에 의존하지 않기 때문에 처음부터 끝까지 평균 몇 시간이 걸린다. 반면 B2B 결제 프로세스는 시작부터 완료까지 최대 90일이 소요될 수 있다. 여러 상호 종속 프로세스

가 발생해야 하기 때문에 매우 복잡할 수 있다.

일부 핀테크는 심지어 B2C에서 B2B 모델로 전환하고 있다. 그러한 회사 중 하나는 영국에 기반을 둔 모기지기술 스타트업인 버로우(Burrow)이다. 버로우는 2016년 소비자 비즈니스로 시작했지만 2018년에 B2B로 전환하기로 결정했으며 브로커 및 모기지 네트워크에 기술을 제공할 예정이다. 버로우는 높은 고객 확보비용과 긴 판매주기를 중심으로 하고 "단위 경제가 누적되지 않고 있다"고 언급했으며, 이는 핀테크산업에서 일부 고객 확보 문제와 비용이 얼마나 심각한지를 나타낸다(O'Hear, 2018).

신규 고객이 새로운 금융상품을 사용하도록 하는 데는 상당한 비용이 소요되며 단일 소비자를 확보하는 데 드는 최소비용은 150달러에서 350달러이다. P2P 대출 분야의 경우 이 비용이 10배 더 높을 수 있다.

최근까지 챌린저 은행의 인수비용은 5달러에서 50달러 사이이다. 그러나 경쟁이 치열하고 유사한 고객 기반을 대상으로 동일한 지역에서 많은 챌린저가 출시됨에 따라 크게 증가할 것으로 예상한다. B2C 스타트업은 더 큰 브랜드와 제휴하고 창의적인 콘텐츠 마케팅을 사용하여 고객 확보비용을 줄이는 방법을 생각해 낸다. B2B 고객 확보비용은 세그먼트마다 다르지만 대부분의 투자자와 전문가는 B2B의 획득비용이 B2C의 비용보다 훨씬 낮다는 데 동의한다.

크라우드펀딩

크라우드펀딩은 핀테크의 일부는 아니지만 핀테크혁명의 중요한 선구자로 널리 간주되며, 전통적인 채널을 통하지 않고 P2P 모금이라는 최초의 탈중개화 모델을 만드는 데 도움이 된다. 킥스타터(Kickstarter)와 같은 크라우드펀딩 웹사이트의 성공과 영향은 여러 핀테크 웹사이트에서 신뢰, 관심, 투자를 찾도록 한다. 크라우드펀딩은 다양한 사람들로부터 소액의 자금을 모아 프로젝트에 자금을 조달하는 관행이다. 크라우드펀딩 비즈니스 모델은 세 가지 참여자로 구성된다.

- **프로젝트 제안자:** 이들은 벤처 뒤에 있는 두뇌이다. 그들 자금조달이 필요한 프로젝트의 청사진이나 아이디어를 제공한다.
- **잠재적 투자자:** 이들은 벤처에 관심이 있는 사람들이다. 그들은 아이디어에 기꺼이 돈을 투자한다.
- **인터넷 플랫폼:** 이것은 프로젝트 제안자와 잠재적 투자자를 한데 모아 벤처를 시작하는 매개체 역할을 한다.

비즈니스 모델에 따라 크라우드 펀딩시장은 다음과 같은 여러 세그먼트로 나눈다.

- P2P(Peer–to–Peer) 대출
- 보상 기반 자금
- 지분투자
- 기부금
- 하이브리드 기반 자금조달
- 로열티 기반 자금조달
- 기타 유형의 자금 지원

크라우드펀딩이라는 용어는 유형 제품의 펀딩과 독점적으로 연관되어 왔지만 주식형 크라우드펀딩은 신생기업과 중소기업을 위한 자금을 모으는 매력적인 방법으로 추진력을 얻고 있다. 연례 매스솔루션 크라우드펀딩 산업 보고서(Massolution Crowdfunding Industry Report)에 따르면 2015년 전 세계 총자산규모는 25억 6,000만 달러로 정점을 찍었다(Galkiewicz and Galkiewicz, 2018). 2017년에는 전 세계적으로 120억 달러 이상이 주식 또는 보상 기반 크라우드펀딩 프로젝트에 투자되었으며 향후 5년 동안 32%의 매출 성장이 예상된다.

결제

디지털 결제 서비스는 다른 상품에 비해 상대적으로 간편하여 결제(payments)에 주력하는 핀테크가 보다 빠르고 저렴한 비용으로 고객을 확보할 수 있다. 결제에 중점을 둔 핀테크는 또한 새로운 결제기능의 혁신과 채택을 확산할 수 있다. 모바일 지갑의 혁신은 스마트폰의 엄청난 시장 침투에 의해 주도되어 고객이 휴대폰을 통해 결제할 수 있게 된다.

포레스터(Forrester)의 모바일 결제 예측에 따르면 P2P 모바일 결제가 추진력을 얻고 있으며 미국에서만 2021년까지 거의 2,820억 달러로 성장할 것으로 예상한다(Parisi, 2017). 그러나 이러한 성장은 여전히 중국과 같은 국가에서 볼 수 있는 것보다 50배는 적다. 모바일 결제의 주요 업체로는 삼성페이(Samsung Pay), 안드로이드페이(Android Pay), 구글지갑(Google Wallet) 및 페이팔(PayPal)이 있다.

2010년 이후 전 세계 송금액은 4,667억 달러에서 2018년 6,150억 달러로 증가하였다. 송금비용은 계속해서 매우 높고 결제 부문의 대부분의 신생기업은 실시간 결제 및 디지털 통화 솔루션을 사용하여 이러한 비용을 줄이는 것을 목표로 한다. 도매 및 기업 결제에서 가장 혁신은 대체 금융, 공급망 금융 및 암호화폐 채택에서 관찰된다.

대출

전통적으로 대출(lending) 주체는 주로 신용 데이터 제공자, 은행 및 IRA(Individual Retirement Account)관리기관이다. 그러나 최근 몇 년 동안 P2P 소비자 및 기업 대출이 핀테크의 중요한 트렌드로 부상했다. P2P 대출 핀테크는 개인과 기업이 서로 빌리는 것을 가능하게 하였다. 효율적인 구조를 가진 사람들은 대출기관과 대출자 모두에게 낮은 이자율과 더 빠른 대출절차를 제공했다. 이러한 핀테크와 은행의 차이점은 핀테크가 대출에 관여하지 않는다는 것이다. 대신 그들은 대출자와 대출기관 사이에서 중매인 역할을 하고 약간의 수수료를 받는다.

대출 핀테크의 훌륭한 예는 2005년에 시작된 영국 기반 대출기관인 조파(Zopa)이다. 다른 대형 대출 핀테크로는 2006년에 시작된 미국 기반의 프로스퍼 마켓플레이스(Prosper Marketplace)와 랜딩클럽(Lending Club)이 있다. EY에 따르면 2016년 말 전 세계에 핀테크 대출을 제공하는 업체는 1,300곳이 넘었지만 DBS에 따르면 2015년 중국에만 2,000곳 이상의 P2P 대출업체가 있었기 때문에 더 많을 수도 있다고 한다(Sender, 2015).

핀테크 대출을 위한 비즈니스 모델은 2000년대 초 최초의 P2P 대출 핀테크가 등장한 이후 진화해 왔다. 초기 기업은 기술을 사용하여 대출자와 개인투자자를 직접 연결하는 비즈니스 모델이 포함되었기 때문에 P2P 대출기관이라고 불린다. 그러나 시장은 진화했고 기업이 헤지펀드회사, 은행 및 자산관리자와 같은 기관투자자에게 대출을 마케팅하여 자금 출처를 확대함에 따라 P2P 대출기관은 시장으로 이름이 바뀌었다.

대출 유형은 모기지, 학자금 대출, POS 금융 및 기타 소비자 할부 부채를 포함하도록 진화한다. 소규모 비즈니스도 핀테크 대출기관의 초점 영역이 된다. 기업들은 이제 기술을 활용하여 은행과 같은 전통적인 대출기관에 수익성이 없는 수익을 내는 소규모 회사를 위한 대출 패키지와 상환 조건을 맞춤화하고 있다.

핀테크 대출의 주요 특징은 인터넷과 새로운 데이터 분석기술을 사용하여 간소화된 대출 승인 프로세스, 자금조달 프로세스 및 대출 연장을 통해 고객 경험을 개선한다는 것이다. 이제 고객은 대출 신청 시 모든 지원정보를 전자적으로 전달할 수 있다. EU의 대체 대출 성장 전망은 2018년 말까지 28억 유로로 전년 대비 73% 증가했다. 그러나 가장 강력한 성장은 각각 102%와 79%의 예상 성장률로 부동산과 소비자 부문에 기인한다

(Brismo, 2018). 중국의 P2P 대출은 2014년부터 2017년까지 연평균 성장률(CAGR) 128%로 1조 2,000억 위안(미화 1,850억 달러)에 이르렀다. 소매 및 신용카드 대출의 3%와 21%를 차지하여 중국 P2P 대출시장을 세계 최대 규모로 만들고 있다(DBS, 2018).

로보어드바이저

로보어드바이저(Robo-advisory)는 자산 및 자산관리에 디지털 솔루션을 빠르게 적용하고 있다. 로보어드바이저는 사용자 친화적이고 자동화된 프로세스, 저비용 포트폴리오관리, 안정적인 성능을 갖추고 있어 기존 금융 자문 서비스에 위협이 된다. 로보어드바이저는 기술을 활용하여 디지털 클라이언트 온보딩(onboarding)을 적용하며, 이는 편의성과 효율성을 제공하는 데 중요한 단계이다.

로보어드바이저는 주로 ETF(Exchange Traded Funds)에 투자하여 다양하고 저렴한 투자 솔루션을 제공한다. 로보어드바이저는 2008년 글로벌 금융위기 이후 재무관리자가 고객자산을 관리하고 균형을 유지하는 데 사용하는 온라인 인터페이스로 처음 등장했다. CB Insights(2017)에 따르면 2012년 1분기와 2017년 1분기 사이에 민간 로보어드바이저는 119개의 주식투자를 통해 전 세계적으로 13억 2,000만 달러 이상을 조달했다. 미국이 57%의 거래를 주도했고 독일, 영국, 중국이 그 뒤를 이었다. 로보어드바이저 부문의 자산은 2018년 미화 4,019억 달러에 달했으며, 이 수치는 2022년에 37%의 성장률을 보여 1조 4,000억 달러에 이를 것으로 예상된다.

로보어드바이저의 다음 큰 목표는 은퇴자산, 특히 중국이 미국을 추월할 것으로 예상되는 은퇴자산과 베이비붐 세대로부터 30조 달러의 잠재적 자산을 상속받을 밀레니엄 투자자인 것으로 보인다. 그러나 로보어드바이저는 이 새로운 세대의 투자자를 유지하기 위해 지속 가능성, 청정에너지 및 사회적으로 영향력 있는 투자전략을 제공해야 한다. 모티프 인베스팅(Motif Investing) 및 와드 인베스트(Wahed Invest)를 포함한 로보어드바이저 그룹은 투자자의 사회적, 종교적 또는 경제적 가치에 부합하는 저비용 투자상품을 만들고 있다.

2008~2009년 글로벌 금융위기 이후 대부분의 스타트업이 은행을 신뢰하지 않았기 때문에 스타트업은 젊은 투자자들 사이에서 신뢰를 구축할 수 있는 좋은 위치에 있다. 낮은 수수료와 더 나은 디지털 인터페이스는 이러한 젊은 투자자들에게 더 많은 인센티브를 제공한다.

레그테크

2015년 몇몇 회사들은 레그테크(RegTech)를 '핀테크 내 화두'로 언급했다. 하지만 레그테크는 2010년부터 별도의 집중 분야로 존재해 왔다. 레그테크는 구성 가능하고 통합하기 쉽고 안정적이고 안전하며 비용 효율적인 규제 솔루션을 제공하고자 하는 기술이다. 2008~2009년 금융위기로 인해 전 세계 은행에 여러 규정 준수 담당자를 고용해야 하는 수많은 새로운 규정이 부과된다. 이러한 개혁은 규정 준수, 보고 및 감독 요청과 관련하여 금융 부문의 어려움과 비용을 증가시켰다. 이러한 규제 문제로 인해 참가회사가 더 효율적인 기술 지원 솔루션을 제공해야 하는 필요성이 생겼고, 이에 따라 레그테크회사가 등장했다.

2008년부터 레그테크회사는 규제 보고, 위험관리, KYC(Know Your Customer, 고객 알기) 및 온보딩, 규정 준수 모니터링 및 사기 탐지를 위한 솔루션을 제공했다. 2013년과 2018년 사이에 레그테크회사는 약 680개의 주식투자를 통해 62억 달러 이상을 모금했으며 2018년 7월 기준으로 전 세계에 800개 이상의 레그테크 신생기업이 있다. 2010년과 2018년 사이에 각 레그테크 부문의 많은 기업들은 다음과 같이 분포된다.

- 규정 준수: 23% 성장
- 위험관리: 23% 성장
- 금융범죄: 13% 성장
- ID관리: 7% 성장
- 준수 지원: 6% 성장

인슈어테크

인슈어테크(InsurTech)는 보험 비즈니스를 변화시킬 수 있는 다양한 신기술과 혁신적인 비즈니스 모델이다. 인슈어테크는 2011년에 등장하기 시작하여 2015년까지 짧은 모멘텀을 보였지만 대형 거래의 변동성으로 인해 소멸되었다. 그러나 2017년에 더 큰 거래를 향한 분명한 전환이 다시 그것을 시작하게 했다. 단 1년 만에 인슈어테크 신생기업인 중안(Zhong An)에 80억 달러 이상을 투자했다. 이는 분명히 다가올 일의 신호로 보인다(Yan, 2016).

효율성을 가능하게 하는 블록체인

블록체인은 동일한 네트워크 내에서 두 사용자 간의 거래가 안전하고 검증 가능하며 영구적인 방식으로 저장되는 공개 레지스터이다. 트랜잭션 데이터는 계층 시스템에서 서로 연결된 암호화 블록에 저장된다. 이 데이터 저장 모드는 모든 거래를 추적하고 확인할 수 있는 데이터 블록(블록체인)의 끝없는 체인을 생성한다. 따라서 블록체인의 주요 기능은 사용자 간의 거래를 인증하는 것이다. 블록체인은 기록 보관에 필요한 막대한 자원을 없애 돈을 절약하는 데 사용할 수 있고, 인터넷이 등장한 이후로 볼 수 없었던 방식으로 IT를 혼란에 빠뜨릴 가능성이 있다. 블록체인 아키텍처를 통해 사용자는 자신이 수행하는 거래에 대해 변경할 수 없는 기록을 생성할 수 있다. 핀테크는 블록체인기술을 가장 중요한 보안, 향상된 정보 검증 및 신속한 거래 검증에 사용할 수 있다. 각 조직은 자체 데이터를 저장하고 조정을 위해 다른 조직과 소통해야 하기 때문에 결제, 정산 및 정리가 비효율성으로 가득 차 있다.

결과적으로 트랜잭션이 느려지며 일반적으로 처리하는 데 약 2일이 걸린다. 블록체인기술은 데이터 공유를 가능하게 하고 조정의 필요성을 즉각적으로 감소시키며, 이 기술을 채택하면 효율적이고 효과적인 정리 및 정산 프로세스가 촉진된다.

센트비(Sentbe)와 같은 블록체인 핀테크는 P2P 소액 결제비용을 60~80% 낮추기 위해 등장했다. 상당한 거래 수수료를 부과하는 웨스턴 유니온(Western Union) 및 머니그램(MoneyGram)과 같은 대기업에 의해 국경 간 소액 결제가 여전히 통제되고 있다. 블록체인기술을 활용하여 이러한 거래비용을 낮추고 청산시간을 단축할 수 있다. 글로벌 핀테크 블록체인 시장규모는 2018년 3억 7,030만 달러에서 2023년 62억 달러로 연평균 성장률은 75.9%로 성장할 것으로 예상된다.

핀테크의 근간이 된 인공지능

인공지능(AI)은 패턴 인식, 추론 및 언어와 같이 일반적으로 인간에 의해서만 할 수 있는 일을 하는 컴퓨터의 능력이다. 또한 기계가 스스로 '학습'하고 '배운' 것을 기반으로 결정을 내리는 기계의 능력을 말한다. 인공지능의 주요 유형은 다음과 같다.

- **인지 자동화:** 깊은 영역별 전문 지식으로 작업을 자동화

- **인지 참여:** 사람들과의 개인화된 참여를 만드는 데 중점을 둔 인지기술
- **인지적 통찰력:** 다양한 데이터 스트림에서 개념을 추출하여 개인화되고 관련성 높은 답변을 생성

머신러닝(ML)은 명시적으로 프로그래밍되지 않고 스스로 적응하고 학습할 수 있는 컴퓨터의 능력에 초점을 맞춘 인공지능의 하위 집합이다. 머신러닝은 컴퓨터가 새로운 데이터에 노출될 때 알고리즘을 변경할 수 있도록 하며 반복적인 기능을 처리하고 대용량 데이터를 처리하며 패턴의 이상을 감지한다.

인공지능은 1950년대에 등장했으며 그 이후로 두 번의 호황 주기와 환멸 주기를 겪었다. 그러한 환멸의 사이클 중 하나는 1990년대부터 최근까지 지속되었지만 이제 우리는 새로운 붐에 진입하고 있다. 인공지능 핀테크 분야는 2017년 12억 7000만 달러의 가치가 있었고 2018~2023년 기간 동안 연평균 성장률 33.8%로 2023년까지 72억 8,000만 달러에 이를 것으로 예상된다(Business Wire, 2018).

인공지능의 일부 응용 프로그램은 설명 가능한 예측, 사이버 보안 위협의 조기 탐지 및 억제, 시각적 식별 및 검증, 더 인간처럼 보이는 챗봇이 될 것이다. 금융 분야의 머신러닝 응용 프로그램에는 디지털 어드바이저, 보안 및 사기 탐지, 인수, 고객 서비스, 감정분석 등이 포함된다. 데이터 분석은 인공지능의 핵심이며 위험평가, 사기 탐지, 거래 및 결제 기록, 고객을 위한 더 나은 가치, 자산관리와 같은 다양한 방식으로 도움이 된다.

빅데이터 분석의 큰 사용자 중 하나는 자산관리산업이다. 고객 확보, 고객 유지, 고객 경험 및 서비스는 빅데이터 분석을 통해 크게 개선할 수 있는 프로세스이다. 전 세계 대부분의 은행은 고객 대면 프론트엔드를 개선하기 위해 인공지능 및 머신러닝기술과 도구를 사용하기 시작했다. 경험을 제공할 뿐만 아니라 비용을 절감하고 백엔드 시스템에 새로운 기능을

구축할 수 있다. 예를 들면 다음과 같은 사례가 있다.

- **뱅크오브아메리카(Bank of America)**: 2018년에 고객에게 가상 비서 챗봇을 출시하여 연중무휴 재정 안내를 제공할 계획이다.
- **JP모건(JP Morgan)**: 대출 서비스 실수를 줄이기 위해 계약정보 프로그램을 시작한다. 이 머신러닝기술은 약 360,000시간의 인력 작업을 절약할 수 있다.
- **웰스파고(Wells Fargo)**: 2017년 페이스북 메신저에서 인공지능 기반 챗봇을 출시하여 고객에게 정보를 제공하고 더 나은 재무결정을 내릴 수 있도록 지원한다.
- **스코틀랜드 왕립은행(RBS)**: 자동화된 인공지능 기반 대출 프로세스를 사용하여 45분 이내에 최대 270만 달러의 상업용 부동산 대출을 승인한다. 이 과정은 일반적으로 며칠이 걸릴 것이다.

핀테크의 구성요소인 API

API(Application Programming Interface, 응용 프로그램 인터페이스)는 소프트웨어 응용 프로그램 간의 원활한 통신을 허용하는 형식화된 명령 집합이다. API를 사용하면 혁신적인 애플리케이션이 기존 서비스를 활용하여 개선된 고객 중심 서비스를 만들 수 있다. 신속하고 대응적인 애플리케이션 개발을 가능하게 하여 금융기관이 고객 중심 계획을 만들 수 있도록 지원한다.

API를 구성요소로 사용하여 애플리케이션을 구축하는 것은 금융산업이 직면한 비즈니스 및 경제적 문제를 해결하는 가장 좋은 방법으로 점점 더 인식되고 있다. 핀테크 스타트업이 만든 모바일 앱은 기존 은행산업에 심각한 도전을 제기하고 있으며, 이러한 스타트업이 시장을 지배하고 있다. 지배적인 은행과 금융기관은 API의 도움으로 핀테크 스타트업이 혁신할 수 있는 민첩성과 속도를 따라 할 수 없다. 이로 인해 은행은 개발자 샌드박스 및 API 경제에 참여하면서 혁신적인 모바일 앱을 만드는 능력을 향상시키기 위해 막대한 투자를 함으로써 따라잡기 시작한다.

핀테크의 필수요소인 보안 및 인증

전 세계적으로 24억 명의 가난한 사람들 중 15억 명이 공식적인 경제에서 자신의 신원을 증명할 수 없기 때문에 이 거대한 '보이지 않는' 세계 인구와 연결해야 할 필요가 있다(MEDICI, 2018). 생체인식의 사용은 이 문제에 대한 해결책이며 생체인식시장은 향후 상당한 성장을 경험할 수 있는 위치에 있다. 실제로 추정치에 따르면 2021년까지 시장가치는 300억 달러에 달할 것이며 주요 수입은 정부 부문에서 은행 부문으로 옮겨갈 것이다(MEDICI, 2016).

생체인식은 금융 서비스산업에서 가장 널리 채택되고 있으며, 지문 로그인이 모바일뱅킹 계정에 액세스할 수 있는 보다 보편화되고 안전한 방법이 된다. 삼성(Samsung)과 BBVA는 2016년에 삼성 스마트폰을 사용하는 BBVA 고객이 디스플레이만 보고도 은행의 스페인 모바일 뱅킹 앱에 로그인할 수 있는 홍채 스캔기능을 선보이면서 생체인식을 한 단계 높였다. 생체인식기술을 채택한 다른 주요 업체로는 생체인식을 보안 로드맵의 중심에 둔 비자(Visa)와 향후 몇 년 내에 모든 고객이 생체인식 인증 서비스에 액세스할 수 있도록 하는 것을 목표로 하는 마스터카드(Mastercard)가 있다.

생체인식에는 다음이 포함된다.

- 음성인식
- 지문식별
- 얼굴인식

- ATM의 홍채 스캐너
- 손바닥 정맥인식

영국의 TSB는 암호 대신 홍채 스캔을 활용한 세계 최초의 은행 중 하나이다. 이 서비스는 2017년 9월에 출시되었다. 미국에서는 웰스파고(Wells Fargo)와 30개의 다른 소규모 지역 은행 및 신용조합이 보안조치로 생체인식을 구현하고 있다. 아시아도 뒤처지지 않는다. 인도의 DCB은행은 시골 고객이 고객 신원을 인증할 수 있도록 홍채 스캔을 사용한다. 마스터카드는 지문 스캔을 사용하여 거래를 인증하는 지문 사용 카드를 만드는 것을 목표로 하고 있다.

다가오는 혁신

양자컴퓨팅은 양자역학법칙을 활용하여 복잡한 데이터 작업을 수행한다. 기존 컴퓨터는 이진 1 또는 0으로 표현되는 비트를 사용하지만 양자컴퓨팅은 큐비트로 알려진 양자 비트를 활용한다. 1이나 0 또는 둘 다로 읽을 수 있으며 컴퓨팅 프로세스에서 바로가기를 만들어 기존 컴퓨터를 능가한다. 수년 동안 은행업계의 기술 리더들은 양자컴퓨팅에 관심을 보여 왔지만 이제 그 관심이 참여로 바뀌고 있다.

IBM에 따르면 JP모건체이스(JPMorgan Chase)는 거래전략, 자산가격 책정, 포트폴리오 최적화 및 위험분석에 양자컴퓨팅을 사용할 계획이다(Castellanos, 2019). 2017년 3월 구글(Google)은 72큐비트를 처리할 수 있는 브리슬콘(Bristlecone) 칩디자인을 발표했다. IBM은 같은 해 11월 50큐비트 양자컴퓨터 테스트에도 성공했다. 향후 몇 년 동안 양자컴퓨팅의 주류 사용은 불가능하지만 다음을 향상시킬 것으로 예상된다.

- 재무 데이터 모델링

- 인공지능/머신러닝(AI/ML)
- 고빈도 거래(HFT: High-Frequency Trading)
- 복잡한 금융파생상품의 가격결정
- 포트폴리오 최적화(몬테카를로 시뮬레이션)
- 데이터 및 통신의 보안
- 사기 및 위험분석

2016년 증강현실에 대한 비자(Visa)의 개념 증명은 기술이 우리가 쇼핑하는 방식을 어떻게 바꿀 수 있는지에 대한 흥미로운 예이다. 증강현실기술은 아직 비교적 새롭지만 다음과 같은 분야에서 응용 프로그램을 볼 수 있다.

- 데이터 시각화
- 엄청난 금융학습
- 향상된 클라이언트 서비스
- 새로운 지불 기회

알아야 할 중요한 핀테크

- **앤트파이낸셜(Ant Financial): 1,500억 달러 가치**
  이전에 알리페이(Alipay)로 알려졌던 이 항저우 기반 회사는 중국 알리바바그룹(Alibaba Group)의 계열사이다. 2018년 6월 140억 달러 자금조달 라운드를 통해 세계에서 가장 가치 있는 핀테크이자 가장 가치 있는 스타트업이 되었다.
- **아디엔(Adyen): 200억 달러**
  이 회사는 기업이 전자상거래, 모바일 및 POS 결제를 수락할 수 있도록 하는 암스테르담에 기반을 둔 글로벌 결제회사이다. 가장 큰 고객 중 일부는 넷플릭스(Netflix), 페이스북(Facebook) 및 스포티파이(Spotify)이다. 이 회사는 2억 6,600만 달러의 자금을 조달했으며 2018년 6월에는 다음 달에 주가가 두 배로 뛰는 성공적인 기업공개(IPO)를 이행했다.

- **루닷컴/루팩스(Lu.com/Lufax): 185억 달러**
  상하이에 기반을 둔 루닷컴(Lu.com)은 17억 달러의 자금을 조달한 중국 최대의 온라인 P2P 대출업체 중 하나이다.
- **페이티엠(Paytm): 100억 달러**
  노이다(Noida)에 기반을 둔 페이티엠은 19억 달러의 자금을 조달한 인도 전자상거래 결제 시스템 및 디지털 지갑이다.
- **스트라이프(Stripe): 92억 달러**
  스트라이프는 일론 머스크(Elon Musk), 피터 틸(Peter Thiel), 아메리칸 익스프레스(American Express) 및 비자(Visa)로부터 총 4억 5천만 달러의 자금을 유치한 온라인 결제 플랫폼이다.
- **로빈후드(Robinhood):** 56억 달러
  로빈후드는 멘로(Menlo)에 기반을 둔 무료 주식거래 앱이다. 2018년 5월에 3억 6,300만 달러를 모금한 시리즈 D 펀딩 라운드를 마감했다. 그것은 총 5억 3,900만 달러를 모금했다.
- **크레딧 카르마(Credit Karma): 40억 달러**
  샌프란시스코에 본사를 둔 무료 온라인 신용 보고서 제공업체이다. 이 회사는 8억 6,800만 달러의 자금을 모았다.
- **오스카 헬스(Oscar Health): 32억 달러**
  뉴욕에 기반을 둔 디지털 보험 스타트업체이다. 이 회사는 8억 9,250만 달러의 자금을 모았다.

미국이 핀테크 평가에서 지배적이었던 초기와 달리 오늘날 상위 5개 스타트업에는 미국 1개, 중국 2개, 유럽 1개, 인도 1개가 있다.

참고문헌

Brismo (2018) 2018 origination volumes – USA set to approach $40Bn, UK nearly £8Bn, and EU almost EUR2.8Bn. 25 January https://brismo.com/2018-origination-volumes-usa-set-approach-40bn-uk-nearly-8bn-eu-almost-eur2-8bn/ (archived at https://perma.cc/92AW-AKWP)

Business Wire (2018) AI in the global fintech market to 2023 – a $1.27 billion market in 2017; projected to reach $7.28 billion by 2023, 28 September https://www.businesswire.com/news/home/20180928005176/en/AI-Global-Fintech-Market-2023—1.27 (archived at https://perma.cc/T58J-U5CL)

Castellanos, S (2019) JPMorgan years away from seeing quantum-computing dividends, *Wall Street Journal*, 11 June [online] https://www.wsj.com/articles/jpmorgan-years-away-from-seeing-quantum-computing-dividends-11560275316 (archived at https://perma.cc/WY8A-E9TG)

CB Insights (2017) A wealth tech world: mapping robo-advisors around the globe, 21 April [online] https://www.cbinsights.com/research/robo-advisor-global-fintech-map/ (archived at https://perma.cc/68V4-PNPW)

DBS (2018) China Fintech Sector, 28 September [online] https://www.dbs.com.sg/corporate/aics/pdfController.page?pdfpath=/content/article/pdf/AIO/092018/180924_insights_bargain_hunting_opportunity.pdf (archived at https://perma.cc/NRB4-L4RW)

Galkiewicz, D and Galkiewicz, M (2018) Crowdfunding Monitor 2018 [online] https://www.fh-kufstein.ac.at/content/download/3537648/file/Crowdfunding_Monitor_2018.pdf (archived at https://perma.cc/J9QT-CE86)

Juniper Research (2018) Fintech innovation propels B2B money transfer market to $218 trillion by 2022, 26 March [online] https://www.juniperresearch.com/press/press-releases/fintech-innovation-propels-b2b-money-transfer (archived at https://perma.cc/8FTD-GY6L)

MEDICI (2016) The biometrics market is expected to reach a value of $30 bn by 2021, 25 May [online] https://gomedici.com/the-biometrics-market-is-expected-to-reach-a-value-of-30-bn-by-2021 (archived at https://perma.cc/326M-QJPX)

MEDICI (2018) The rise of biometrics in Finance, 27 April [online] https://gomedici.com/rise-of-biometrics-in-finance (archived at https://perma.cc/3TRY-PPT9)

O'Hear, S (2018) Online mortgage advisor Burrow pivots to B2B, cites unit economics issue, *TechCrunch*, 12 February [online] https://techcrunch.com/2018/02/12/b2b-burrow/ (archived at https://perma.cc/P7AV-RHHY)

Office Torque (2017) E-invoicing/e-billing significant market transition lies ahead, https://www.officetorque.com/wp-contentuploads201708billentis-report-2017-officetorque-pdf/ (archived at https://perma.cc/S9L4-MBKL)

Parisi, D (2017) Mobile payments volume in US will triple by 2021: report, *Retail Dive*, 6 February [online] https://www.retaildive.com/ex/mobilecommercedaily/mobile-payments-volume-in-us-will-triple-by-2021-report (archived at https://perma.cc/4LD3-ESK9)

Sender, H (2015) China's loan sharks come under attack from P2P lenders, *CNBC*, 7 July [online] https://www.cnbc.com/2015/07/07/chinas-loan-sharks-comeunder-attack-from-p2p-lenders.html (archived at https://perma.cc/VJN2-YB4H)

Yan, C (2016) The insurance tech equation, *TechCrunch*, 3 April [online] https://techcrunch.com/2016/04/03/the-insurance-tech-equation/ (archived at https://perma.cc/K8XC-BJME)

Chapter

08

B2B 핀테크

Chapter

08 B2B 핀테크

우리는 주로 B2C 모델과 관련된 높은 고객 확보비용으로 인해 핀테크 혁명 초기에 B2C 중심에서 B2B 중심으로 핀테크가 대규모로 이동하는 것을 이미 보았다. 핀테크는 은행산업의 적으로 간주되는 것에서 더 나은 고객 서비스 제공을 보장하기 위해 동일한 부문과 협력하는 것까지 광범위한 진화를 경험했다. 핀테크와 은행 간의 이러한 협력은 지난 몇 년 동안 B2B 핀테크에서 관찰된 기하급수적인 성장의 주요 기여자이다. 예를 들어, B2B시장으로 이동하는 유럽 핀테크의 수는 최근 몇 년 동안 증가하고 있다. 대부분의 유럽 B2B 핀테크는 은행으로부터 특별한 제안이나 고객 서비스를 받지 못한 빠르게 성장하고 진화하는 고객 세그먼트 그룹인 중소기업, 프리랜서 및 학생과 같이 이전에 소외된 고객에게 더 나은 서비스를 제공하는 데 중점을 둔다.

B2C 핀테크에 투자된 총자본은 B2C 핀테크에 투자된 자본금액에 비해 증가했다. 유럽의 총자본투자는 2015년 6억 6,000만 달러에서 2017년 9월 9억 4,800만 달러로 증가했다. 유럽의 B2B 핀테크는 2015년 전체 핀테크 자금의 26%에서 2017년 49%로 증가했다(Innovate Finance, 2017). B2B 핀테크가 큰 성공을 거둔 이유 중 하나는 상업 결제에서의 역할이다. 핀테크가 등장하기 전에는 B2B 결제가 구매자와 판매자 모두에게 중요한 골칫거리였다. B2B 결제에는 복잡하고 비용이 많이 들며 때로는 안전하

지 않은 프로세스가 포함되어 있으며 현재의 디지털 솔루션이 없으면, 특히 소규모 비즈니스의 경우 큰 장애물로 판명되었다. B2B 결제 핀테크의 등장 이후 모든 결제 프로세스가 간소화되어 보다 안전하고 사용하기 쉬워졌다. B2B 핀테크가 핀테크산업의 가장 중요한 측면으로 자리잡은 데에는 몇 가지 이유가 있다.

- B2B 핀테크는 비용, 통제, 자본 및 규정 준수와 같은 중요한 시장 동인을 중심으로 한다. 이것은 B2B 핀테크를 가치사슬의 모든 측면에서 중요한 플레이어로 만든다.
- B2B 핀테크는 은행 등 주요 금융사에 혁신적인 기술 솔루션을 제공하는 것을 중심으로 한다. 이러한 솔루션을 통해 금융기관은 고객에게 더 우수하고 안전한 서비스를 제공하는 동시에 비용을 크게 절감할 수 있다.
- B2B 핀테크 자금조달은 엔젤펀딩에서 후기 지원으로 전환될 전망이다. 이러한 변화(2017년 이후 관찰)는 영역이 성숙해지고 있다는 신호 중 하나이다(KPMG, 2018).

최근 몇 년 동안 핀테크는 은행산업에 혁신적인 솔루션을 제공하는 파트너십을 통해 은행과 협력하는 방향으로 점점 더 나아가고 있다. 맥킨지(2016a)가 상위 100대 은행을 대상으로 한 설문조사에 따르면 상위 100대 은행 중 52%가 핀테크와 활발한 파트너십을 맺고 있다. 은행과 핀테크기업의 파트너십 성장의 주요 동인 중 하나는 고객 추천이다. 600명의 핀테크를 대상으로 한 또 다른 설문조사에 따르면 B2B 핀테크의 비중이 2011년 34%에서 2015년 47%로 증가하였다(McKinsey, 2016b).

소매 금융에서 핀테크의 역할은 디지털 공급망, 가상시장 및 B2B 크라우드 서비스를 포함한 모든 부문을 포괄하는 서비스 생태계를 제공하는 것이다. 핀테크는 심층 인텔리전스와 일상생활에 내장된 완전히 개인화되고 접근 가능한 옴니채널을 사용하는 B2B 플랫폼을 통해 소매 금융산업에 이러한 서비스를 제공할 수 있다.

흥미로운 점은 B2B가 핀테크 펀딩을 주도하고 중국에서 핀테크에 대한 102억 달러 투자의 89%가 B2B 분야에 들어갔음에도 불구하고 B2C 핀테크가 중국에서 많은 관심을 끌고 있다는 것이다. 이는 중국 B2C 분야의 방대한 양의 미개척 기회와 B2B 벤처에 필요한 높은 자본 및 첨단기술 전문성의 결과일 수 있다(Pham, 2017). 중국 핀테크가 B2B시장에서 B2C 시장으로 선회하는 것이 늦어지는 것도 중국 핀테크혁명이 서방 국가의 핀테크혁명 이후 몇 년 후에 시작되었기 때문이다.

B2B 핀테크의 특징

B2B 핀테크는 최종소비자에게 솔루션을 직접 제공하는 것보다 다른 비즈니스에 제공하는 데 더 중점을 둔다. B2B 핀테크는 기업이 운영 및 서비스 제공에서 직면하는 문제를 해결하므로 궁극적으로 최종소비자는 개선된 서비스를 통해 B2B 핀테크로부터 혜택을 받는다. 현재 B2B 핀테크는 중소기업 대출 등 은행의 철수에 따른 격차를 해소하고 신용도 평가 개선을 위해 빅데이터 분석을 활용하고 있다. B2B 핀테크회사는 쉽게 지속 가능하고 확장 가능한 비즈니스 모델로 백오피스 프로세스를 보다 효율적이고 효과적으로 만드는 솔루션으로 기존 금융기관을 보완한다.

주요 B2B 핀테크 범주는 무엇인가?

- 무역금융
- B2B 결제
- 뱅킹 서비스
- 현금관리
- 중소기업 금융

- 세금 및 회계기술
- 거래(Trading)
- 레그테크(RegTech)
- B2B 로보어드바이저
- B2B 인슈어테크
- 리갈테크(LegalTech)
- 전자인보이스(E-invoicing)

협업 사용 사례

SG애널리틱스(SG Analytics, 2016)에 따르면 전 세계적으로 B2B 핀테크 분야에서 5,000개 이상의 스타트업이 운영되고 있다. 오늘날 대다수의 B2B 신생기업은 비용을 절감하고 프로세스 또는 운영 효율성을 개선하거나 기술을 사용하여 반복적인 작업과 작업을 자동화하는 솔루션을 은행에 제공하고 있다. 2014년부터 은행들은 핀테크에 대한 태도를 바꾸고 경쟁자가 아닌 파트너로 보기 시작했다. 특정 사용 사례에 중점을 두어 신생기업과 은행이 공동으로 혼란을 주도하는 핀테크산업의 새로운 이야기를 지원하기 위해 핀테크와 은행 간에 많은 협력이 있었다.

중요한 은행-핀테크 협력의 몇 가지 예는 다음과 같다.

보컴 인터내셔널과 FDT-AI

보컴 인터내셔날(Bocom International)은 중국통신은행(Bank of Communications in China)의 투자부서이다. 그들은 홍콩에 기반을 둔 핀테크인 FDT-AI와 협력하여 고객의 과거 거래를 사용하여 개인화되고 지능적인 투자연구를 개발한다. 이 파트너십은 은행의 각 고객에게 적합한 맞춤형 투자조언을 제공하는 것을 목표로 한다.

ICICI은행 및 페이티엠

ICICI은행은 인도에서 가장 큰 민간 은행이고 페이티엠(Paytm)은 인도에서 가장 큰 디지털 결제 플랫폼이다. 이 두 거대기업은 제휴하여 페이티엠 앱에서 'Paytm-ICICI Bank Postpaid'라는 공동 디지털 신용계정을 출시했다. Paytm-ICICI Bank Postpaid는 고객에게 즉각적인 소액 신용을 제공하고 ICICI의 알고리즘을 사용하여 고객의 디지털 및 금융행동을 통해 몇 초 만에 고객의 신용도를 결정한다. ICICI은행 고객은 이제 이 은행-핀테크 파트너십 덕분에 청구서든 영화표를 위한 돈이든 간에 일상적인 비용으로 즉시 소액 대출을 받을 수 있다.

ING그룹 및 확장 가능한 캐피탈

ING그룹은 ING 고객을 위한 디지털 투자 솔루션을 만들기 위해 유럽의 선도적인 온라인 로보어드바이저 및 자산관리회사인 스칼라블캐피탈(Scalable Capital)과 제휴한 다국적 금융 서비스 및 은행기업이다. 그러나 이 서비스는 현재 독일에 있는 ING의 소매 고객에게만 제공되며 나중에 확장할 수 있기를 희망한다. 고객은 15분 이내에 서류 없이(paperless) 빠르게 등록할 수 있으며 시작하는 데 최소 10,000유로를 투자할 수 있다. 스칼라블캐피탈 및 ING 모바일 앱을 통해 고객은 휴대전화에서 포트폴리오를 쉽게 추적할 수 있으며 온라인 포털에서는 컴퓨터에서 포트폴리오를 쉽게 모니터링할 수 있다.

캐비지, 스코샤뱅크, 마스터카드 및 산탄데르뱅크

캐비지(Kabbage)는 미국에 기반을 둔 온라인 대출기관이다. 스코샤뱅크(Scotiabank), 마스터카드(MasterCard) 및 산탄데르뱅크(Santander Bank)와 같은 대기업과 제휴하여 대출의 핵심 기능의 다양한 측면을 간소화한다. 스코샤뱅크와의 파트너십은 온라인 대출을 간소화하는 것을 목표로 한다. 스코샤뱅크 고객은 최대 100,000달러까지 몇 분 안에 대출을 신청할 수 있다. 파트너십을 통해 대출기간 동안 대출에 대한 자동 온보딩, 서비스, 인수 및 모니터링이 가능하다. 캐비지와 마스터카드의 파트너십은 마스터카드의 인수자 네트워크를 통해 중소기업(SMB)에 간소화된 대출 대안을 제공한다. 이 파트너십을 통해 중소기업은 운전자본 대출을 이용할 수 있는 편리하고 유연한 방법을 이용할 수 있다.

JP모건체이스와 디지털 자산 홀딩스

JP모건체이스(JPMorgan Chase)는 거래 프로세스를 보다 효율적이고 비용 효율적으로 만드는 것을 목표로 하는 시험 블록체인 이니셔티브에서 디지털 자산 홀딩스(Digital Asset Holdings)와 협력한다. 뉴욕에 기반을 둔 디지털 자산(Digital Asset)은 신디케이트론, 미국 재무부 리포지토리, 외환, 증권 결제 및 파생상품을 간소화하기 위해 사설 또는 허가된 블록체인기술을 사용하려고 한다.

은행 창업 파트너십의 다른 예는 다음과 같다.

TD Bank+nCino

전체 소비자 대출 프로세스를 처음부터 끝까지 디지털화한다.

DBS Bank+물라센스(MoolahSense)

P2P 대출기능 및 소규모 비즈니스에 더 나은 서비스를 제공한다.

Citi+CF2O

결제 솔루션 제품군 중에서 동적 할인을 포함하는 종단 간 무역 금융 솔루션을 제공한다.

키뱅크(KeyBank)+아비드엑스체인지(AvidXchange)

KeyBank 재무관리 플랫폼의 일부로 SaaS(software-as-a-service) 솔루션을 제공하고 서류 기반 송장 발행을 대체한다.

은행들이 신제품이든 더 빠른 디지털화이든 혁신과 관련된 솔루션을 찾기 위해 핀테크를 점점 더 많이 찾고 있다는 것은 분명하다. 핀테크는 은행이 API를 활용하여 고객을 위한 맞춤형 솔루션과 신속한 서비스 제공을 가능하게 한다. 핀테크는 은행이 디지털 KYC(Know Your Customer) 프로세스를 통해 긴 서류 작업을 없애고 대출 승인 및 클라이언트 온보딩과 같은 프로세스를 가속화할 수 있도록 한다. 은행이 핀테크와 협력하여 얻을 수 있는 이점을 살펴보면 이러한 추세가 빠르게 가속화되고 있으며 핀테크 스타트업만큼 빠르게 혁신에 어려움을 겪고 있는 은행들이 궁극적으로 살아남기 위해 협업을 근본적인 경쟁수단으로 보고 있음을 쉽게 알 수 있다.

사용 사례를 해결하기 위해 협력하는 것은 은행과 신생기업뿐만 아니라 일반적인 국가 간 문제에 대한 공동 솔루션을 찾는 데 중점을 둔 여러 은행 컨소시엄도 생겨난다. 여러 은행이 결제 및 대출을 위해 모인 블록체인 기술과 관련된 몇 가지 예가 있다.

웨스트팩과 앤즈

앤즈(ANZ)은행은 블록체인기술을 사용하여 상업용 부동산 임대에 사용되는 은행 보증 프로세스를 디지털화하고 있다. 2017년 7월, 앤즈은행은 이 기술을 사용하여 서류 기반 은행 보증 문서를 없애기 위해 IBM 웨스트팩(Westpac), 호주 웨스트필드(Westfield) 쇼핑몰 소유주인 센터그룹

(Centre Group)과 협력했다(Fintech Australia Newsroom, 2017).

JP모건체이스, 앤즈은행 및 캐나다 왕립은행

JP모건체이스는 캐나다 왕립은행(Royal Bank of Canada) 및 호주의 앤즈(ANZ)은행과 협력하여 블록체인기술을 사용하는 새로운 결제 처리 네트워크를 2017년 10월에 출시했다. 은행 간 정보 네트워크를 사용하면 더 적은 단계와 더 나은 보안으로 수혜자에게 더 빨리 지불할 수 있다.

BBVA와 인드라

빌바오 비스카야 아르헨타리아은행(BBVA)은 거래 협상에서 서명까지 블록체인기술을 활용한 최초의 글로벌 기업 대출 거래를 성공적으로 완료했다. 파일럿을 통해 BBVA에서 개발한 솔루션을 사용하여 7,500만 유로의 대출을 체결할 수 있었다. BBVA와 인드라(Indra, 스페인 통신사) 간의 협상 프로세스 및 조건 완료는 프라이빗 블록체인기술(하이퍼레저)을 기반으로 구축된 내부 솔루션에서 개발되었다. 계약이 체결되면 이더리움의 퍼블릭 블록체인(testnet)을 사용하여 거래 문서와 관련된 해시 또는 고유 식별자를 등록한다.

레그테크

레그테크(RegTech) 또는 규제기술은 B2B 핀테크 부문에서 가장 큰 하위 부문 중 하나이다. 레그테크는 2015년 여러 기업에서 '핀테크 내 새로운 화두'로 불렸지만 2010년부터 별도의 집중 분야로 존재해 왔다.

출시된 초기 레그테크 신생기업 중 일부는 현재 후기 단계의 벤처캐피탈(VC) 라운드를 획득하거나 인수를 진행 중이다. 이 분야는 지난 몇 년 동안 분명히 성숙했으며 은행, 공급업체, 서비스회사 및 규제기관의 많은 관심을 받았다. 레그테크 부문에는 소매 및 기업은행, 투자은행, 보험회사 및 자산관리회사를 주로 대상으로 하는 네 가지 유형의 오퍼링이 포함된다.

① 규정 준수

② 위험관리

③ 금융범죄

④ KYC(Know Your Customer) 및 온보딩(onboarding)

규정 준수 제품은 일반적으로 비용 절감에 중점을 둔 규정 준수 및 보고의 모든 측면에서 금융기관을 지원한다. 규제 인텔리전스를 제공하고 보고기능을 개선하며 정책 및 거버넌스를 처리한다. 레그테크(RegTech)회사의 위험관리 제품은 금융기관이 시장위험을 식별하고 위험 및 사이버 위험, 사이버 보안 위협을 수행하도록 돕는 데 중점을 둔다. 그들은 외부 데이터(시장 데이터)와 내부 데이터(회사 내부 데이터)를 사용하여 잠재적 위협을 식별하고 처벌이나 악성 문제로부터 회사를 보호한다.

금융범죄 스타트업은 기관이 실시간으로 사기, 자금세탁, 시장 남용, 테러 자금조달 및 기타 범죄활동을 식별할 수 있도록 지원한다. KYC, ID 및 온보딩기술은 크게 발전하였으며, 위에 나열된 모든 제품과 긴밀하게 통합되었다. 이 스타트업은 생체인식 및 안면인식 관련 기술을 사용하여 더 빠르고 더 나은 KYC를 제공하거나 더 빠른 프로세스와 더 빠른 AML(Anti Money Laundering, 자금세탁 방지) 심사를 통해 온보딩의 효율성을 개선했다. 2009년과 2014년 사이에 은행개혁을 통해 규제기관은 50,000개 이상의 문서를 게시했으며 이는 이전 5년 동안 게시된 수의 5배이다. 이것은 금융기관이 사업을 계속하고 막대한 벌금을 피하기 위해 준수해야 하는 긴 규정 목록의 시작에 불과했다. 톰슨로이터(Thomson Reuters)에 따르면 2008년과 2015년 사이에 규제규모가 492% 증가했다(Nonninger, 2017).

맥킨지(McKinsey)에 따르면 2010년과 2014년 사이에 20개의 주요 미국 및 EU 은행의 규제 벌금이 45배 증가하여 거버넌스, 규정 준수 및 위험관리에 전념하는 인력이 10~15% 증가했다(Mindtree, 2018).

정부와 규제기관의 조사가 강화되어도 금융기관의 상황은 나아지지 않았으며 은행과 금융기관의 규정 준수를 보장하는 솔루션이 절실히 필요했다. 레그테크는 진화하고 증가하는 규정에 비추어 금융산업의 필수적인 부분이 되었다. 레그테크 이전에 규정 준수는 특히 대형 은행의 경우 비용이 많이 드는 일이 된다. 일부 은행은 규정을 완전히 준수하기 위해 연간 수백만 달러를 지출했다. 규정을 준수하지 않으면 모든 규정을 준수하지 않는 금융기관에 막대한 벌금이 부과되는 등 비용이 많이 든다.

일부 레그테크 신생기업은 개인정보 보호규정을 위반하지 않고 빅데이터를 사용하여 고객 세부정보 및 신용을 확인할 수 있다. 또한 고객행동을 모니터링하고 의심스러운 사항에 표시를 할 수도 있다. 그렇지 않으면 시간이 더 걸리거나 눈에 띄지 않을 수도 있다. 또한 레그테크는 직원 커뮤니케이션을 추적하고 고객행동에 이상징후가 있는지 모니터링하여 자금세탁 및 내부자 거래와 같은 부정행위를 감지할 수 있다. 이는 특히 규제기관이 자금세탁 및 기타 금융범죄 근절에 매우 열심이기 때문에 금융기관이 청렴을 유지하고 처벌을 피하는 데 도움이 된다.

은행이 규정을 추적하고 규정을 준수하도록 돕는 것 외에도 레그테크 솔루션은 사이버 보안에도 도움이 된다. 지난 몇 년 동안 사이버 범죄가 꾸준히 증가했으며 금융기관과 암호화폐 거래소 플랫폼이 주요 표적이 되었다. 영국 금융감독청(FCA)에 따르면 금융기관에 대한 사이버 공격은 2016년에 비해 2017년에 80% 증가하여 금융기관이 끊임없이 다가오는 위협으로부터 자신과 고객을 보호하는 것이 필수적이다(Ismail, 2018). 레그테크 솔루션은 규정 준수 범위 내에서 작동하는 최첨단 사이버 보안기술을 제공하는 동시에 금융기관이 새롭게 등장하는 모든 규정에 대해 지속적으로 관리하도록 한다.

금융기관과 핀테크 간의 협력 증가는 레그테크 스타트업이 더 많은 금융기관을 온보딩하여 운영을 확장하는 데 도움이 되는 분위기를 조성한다. 지난 몇 년 동안 레그테크에 대한 정부의 인정과 수용도 증가했다. 좋은 예는 뉴사우스웨일스 정부가 2018년 초에 후원 프로그램을 통해 국가의 레그테크산업을 지원한 것이다. 영국의 규제기관인 FCA는 규제 효율성을 개선하기 위해 프로그램을 수행하고 샌드박스를 실행하며 레그테크 신생기업과 직접 협력하여 레그테크에 많은 리소스를 투자한다.

현재 레그테크 분야에 중점을 둔 550개 이상의 스타트업이 있다(Burnmark, 2018). 규제 준수 신생기업이 이들의 대부분을 형성하고 고객 알기(KYC) 및 위험관리 신생기업이 그 뒤를 이었다. 그러나 스타트업 수의 가장 큰 성장은 규제 준수 지원 및 규제 보고와 관련된 주변 서비스 중심 스타트업을 포함하는 레그테크 내의 소규모 그룹에서 발생할 것으로 예상된다.

[그림 8-1 (a)] 및 [그림 8-1 (b)]는 레그테크회사를 대상으로 한 설문조사 결과를 보여주고 대상 부문과 제안된 비즈니스 이점에 대한 응답을 요청한다.

▌그림 8-1 (a)▐ 어떤 부문에 적용되는가?

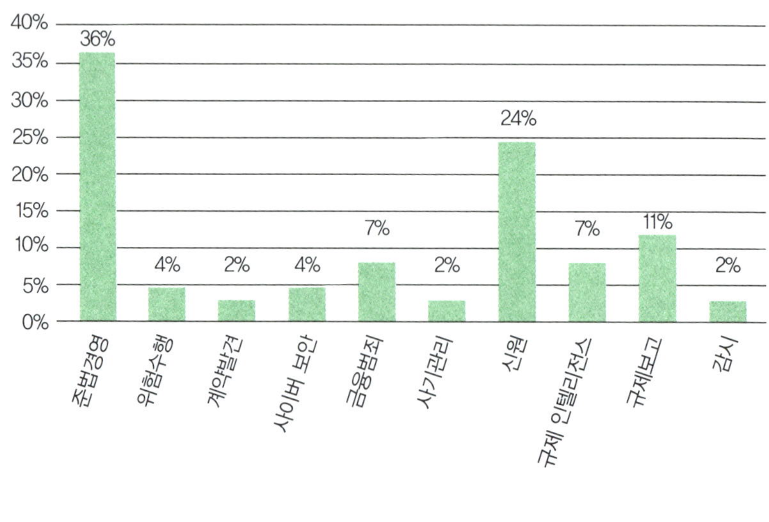

▮그림 8-1 (b)▮ 은행에 제공하는 비즈니스 혜택은 무엇인가?

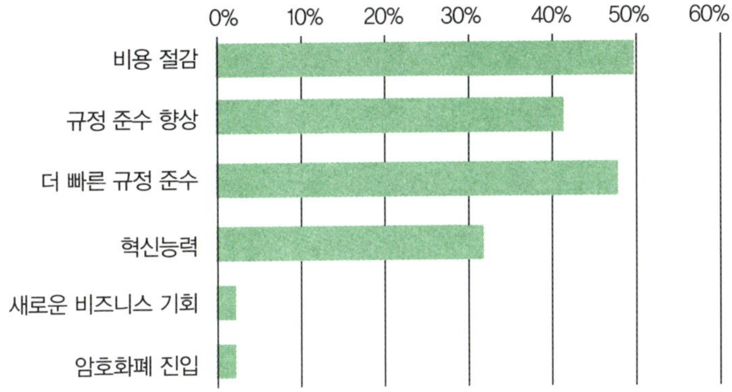

자료: Burnmark(2018)

레그테크 2.0

레그테크(RegTech)의 첫 번째 단계인 2010년부터 2016년까지 신생기업은 규정 준수 사용 사례를 주도하는 기술에 더 중점을 두었고 전체적인 방식으로 규정의 뉘앙스를 잘 이해하지 못했다. 레그테크 신생기업의 규제 복잡성에 대한 이러한 이해 부족은 그들과 함께 일하기를 원하는 은행에게 중요한 도전 과제로 입증되었다. '레그테크 2.0'이라고 부르는 레그테크의 두 번째 단계에서 레그테크 신생기업은 은행, 규제기관 및 도메인 전문가와 더 많이 협력하여 기술 사례보다는 사용 사례를 시연할 것으로 예상된다.

이러한 신생기업은 또한 이전에는 볼 수 없었던 방식으로 데이터를 처리했다. 이 분야에서 데이터 수집, 모니터링, 분석 및 보고는 완전히 새로운 산업으로 발전했다. 이는 주로 빅데이터 기술과 광범위한 핀테크 생태계의 발전에 의해 주도된다. 전 세계의 규제기관 및 중앙은행 시장은 데이터 폭주와 은행산업의 신규 진입자 감독으로 어려움을 겪고 있다. 정책결정, 집행 및 감독의 전체 수명주기는 첨단기술의 사용으로 인해 혼란에 빠질 수 있다.

신생기업은 규제기관의 기본 목표에 대한 지식을 향상하고 규제기관이 현상 유지보다 더 나은 작업을 수행하는 데 어떻게 도움이 되는지 명확하게 입증할 뿐만 아니라 국영 조직의 관료제와 더 긴 판매주기를 처리하는 데 인내심을 가져야 한다. 과거 학습과 전 세계 규제기관 및 정부의 강력한 지원으로 무장한 레그테크 2.0은 기술을 기반으로 하는 효율적이고 효과적인 규정 준수의 새로운 시대를 위한 변곡점에 있다.

레그테크에서 사용되는 기술

레그테크는 파괴적인 기술을 규정과 결합하여 금융기관이 규정을 준수할 수 있는 효과적이고 효율적인 방법을 만든다. 레그테크는 기술을 사용하여 일부 수동 프로세스를 자동화하는 동안 불필요한 것을 제거한다. 서로 다른 기술을 사용하지만 솔루션이 효과적이려면 사용 중인 기술이 클라우드 기반이어야 한다.

오늘날 레그테크에서 주로 사용하는 기술에는 머신러닝, 인공지능 및 블록체인이 포함된다. 가장 널리 사용되는 기본 기술은 데이터분석이다. 더 큰 데이터 세트와 더 정확하고 인간과 유사한 분석이 많을수록 기술 기반 규제 및 규정 준수 사용 사례의 결과 품질이 향상된다. 이는 KYC 또는 온보딩에서 사기 및 범죄 및 규정 준수 보고에 이르기까지 레그테크의 모든 분야에 해당된다. 또한 NDA(비밀유지계약서) 자동화 또는 법률 용어 확인과 같이 규정 준수 측면에서 인간행동을 모방하기 위해 레그테크회사 내에서 AI(머신러닝, NLP)를 지원하는 기술이 광범위하게 채택되고 있다.

블록체인과 같은 분산원장기술(DLT)은 솔루션에 훨씬 덜 관여하지만 이것은 큰 관심 분야가 될 것으로 예상된다. DLT 솔루션을 제공하는 회사의 경우 가장 인기 있는 사용 사례는 디지털 ID 및 규정 준수 솔루션이다. 2018년 번마크(Burnmark) 보고서에 따르면 기본 DLT기술을 보유한 기업의 20%가 사이버 보안 솔루션을 제공했다(Goldfinch, 2018). [그림

▌그림 8-2▐ RegTech 솔루션의 기본 기술

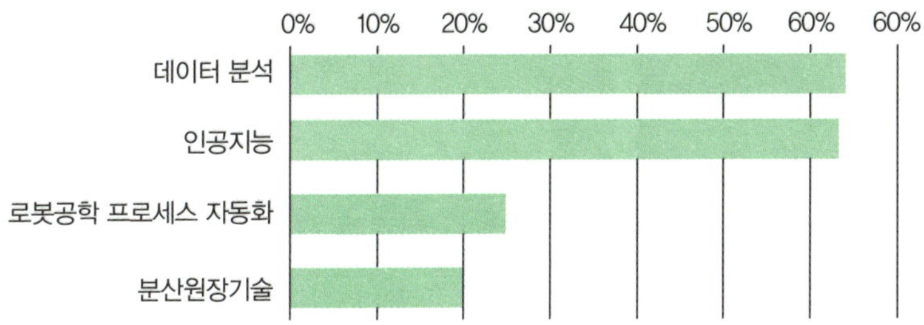

자료: Burnmark(2018)

8-2]는 번마크의 설문조사에서 응답한 특정 기술을 사용하는 레그테크(RegTech)회사의 비율을 보여준다.

규제 샌드박스는 핀테크 분야에서 규제기관의 가장 일반적인 이니셔티브 중 하나이며 핀테크 솔루션의 경계를 성공적으로 관찰하고 이해하는데 도움이 되었다. 이것은 또한 업계의 혁신을 장려하고 지원하는 방법 중 하나이며, 관심 있는 핀테크가 데이터 및 뱅킹/규제 API를 쉽게 사용할 수 있도록 한다. 레그테크는 규제 채널을 통하지 않고 은행과 직접 협력하는 경향이 있기 때문에 샌드박스에 대한 인기 있는 진입자가 아니다.

샌드박스(FCA UK)에 들어간 최초의 레그테크회사는 DLT 기반 ID회사인 트래들(Tradle)이다. 엔비소(nViso) 및 사페(Saffe)와 같은 FCA의 2017 프로그램과 아시아 전역의 규제기관의 2017 프로그램에 더 많은 참가자가 있다. 사실 가장 많은 수의 규제 샌드박스가 아시아에서 시작되었으며 전체의 80%이다. [그림 8-2] 레그테크 솔루션 샌드박스의 기본 기술은 싱가포르, UAE, 인도네시아, 말레이시아 및 바레인과 같은 아시아 국가에서 시작되었다.

섭테크(SupTech)는 레그테크(RegTech) 내에서 또 다른 관심 분야이다. 규제기관, 특히 핀테크 허브가 있는 지역에서 감독 문제를 해결하기 위해 규제기관이 레그테크 2.0 동안 혁신의 중요한 영역으로 부상하여 레그테크 솔루션 자체의 고객 및 중요한 사용자가 되었다(액셀러레이터 및 샌드박스를 통한 레그테크와의 직접적인 참여가 최소화된 1.0 단계와 달리).

레그테크의 신흥 부문인 섭테크는 규제기관이 감독 프로세스에 대한 데이터 중심 접근 방식을 취하고 회고적 감독 접근 방식에서 미래 지향적인 감독 접근 방식으로 전환할 수 있도록 한다(Burnmark, 2018). 규제기관(SupTech)이 배포한 레그테크의 기술을 통해 감독에 대한 데이터 기반 및 예측 접근 방식을 취하고 잠재적으로 소급 검토에서 보다 미래 지향적인 감독 접근 방식으로의 전환을 촉진할 수 있다.

유망한 레그테크회사의 예

규제 보고

- 어바이드 파이낸셜(Abide Financial): 어바이드 파이낸셜은 2013년에 시작된 영국 레그테크 스타트업으로 데이터 처리 및 관련 기관에 대한 규제 보고서 배포를 위한 단일 솔루션을 제공한다. 어바이드 파이낸셜의 타깃산업은 금융산업이다.
- 베어링포인트(Bearingpoint): 네덜란드에 기반을 둔 베어링포인트는 보험사, 은행 및 금융 서비스 제공업체에 특화된 솔루션을 제공한다. 2002년 금융업을 목표로 하여 출발한 회사이다.
- 펀드스퀘어(Fundsquare): 펀드스퀘어는 2013년에 설립된 룩셈부르크 기반의 레그테크회사로 금융산업에 특화된 주문관리 및 정보 서비스 솔루션을 제공한다.

위기관리

- 아야스디(Ayasdi): 아야스디는 금융기관이 규제 준수를 위해 주제별

데이터 분석 및 머신러닝을 사용할 수 있도록 지원하는 미국 레그테크회사이다. 이 회사는 2008년에 시작되었다.

- 피처스페이스(Featurespace): 피처스페이스는 2008년에 설립된 영국 기반의 핀테크회사이다. 이 회사는 실시간 데이터 모니터링과 사기 및 위험 감지를 위해 머신러닝을 사용한다.
- 핀텔릭스(Fintellix): 핀텔릭스는 2006년에 설립된 인도 레그테크회사로 금융산업에 위험 및 규정 준수 서비스와 제품을 제공하는 데 중점을 두고 있다.
- 피나스트라(Finastra): 피나스트라는 수익성, 유동성 및 위험을 관리하기 위한 소프트웨어 솔루션을 제공하는 상당히 새로운 레그테크회사이다. 2017년에 시작했기 때문에 상당히 새롭지만 인상적인 성장 수준을 보이고 있다. 영국에 본사가 있다.

ID 관리 및 제어

- 액티마이즈(Actimize): 1999년에 설립된 액티마이즈는 규정 준수 및 위험 솔루션과 금융범죄 방지 솔루션을 제공하는 미국 레그테크회사이다.
- 주미오(Jumio): 주미오는 2010년에 시작된 미국 기반의 레그테크회사이다. 주요 초점은 생체인식, 문서 확인 및 신원 확인을 사용한 보안 및 식별이다.
- 인콤패스(Encompass): 인콤패스는 금융기관 및 회계사를 위한 KYC(Know Your Customer) 소프트웨어를 취급하는 영국의 회사이다. 이 회사는 2012년에 설립되었다.

규정 준수

- 규정 준수 솔루션전략(Compliance Solutions Strategies): 규정 준수

솔루션전략은 규정 데이터관리, 규정 보고, 분석 및 규정 준수와 같은 규정 준수 분야를 다루는 솔루션을 제공하기 위해 2016년에 시작된 미국 회사이다.

- 큐비(Cube): 큐비는 위험평가 솔루션을 제공하고 규정 준수 감시를 수행하는 영국 기반의 레그테크회사이다. 2012년에 시작되었다.
- 다크트레이스(Darktrace): 다크트레이스는 머신러닝과 인공지능을 사용하여 이전에 식별되지 않은 위협을 감지하고 이에 대응하는 엔터프라이즈 보안 시스템이다. 2013년에 시작되었으며 영국에 기반을 두고 있다.

트랜잭션 모니터링

- 아이덴티티마인드 글로벌(Identitymind Global): 이 회사는 모든 거래에 관련된 모든 당사자를 추적하는 데 도움이 되는 미국 기반 위험관리 솔루션회사이다. 2011년에 설립되었으며 주요 초점은 결제 및 송금산업이다.
- 뉴로웨어(Neuroware): 뉴로웨어는 분산원장 및 블록체인 솔루션을 다루는 말레이시아 레그테크회사이다. 2014년에 설립되었다.

참고문헌

Burnmark (2018) RegTech 2.0 [online] https://www.burnmark.com/uploads/reports/Burnmark_Report_Jan18_RegTech.pdf (archived at https://perma.cc/5PFN-DU6W)

Fintech Australia Newsroom (2017) Australia's fintech industry median revenue up 200 per cent from 2016, major research report finds, 3 November [online] https://fintechaustralia.org.au/australias-fintech-industry-median-revenue-up-200-per-cent-from-2016-major-research-report-finds/ (archived at https://perma.cc/YMK5-LCTC)

Goldfinch, K (2018) RegTech 2.0: a new era of RegTech, 15 March, *The Fintech Times* [online] https://thefintechtimes.com/regtech-2-0-a-new-era-of-regtech/ (archived at https://perma.cc/69RY-4S4E)

Innovate Finance (2017) State Of European fintech: current trends & prediction 2017, 21 September [online] https://www.innovatefinance.com/reports/european-fintech/ (archived at https://perma.cc/E6BG-EBEU)

Ismail, N (2018) Rise in cyber attacks against financial services firms, *Information Age*, 31 January [online] https://www.information-age.com/rise-cyber-attacks-financial-services-firms-123470588/ (archived at https://perma.cc/33ZA-JTT5)

KPMG (2018) The Pulse of Fintech Q4 2017 [online] https://home.kpmg/xx/en/home/insights/2017/10/the-pulse-of-fintech-q3-2017.html (archived at https:// perma.cc/XW5F-XJSA)

McKinsey & Company (2016a) Impact of fintech on retail banking [online] https://www.financialforum.be/sites/financialforum.be/files/media/1695-3-marc-niederkorn.pdf (archived at https://perma.cc/EW8T-TLVP)

McKinsey & Company (2016b) Fintechs can help incumbents, not just disrupt them [online] https://www.mckinsey.com/industries/financial-services/our-insights/fintechs-can-help-incumbents-not-just-disrupt-them (archived at https://perma.cc/4J54-6EA3)

Mindtree (2018) Reg Tech – the next wave to disrupt the financial regulatory landscape, 25 May [online] https://www.mindtree.com/blog/reg-tech-next-wave-disrupt-financial-regulatory-landscape (archived at https://perma.cc/N5QR-EPWE)

Nonninger, L (2017) Thomson Reuters launches a regtech solution, *Business Insider*, 3 May [online] https://www.businessinsider.com/ibm-thomson-reuters-launch-ai-regtech-solution-2019-5?r=US&IR=T (archived at https://perma.cc/QJC6-GNL8)

Pham, J (2017) Citi Report: continue to watch China & FinTech in 2017, *CrowdFund Insider*, 22 January [online] https://www.crowdfundinsider.com/2017/01/95271-citi-report-continue-watch-china-fintech-2017/ (archived at https://perma.cc/ZX4B-BDKH)

SG Analytics (2016) The future of fintech, 14 December [online] https://www.sganalytics.com/blog/fintech-future-opportunity-banking/ (archived at https://perma.cc/2D94-DASY)

Chapter

09

핀테크 내 협업 모델

Chapter

09 핀테크 내 협업 모델

핀테크가 점점 더 가장 높고 낮은 수준에서 벗어나 강력하고 안정적인 생태계의 지원을 받아 견고하고 안정적인 산업으로 성숙함에 따라 협업의 범위와 성격이 핵심 동인이 되었다. 초기에는 주로 은행과 핀테크 간의 협업이 이루어졌지만 이제는 그렇지 않다. 핀테크 사용 사례를 파악하고 배치하는 데 관련된 당사자의 수가 지난 몇 년 동안 크게 증가했다.

은행 핀테크

이것은 핀테크산업에서 가장 분명한 협업 영역 중 하나이며, 기존 금융 아키텍처는 이 엄청난 수익을 내는 틈새시장에 합류하기를 열망한다. 점점 더 많은 수의 전통적 은행들이 현재 핀테크회사들과 협력하고 있으며, 우리는 이것이 앞으로 몇 년 동안 더 확대될 것으로 예상할 수 있다.

실제로 캡제미니(CapGemini, 2018)의 보고서에 따르면 은행 임원의 91%가 핀테크회사와 어느 정도 협력하고 싶어 한다. 핀테크에 대한 전통적인 금융기관의 높은 평가는 동일한 보고서에서 은행 임원의 86%가 핀테크와의 협업 부족이 전체 비즈니스에 해를 끼칠 것이라고 믿는다는 사실에 반영되어 있다. 협업이 가치 있다는 사실에 대한 이해가 높아지고 있지만 이러한 협업의 유형과 성격이 궁극적으로 효율성을 결정한다. 핀테크에서의 협업은 전략적 비즈니스 목표 및 각 참가자의 재무 목표에 맞춰 모든 이해관계자의 특정 요구를 충족하도록 설계되어야 한다.

협업은 은행의 요구에 따른 '풀'뿐만 아니라 여러 규제요인으로 인한 '푸시'이기도 한다. 유럽의 개정된 지불 서비스 지침(PSD2) 및 영국의 오픈뱅킹 표준과 같은 새로운 규정은 은행-핀테크 생태계의 모든 당사자 간에 데이터를 공유함으로써 은행과 핀테크 간의 파트너십을 장려하고 있다. 은행 임원의 거의 절반이 핀테크와의 협력이 운영비용을 줄이는 데 도움이 될 수 있다고 믿는다는 점을 고려할 때 이러한 파트너십에 대한 인센티브가 많다는 것은 분명하다.

은행의 또 다른 과제는 플랫폼화의 영향이었다(Finastra, 2018). 공급자와 소비자가 모두 플랫폼과 연결되고, 상호작용하며, 가치를 창출하고 교환하는 이 모델은 기존의 경우보다 훨씬 더 상호적인 관계로 볼 수 있다. 플랫폼화는 은행과 고객 모두에게 흥미진진한 전망이기는 하지만 동시에 중요한 과제도 제기한다. 가능한 한 빨리 혁신을 제공할 수 있는 생태계를 큐레이팅하는 것은 확실히 물류 문제를 야기하는 것이다. 파트너 제품을 수익화하고 추적하는 것은 까다롭고 논쟁의 여지가 있다.

그러나 특히 새로운 규정과 표준에 비추어 은행과 핀테크 모두의 이점이 점점 더 명확해지고 있다. 은행-핀테크 협업의 가장 인기 있는 방법으로는 인수, 시드 투자, 액셀러레이터 프로그램, 해커톤 및 비즈니스 파트너십이 있다.

핀테크를 위한 은행 액셀러레이터 프로그램

은행과 핀테크 사이의 초기 참여 모드 중 하나는 은행의 자체 액셀러레이터 프로그램을 통한 것이다. 은행은 매년 업계에서 가장 혁신적이라고 생각하는 10~20개의 스타트업을 선택하여 관찰하고 배우고 통합할 수 있다. 때로는 작은 시드 투자가 제공된다. 나는 지난 몇 년 동안 이러한 프로그램으로 인해 다른 분야보다 더 인기 있는 핀테크 분야가 있다는 것을 관찰했다. 대출, 빅데이터 및 분석, 결제/송금 및 현금관리는 대부분의 액셀러레이터 프로그램에 있는 것으로 보이는 부문 중 일부이다. 선택의 핵심은 혁신의 수준이며 반드시 제품이나 채널로 은행에 통합되는 능력은 아니다. 따라서 이러한 프로그램에는 B2B 및 B2C회사가 많이 있다.

은행의 핀테크 인수

핀테크 스타트업에 대한 은행의 전면적인 인수는 액셀러레이터 프로그램 및 시드 투자만큼 흔하지는 않다. 그러나 이러한 인수에는 혁신 통합의 몇 가지 훌륭한 예가 있다. CB인사이트(Insights, 2018)의 연구에 따르면 미국 상위 10개 은행이 18개의 핀테크 스타트업을 인수했지만 이러한 인수 중 8개가 2017년에 이루어졌으며 이는 이전 연도보다 많은 것이다.

가장 중요한 인수 중 하나는(적어도 내 관점에서는!) 2014년 BBVA의 심플(Simple) 인수였다. 이 인수 소식은 은행업계에서 거의 아무도 주목하지 않은 고도의 틈새시장과 파괴적인 산업의 초기 관찰자였던 핀테크 세계에서의 나의 경력 경로를 완전히 바꾸어 놓았다. 나는 금융 서비스 세계에 과감한 투자를 할 수 있는 용기와 노하우를 가진 글로벌 은행에 대해 글을 쓰고 있었다. 그것은 확실히 대부분의 은행이 자리를 잡고 당시의 '작은' 핀테크 세계에 주목하게 만들었다.

은행의 기타 핀테크 인수는 다음과 같다.

- 얼리뱅크(Ally Bank): 트레이드킹(TradeKing), 2016
- BBVA: 홀비(Holvi), 2016
- BBVA: 오픈페이(Openpay), 2016
- BNP파리바(Paribas): 콩트-니켈(Compte-Nickel), 2017
- BPCE: 피도르뱅크(Fidor Bank), 2016

- 캐피탈원(Capital One): 레벨머니(Level Money) , 2015
- 크레딧스위스(Credit Suisse): 트레이드플러스24(Tradeplus24), 2017
- 도이치뱅크(Deutsche Bank): 퀀티저로스(Quantiguous), 2018
- 골드만삭스(Goldman Sachs): 어니스트달러(Honest Dollar), 2016
- 골드만삭스(Goldman Sachs): 파이낸스잇(Financeit), 2017
- ING그룹: 렌디코(Lendico), 2018
- 소시에테 제네랄(Société Générale): 루모(Lumo), 2018

시장 진출을 위해 핀테크와 파트너십을 맺은 은행들

전통적인 은행과 핀테크 간의 협업의 또 다른 영역은 공동 제품 또는 서비스를 통한 시장 출시 파트너십이다. 은행은 핀테크가 R&D에서 훨씬 더 효율적이고 시장에서 신제품을 더 빨리 출시한다는 것을 알고 있으므로 이를 새로운 디지털 제품을 테스트하거나 새로운 고객을 확보하는 수단으로 사용한다. 은행은 혁신적 신기술, 통찰력 있는 데이터 및 분석 사용, 기존 비즈니스 모델을 활성화하는 데 도움이 될 파괴적 기술에 대한 인식과 함께 자신의 능력 밖의 지식 기반에 대한 액세스를 확보함으로써 핀테크와의 관계에서 이익을 얻는다.

핀테크는 또한 금융시장의 프로세스, 보안지침, 규정에 대한 지식 및 규모 수준에 대한 은행의 수세기 또는 수십 년 경험을 활용하기 위해 이러한 파트너십을 형성하고자 노력한다. 시장 진입(GTM: Go-To-Market) 파트너십에 대한 흥미로운 사례 연구에는 미국 기반 은행인 시티즌뱅크(Citizens Bank)와 은행이 디지털 대출기능을 구축하는 데 도움을 준 신생기업인 펀데이션(Fundation)이 포함된다. 이번 파트너십은 시티즌뱅크 기존 고객에 대한 고객 경험을 개선하고 신용 전달의 효율성을 개선하기 위한 방법으로 수립되었다. 온라인뱅킹 정보를 애플리케이션에 연결하여 고객에게 편리하고 즉각적인 액세스를 제공할 수 있다. 정보는 다양한 제3자 소스에서 펀데이션 플랫폼에 의해 수집되므로 고객에게 피드백할 수도 있다. 펀데이션의 플랫폼은 신용 확인을 수행하고 기타 관련 정책을 제정할 수도 있다. 이는 옴니채널에 최적화된 경험으로 진화하여 고객이 필요로 하는 것을 여러 접점을 통해 필요할 때 제공할 것으로 예상된다.

이 분야에서 협업의 또 다른 흥미로운 예는 코메르츠뱅크(Commerzbank)와 아이디나우(IDnow)이다. 코메르츠뱅크는 유럽연합(EU) 규정과 관련된 문제로 핀테크와 파트너십을 맺게 되었다. 유럽연합 법률은 현재 은행 고객이 은행에 직접 신원을 확인하도록 요구하므로 적어도 대부분의 은행의 경우 지점 외부에서 가입하는 것이 사실상 불가능하다. 이 문제를 해결하기 위해 아이디나우는 코메르츠뱅크용 솔루션을 제작했으며, 이를 통해 은행기관은 비디오를 통해 고객 신원을 확인할 수 있다. 이 시스템은 컴퓨터 및 모바일 장치와 함께 사용하여 고객이 지점에 올 필요 없이 신원을 확인할 수 있도록 했다. 분명히 이것은 고객에게 엄청난 편의를 제공하며 코메르츠뱅크 고객의 전환율이 50% 증가하는 데 반영된다.

세 번째 흥미로운 사례 연구는 방키아(Bankia)와 유로비트(Eurobits) 간의 파트너십과 관련이 있다. 방키아는 2010년에 7개의 은행이 통합되어 형성된 스페인의 주요 은행 중 하나이다. 33,000개 중소기업의 계정을 관리하는 책임을 맡은 방키아는 인보이스 발행 및 청구비용 문제로 인해 공급업체에 대한 결제가 지연되는 경우가 많았다. 문제를 해결하기 위해 유로비트는 은행과 함께 운영할 수 있는 공급자 포털 생성을 가능하게 하고 다른 전사적 자원 계획자와 통합할 수 있는 기능을 갖춘 송장 발행 플랫폼을 제공했다. 이 새로운 접근 방식을 구현한 방키아는 사실상 서류를 사용하지 않고 모든 인보이스를 새로운 전자 시스템으로 이동할 수 있었다. 그 결과 거의 모든 송장 발행이 전자 영역에서 이루어지므로 회사에 막대한 비용이 절감된다. 방키아는 새로운 시스템을 통해 송장을 보낼 때마다 2.50유로를 절약할 수 있었다고 밝혔다. 또한 방키아는 인보이스와 관련된 결제기간을 10일로 단축하여 관련된 모든 사람이 보다 원활하게 결제할 수 있도록 했다.

수많은 다른 저명한 은행과 핀테크 파트너십이 부상하고 있다. 예를 들어, HSBC는 트레이드시프트(Tradeshift)와의 협력이 전 세계적으로 46조 달러의 매출채권이 묶여 있기 때문에 막대한 재정적 기회가 될 것이라고 믿는다.

네덜란드 개발은행 FMO와 협업 이상의 아프리카 핀테크 핀포워드(FinForward)는 아프리카의 최빈국 일부에서 금융 통합을 촉진하는 것을 목표로 혁신을 제공한다. 2017년 7월, 액시온(Accion)의 금융포용센터(Center for Financial Inclusion)와 국제금융연구소(Institute of International Finance)의 공동 보고서는 금융기관과 핀테크가 포용을 위해 어떻게 협력하고 있는지 조사했다. 보고서는 "금융기관이 핀테크로부터 계속 배울 수 있고 관계가 계속해서 상호 이익이 될 수 있다면 금융 포용을 가능하게 하는 파트너십의 밝은 미래를 볼 수 있다"고 결론지었다(IIF, 2017).

API(application programming interfaces) 포털

핀테크와 은행 간의 최종협업 모드는 개발자 API(응용 프로그래밍 인터페이스)용 포털을 활용하는 것이다. 여러 은행은 이미 모든 개발자 API를 포함하는 원스톱 포털 개발에 참여하고 있으며, 은행 고객을 위한 향상된 사용자 인터페이스를 제공하는 동시에 고객과 고객 여정에 대한 더 나은 연구를 희망하고 있다. API 포털은 타사 애플리케이션과 은행 시스템의 상호 연결을 지원하여 고객에게 새롭고 향상된 경험을 제공한다. 독특한 B2B, B2C 및 B2E 경험을 제공하는 능력은 은행과 고객 모두에게 가치가 있다. 핀테크 접근 방식은 궁극적으로 자율성, 상호 이익 및 셀프 서비스로 구동되는 사용자 경험을 제공하여 전체 은행산업, 특히 소매 및 고객 수준을 변화시키는 데 도움이 될 것이다. 다양한 기능을 갖춘 이 새로운 애플리케이션 에코 시스템과 은행 영역에 미치는 영향으로 인해 골드만삭스(Goldman Sachs)의 CEO인 로이드 블랭크페인(Lloyd Blankfein)은 은행을 '기술회사'로 표현했다(Brooker, 2015). 이는 핀테크혁명에 따른 여러 은행들의 전반적인 방향성을 시사한다.

핀테크-핀테크

핀테크 분야에서의 두 번째 협업 영역은 핀테크가 시장 접근 또는 제품 향상을 위해 다른 핀테크회사와 파트너십을 맺는 것이다. B2B 핀테크는 항상 파이 한 조각을 놓고 서로 경쟁할 가능성이 높지만, 서로의 효율성과 경쟁력을 향상시키기 위해 협력할 가능성도 크나. 탄탄한 기반을 갖춘 협업을 통해 기술과 지식을 공유하면 핀테크가 더 나은 위치에 놓일 것이다. 시장에 출시하고 규모를 달성하고 광범위한 제품을 생산하고, 다양한 기능, 글로벌시장 활용, API 파트너십 개발에 대한 전반적인 운영 및 상업적 실행 가능성을 향상시킨다.

BaaS 플레이어가 사전 생성된 제품 및 라이선스를 통해 신생기업을 위한 시장 출시 옵션을 촉진하는 서비스형 뱅킹(BaaS: Banking-as-a-Service) 분야에서 이러한 협력의 몇 가지 예가 있다. 소비자에게 새로운 제품과 서비스를 제공하려는 핀테크의 경우 화이트 라벨 BaaS 제공업체로부터 제품을 '빌려' 서비스 제품군을 늘릴 수 있는 여러 API 기반 뱅킹 옵션이 있다. 이 전달 모드는 일반적으로 더 빠르고 쉽고 비용 효율적이며 (주문형) 포괄적이다. 이는 핀테크가 기존 은행에서 제공하는 기반 지원 및 인프라가 필요하지 않음을 의미한다. 독일의 솔라리스뱅크(Solaris Bank), 영국의 스탈링뱅크(Starling Bank), 미국의 그린닷(Green Dot) 및 크로스리버뱅크(Cross River Bank)는 핀테크 및 비핀테크기업과 긴밀하게 협력하여 대중시장에 은행 서비스를 제공하는 BaaS 제공업체의 예이다.

틈새시장의 다른 흥미로운 플레이어에는 금융 데이터 집계가 포함된다. 솔트엣지(Salt Edge)와 욜트(Yolt) 간의 파트너십과 같은 솔루션이다. 스마트 머니 앱과 API 콤보를 통해 소비자는 전 세계 3,000개 이상의 은행에 연결할 수 있다. 또한 흥미로운 B2B시장 솔루션이 등장하고 있다. 맘부(Mambu)는 SaaS 엔진과 통합할 수 있는 다양한 현지화 및 글로벌화 솔루션을 제공하는 대표적인 예이다.

커런시클라우드(CurrencyCloud)는 젊은 시절에 상당한 시장침투를 달성했으며 여러 온라인 은행과 파트너십을 맺은 또 다른 신생기업이다. 피도르뱅크(FidorBank)(Currencycloud, 2015)와의 협력으로 고객의 외환비용이 크게 절감되었으며 피도르뱅크는 고객 기반을 거의 60%까지 늘릴 수 있었다. 모바일 전용 은행인 모네세(Monese)도 커런시클라우드와 제휴하여 외환비용을 10배 줄이고 지불 수수료를 대폭 절감했다. 커런시클라우드는 또한 레볼루트(Revolut)와 협력하여 해외 거래당 약 40유로를 절약할 수 있는 기능 덕분에 앱에 160,000명의 신규 고객을 유치했다(Currencycloud, 2015). 이것은 성공적인 파트너십을 통해 전체 제품 포트폴리오와 함께 더 넓은 핀테크 생태계가 어떻게 등장했는지에 대한 훌륭한 사례 연구이다.

핀테크-핀테크 협업의 또 다른 분야는 디지털 아이덴티티 아보카(Avoka)와 트룰리오(Trulioo)의 작업이 그러한 예이다. 이 파트너십을 통해 은행은 보다 민첩하고 유연한 방식으로 규정 준수 요구사항을 충족할 수 있는 디지털 신원 확인 솔루션을 제공한다.

핀테크 분야가 발전함에 따라 2007년 금융혁신프랑스(Finance Innovation France)의 투자로 육성된 산업 클러스터와 함께 정부기관은 이 기술에 대한 투자가 증가할 것이다. 이 계획은 프랑스에서 금융혁신을 발전시키는 데 도움을 주기 위한 것이다. 140개 이상의 기업 및 은행, 300

개 이상의 핀테크 및 중소기업, 30개의 학술기관을 포함한다(Finance Innovation, 2016). 그 결과 11년 동안 프랑스에서 2,000개 이상의 혁신적인 프로젝트가 시작되었으며 이 중 600개가 핀테크 인증을 받았다. 2005년에서 2016년 사이에 1,681개의 공동 R&D 프로젝트가 68억 유로의 공공자금을 지원받았다. 이러한 종류의 파트너십은 핀테크가 복잡하고 빠르게 변화하는 세상에서 잠재력을 발휘하도록 돕고 있다.

다른 지역에서는 다른 접근 방식을 채택한다. 스칸디나비아에서 네츠(Nets)는 해당 지역에서 핀테크 제휴를 촉진하여 업계 발전을 위한 금융 인프라를 제공한다. 네츠는 240개의 주요 북유럽 은행, 300,000개의 북유럽 상인 및 전자상거래 상인, 240,000개의 민간 및 공공 부문 기업의 주요 네트워크를 나타낸다(GlobeNewsWire, 2016). 핀테크 스타트업에 대한 네츠의 지원은 광범위한 협력을 가능하게 하여 다양한 전략적 파트너십을 가능하게 했다. 이 조직은 또한 북유럽 지역의 다른 유사한 이니셔티브와 제휴를 맺어 코펜하겐 핀테크(Copenhagen Fintech), IT-브렌첸(Branchen), IKT 노르게(Norge) 및 핀테크 팩토리(Fintech Factory)와 파트너십을 맺었다. 그리고 그러한 파트너십은 선진국에만 국한되지 않는다.

아프리카에서는 금융 인프라가 아직 상대적으로 초기 단계인 세계 일부 지역에서 국경 간 결제를 용이하게 하기 위해 핀테크 협력이 사용되고 있다. 그러한 예 중 하나는 케냐 최대 대출기관의 전액 출자 자회사인 핀서브 아프리카(Finserve Africa)이다. 핀서브 아프리카는 이미 텐센트 홀딩스(Tencent Holdings)의 소셜 미디어 및 모바일 결제 앱인 위챗(WeChat)과 함께 중국 제3자 결제 플랫폼 알리페이(Alipay)에 가입했다. 이 거래를 성사시킨 핀테크 아프리카(Fintech Africa)는 이 지역에 가치 있는 기능을 제공하고 있는 가맹점 집계 플랫폼에 인수한 기술을 구축했다. 이러한 허브는 핀테크를 돕는 데 큰 역할을 수행한다. 핀테크 협업을 발전시키고, 핀테크 기술과 노하우로 핀테크를 지원하여 핀테크 생태계를 더욱 넓힐 수 있도록 돕고 있다.

규제기관 – 핀테크

규제기관(regulator)이 핀테크를 이해하고 작업하기 시작함에 따라 2010년대 초반에 내가 상상했던 것 이상으로 협업 수준이 높아졌다. 핀테크 초기에는 핀테크가 규제되는 방식과 규제기관에서 챌린저 은행에 대한 라이선스를 발급하는 방식에 대한 대화가 많았다. 그러나 규제기관과 감독관이 핀테크가 직면한 문제에 대해 핀테크와 긴밀히 협력하는 추세가 증가하고 있다. 시장을 축소하기 위한 솔루션을 제시하기 위해 더 넓은 금융시장 위험을 감수하고 보고를 개선한다.

FCA(Financial Conduct Authority, 영국 금융감독청)는 핀테크기업이 통제된 환경에서 신제품과 서비스를 테스트할 수 있는 능력을 제공하기 위해 '샌드박스'를 제공한 최초의 규제기관 중 하나이다. 이를 통해 영국은 핀테크 규제 계획 측면에서 세계를 주도할 수 있었으며 95개 기업이 이미 4개의 샌드박스 실험에 참여했다. 이들 기업 중 90%는 이미 더 넓은 시장 출시를 목표로 진행했으며 40% 이상이 샌드박스 프로세스 동안 투자자금을 받았으며 이는 이 정책의 성공을 보여준다(CrowdFund Insider, 2019).

또한 FCA는 샌드박스 모델을 해외 영토로 수출하기 시작하여 11개의 외국 금융 규제기관과 주요 파트너십을 발표하고(Peyton, 2018), 글로벌 금융혁신네트워크(GFIN: Global Financial Innovation Network)를 구성했다. GFIN 회원은 다음과 같다.

- 아부다비 글로벌마켓(ADGM: Abu Dhabi Global Market)
- 호주 증권투자위원회(ASIC: Australian Securities & Investments Commission)

- 프랑스 금융시장감독청(AMF: Autorité des Marchés Financiers)
- 미국 소비자금융보호국(BCFP: Bureau of Consumer Financial Protection)
- 바레인 중앙은행(CBB: Central Bank of Bahrain)
- 빈곤층을 위한 금융자문그룹(CGAP: Consultative Group to Assist the Poor)
- 두바이 금융서비스당국(DFSA: Dubai Financial Services Authority)
- 영국 금융감독청(FCA: Financial Conduct Authority)
- 건지금융서비스위원회(GFSC: Guernsey Financial Services Commission)
- 홍콩 통화청(HKMA: Hong Kong Monetary Authority)
- 싱가포르 통화청(MAS: Monetary Authority of Singapore)
- 온타리오 증권위원회(OSC: Ontario Securities Commission(Canada)

GFIN을 출시하면서 FCA는 다음과 같은 목표를 희망한다고 밝힌다.

- 새로운 기술 및 비즈니스 모델을 포함하여 각 시장의 혁신 경험을 협력하고 공유하기 위해 규제기관의 네트워크 역할을 한다.
- 공동 정책 작업 및 토론을 위한 포럼을 제공한다.
- 국경을 초월한 솔루션을 시도할 수 있는 환경을 기업에 제공한다.

FCA는 현재 운영 중인 여러 프로젝트를 보유한 규제기관 중 가장 활동적이다. 또한 규제 핸드북에 검색 및 태깅기능의 통합을 구현하고 자동화된 지침을 통해 매뉴얼을 통해 지원자를 관리하기 위한 AI 기반 지능형 프론트엔드 어드바이저를 구축하고 금융기관이 규제를 매핑할 수 있도록 규제의 프로그래밍 가능성을 보장한다. 보유하고 있는 데이터에 직접 요구사항을 적용한다. 이것은 법정 신고서의 자동화되고 직접적인 처리를 위한 잠재력을 창출할 것이다.

2018년 8월에 애리조나가 규제 샌드박스를 채택한 최초의 미국 주가 되면서 이 개념은 유럽과 아시아에 뒤처진 미주로 나아가고 있다. 민간-공공 샌드박스가 유럽에서도 부상하고 있다. 피도르 솔루션(Fidor Solutions)은 최근 버츄사(Virtusa) 및 퍼시피엔트(Percipient)와의 컨소시엄에서 AFIN과 계약을 체결했다. 이는 은행과 핀테크 모두에게 개방된 API 기반 마켓플레이스 및 샌드박스 환경을 만들어 협업 생태계를 만들고 혁신 제공을 빠르게 추적하고 신기술 개발을 강화할 것이다. 샌드박스 환경 외에 규제기관도 핀테크와 직접 협력하기 시작하였다. 이로 인해 핀테크 분야의 감독기술을 의미하는 섭테크(SupTech)라는 용어가 만들어졌다. 이러한 솔루션은 규제기관이 직면한 문제를 해결하고 관리 및 운영절차를 자동화 및 간소화하기 위한 것이다.

섭테크는 디지털기술을 적용하여 금융감독의 범위를 넓힐 수 있다. 이러한 기술을 구현하면 규제기관이 더 쉽게 캡처, 처리, 저장, 관리, 분석, 배포하고 위험을 충족하고 목표를 수행할 수 있다. 섭테크는 현재 주로 데이터 수집 및 분석에 관여하고 있으며 금융 규제기관이 감독 데이터를 신속하게 변환할 수 있도록 한다. 싱가포르는 이 분야의 선구자였으며, 싱가포르 통화청(Monetary Authority of Singapore)의 경영진은 "감독 프로세스에 기술을 적극적으로 통합하여 감독 효율성을 극적으로 향상시킨다"는 것에 대해 널리 말한다. 그들은 다음을 기대한다.

- 데이터 분석은 마침내 은행이 다양한 비즈니스 및 지역에 걸쳐 신용 및 마켓시장 노출을 집계하는 데 있어 오랜 과제를 해결해 줄 것이다.
- 이를 통해 은행은 실시간으로 통합 위험 프로필을 도출할 수 있다.
- 레그테크와 섭테크의 통합으로 금융기관의 데이터가 API를 통해 기계 판독 가능한 형식으로 규제기관의 데이터베이스로 직접 유입될 수 있다.

기존 금융조직이 현상 유지에 기득권을 갖고 있고 핀테크를 이러한 헤게모니에 대한 숨겨진 위협으로 간주한다는 두려움은 감독관의 태도 덕분에 더 이상 유효하지 않다. 따라서 핀테크는 향후 10년 동안 세계경제 및 금융 시스템에 점점 더 원활하게 통합될 것이다. 섭테크 솔루션이 전 세계적으로 구현되고 있는 몇 가지 예가 있다. 국립르완다은행(National Bank of Rwanda)은 수노이다 솔루션(Sunoida Solutions)과 협력하여 600개의 감독 대상 금융기관의 데이터를 수집할 전자 데이터 웨어하우스를 개발했다.

오스트리아 중앙은행은 오스트리아 보고 서비스 GmbH(AuRep)와 협력하여 규제 보고에 대한 새로운 데이터 입력 접근 방식을 도입했다. 이 보고 플랫폼은 관리 대상의 IT 시스템과 감독기관 간의 격차를 해소하는 데 도움이 된다. AuRep은 오스트리아에서 가장 큰 7개 은행그룹이 공동 소유하고 있으며 이 과정에서 효율성과 확장성을 부여하는 데 도움이 된다. 유럽 당국이 유사한 규제 메커니즘을 채택함에 따라 고품질의 보다 세분화된 은행 데이터가 보다 시기적절하게 생성될 것으로 예상된다.

이러한 노력은 호주 증권투자위원회(ASIC)가 시장분석 및 정보(MAI: Market Analysis and Intelligence) 시스템을 공개하는 등 유럽에만 국한되지 않았다. MAI는 모든 주식 및 주식 파생상품과 거래를 실시간으로 모니터링할 수 있는 섭테크 플랫폼이다. 빅데이터와 머신러닝 연결을 통해 호주의 거래 이상 징후를 식별하는 데 큰 영향을 미칠 매우 효과적인 시스템으로 간주된다.

SUPTECH 사용 사례의 예

- 소비자 불만 감독
- 보고 유틸리티
- 정책의 실효성에 대한 피드백
- 시장조작 감시

- 내부자 거래 감독
- 정책의 조화
- 금융 중심지 개발
- 실시간 규정 준수 감독

섭테크 솔루션은 섭테크 신생기업의 기본 데이터와 예측기능 덕분에 규제기관이 정책을 보다 앞당기는 데 도움이 될 것임이 분명하다.

규제기관 – 규제기관

핀테크 분야의 마지막 협업 영역은 규제기관–규제기관 또는 정부–정부 파트너십과 관련이 있다. 2016년 FCA와 ASIC은 핀테크 스타트업을 지원하는 협약을 체결했다(Adams, 2016). 이 계약의 결과, 두 규제기관은 본질적으로 서로의 시장에 진입하려는 혁신적인 회사를 지칭하게 된다. 두 기관은 영국과 호주에서 각각 약 125억 달러(66억 파운드)와 13억 달러(7억 파운드)의 가치로 성장한 핀테크산업을 감독함에 따라 정보를 공유했다. 또 다른 영향력 있는 발전은 스타트업이 규제 샌드박스 또는 양국의 더 넓은 시장에 진입할 수 있도록 하는 양국 간의 협력 프로그램인 '핀테크 브리지(fintech bridges)'를 중심으로 이루어진다. 또한 핀테크 브리지는 이전에 다른 관할권에서 승인된 라이선스사업과 관련하여 문서 처리가 보다 신속하게 이루어질 수 있도록 하기 위한 것이다.

다시 말하지만, FCA는 2016년 초 영국과 싱가포르 사이에 최초의 핀테크 브리지를 설립하면서 이 분야에서 특히 활발히 활동한다. 그 이후로 영국은 캐나다, 중국, 홍콩, 일본, 한국, 호주와 핀테크 브리지를 더욱 발전시켜 왔다. 현재 다양한 국가 간에 체결된 양자 협력 협정(KAE, 2019)은 63건으로 예상된다. 그중 가장 눈에 띄는 것은 다음과 같다.

- 혁신 계획 LabCFTC 및 FCA 이노베이트(Innovate)를 지원하기 위해 두 규제기관 간의 관계를 공식화하는 FCA와 미국 상품선물거래위원회(FCA, 2018) 간의 2018년 2월 협정
- 2018년 6월 인도 경제부(DEA)와 MAS(싱가포르 통화청)가 핀테크 분야의 기존 파트너십 모델을 확장하기 위한 협정
- 2018년 9월 FCA와 MAS 간의 파트너십을 통해 감독기술, 사이버 보안 및 암호화폐를 비롯한 다양한 핀테크 솔루션에서 긴밀하게 협력

그렇다면 규제기관은 왜 핀테크 관련 파트너십에 열광하는가?

첫째, 그렇게 함으로써 규제표준과 관련된 위험을 우회하는 데 도움이 된다. 이는 서로 다른 관할 구역이 사업을 위해 경쟁할 때 발생할 수 있다. 국경을 초월한 정책 조화는 은행과 핀테크가 제품을 출시하고(지역 또는 국가 간) 원활하게 확장 및 운영하는 데 도움이 될 것이다. 두 번째 이유는 핀테크가 적절하게 확장될 수 있도록 하기 위함이다. 특히 핀테크기업은 사업을 적절히 확장하면서 새로운 지역으로 확장해야 하는 과제에 직면해 있다. 국가마다 핀테크시장 상황이 다르고 규제 환경도 국가마다 상당히 다르다. 이는 실제로 핀테크기업에 중대한 재정적 문제를 제기할 수 있다.

그리고 근본적으로 협력 자체와 관련된 협업의 몇 가지 장점이 있다. 존경받는 시장에서 경험을 공유하는 것은 확실히 도움이 되며, 다양한 인기 주제에 대한 토론을 지원하는 메커니즘을 만드는 것도 의심할 여지없이 유용하다. 그리고 핀테크산업을 규제하는 사람들이 제안된 조치의 시행에 대한 노력을 조정할 수 있는 능력은 그러한 국경을 초월한 협정에서 확실히 이익을 얻을 것이다.

이러한 명백한 협업 모델 외에도 지속적으로 확대되는 핀테크 생태계는 대학, 교육 서비스 제공업체, 기존 소프트웨어 제공업체, 도메인 전문가, 콘텐츠 제작자와 컨설팅회사를 혼합한다. 핀테크 영역이 발전함에 따라 다양한 형태의 협업이 지속적으로 발전하고 있다. 이러한 파트너십은 다

양한 지리적 지역과 업계의 다양한 이해관계자 사이에서 싹을 틔우고 있다. 핀테크산업이 글로벌 금융 아키텍처에 발을 들여놓음에 따라 이러한 배열의 성격은 여전히 진화하고 있지만, 심어진 뿌리는 이러한 지속적인 추세의 시작에 불과할 것으로 예상할 수 있다.

참고문헌

Adams, D (2016) FCA and ASIC sign FinTech agreement, *FS Tech*, 23 March [online] https://www.fstech.co.uk/fst/FCA_ASIC_Regulators_FinTech_Agreement.php (archived at https://perma.cc/H7PG-SH99)

Brooker, K (2015) Goldman in Ventureland, *Bloomberg*, 28 July [online] https://www.bloomberg.com/news/features/2015-07-28/how-goldman-sachs-became-a-tech-investing-powerhouse (archived at https://perma.cc/LE9M-9NV4)

CapGemini (2018) Top-10 trends in retail banking: 2018, 29 November [online] https://www.capgemini.com/resources/top-10-technology-trends-in-retail- banking-2018/ (archived at https://perma.cc/H4MY-ZW52)

CB Insights (2018) Banks are finally going after fintech start-ups, 13 February [online] https://www.cbinsights.com/research/top-us-banks-fintech-acquisitions/ (archived at https://perma.cc/YF9H-D839)

CrowdFund Insider (2019) Delaware in a fintech future [online] https://cdn.crowdfundinsider.com/wp-content/uploads/2019/06/Delaware-Fintech-Future-060519-web.pdf (archived at https://perma.cc/7M78-9BCU)

Currencycloud (2015) Making multi-currency eWallets possible with Fidor Bank [online] https://www.currencycloud.com/company/case-study/making-multi-currency-ewallets-possible-fidor-bank/ (archived at https://perma.cc/TD7F-RFF7)

Currencycloud (2016) Building a global money app with Revolut [online] https://www.currencycloud.com/company/case-study/building-a-global-money-app-with-revolut/ (archived at https://perma.cc/9VVG-YY8E)

FCA (2018) US CFTC and UK FCA Sign Arrangement to Collaborate on FinTech Innovation [online] https://www.fca.org.uk/news/press-releases/fca-and-us-cftc-sign-arrangement-collaborate-fintech-innovation (archived at https://perma.cc/7UAS-WRUN)

Finance Innovation (2016) Key figures [online] https://finance-innovation.org/en/ (archived at https://perma.cc/XC9E-KHZF)

Finastra (2018) Platformification: how banks can transform their innovation efforts, 25 May https://www.finastra.com/viewpoints/market-insights/platformification-how-banks-can-transform-their-innovation-efforts (archived at https://perma.cc/RLA5-NYGZ)

GlobeNewsWire (2016) Company announcement No. 1/2016 [online] http://inpublic.globenewswire.com/2016/09/01/Nets+A+S+Nets+announces+intention+to+launch+an+Initial+Public+Offering+HUG2038966.html (archived at https://perma.cc/ZK2R-WED4)

IIF (2017) Partnerships Report [online] https://www.iif.com/Publications/ID/709/How-Financial-Institutions-and-Fintechs-Are-Partnering-for-Inclusion (archived at https://perma.cc/7SXE-QTFF)

KAE (2019) Fintech bridges across the globe [online] https://kae.com/infographic/Fintech-Bridges-Across-The-Globe/ (archived at https://perma.cc/4UH4-URV4)

Peyton, A (2018) Regulator syndicate unleashes Global Financial Innovation Network, *Fintech Futures*, 7 August [online] https://www.fintechfutures.com/2018/08/regulator-syndicate-unleashes-global-financial-innovation-network/ (archived at https://perma.cc/A7PJ-M5T7)

Chapter

10

챌린저 은행

Chapter

10 챌린저 은행

챌린저 은행 또는 더 정확하게는 은행 챌린저는 전통적인 은행 방식에 도전하는 제품, 서비스 또는 제공 메커니즘을 제공하는 디지털 은행이다. 이러한 챌린저 은행의 대부분은 지난 10년 동안 등장했으며 오프라인(또는 전화선!)이 필요하지 않은 고객 경험과 디지털 제품 및 고객 서비스에 대한 높은 집중도를 통해 전통적인 은행 업무를 파괴한다. 그들은 일반적으로 지점이 없는 웹사이트 또는 앱 기반 은행이다. 챌린저 중 일부는 전체 은행 라이선스가 필요하지 않다.

따라서 모두를 '은행'으로 설명하는 것은 정확하지 않지만 업계에서 인정하는 용어로 계속 사용한다. 이것이 내가 가장 많이 말하거나 글을 쓰도록 요청받은 주제이다. 주된 이유는 영국이 FCA에서 제공한 초기 라이선스 덕분에 챌린저 은행의 온상이기 때문이다. 2019년 영국에서 53개의 챌린저 은행이 시작되었거나 시작되었으며 그중 일부는 현재 10억 달러 이상의 가치가 있어 인기 있는 유니콘 범주가 된다.

그들은 또한 앱에 직관적인 기능이 있고 런던 지하철에 광고가 있는 핀테크의 가장 멋진 사촌이다. '챌린저 은행'이라는 용어는 영국에서 시작되었으며, 우호적인 규제 환경과 전통적으로 강력한 핀테크 및 기업 생태계 덕분에 대다수의 챌린저들이 여전히 영국에 있다. 그러나 전 세계적으로 챌린저 은행의 수는 현재 영국과 거의 비슷하며 '챌린저 은행'의 정의는 기존 은행의 기존 제품이나 프로세스에 도전하는 모든 기본 디지털 은행을 포함하도록 확장된다.

챌린저 은행의 유형

챌린저 은행에는 크게 세 가지 유형이 있다(Burnmark, 2016). '챌린저 은행'의 영역에는 앱, 웹사이트, 지점 및 이들의 조합의 다양한 특성이 포함된다.

- 초기 챌린저(Embryonic challengers): 기존 은행 또는 기타 챌린저 은행과 협력하여 모바일 앱을 통해서만 운영되는 은행 가치사슬의 핀테크 혁신가. 예를 들어, 포킷(Pockit)과 루트(Loot)가 있다.
- 실제 챌린저(Real challengers): 은행면허를 자체적으로 취득했거나 은행면허를 취득하는 과정에 있고 디지털을 고객과 소통하는 유일한 또는 지배적인 채널로 보유한 기존 은행. 예를 들면 아톰뱅크(Atom Bank), 스탈링뱅크(Starling Bank), 몬조(Monzo)가 있다.
- 의사 챌린저(Pseudo challengers): 지점 및 디지털 채널을 통해 고객과 소통하는 기존 은행의 디지털 자회사, 디지털 파트너(네오뱅크) 및 디지털 스타트업. 예를 들면, 모벤(Moven), 심플(Simple), 헬로뱅크(Hello Bank)가 있다.

챌린저 은행의 출현 이유

고객행동 및 경제와 함께 기술의 변화는 금융기관에 파괴적이고 중개적인 변화를 가져오고 있다. 챌린저 은행이 등장한 이유는 여러 가지가 있으며, 지역별로 해결하고자 하는 문제를 감안할 때 소속 지역에 따라 달라

진다. 챌린저 은행이 전통적인 은행산업에 효과적인 파괴자가 된 이유는 다음과 같이 요약될 수 있다.

새로운 세대의 인구통계학적 변화와 수요

미국 인구조사국(2016)에 따르면 1982년 사이에 태어난 사람들은 그리고 2000년은 완전히 다른 '세대'인 밀레니얼 세대이다. 이 세대는 여러 전통적 금융기관의 붕괴를 목격했으며, 초기 금융위기를 겪었기 때문에 금융 안정성에 대해 점점 더 우려하고 있다. 밀레니얼 세대는 디지털 네이티브이며 첨단기술에 정통하며 사회적으로 초연결되어 있다. 그들은 구글 및 페이스북과 같은 단순화된 경험을 사용하여 성장했으며 에어비앤비(AirBnB) 및 우버(Uber)와 같은 주문형 서비스에 더 편안하다. 그들은 항상 이동하는 경향이 있으며 전통적인 은행 업무보다 경험을 중시한다. 또한 그들은 지점에 줄을 서는 것을 좋아하지 않지만 스마트폰을 사용하여 이동 중에 은행 업무를 하기를 원한다.

퓨리서치(Pew Research, 2018)에 따르면 이 시장은 세계 인구의 약 25억 명과 그들이 획득하고자 하는 모든 제품 또는 서비스에 대한 자체 고객 경험 요구사항과 욕구를 포함하는 빠르게 성장하는 시장이다. 저금리와 같은 경제 동인과 함께 인구통계의 근본적인 변화와 단순하고 직관적이며 대부분 무료인 주문형 고객 서비스에 대한 열망으로 인해 이 그룹은 기존 은행 업무를 넘어선 옵션을 모색하게 된다. 챌린저 은행의 첫 번째 라인은 이 시장을 잘 이해한 것으로 보이며 수백만 명의 고객을 확보하면서 시장의 큰 부분을 차지할 수 있었다.

스마트폰 보급률

한국이 95%, 네덜란드가 87%, 독일이 78%로 전 세계 대부분의 선진국에서 스마트폰 보급률이 매우 높다. 신흥 경제국은 또한 높은 스마트폰 보급률을 보여주고 있으며 일부 경우 선진국과 거의 비슷한 수준이다. 남아프리카 60%, 브라질 60%, 필리핀 55%, 튀니지 45%, 이스라엘 88%이다(Wiggers, 2019).

스마트폰 보급률이 높은 국가는 챌린저 은행이 성장할 수 있는 비옥한 기반이다. 챌린저 은행들은 은행에 대한 고객의 신뢰를 회복하기 위해 스마트폰 및 소매금융 보급률이 높은 선진국 시장의 기존 은행과 협력한다. 고객 경험을 개선하고 운영비용 절감의 이점을 고객에게 직접 확대함으로써 이를 수행한다. 스마트폰 보급률이 높고 은행 거래 범위가 낮은 개발도상국에서도 챌린저 은행이 금융 포용 계획을 주도하고 있다.

은행에 대한 고객 신뢰 악화

선진국, 특히 서유럽과 미국에서는 금융위기 이후 고객의 신뢰가 무너지고 은행가는 부동산 중개인보다 낮은 순위의 가장 신뢰도가 낮은 전문가이다. 영국이 3%, 프랑스가 33%, 독일이 40%, 이탈리아가 24%, 미국이 37%로 대부분의 국가에서 전통적인 은행산업에 대한 신뢰가 매우 낮다. 이러한 시나리오에서 챌린저 은행은 기존 은행을 대신하여 시도할 가치가 있는 고객 중심 금융기관으로 간주된다.

충족되지 않은 요구사항 충족

챌린저 은행은 전통적인 소매 또는 기업 은행에서 제대로 제공하지 못했던 빈약한 틈새시장의 요구사항을 충족한다. 이 부문에는 학생, 중소기업, 난민 및 신용이 좋지 않거나 주소 기록이 없는 사람들이 포함된다. 대형 은행은 이러한 소규모 그룹의 사람들을 간과하는 경향이 있으며 전통적으로 대기업이나 급여를 받는 개인과 같은 시장 부문에 대출 및 계좌 서비스를 제공한다. 챌린저 은행은 이 공백을 메우고 틈새 부문에서 은행 및 대출 서비스를 쉽게 사용할 수 있도록 한다. 그들은 KYC(고객 알기)의 혁신적인 방법과 새로운 데이터 기반 신용평가를 사용하여 최소한의 위험으로 이러한 서비스를 제공한다.

신흥시장

신흥시장은 금융혁신과 금융포용을 가속화하기 위한 수단으로 챌린저 은행을 바라보고 있다. 아시아와 아프리카 국가들은 과거에 강력한 전통적 은행 네트워크가 없었지만 점점 더 광범위하게 휴대전화를 사용하는 쪽으로 전환하고 있다. 신흥시장에서 모바일 보급이 증가함에 따라 디지털 채널을 활용하여 고객을 온보딩, 참여 또는 서비스하는 은행은 금융포용 계획을 위한 중요한 매개체로 진화하고 있다.

챌린저 은행과 기존 은행의 차이점

규모에서 서비스 제공에 이르기까지 챌린저 은행과 기존 은행 사이에는 수많은 차이점이 있다.

능률(Efficiency)

챌린저 은행은 본질적으로 기존 은행보다 규모가 작으며 기본 데이터 기반 기술의 규모와 사용으로 인해 더 효율적으로 운영할 수 있다. 그들은 지점과 콜센터를 운영하는 데 높은 비용이 들지 않으며 디지털 채널을 통한 온보딩에 크게 의존한다. 따라서 KYC 및 고객 서비스비용은 기존 은행의 비용보다 훨씬 낮다.

집중(Focus)

은행 업무의 목적은 돈을 저장하고 모기지 또는 대출을 제공하여 인구와 정부에 봉사하는 것이지만 서비스는 고객 중심적이지 않다. 은행은 서비스를 제공함으로써 많은 문제를 해결했지만 여전히 많은 문제가 해결되지 않았다. 챌린저 은행은 고객 서비스에 완전히 집중된 은행 모델을 구축하여 이러한 기존 문제를 해결하는 것을 목표로 한다.

서비스(Services)

전통적인 오프라인 은행과 챌린저 은행은 일반적으로 단일 상위 브랜드로 다양한 서비스를 제공한다. 기존 은행은 은행을 방문해야 하는 서비스를 제공하지만 챌린저 은행은 온라인으로 얻을 수 있는 서비스를 성공적으로 포함한다. 챌린저 은행은 온라인 거래를 통해 할 수 있는 계좌개설에서 출금 또는 송금에 이르기까지 이러한 모든 서비스를 제공한다.

그러나 챌린저 은행은 개별 상품보다 고객 경험에 더 중점을 두는 경향이 있다. 이는 때때로 상품 자체가 눈에 띄지 않거나 그렇게 판매되지 않는다는 것을 의미한다. 제품 포트폴리오가 좁게 보일 수 있지만 서비스 및 디지털 경험은 일반적으로 챌린저들을 전통적인 은행 업무와 차별화하는 요소이다.

건물(Premises)

시내 중심가 은행은 종종 여러 명의 출납원이 있는 분주하고 붐비는 지점으로 간주한다. 챌린저 은행에서 이루어지는 모든 거래는 온라인으로 이루어지기 때문에 기술적으로 물리적 지점이 필요하지 않다. 전화나 콜센터를 통해 서비스를 제공하는 챌린저 은행은 소수에 불과하지만 나머지 은행은 모두 이메일이나 챗봇 지원에 의존하고 웹사이트와 앱을 통해서만 제품을 제공한다. 거래, 고객불만, 송금, A~Z까지 모든 것을 휴대폰 하나로 온라인에서 할 수 있다.

직원과 고용주조차도 반드시 회사 사무실에 기반을 두지 않는다. 대형 은행은 전통적으로 새로운 건물을 만들고 가치 있는 부동산을 획득함으로써 지배력을 퍼뜨리기 때문에 건물 수가 적어도 된다는 생각은 은행 업무에 완전히 새로운 관점을 추가한다. 이것은 효율성과 밀접하게 연결되어 있다. 건물이 더 적으면 비용이 절감되고 생산성이 높아져 챌린저에게 비용관리, 경기 침체 처리 및 혁신에 집중하는 데 있어 훨씬 더 많은 유연성을 제공할 수 있기 때문이다.

챌린저 은행이 제공하는 서비스

작은 규모와 구조에도 불구하고 서비스 면에서 챌린저 은행은 나머지만큼은 아니더라도 최고의 서비스를 제공한다. 챌린저 은행이 제공하는 주요 서비스는 다음과 같다. 디지털뱅킹(모바일뱅킹 및 가맹점 계좌 포함), 일반뱅킹(저축 및 당좌예금 포함), 저축(고정저축, 저축채권, 퇴직저축, 신속저축, 간편저축, 예금증서, 투자계좌 등), 신용카드, 소비자 대출, 모기지, 그리고 암호화폐 거래, 구매 및 판매 등이다.

모든 일반 은행은 이러한 모든 서비스를 제공하지만 챌린저 은행에서서는 이제 모두 디지털 방식으로 사용할 수 있다. 스마트폰만 있으면 이러한 계정을 만들고 서비스를 즐길 수 있다.

챌린저 은행 소비자 대출 내의 틈새 타깃 부문

전통적인 은행의 가장 크고 미개척된 시장 중 일부는 학자금 대출, 중소기업 대출 및 모기지 대출이다. 이러한 격차는 틈새 챌린저 은행에게 빠르게 성장할 수 있는 비옥한 영역과 상대적으로 낮은 고객 확보비용으로 엄청난 기회를 제공한다. 이러한 틈새시장은 혁신적인 시장 대출기관, P2P 대출기관 및 챌린저 은행으로부터 엄청난 관심을 받고 있다.

학자금 대출

2003년부터 2016년까지 불과 10여년 만에 학자금 빚이 영국과 미국에서 통제 불능상태로 치솟고 있다. 미국에서 4년제 학부 학위의 평균 연간 등록금은 공립기관의 경우 9,100달러, 사립기관의 경우 31,200달러에 가깝다(Burnmark, 2016). 많은 학생들이 대출을 받아 학위를 마칠 수밖에 없는 상황에서 챌린저 은행에게는 엄청난 기회가 열린다.

중소기업 대출

중소기업 대출은 전통적인 은행에서도 크게 무시되는 부문이다. 2015년 초에는 기록적인 540만 개의 민간기업이 있었다. 평균적으로 EU의 신용 조사기관은 중소기업의 67%에 대한 신용정보만 가지고 있어 중소기업 대출을 줄인다. EU가 바젤규정을 시행한 이후 중소기업 대출도 20% 감소했다. 미국에서는 2015년 1월 중소기업의 모든 대출신청 중 21.3%만이 대형 은행의 승인을 받은 반면 대체 대출기관은 61.6%를 승인했다(Biz2Credit, 2015).

모기지 대출

영란은행에 따르면 2016년 영국에서는 134억 파운드 상당의 모기지가 승인되었으며 모기지 대출은 2년 만에 최고치를 기록했다. 2016년 3월 표준 변동 금리 모기지론의 평균 이자는 10bp 하락한 4.57%를 기록했다. 신규 2년 고정 모기지 이자율은 6포인트 하락한 1.87%, 5년 모기지 이자율은 7포인트 하락한 2.71%를 기록했다. 영국의 바이투렛(Buy-to-let)시장은 챌린저 대차대조표의 약 15%를 차지하는 부문의 전체 수익성에 중요한 기여를 했다. 미국의 소비자 신용보고서에 표시된 모기지 잔액은 2015년 4분기보다 1,200억 달러 증가한 8조 3,700억 달러였다.

챌린저 은행 이용에 관한 사실

번마크(Burnmark)의 챌린저 은행 보고서(2016)에서 발췌한 다음 사실은 사람들의 사고방식과 챌린저 은행이 제공하는 서비스를 사용하거나 사용하지 않는 이유 및 의견을 엿볼 수 있다.

25~34세 남성: 챌린저 은행 이용자 중 최대 규모

챌린저 은행 이용자의 56%는 25세에서 34세 사이였으며 61%는 남성이다. 이른바 챌린저 은행의 가장 큰 타깃 인구는 18~25세 그룹으로 35~44세 그룹보다 낮은 17%를 차지한다. 보고서에 따르면 다양한 연령대의 고객이 챌린저 은행을 수용했으며 이는 분명히 밀레니얼 세대만의 현상은 아니다.

그러나 보고서에 따르면 은행 계좌에 액세스할 수 있는 앱이나 디지털 채널을 갖고자 하는 열망은 주요 인구통계학적 타깃인 18~25세 사이에서 가장 높았으며 이러한 열망은 대부분 나이가 들면서 감소하는 것으로 나타났다.

대부분의 사용자는 시험 삼아 챌린저 은행 계좌를 사용

번마크 보고서에서 흥미로운 사실을 발견한 것은 전체 응답자의 74% 이상이 챌린저 은행 계좌를 개설한 주된 이유가 그것을 시도하기 위해서라고 주장했다는 것이다. 여행 시 사용의 용이성, 더 나은 요금 또는 특정 제안(대부분 학생용), 더 쉬운 가입절차, 친구 또는 동료의 추천과 같은 기능도 사용자를 챌린저 은행으로 이끌었던 중요한 이유이다.

이 수치는 챌린저 은행 초기에 의미가 있다. 주된 이유는 기존 뱅킹 사용자가 무엇을 놓치고 있는지 확인하기 위해 새 앱을 시도하기 때문일 것으로 예상된다.

물리적 지점 부족: 일부 사람들이 챌린저 은행 시도조차 거부하는 이유

챌린저 은행을 사용하지 않는 응답자 중 60%는 챌린저 은행에 대해 들어본 적이 없다(단순한 용어뿐만 아니라 아톰(Atom) 또는 레볼루트(Revolut)와 같은 개별 은행 브랜드도 포함). 설문 응답자의 3분의 1은 여전히 지점을 사용하는 '옵션'을 원한다. 이 사람들은 반드시 일반 지점 사용자는 아니었지만 문제가 있어 누군가와 이야기하거나 문서를 공유해야 할 경우를 대비하여 옵션이 있다는 사실을 알고 싶어 한다. 신뢰와 제한된 제품 및 서비스 선택은 챌린저 은행을 사용하지 않는 또 다른 주요 이유이다.

반면, 챌린저 은행 비이용자의 63%는 계좌이체절차가 더 쉬워지면 전환을 고려할 가능성이 높다. 50%는 거부할 수 없는 제안을 원했고 15%는 은행이 전환하기 전에 최소 5년 동안 존재하기를 원한다.

챗봇 및 소셜 미디어 결제를 포함한 디지털 고객 서비스의 새로운 채널은 모든 인구통계에서 허용

일반적인 믿음과 달리 응답자의 82%는 고객 서비스를 위해 챗봇이나 사람과 대화를 하는 것에 상관하지 않는다. 그들은 또한 트위터와 페이스북과 같은 소셜 미디어를 통해 친구와 가족에게 기꺼이 돈을 지불한다. 모든 응답자는 앱 사용을 좋아했으며 고객 서비스를 위해 지점, 웹사이트 및 전화를 사용하는 것을 즐기는 사람은 훨씬 적다.

기존 은행에 대한 위협

많은 사람들이 챌린저 은행이 기존 은행에 특정한 문제를 야기한다고 주장해 왔다. 보고서에 따르면 최근 많은 은행이 챌린저 은행이 서서히 장악하는 것을 두려워하여 온라인 또는 모바일뱅킹에 날개를 달아주고 있다. 기존 은행과 챌린저 은행의 동시 서비스 제공을 통해 서비스 제공 측면에서 경쟁우위를 달리고 있다. 그러나 챌린저 은행은 기존 은행기관에 몇 가지 독특하고 새로운 위협을 제기하며 많은 영역에서 이를 초월한다.

챌린저 은행은 더 높은 수준의 고객 편의를 제공한다. 챌린저 은행의 전체 아이디어는 고객에게 더 쉬운 거래 수단을 제공하고 그들의 요구에 맞는 고객 중심 비즈니스 모델을 만드는 것이다. 이것은 고객에게 그다지 집중하지 않기 때문에 전통적인 워크인(walk-in) 은행에 몇 가지 문제를 야기할 것이다. 대신 그들의 초점은 관심을 통해 더 높은 수익을 창출하고, 전 세계적으로 확산하고, 다국적기업을 만들고, 더 많은 고객을 유치하는데 있다. 기존 은행의 궁극적인 목표는 비즈니스 성장이지만 챌린저 은행은 고객 문제를 기반으로 목표를 만든다.

시간이 지남에 따라 고객이 직면한 모든 문제를 신속하게 해결하고 고객이 원하는 것을 정확하게 제공할 것이다. 이는 기존 은행에 상당한 위협이 된다.

챌린저 은행의 또 다른 주요 위협은 온라인에서의 상당한 존재감이다. 이는 고객 편의 외에도 여러 가지 이점을 제공한다. 첫째, 온라인에서만 존재하기 때문에 더 쉽고 간단하며 비용 효율적으로 성장할 수 있다. 빠르게 확산되어 더 많은 고객을 유치할 수 있다. 챌린저 은행이 아직 널리 보급되지 않았기 때문에 최적의 서비스를 제공하고 더 많은 고객을 확보하면 선점자(first mover)와 유사한 많은 이점을 얻을 수 있다.

온라인활동을 통해 많은 비용을 절감하고 은행이 효율적으로 작동하도록 한다. 더 적은 수의 건물이 필요하고 더 적은 수의 직원이 필요하며 임대료, 전기 및 가구비용을 최소화한다. 직원은 원격으로 작업할 수 있으며 이러한 방식으로 최소한의 효율적인 직원을 고용할 수 있으므로 건물을 청소하고 유지관리하기 위해 추가 직원이 필요하지 않다. 더 효율적이 되는 또 다른 방법은 서류 작업을 줄이고 은행 시스템을 덜 관료적으로 만드는 것이다. 서류 작업이 적다는 것은 돈과 공간 면에서 모두 절약된다는 것을 의미한다. 거래가 온라인으로 이루어지기 때문에 물리적인 형태가 필요하지 않다. 온라인에 진출하고 이를 지금 구축하면 앞으로 몇 년 동안 이익을 가져다줄 수 있다.

챌린저 은행은 지속적으로 성장하는 많은 고객을 확보할 수 있다. 이를 조기에 파악하면 가장 지배적인 챌린저 은행이 몇 년 안에 매우 중요한 위치에 설 수 있다. 은행 시스템이 처음 도입된 것처럼 챌린저 은행은 우리 모두가 은행을 보는 방식을 혁신하고 바꿀 수 있다. 이것이 성공적으로 완료되면 오프라인 은행은 곧 쓸모없게 될 것이다. 챌린저 은행을 운영하려면 라이선스가 필요하기 때문에 사람들은 이 새로운 은행 시스템을 신뢰할 수 있다. 네오뱅크가 파트너십을 맺어야 하고 자체 라이선스를 취득할 수 없는 경우 챌린저 은행이 할 수 있으며 이는 더 신뢰할 수 있다.

챌린저 은행은 막대한 지출을 줄이기 때문에 기존 은행에 비해 자기자본수익률이 높다. 또한 고객에게 더 높은 이자율을 제공하고 더 많은 유연성을 제공할 수 있는 범위가 있다. 이것은 차례로 더 많은 고객을 온라인 뱅킹의 장으로 끌어들일 것이다. 이러한 모든 이점과 금융기술을 최대한 활용하여 전통적인 오프라인 은행에 심각한 위협이 된다. 이것이 계속된다면 챌린저 은행이 은행의 미래가 될 것이다.

영국의 챌린저 은행

많은 사람들이 영국이 챌린저 은행의 발상지라고 주장하는데 영국이 다른 어느 곳보다 챌린저 은행의 집중도가 높은 것은 사실이다. N26, 레볼루트(Revolut), 아톰(Atom) 및 스탈링뱅크(Starling Bank)와 같이 안정된 많은 챌린저 은행이 영국에서 시작되었다. 영국에는 왜 그렇게 많은 챌린저 은행이 있으며, 이것이 어떤 영향을 미칠까?

역사를 뒤돌아보면 2008년 금융위기를 기억할 수 있다. 그 직후 영란은행은 새로운 은행 설립을 위한 자본 요구사항이 낮은 간소화된 2단계 프로세스인 독특하고 새로운 은행 업무 방식을 도입했다. 곧, 2009년에 최초의 챌린저 은행인 메트로뱅크(Metro Bank)가 영국에서 시작되었다. 은행 업계에 대한 새로운 시각과 최고의 금융기술을 활용하여 2010년에 라이선스를 받았다.

챌린저 은행은 사실 소비자 문제에 대한 해결책이다. 금융위기 이후 사람들은 좌절했고 은행 시스템에 대한 신뢰가 흔들리기 시작했다. 챌린저 은행은 고객에게 더 빠르고 효율적이며 디지털화된 서비스를 제공하고, 신속하게 은행 업무를 처리하는 것을 좋아하고 항상 이동하는 젊고 기술에 정통한 고객 기반을 목표로 삼는다. 그들의 모든 작업은 온라인으로 수행되며 기술과 연구에 크게 의존한다. 2015년 이후로 영국에서는 매달 약 60개의 실제 은행이 문을 닫았다(BBC, 2018). 영국은 세계에서 네 번째로 큰 은행산업이며 핀테크산업만 해도 연간 약 200억 파운드의 수익을 창출한다(Warner, 2018).

영국이 챌린저 은행의 중요 장소가 된 또 다른 이유는 영국이 1990년대 후반과 2000년대 초반으로 거슬러 올라갈 수 있는 디지털뱅킹의 얼리어답터였기 때문이다. 영국은 이 분야에서 활동하는 동안 항상 선두를 유지해 왔으며 번창하는 핀테크 부문으로 인해 글로벌 리더 중 하나라고 자부하고 있다. 또한 FCA는 경쟁 수준을 높이기 위해 영국에서 챌린저 은행을 만드는 데 도움이 되는 새로운 라이선스 모델을 출시하고 있다.

영국에 챌린저 은행이 집중되어 있는 것은 해당 지역에 신생기업과 중소기업이 집중되어 있기 때문일 수도 있다. 챌린저 은행은 대기업이 아닌 개별 소비자와 중소기업(종종 기존 은행에서 제대로 서비스를 받지 못함)의 요구사항을 충족하는 데 중점을 둔다. 개별 기업은 소규모일 수 있지만 영국시장의 90% 이상을 차지한다. 이것은 대규모 고객 기반을 설명하며 시간이 지남에 따라 점점 더 많은 사람들이 챌린저 은행의 서비스를 사용하는 것을 선호하게 된다.

챌린저 은행의 등장은 영국의 기존 은행에 특정한 도전 과제를 안겨준다. 영국의 4대 기업인 바클레이(Barclays), HSBC, 로이드뱅킹그룹(Lloyds Banking Group), 스코틀랜드 왕립은행그룹(Royal Bank of Scotland Group)이 경상계정 지분의 70%를 보유하고 있지만, 이들의 대출금액은 급감한 반면 챌린저 은행의 대출은 증가했다(The Economist, 2018).

대부분의 영국기업이 중소기업이기 때문에 챌린저 은행이 목표로 삼는 고객그룹은 바로 이 고객그룹이다. 이러한 대규모 고객 기반으로 인해 빅4는 가까운 장래에 문제에 직면할 수 있다. 설문조사에 따르면 대다수는 아니지만 많은 사람들이 온라인 전용 은행을 선호하며 그 수치는 증가하고 있다(Finance Derivative, 2019). 시간이 지남에 따라 이러한 챌린저 은행은 실제로 영국의 4대 은행에 자금을 조달할 수 있다.

유명한 챌린저 은행

2019년 기준으로 전 세계적으로 약 220개의 챌린저 은행이 있다. 영국이 챌린저 은행의 수도로 떠오르고 있으며, 프랑스, 독일, 미국, 인도가 그 뒤를 잇고 있다. [표 10-1]은 가장 유명한 국가의 최고 챌린저 은행을 요약한 것이다.

표 10-1 상위 챌린저 은행

국가	은행	제안
영국	아톰뱅크 (Atom Bank)	2014년에 설립된 디지털 은행으로 2016년 10월에 영업을 시작했다. 출시에 앞서 상당한 기술 설정을 만든다. 나중에 그래스프(Grasp)라는 지역 디지털 디자인 에이전시를 인수했다.
영국	몬조(Monzo)	몬조(이전 Mondo로 알려짐)는 2017년 4월 초에 전체 은행 라이선스를 받았다. 몬조는 비접촉 직불카드와 모바일뱅킹 앱이 있는 당좌 계좌를 제공하는 '모바일 우선' 은행이라고 주장한다. 모바일 앱의 뛰어난 기능에는 스마트 알림, 즉각적인 잔액 업데이트 및 재무관리가 포함된다. 또한 직불카드 생산 및 개인화를 위해 타메스카드테크놀로지(Thames Card Technology)와 제휴한다.
영국	N26	N26은 스페인, 이탈리아, 그리스, 아일랜드, 슬로바키아 등 유럽 17개국에서 사업을 펼치고 있으며, 미국 진출도 계획하고 있다. N26은 실제로 2018년 영국시장에 진출한 독일 기반 모바일 챌린저 은행이다. 영국 고객은 개별 N26 계정 번호, 정렬 코드 및 마스터카드가 포함된 GBP 당좌 계정을 받는다. N26은 국경 간 송금에서 트랜스퍼와이즈(TransferWise)와 협력하며 라이신(Raisin)과 파트너십을 맺고 있다.
영국	레볼루트 (Revolut)	레볼루트는 2015년 중반에 시작된 결제 및 핀테크 스타트업으로 런던의 금융기술 인큐베이터에 있다. 선불 마스터카드 직불카드, 환전 및 P2P 결제가 포함된 모바일 머니 앱을 제공한다. 무료 당좌 계정(IBAN 포함)도 영국에서 사용할 수 있다. 대부분의 서비스는 무료이다.
영국	탄뎀 (Tandem)	탄뎀은 디지털 뱅킹 신생기업으로 2015년 11월에 라이선스를 발급받았다. 탄뎀은 직접적인 제품 판매보다는 사람들이 돈을 관리할 수 있도록 돕는 데 중점을 둔다. 그것의 계획은 당좌 계정, 신용카드, 저축 및 대출을 제공한다. 디지털 전달 채널 외에도 탄뎀은 고객 문의 및 더 복잡한 거래를 처리하기 위해 오프라인 콜센터를 갖게 된다.
독일	콘소뱅크 Consors Bank)	콘소(Consors)는 헬로뱅크(Hello Bank)의 독일 자매은행이다. 디지털 다이렉트 뱅크이며 BNP 파리바(Paribas)의 일부이다. 2013년 독일에서 출시되었으며 신용카드, 대출, 저축 및 보험과 같은 온라인 상품을 제공한다. 소비자 투자 및 온라인 거래의 유럽 중개인이자 파리바(Paribas)가 소유한 코탈콘소(CortalConsors)는 2013~2014년에 브랜드 이름이 변경된다. 그 후 콘소뱅크(Consors Bank)에 합병된다.

독일	피도르 (Fidor)	이 은행은 완전한 디지털 방식으로 뮌헨에 기반을 두고 2009년에 설립되었다. 전체 은행 라이선스를 보유하고 자체 개발 기술을 사용하며 다른 금융기관(예: 펜타뱅크(Penta Bank)에도 라이선스를 제공한다. 피도르뱅크(Fidor Bank)는 피도르솔루션(Fidor Solutions)이라는 자체 기술회사를 운영하고 있다.
독일	펜타(Penta)	펜타는 2016년에 설립되어 베를린에 기반을 둔 독일의 하이테크 스타트업 및 중소기업을 위한 디지털 은행 계좌이다. 2018년 초에 220만 유로의 시드 라운드를 유치했다. 2019년 4월 유럽 핀테크 생태계 핀립(Finleap)이 펜타를 인수했다.
스페인	2게더글로벌 (2Gether Global)	스페인에 기반을 둔 협업 뱅킹 플랫폼이며 본질적으로 앱이다. 2019년 1월에 오픈 베타를 시작했으며 은행이 아니라 플랫폼이라고 정의한다. 모델의 기반은 앱을 통해 획득할 수 있는 2GT토큰이다. 사용자는 서비스에 액세스하려면 최소 10유로 상당의 2GT를 보유해야 하며 기여한 만큼 보상을 받는다.
스페인	번크(Bunq)	네덜란드의 디지털 은행은 2015년에 본국에서 시작했으며 2018년에 스페인과 이탈리아로 확장을 발표했다. 2014년 9월 번크는 네덜란드 중앙은행(Dutch Central Bank)에서 공식 은행 허가를 취득했으며, 2015년 11월에 앱이 대중에게 공개되었다.
스페인	데니즌 (Denizen)	데니즌은 샌프란시스코에 기반을 두고 있으며 국외 거주자를 위한 최초의 진정한 글로벌 국경 없는 계정을 제공한다고 주장한다. 이를 통해 고객은 한 국가에서 돈을 받고 다른 국가에서 지불할 수 있다. 이 은행은 모바일뱅킹 전용으로 국제송금 수수료나 환전 수수료를 부과하지 않는다. 체크카드와 모바일 앱이 함께 제공된다.
스페인	이매진뱅크 (imaginBank)	스페인에서 가장 큰 은행 중 하나인 카이샤뱅크(CaixaBank)는 이 혁신적인 은행 아이디어를 내놓았고 2016년 초에 이매진뱅크(imaginBank)를 출시했다. 이것은 순수한 형태의 챌린저 은행이며 모바일 전용이다. 페이스북과 같은 소셜 미디어 플랫폼을 사용하여 고객과 연결한다. 이매진뱅크 당좌 계좌는 수수료가 없으며 고객이 개인 재정관리, 송금 및 P2P 결제를 할 수 있다. 또한 어떤 은행에 돈이 있는지에 관계없이 스페인의 모든 계좌로 무료 송금이 가능하다.
미국	알파뱅크 (Alpha Bank)	워싱턴 DC에 기반을 둔 이 은행은 중소기업에 서비스를 제공하는 것을 전문으로 하는 신생 은행이다. 회원들에게 풀스택 서비스를 제공하기 위해 자체 전세 및 FDIC보험을 획득하여 차별화된 서비스를 제공한다.

미국	아즐로(Azlo)	아즐로는 무료 온라인 비즈니스 뱅킹 서비스이다. 원래 샌프란시스코에서 2017년에 설립되었으며 프리랜서와 기업가에게 서비스를 제공하는 것을 전문으로 한다. 아즐로의 계정은 수수료나 최소 월 예치금이 필요 없는 국내 및 국경 간 은행 서비스를 제공한다. 주요 서비스로는 국내 및 해외 무제한 결제, 청구서 결제, 모바일 수표 입금 및 디지털 인보이스 발행이 있다. Azlo는 BBVA컴패스(Compass)에서 지원된다.
미국	엔벨(Envel)	매사추세츠에 기반을 두고 2016년에 설립된 엔벨은 디지털 제품을 통해 밀레니얼 세대를 주요 고객으로 삼는 신생기업이다. 미국에서 차별화되고 윤리적인 챌린저 은행이 되기 위해 노력하고 있으며, 고객의 재정 개선에 주력하고 있다. 엔벨은 세계 최초의 AI 기반 은행이다.
미국	주스트(Joust)	2017년에 설립되어 덴버에 기반을 둔 주스트는 프리랜서, 기업가 및 독립 계약자를 대상으로 하는 금융 앱을 도입하여 2019년 초에 챌린저 은행이 된다. 주스트 앱은 금융 서비스 툴킷 캠브르(Cambr)와 협력하여 개발된다. 이를 통해 사용자는 커뮤니티 은행에서 지원하는 무료 FDIC(Federal Deposit Insurance Corporation)보험 예금계좌를 개설할 수 있다. 또한 제품 및 서비스에 대한 신용카드 및 직불카드 결제를 처리할 수 있는 판매자 계정을 제공한다.

사례 연구 | 레볼루트(Revolut)

전 세계적으로 많은 챌린저 은행이 있다. 일부는 훌륭했고 일부는 폐업했다. 영국에 본사를 둔 은행인 레볼루트는 유럽을 강타한 은행 중 하나이며 유럽에서 가장 빠르게 성장하는 유니콘으로 불린다. 레볼루트의 핵심 제품은 해외 결제 시 최소한의 수수료를 청구하는 결제카드이다. 그 외에도 회사는 보험, 암호화폐 거래 및 당좌 계정과 같은 추가 금융 서비스를 제공한다. 모바일 앱은 120개 통화로 결제 및 ATM 인출을 지원하고 앱에서 직접 29개 통화로 결제를 지원한다.

2017년 10월, CEO인 니콜라이 스토론스키(Nikolay Storonsky)는 3억 5,000만 달러의 가치로 7,100만 달러를 모금했다. 2019년에 그 가치는 홍콩의 DST글로벌(DST Global)이 주도한 기록적인 2억 5,000만 달러의 자금조달 라운드에 이어 5배 증가한 17억 달러였다(Kharpal, 2018).

새로운 가치평가로 인해 레볼루트는 트렌스퍼와이즈(TransferWise)보다 더 가치가 있으며 유럽에서 가장 가치 있는 핀테크 유니콘 중 하나임을 자랑할 수 있다. CEO는 이렇게 짧은 기간에 높은 성공의 비결을 묻자 '열심히 일하기' 때문이라고 답했다(Bernard, 2018).

초기에는 무료 서비스를 제공하지만 추가기능에 대한 유료 옵션을 포함하는 프리미엄 비즈니스 모델로 운영된다. 2017년에 자금을 지원한 후 레볼루트는 유럽 전역의 200만 카드 소지자로 사용자 기반을 거의 두 배로 늘렸으며 N26 및 몬조(Monzo)와 같은 직접적인 경쟁자이다. 스토론스키(Storonsky)는 인터뷰에서 "이미 우리는 그들에 비해 4~5배 빠르게 성장하고 있다. 우리는 글로벌뱅킹 대안이지만 그들은 지역적이다"라고 말한다(Smith, 2018). 레볼루트의 전체 평점은 5점 만점에 4.3점이며 2023년까지 1억 명의 고객을 달성하는 것을 목표로 하고 있다.

2019년 2월 기준으로 이 회사는 400만 명이 넘는 사용자를 보유하고 있다고 주장한다. 그들은 가능한 한 많은 국가에서 사업 대출, 소매 대출, 거래, 투자 및 자산관리와 같은 금융 서비스를 제공하는 것을 목표로 한다. 2018년 12월, 레볼루트는 리투아니아 은행이 지원하는 유럽 중앙은행으로부터 전문 은행 라이선스를 확보했다(Bloomberg, 2018). 이는 레볼루트가 예금을 수락하고 소비자 신용을 제공할 권한이 있으며 투자 서비스를 제공할 권한이 있음을 의미한다.

사례 연구 | 아톰뱅크(Atom Bank)

오늘날 점점 더 많은 사람들이 빠르고 쉬운 방법으로 재정을 관리하는 것을 선호한다. 아톰뱅크는 2015년 6월 건전성 규제당국(Prudential Regulatory Authority)으로부터 은행 허가를 받은 영국 더럼(Durham)에 본사를 둔 챌린저 은행이다. 2017년 3월에는 스페인 대출기관인 BBVA, 펀드매니저 닐 우드포드(Neil Woodford) 및 토스카펀드(Toscafund)를 포함한 기관투자자로부터 2억 1,900만 파운드의 자본을 확보했다(Dunkley, 2017).

아톰뱅크는 스마트폰 전용으로 구축된 최초의 영국 은행이다. 즉, 애플스토어(Apple Store) 또는 구글플레이(Google Play)에서 사용할 수 있는 앱을 통해서만 액세스할 수 있다. 아톰뱅크는 고객이 자신의 개인 은행로고를 디자인하고 원하는 이름을 지정할 수 있기 때문에 개인적인 경험으로도 유명하다. 암호, 지문, 얼굴인식 또는 음성인식을 사용하여 아톰뱅크 앱에 로그인할 수 있다.

핀테크는 사람들의 생체정보를 활용해 본인 확인을 함으로써 금융 소비자에게 편의성을 제공할 뿐만 아니라 보안 수준을 향상시킨다. 아톰뱅크 고객은 전화를 걸거나 챗봇을 사용하여 지원팀의 즉각적인 도움을 받을 수 있다. 서비스 라인에는 중소기업에 대출을 제공하고 브로커를 통해 처음 주택 구입자에게 모기지를 제공하는 것이 포함된다. 아톰뱅크는 대중의 많은 관심을 받았다. 2016년 시범 운영 단계에서 40,000명이 넘는 잠재 사용자가 관심을 보였다(Dunkley, 2016).

사례 연구 | 앨더모어와 쇼브룩(Aldermore and Shawbrook)

앨더모어뱅크(Aldermore Bank)는 스스로를 '현대적이고 확장 가능하며 레거시가 없는 인프라로 운영되는 중소기업 중심은행'이라고 설명한다. 2009년에 설립된 이 은행은 빠르게 성장해 왔으며 현재 영국의 선도적인 대체 대출기관 중 하나이다. 2016년에만 2015년보다 34% 증가한 1억 3,300만 파운드의 세전 이익을 얻었다(Lu, 2017). 앨더모어는 2015년 3월 기업공개(IPO)를 시작했으며, 투자자에게 신주 판매를 통해 7,500만 파운드를 모금하였다. 런던 증권거래소에 상장되어 있고 FTSE250의 구성요소이며 영국에서 약 220,000명의 고객을 보유하고 있다.

정확한 고객 중심과 저비용 운영전략은 앨더모어의 빠른 성공의 두 가지 주요 요소이다. 주요 임무는 영국 중소기업, 주택 구매자 및 저축자에게 상업금융, 모기지 및 저축 서비스를 제공하는 것이다. 저축자로부터 예금을 유치한 다음 자산금융, 송장금융, 중소기업 상업모기지 및 주거모기지의 4가지 전문 분야에서 대출을 확장한다. 앨더모어는 진정한 챌린저 은행으로서 대부분의 서비스를 온라인, 전화 또는 지역사무소에서 직접 대면하여 제공한다. 중소기업을 위한 우수하고 친절한 서비스와 더 많은 신용이 두 가지 강력한 판매 포인트이다. 또한 앨더모어는 고객 중심의 혁신을 수행한다고 주장한다. 이를 증명하기 위해 고객은 은행의 간섭 없이 온라인으로 제품 및 서비스에 대한 의견을 게시할 수 있다.

앨더모어와 마찬가지로 쇼브룩뱅크(Shawbrook Bank)는 다양한 대출 및 저축 상품을 제공하여 영국 중소기업 및 개인의 재정적 필요를 충족시키기 위해 노력하고 있다. 대출부문은 상업 모기지, 자산금융, 기업신용, 담보대출 및 상업대출의 5개 부분으로 구성된다. 쇼브룩의 투자자들은 수년에 걸쳐 커머셜퍼스트(Commercial First), 링크론(Link Loans), 싱어즈자산파이낸스(Singers Asset Finance) 및 샌트릭커머셜파이낸스(Centric Commercial Finance)와 같은 다른 여러 금융회사를 인수하여 쇼브룩의 은행사업에 통합했다. 2015년 4월 쇼브룩은 런던 증권거래소에 상장하여 9,000만 파운드를 조달했으며 나중에 FTSE250지수에 편입되었다(Wighton, 2015). 영국 전역에서 60,000개 이상의 중소기업에 대출을 제공하여 중소기업 자금조달의 선두주자가 되었다(Roland and Armstrong, 2015).

챌린저 은행이 직면한 도전

모든 기업과 마찬가지로 챌린저 은행에도 고유한 과제가 있다. 첫 번째는 신뢰와 수용이다. 이것은 새로운 개념이고 사람들은 항상 은행 업무를 수행하는 방식에 익숙하기 때문에 이는 상당한 장애물이 될 수 있다. 그러나 수년에 걸쳐 거래 방식이 지폐에서 카드를 통한 현금 없는 방식으로 변화하고 있으므로 이러한 최신 변화를 수용할 수 있다. 게다가 챌린저 은행의 타깃 소비자들은 이미 그 아이디어에 공감하고 있는 것 같다.

극복해야 할 또 다른 장애물은 경쟁이다. 기존 오프라인 은행이 많이 있으며, 전 세계 모든 국가에는 사람들이 가장 많이 이용하는 은행이 있다. 그러나 일부 이용자는 필요한 경우 이 은행들과 챌린저 은행을 모두 기꺼이 이용한다. 많은 사람들은 챌린저 은행이 대형 은행에 자금을 조달할 수 있는 능력이 있다고 주장하고, 챌린저 은행이 위협적이지만 아직 갈 길이 멀다.

많은 사람들이 은행에 방문하여 문의사항을 의논하거나 처음으로 계좌를 개설할 수 있다는 생각에 안전함을 느낀다. 모바일뱅킹의 개념은 때때로 너무 억지스럽게 느껴질 수 있으며 앱을 사용하여 은행 거래를 수행한다는 생각은 여러 세대가 이전에 사용했던 기존의 은행을 이용하는 것보다 덜 신뢰할 수 있는 것처럼 보일 수 있다(Burnmark Research, 2016).

물론 많은 챌린저 은행은 오직 고객의 이익을 위해서만 운영한다는 전제를 가지고 있다. 결국 고객에게 더 나은 경험을 제공하는 것이 챌린저 은행의 핵심이다.

업계의 현재 동향과 미래

성장하고 성숙해진 업계에서 운이 엇갈리는 챌린저 은행이 되기에 흥미로운 시기이다. 통합은 의심할 여지없이 미래 성공의 열쇠이다.

챌린저 은행 업계는 지난 몇 년 동안 엄청난 기복을 겪었다. 업계는 여러 새로운 업체가 은행 라이선스를 취득하고 더 많은 경쟁에 참여하려는 열망을 보여주거나 발표하고 업계에 들어오는 새로운 자금에 대한 여러 발표와 함께 매우 긍정적인 태도를 유지하고 있다. 2016년까지 8억 5,000만 달러 이상의 자금이 챌린저 은행산업에 투입되었다. 그러다가 어쩔 수 없이 작은 문제들이 보이기 시작했다. 초기 챌린저 은행은 이익을 보는 데 너무 오랜 시간이 걸렸다. 메트로뱅크(Metro Bank)는 10년의 3/4 동안 운영된 후에야 첫 해의 이익을 기대했다. 또한 챌린저 은행이 그들의 높은 기대치를 충족시키는 데 실패했다.

업계는 또한 챌린저 은행의 존재와 미래를 위협하는 것처럼 보이는 문제를 보았다. 예를 들어, 그들 중 일부는 너무 많은 현금을 인출했을 때 고객에게 계정을 폐쇄하도록 요청해야 했고, 다른 일부는 자금이 계획대로 이루어지지 않아 라이선스를 잃었다. 몇 년 동안 아무런 이익도 없이 운영되었다면 이러한 실패는 거의 피할 수 없었을 것이다. 이 분야는 또한 지난 몇 년 동안 새로운 업체의 진입이라는 또 다른 방향 전환을 보았다. 이전에 결제 또는 대출과 같은 틈새 핀테크 부문에 초점을 맞추던 여러 핀테크회사가 챌린저가 될 계획을 발표했다.

스웨덴 핀테크회사인 클라나(Klarna)는 2017년 은행 라이선스를 받은 후 이 경쟁에 뛰어든 유럽 최대 핀테크회사이다. 한편, 은행 라이선스를 신청한 곳은 미국의 학자금 대출시장을 선점한 소파이(SoFi), 영국의 대출업체 조파(Zopa) 등 유명 핀테크기업이다. 트랜스퍼와이즈(TransferWise)는 기존 라이선스로 국경 없는 계정을 제공하기 시작할 계획을 발표했다. 이러한 관심은 분명히 업계가 성장하고 성숙해 왔으며 개념이 생긴 이후로 먼 길을 왔다는 신호이다. 이 혼잡한 분야에서 통합 및 추가 세분화의 필요성이 점점 더 중요해지고 있다.

또한 전 세계적으로 상당한 매력을 지닌 B2B 챌린저 은행 부문의 등장도 있었다. 여기에는 기존 또는 다른 챌린저 은행에 플랫폼으로서의 뱅킹 서비스를 제공하는 챌린저가 포함된다. 스탈링뱅크(Starling Bank)와 트랜스퍼와이즈(TransferWise), TD뱅크(Bank)와 모벤(Moven), WSFS Bank와 젠뱅스(ZenBanx)(나중에 소파이에 인수됨) 간에 이미 파트너십이 발표되어 챌린저 은행 간의 협력규모도 긍정적이다.

업계에서는 또한 틈새시장이 크게 부상하고 있으며 일부 은행은 중소기업, 프리랜서, 이민자, 난민, 학생과 같이 서비스가 취약한 부문을 타깃으로 삼고 있다. 이들은 일반적으로 기존 은행이 별로 관심을 두지 않았거나 수익성을 찾지 못한 부문이다.

결론

은행 부문은 서비스를 제공하고 개선함으로써 수년 동안 번창했다. 새로운 유형의 챌린저 은행이 업계를 완전히 지배하는 것은 어려울 것이다. 그러나 기존 은행 및 대리인에 대한 신뢰 감소는 기존 은행에서 신속하게 해결해야 하며 그렇지 않으면 점점 더 많은 고객이 챌린저 은행으로 전환할 수 있다. 급격한 변화는 예상되지 않지만 시간이 지남에 따라 밀레니얼 세대는 이 아이디어를 본격적인 방식으로 진행할 수 있다. 현재로서는 모바일 앱으로 기존 은행을 보는 것이 일반적이며 고객이 두 가지 옵션을 모두 사용할 수 있도록 하는 것이 양 당사자 모두에게 이익이 되는 방법인 것 같다. 현재로서는 전통적 은행과 챌린저 은행이 함께 갈 수 있지만 이것이 얼마나 오래 지속될지는 시간이 지나야 알 수 있다.

참고문헌

BBC News (2018) Banks close 2,900 branches in three years, says Which?, 15 June [online] https://www.bbc.co.uk/news/business-44483304 (archived at https://perma.cc/D4GP-EZ3D)

Bernard, Z (2018) The CEO of a banking start-up reveals how hard work and long hours spurred his company to a $1.7 billion valuation in less than 3 years, *Business Insider*, 26 April [online] https://www.businessinsider.com/revolut-ceo-nikolay-storonsky-hard-work-long-hours-led-to-billion-valuation-3-years-2018-4?r=US&IR=T (archived at https://perma.cc/W5PV-Y9G6)

Biz2Credit (2015) Small Business Lending Index, January 2015 [online] https://www.biz2credit.com/small-business-lending-index/january-2015 (archived at https://perma.cc/7HCY-K7ZD)

Bloomberg (2018) UK Fintech Revolut gets European banking license [online] https://www.bloomberg.com/news/articles/2018-12-13/u-k-fintech-revolut-gets-european-banking-license-via-lithuania (archived at https://perma.cc/T8HA-3HKH)

Burnmark (2016) Challenger Banking Report [online] https://www.burnmark.com/research/7 (archived at https://perma.cc/V7UX-4BLV)

Dunkley, E (2016) Atom Bank attracts early interest from mobile customers, FT.com, 14 September [online] https://www.ft.com/content/f86fbaac-7a73-11e6-b837-eb4b4333ee43 (archived at https://perma.cc/Y8W2-EC2Z)

Dunkley, E (2017) Atom Bank raises £83m from shareholders as it eyes expansion, FT.com, 3 March [online] https://www.ft.com/content/c075542e-fc09-3c27-bb98-7fe5f7d3df34 (archived at https://perma.cc/V3Z7-UKV8)

Finance Derivative (2019) 1 in 4 millennials and gen-zs are using challenger banks with monzo the most popular, 2 January [online] https://www.

financederivative.com/1-in-4-millennials-and-gen-zs-are-using-challenger-banks-with-monzo-the-most-popular/ (archived at https://perma.cc/3A3Q-WHQ7)

Kharpal, A (2018) Revolut becomes latest fintech unicorn after $250 million funding gives it a $1.7 billion valuation, *CNBC*, 26 April [online] https://www.cnbc.com/2018/04/26/revolut-raises-250-million-in-funding-at-1-point-7-billion-valuation.html (archived at https://perma.cc/7D3V-LJFN)

Lu, L (2017) Financial technology and challenger banks in the UK: gap fillers or real challengers?, *Journal of International Banking Law and Regulation*, 32 (7) pp 273-82

Pew Research (2018) World population growth is projected to nearly stop growing by the end of the century [online] https://www.pewresearch.org/fact-tank/2019/06/17/worlds-population-is-projected-to-nearly-stop-growing-by-the-end-of-the-century/ (archived at https://perma.cc/NA6T-7C2E)

Roland, D and Armstrong, A (2015) Challenger bank Shawbrook fetches £725m valuation on IPO, *Telegraph*, 1 April [online] https://www.telegraph.co.uk/finance/newsbysector/banksandfinance/11508186/Challenger-bank-Shawbrookfetches-725m-valuation-on-IPO.html (archived at https://perma.cc/7EP6-X7U4)

Smith, O (2018) How Nikolay Storonsky took Revolut from $350m to a $1.7bn valuation in just six months, *Forbes*, 26 April [online] https://www.forbes.com/sites/oliversmith/2018/04/26/how-nikolay-storonsky-took-revolut-from-350m-to-a-1-7bn-valuation-in-just-six-months/#34abe2b36aa3 (archived at https://perma.cc/C8VT-WN38)

The Economist (2018) The digital upstarts taking on Britain's dominant few banks, 15 February [online] https://www.economist.com/finance-and-economics/2018/02/15/the-digital-upstarts-taking-on-britains-dominant-few-banks (archived at https://perma.cc/9SB6-JG38)

US Census Bureau (2016) Millennials outnumber baby boomers and are far more diverse [online] https://www.census.gov/newsroom/press-releases/2015/cb15-113.html (archived at https://perma.cc/4SD6-RAPK)

Warner, J (2018) UK fintech companies continue to lead the way, *IG.com* 21 September https://www.ig.com/uk/news-and-trade-ideas/shares-news/uk-fintech-companies-continue-to-lead-the-way-180921 (archived at https://perma.cc/SCT6-4A6W)

Wiggers, K (2019) Pew: Smartphone penetration ranges from 24% in India to 95% in South Korea, *Venture Beat*, 5 February [online] https://venturebeat.com/2019/02/05/pew-south-korea-has-the-worlds-highest-smartphone-ownership-rate/ (archived at https://perma.cc/X6ES-YBLP)

Wighton, D (2015) U.K. bank Shawbrook plans IPO, *Wall Street Journal*, 12 March https://www.wsj.com/articles/u-k-bank-shawbrook-plans-ipo-1426148798 (archived at https://perma.cc/E6ZX-FD77)

Chapter

11

데이터 및 분석

Chapter

11 데이터 및 분석

빅데이터와 분석은 처음부터 잠재적으로 판도를 바꾸는 기술이라는 꼬리표를 붙인다. 일부 전문가들은 이를 '새로운 오일'이라고 부르기까지 한다(Adesina, 2018). 2010년과 2018년 사이에 기술혁명 이후 소매 및 위치 기반 서비스와 같은 부문에서 이러한 잠재력의 일부가 실현되는 것을 보았다. 그러나 우리는 분석이 사용되는 모든 산업 분야에서 포화점은 고사하고 완전한 채택까지는 여전히 상당한 거리가 있다. 기업이 계속해서 데이터 분석을 운영에 통합함에 따라 빅데이터의 혁신적인 잠재력을 더 많이 볼 수 있을 것으로 기대할 수 있다.

많은 요인들이 빅데이터로의 이동을 촉진하고 있다. 예를 들어, 데이터 저장비용은 최근 몇 년 동안 상당히 감소하여 기업이 폐기할 데이터를 보관할 수 있게 되었다. 또 다른 중요한 요소는 이제 대량의 데이터를 처리할 수 있는 컴퓨팅 기능이 있다는 것이다. 빅데이터 분석에 탁월한 기업은 빅데이터 분석을 전략에서 중요한 위치로 지정했으며 딥러닝 기능을 한 단계 끌어올릴 수 있는 전문 지식을 보유하고 있다. 빅데이터 및 분석의 가능성에 대해 많은 이야기가 있지만 이 기술의 어댑터는 수집된 데이터를 최대한 활용하는 데 여전히 어려움을 겪고 있다. 컴퓨터는 더 많은 데이터를 처리할 수 있지만 컴퓨터를 작동하는 사람들이 정교한 분석을 수행하고 그로부터 최대의 이익을 얻는 것이 항상 쉬운 것은 아니다.

또한 기업 부문에서 분석을 연구에 사용하는 기업이 늘어남에 따라 분석 사용의 경쟁우위가 감소하고 있다(Ransbotham, Kiron 및 Kirk Prentice, 2016). 경쟁우위를 확보하는 데 어려움을 겪는 주요 원인 중 하나는 기업이 빅데이터 기술을 사용하기 시작했고 더 많은 경험이 필요하기 때문이다. 일반적으로 기업은 데이터 캡처에 매우 능숙하지만 전략을 안내하고 데이터 통찰력을 전파하기 위해 통찰력을 사용하여 데이터를 통합하는 데는 그다지 효율적이지 않다.

시장 경향

빅데이터 및 분석으로의 전환에서 텐서플로우(Tensorflow) 및 아파치 스파크(Apache Spark)와 같은 오픈소스 머신러닝 플랫폼이 주도하고 있다. 관리 전문가의 44%는 향후 12개월 이내에 아파치(Apache)의 하둡(Hadoop)을 생산할 수 있을 것으로 예상하고 14%는 향후 24개월 이내에 생산에 들어갈 것으로 예상한다(Beall, 2016). 회사 내에서 하둡의 주요 용도는 데이터 탐색 및 데이터 웨어하우스 확장이다. 이 소프트웨어는 데이터 각색, 웹 및 센서 데이터와 같은 비전통적인 데이터 보관, 고급분석을 위한 샌드박스에도 사용된다. 다른 주요 플랫폼에는 사이킷런(scikit-learn), H2O, 머하웃(Mahout), 리페(Rhipe) 등이 있다.

인메모리 기술의 사용은 하드 드라이브 또는 솔리드 스테이트 드라이브 기반 스토리지보다 빠르기 때문에 인기 있는 개발이기도 하다. 또 다른 새로운 트렌드는 빅데이터 지능형 앱의 개발이다. 기업들은 머신러닝과 인공지능(AI)을 활용해 마케팅, 보안 등 다양한 기능을 위한 앱을 만들고 있다. 빅데이터 분석은 또한 엣지컴퓨팅의 사용을 증가시킨다.

클라우드가 아닌 사물인터넷(IoT) 기기와 가까운 곳에서 데이터 분석이 이루어지면 시스템이 더 빠르게 분석을 수행하고 컴퓨팅 비용을 절감할 수 있다. 데이터와 분석의 채택은 산업마다 다르다. 채택을 주도하는 산업에는 금융 서비스, 통신, 광고 및 의료가 포함되지만 이 기술은 아직 교육 및 제조 부문에서 동일한 인기를 얻지 못하고 있다. 기업 내에서 R&D 및 비즈니스 인텔리전스 부서는 빅데이터 사용을 주도하고 있다(Henke et al, 2016).

빅데이터의 주요 용도도 산업별로 다르다. 예를 들어, 금융 서비스 부문에서는 사기 탐지, 클릭스트림 분석 및 고객분석에 주로 사용한다. 보험 부문에서는 이를 예측, 사기 탐지 및 공급망에 사용하고 있다. 광고 부문에서는 데이터웨어하우징 및 클릭스트림 분석에 사용하고 있다. 마찬가지로 플랫폼 선택도 산업마다 다르다. 예를 들어, 사이킷런(scikit-learn)은 금융 서비스산업에서, 아파치(Apache)는 보험산업에서, 리페(Rhipe)는 정부 부문에서 널리 사용된다(Henke et al, 2016).

빅데이터 분석의 파괴적 특성

자산 측면에서 데이터는 지식과 동일한 이점을 제공한다. 예를 들어, 동일한 데이터를 여러 사용자가 동시에 사용할 수 있기 때문이다. 데이터 시장이 증가함에 따라 더 많은 기업이 경쟁우위를 확보하는 데 도움이 되는 특정 정보를 찾고 있다. 빅데이터의 파괴적 특성은 운송산업에서 하이퍼스케일 실시간 매칭과 같은 기술과 함께 이미 전면에 나오기 시작한다. 보고서에 따르면 우버(Uber) 및 리프트(Lyft)와 같은 서비스는 자동차 구매 감소, 연료 절약 및 주차오염 감소로 이어질 것으로 예상된다. 모빌리티 서비스를 사용하면 평균적인 글로벌 소비자가 연간 약 2,000달러를 절약할 수 있다(Henke et al, 2016).

빅데이터가 중대한 혼란을 야기할 수 있는 또 다른 영역은 정보의 개인화이다. 예를 들어, 의료 부문의 고도로 개인화된 정보는 GDP의 2.2%에 해당하는 연간 1인당 의료비용을 600달러 줄이는 데 도움이 될 수 있다(Henke et al, 2016). 소매 금융 부문도 빅데이터를 사용할 수 있는 엄청난 잠재력이 있다. 데이터 기반 변환은 4,000억~6,000억 달러의 경제적 영향을 미칠 수 있다. 은행은 상품교차 판매 및 상향 판매, 개선된 위험평가 및 인수, 서비스용량 최적화, 자동 지원기능 등을 통해 랜드마크를 달성할 수 있다(Henke et al, 2016).

머신러닝

머신러닝(Machine Learning)을 통해 시스템은 데이터 형태의 예제와 경험에서 직접 학습할 수 있다. IBM의 왓슨(Watson)이 2011년 조파디(Jeopardy)에서 두 명의 인간 경쟁자를 이기고, 구글의 알파고(AlphaGo)가 2016년 Go에서 세계챔피언을 꺾은 것에 이르기까지 최근 머신러닝 및 AI의 발전은 미래를 엿볼 수 있게 해주었다.

머신러닝은 지도학습, 비지도학습, 반지도학습 및 강화학습의 네 가지 범주로 나눌 수 있다. 지도학습은 음성인식을 비롯한 광범위한 머신러닝 애플리케이션에서 다양한 사용 사례를 가지고 있다. 비지도학습은 시장조사, 클러스터링 등에 사용된다. 반지도학습은 지도학습과 비지도학습의 조합으로 일반적으로 자기훈련에 사용된다. 강화학습은 금융에서 투자결정 및 재고관리에 사용된다.

머신러닝의 특히 흥미로운 측면은 다른 유형의 분석과 결합할 때의 잠재력이다. 예를 들어, 학습 네트워크와 압축분석을 결합하면 데이터의 새로운 경향을 발견할 수 있다. 유사하게 병합기술을 사용하여 기존 신경망을 훈련하면 데이터의 초개인화(hyper-personalization)가 가능하다.

머신러닝 적용

기업이 성과를 이해하고 잠재적으로 개선하기 위해 머신러닝을 사용하는 수많은 예가 있으며, 한 가지 예는 마케팅이다. 스카이(Sky)와 같은 브랜드는 고객응답 가능성을 추정하고 전송시간을 최적화하는 어도비(Adobe)의 센사이(Sensai) 플랫폼을 사용하고 있다. 이 기술을 통해 스카이는 고객의 개별 선호도에 따라 권장사항을 제공할 수 있다(Gilliland, 2019).

또 다른 예로는 글락소스미스클라인(GSK: Glaxo Smith Kline)이 언어 및 텍스트분석을 사용하여 예방접종에 대한 부모의 우려사항을 파악하는 것이다. 연구에서 얻은 정보를 사용하여 GSK는 유아예방 접종의 중요성을 설명하는 정보 콘텐츠를 만든다(Fagella, 2017).

다른 예로는 대형 브랜드와 스포츠웨어시장에서 경쟁하는 터키 전자상거래 플랫폼인 트렌디욜(Trendyol)이 있다. 트렌디욜은 캠페인을 개인화하고 클릭률과 전환율을 높이기 위해 라이브클리커(Liveclicker) 서비스를 사용한다(Gilliland, 2019).

빅데이터 분석과 마찬가지로 소셜 미디어 참여도 최근 몇년 동안 많은 중요성을 얻었다. 고객 데이터에 대한 통찰력을 얻기 위해 인기 있는 CRM 플랫폼 젠데스크(Zendesk)는 마리아나IQ(MarianaIQ)의 소셜 미디어 관리 플랫폼을 사용한다(Fagella, 2017).

금융 부문에서는 현재 여러 머신러닝기술이 사용되고 있다. 예를 들어, 온라인 회계 소프트웨어 제공업체 애로우(Arrow)는 2018년 5월에 고객에게 10억 개 이상의 추천을 했다고 발표했다. 여기에는 7억 5,000만 개의 송장 및 청구서 코드 권장사항과 2억 5,000만 개의 은행조정 권장사항이 포함된다. 소프트웨어는 학습한 내용을 기반으로 비즈니스 코드항목 및 자동채우기 방법을 학습한다. 단 4가지 예(ACCA, 2019)만으로 트랜잭션의 80%를 코딩할 수 있다.

위험평가 및 사기 탐지는 머신러닝이 훌륭한 응용 프로그램을 가지고 있는 또 다른 영역이다. 알고리즘은 심층조사를 정당화하는 특성을 식별한다. CAG는 인도 정부가 자금을 지원하는 조직의 수입과 지출을 감사하는 독립기관이다. 그들은 특정 회사가 사기를 칠 위험을 예측하기 위해 기계 알고리즘을 훈련시키는 연구를 수행했다. 최고 성능의 알고리즘은 93%의 정확도로 의심스러운 기업을 식별할 수 있다(ACCA, 2019).

또 다른 예로는 대기업 사기에 대한 보컬링크(Vocalink)의 분석도구를 사용하여 머신러닝을 사용하여 700만 파운드의 허위지불을 방지할 수 있었던 대형 영국 은행 내트웨스트(NatWest)가 있다. 이 소프트웨어는 기업이 비용을 지불할 때 남겨진 행동 서명을 분석하고 서명을 과거 사기와 비교한다. 이는 의심되는 사건을 식별하고 표시하는 데 도움이 된다(Fixter, 2018).

데이터 분석의 비할 데 없는 잠재력과 함께 고려해야 할 몇 가지 제한사항도 있다. 문제의 맥락을 이해하는 시스템을 개발하는 데에는 여전히 어려움이 있다. 따라서 여전히 인간의 개입이 필요하다. 상황에 따라 부적절한 시스템이 사람의 개입이 필요한 환경에 적용되면 알고리즘이 심각한 손상을 일으킬 수 있다. 물론 또 다른 문제는 많은 양의 데이터를 처리하는 데 필요한 시간과 리소스이다.

사기 탐지 및 보안의 또 다른 방법은 생체인식 사용자인증이다. 졸로즈(ZOLOZ)와 같은 회사는 생체인식으로 작업을 보호하는 머신러닝 기반 광학인식기술을 제공한다. 이 소프트웨어는 예를 들어 눈의 흰 부분에 있는 정맥으로 사용자를 식별한다(RubyGarage, 2018).

많은 기존 은행이 이미 AI를 환경에 통합했다. JP모건체이스는 법률 문서를 분석하여 데이터 포인트와 조항을 기록하는 콘트랙트 인텔리전스(COiN: Contract Intelligence) 플랫폼을 도입했다. 이 회사는 또한 직원 기술 서비스 요청을 대상으로 하는 자연어 인터페이스를 통합하는 가상비서를 제공할 예정이다(JPMorgan Chase, 2016).

뱅크오브아메리카(Bank of America)는 이미 에릭카(Erica)라는 지능형 가상비서를 출시했다. 챗봇은 '예측분석 및 인지 메시징'을 사용하여 은행의 대규모 고객 기반을 지원한다(Taylor, 2016).

머신러닝에 대한 여론

대중 사이에서 머신러닝에 대해 수행된 가장 흥미로운 연구 중 하나는 2018년 6월 비국 성인 2,000명을 대상으로 미국 인공지능(AI) 거버넌스 센터(2019)에서 수행한 것이다. 설문조사에 따르면 41%의 사람들이 인공지능 개발을 어느 정도 지지하거나 강력하게 지지하는 반면, 22%는 어느 정도 또는 강력하게 반대한다. 인구통계도 설문조사 결과에 영향을 미쳤다. 예를 들어, 연간 가구소득이 100,000달러 이상인 참가자의 59%가 지원을 받는 반면, 연간 소득이 30,000달러 미만인 참가자는 33%가 지원하지 않는다.

교육 및 컴퓨터과학 또는 프로그래밍과의 연결 의미도 있다. 대졸자 중 57%가 인공지능 개발을 지지한다. 컴퓨터공학이나 프로그래밍 경험이 있는 사람들 중 58%가 찬성한다. 가장 압도적인 결과는 로봇공학과 인공지능 관리였으며 82%는 기술을 신중하게 관리해야 한다고 말한다. 성별분포 측면에서 남성의 47%, 여성의 35%가 인공지능 개발을 지지했다.

데이터 프라이버시는 머신러닝과 관련하여 많이 거론되는 사회적 관심사이다. 현재 데이터 레이블의 우려 사항 중 하나는 머신러닝으로 인해 더 이상 정확하지 않을 수 있다는 것이다. 예를 들어, 사적인 것으로 간주되지 않는 데이터는 사용자에 대한 사적인 정보를 간접적으로 드러내는 데 사용될 수 있다. 연구에 따르면 어떤 사람의 페이스북 '좋아요'와 같은 공개정보를 사용하여 그 사람의 민족, 종교적 견해, 성적 취향 등을 예측할 수 있다(The Royal Society, 2017).

또 다른 우려는 알고리즘이 일반적으로 사회에서 허용되지 않는 속성을 사용하여 사람들을 프로파일링하기 시작할 수 있다는 것이다. 머신러닝은 고용에도 영향을 미칠 것으로 예상된다. 머신러닝이 어느 정도 영향을 미칠지는 아직 논란의 여지가 있다. 일부 부문은 완전자동화가 이루어지는 것을 볼 수 있지만 대부분은 작업 내 일부 작업이 자동화되는 것을 볼 수 있다.

자연어처리(NLP)

기업 및 신생기업을 위한 구현 요구사항을 설계할 때 빅데이터를 최대한 활용하는 방법을 전략화하는 것이 성공의 핵심 요소이다. 빅데이터 분석에는 다양한 접근 방식이 있지만 최근 몇 년 동안 인공지능의 성공적인 기술 발전에 따라 자연어처리(NLP: Natural Language Processing)는 기업이 빅데이터와 관련된 문제를 관리하는 데 도움이 되는 중요한 도구가 된다.

인터넷 및 클라우드 관련 비즈니스 관행의 성장으로 인해 끊임없는 데이터 홍수가 발생한다. 많은 기업들이 이 데이터를 방대한 데이터 저장소나 분리되고 오래된 데이터 사일로(silo)에 수집하고 저장한다. 그러나 기업이 어떻게 데이터를 분류하고 가치를 창출할 수 있을까? 이처럼 방대한 양의 다양한 데이터에 인공지능 플랫폼을 적용하면 기업의 전략에 가치를 더할 수 있다.

불행히도 이러한 지속적인 데이터 입력은 매우 다양하고 많은 양의 빅데이터 세트를 수반한다. 또한 특정 종류의 빅데이터(예: 의료 또는 소비재산업의 고객 피드백 및 소셜 미디어와 관련된 데이터)는 '자연어' 형식, 즉 우리가 현실에서 서로 의사소통하는 데 사용하는 언어 유형의 텍스트로 제공된다.

과거에는 이러한 종류의 빅데이터에 분석을 적용하는 것이 기술적 처리

능력의 한계에 부딪혔지만, 이제는 자연어 빅데이터를 마이닝하는 솔루션인 텍스트 분석도구인 자연어처리의 새로운 트렌드로 상황이 훨씬 더 흥미롭게 보인다. 자연어처리는 새로운 트렌드와 새로운 기회에 대한 통찰력을 부여할 것이다. 이러한 유형의 텍스트 데이터에서 가치를 창출하려면 깊은 수준에서 언어를 이해하고 생성할 수 있는 복잡한 프로세스가 필요하다.

자연어처리(NLP) 모델은 데이터에서 말하는 내용을 이해할 뿐만 아니라 응답할 수 있어야 한다. NLP에 내장된 알고리즘은 실제 사람의 말과 구별할 수 없는 언어를 자동으로 분석하고 생성하도록 설계된다. 이를 통해 NLP 플랫폼은 번역, 쿼리응답, 패러프레이징(알기 쉽게 말을 바꾸어하기), 추론 및 대화, 생성과 같은 심층적 목적에 활용될 수 있다.

NLP는 텍스트 기반 빅데이터의 추세와 패턴을 해독하는 데에도 유용함이 입증되었으며, 질의응답을 넘어 파급력이 있는 결과를 가져오고, 이는 특히 의료 부문에서 더욱 그렇다. NLP는 새로운 것은 아니지만 신경 기반 모델이 온라인에 도입되고 실제 비즈니스 데이터 분석에 사용되는 결과를 내기 시작하였다.

결과적으로 NLP 및 머신러닝 방법론은 이제 빅데이터 관련자와 협력하는 회사에서 점점 더 많이 활용되고 있다. NLP는 데이터의 의미와 언어적 표시를 검사하고 통계와 머신러닝의 조합을 통해 기업이 정보를 사용 가능하고 중요한 데이터로 분류할 수 있도록 한다. 일련의 단어와 키워드에 의존하는 이전의 분석과 달리 NLP는 텍스트의 의도를 면밀히 해독할 수 있다.

자연어처리의 경향

자연어처리(NLP)의 새로운 경향은 순환신경망 또는 합성곱 신경망(CNN: Convolutional Neural Network)이 해석의 성능과 미묘함을 모두 개선함에 따라 서투르고 느린 모델이 점점 더 인상적이 된다. NLP가 계속 발전함에 따라 그들의 언어 모델링이 보조를 맞출 것이며 곧 복잡한 인간 행동이 이를 벗어나지 않을 것이다.

대규모 입력(고객 피드백, 판매 및 스포츠에 대한 아카이브 정보 등)을 처리하는 비즈니스 부문에서 NLP를 사용하면 회사관리 및 전략의 모든 수준에서 의사결정에 영향을 미칠 효과적인 예측, 실시간 또는 과거 데이터를 제공할 수 있다. 또한 데이터를 소화 가능한 청크(chunks)로 정렬하는 NLP의 기능은 통찰력을 제공하고 데이터 처리를 개선한다. 트렌드는 사람의 평가보다 NLP에 의해 더 정확하게 식별될 수 있다. 물론 분석 및 데이터 응용 프로그램에 대한 강력한 기반을 갖춘 회사는 이러한 NLP를 적용하는 과정이 상당히 빠르다는 것을 알게 될 것이다.

그러나 이러한 분석 경험이 없으면 AI 구현이 성공하거나 실패할 수 있다. NLP는 온라인뱅킹, 자동번역 및 소매 셀프 서비스와 같이 유연한 기능과 매력적인 상호작용이 필요한 영역에서 가치를 제공한다. 메모리가 NLP 네트워크와 결합되면 응답 메커니즘이 더 풍부해지고 현실적이다. NLP에서 관리하는 B2C 상호작용은 이제 인공지능 구현으로 고객관리 통화에 응답할 수 있음을 의미한다. NLP는 또한 특정 인구통계 또는 위치의 감정과 태도를 결정할 수 있다. NLP는 소셜 미디어 분석 속도를 늦추는 키워드 검색을 대체할 수 있으며 주제에 대한 쿼리를 빠르고 정확하게 평가하여 성공적인 소셜 미디어 관리의 핵심 트렌드를 명확히 할 수 있다.

자연어처리의 미래

자연어처리(NLP)기술은 계속 발전해 왔으며 NLP의 새로운 돌파구는 놀라운 가능성을 보여준다. 그러나 기술은 현지화에 필요한 비용과 시간보다 사용 편의성이 더 큰 수준이 아니다. 단어 임베딩(embedding)은 공통분류의 핵심으로 남아 있다. NPL의 텍스트이지만 제한사항이 있다. 일부 NLP 모델은 매우 미묘하게 단어 임베딩을 이해하도록 훈련하는 데 어려움이 있으며 계속해서 대규모 데이터 세트에 대한 훈련이 필요하다. NLP 및 기타 AI의 가장 큰 문제는 기능을 훈련하고 특정 도메인 관련 단어를 처리하는 방법을 보여주는 데 필요한 시간이다.

순환 신경망은 시간과 순서가 가장 중요할 때 데이터 처리속도를 높이는 데 큰 가능성을 보여준다. 단어 임베딩기능이 증가하고 단어당 벡터 수가 증가할 수 있다. 이는 NLP를 특정 도메인 데이터에 맞세 소정하는 데 중요하다. 교육시간을 단축하고 구현을 가속화할 수 있다. NLP에서 트랜스포머 아키텍처 사용은 최근 몇 년 동안 가장 흥미로운 발전 중 하나이다. 이는 네트워크가 더 긴 텍스트 시퀀스를 학습하고 병렬 입력 시스템으로 교육속도를 높일 수 있기 때문이다.

이는 2019년에 개선될 것으로 보이며 NLP의 유연성을 크게 향상시킬 것이다. 또한 NLP가 사용할 수 있는 데이터 유형도 증가한다. 다가오는 추세는 또한 모델 교육에 대한 새로운 접근 방식과 데이터 입력을 늘리는 기능에 초점을 맞추고 있으며, 결국 일종의 플러그앤플레이 버전의 NLP로 이어져 모든 기업에서 모델 간 전환을 쉽게 할 수 있다. 회사가 이미 교육된 모델을 신속하게 획득한 다음 용도에 맞게 교육할 수 있다면 더 빠르게 구현하고 비용을 절감할 수 있다.

또한 응용 프로그램의 새로운 경향은 모델을 기존 선형 접근 방식에서 자유롭게 하는 광범위한 학습기능(BERT)에 중점을 둔다. 그 결과 챗봇은 거의 인간 수준에서 작동할 수 있다. 더 적은 양의 데이터로 미세 조정이 가능하여 기업의 교육시간을 줄이고 유용성을 높일 수 있다. '제로샷 러닝(zero shot learning)'은 기업이 관련 없는 작업을 해결할 수 있는 광범위한 경험을 제공하여 새롭고 더 강력한 모델을 교육할 수 있는 또 다른 흥미로운 방향이다.

기본적으로 모델이 수신하는 데이터가 많을수록 특별히 훈련을 받지 않고도 수행할 수 있는 작업이 늘어난다. 이를 통해 이러한 모델을 점점 더 다양하게 적용할 수 있다. 이 깊은 사고는 자율 머신러닝에 영향을 미치며 전반적으로 NLP 성능을 향상시킬 것이다. 이 분야의 흥미로운 성장에도 불구하고 기억해야 할 한 가지 주의사항은 잠재적인 부정적인 영향, 특히 AI 자기인식 및 사기방지의 윤리적 문제를 놓칠 수 있다는 것이다. 개인정보 보호 및 규제법률도 이 데이터의 사용에 영향을 미치므로 처리속도와 적용 가능성이 계속해서 높아지더라도 잊어서는 안 된다.

머신러닝과 블록체인

현재 시스템은 대부분 CPU 기반 컴퓨터의 컴퓨팅 성능을 기반으로 한다. AI에 대한 수요가 증가하고 데이터의 양이 많아짐에 따라 기업은 CPU 기반 시스템에 대한 대안이 필요하게 될 것이다. 그러한 대안 중 하나는 GPU 기반 컴퓨팅이다. GPU 기반 시스템은 더 많은 저장용량을 가지며 더 많은 명령 스레드를 실행할 수도 있다. 블록체인기술은 머신러닝 시스템을 잉여 전력으로 GPU 컴퓨터에 연결할 수 있다. 현재 연구원들은 컴퓨팅 리소스를 기꺼이 공유하고자 하는 사람들을 컴퓨팅 파워 구매자와 연결하는 프로젝트를 진행하고 있다. 블록체인 기반 기술의 또 다른 주목할 만한 측면은 우수한 AI 구현에 필요한 프라이버시와 투명성을 제공한다는 것이다.

머신러닝 및 인수

현재 방대한 양의 데이터를 보유한 대기업이 알고리즘을 교육하는 데 인수(underwriting) 자동화가 가능하다. 스토리지 비용이 지속적으로 감소하고 데이터 분석에 대한 전문성이 향상됨에 따라 모든 규모와 예산의 기업에서 인수 자동화가 보편화될 수 있다.

머신러닝 및 알고리즘 거래

머신러닝은 현대의 고주파 거래에서 중요한 역할을 하고 있다. 나노초의 대기시간을 갖는 시스템은 거래자에게 다른 접근 방식을 사용하는 경쟁자보다 우위를 제공한다.

머신러닝 및 IoT

사물인터넷(IoT) 센서로 머신러닝을 구현하는 것도 인기를 얻고 있다. 지멘스(Siemens)의 'Internet of Trains' 프로젝트는 예측 유지관리를 위해 머신러닝과 IoT를 결합한다. 이 프로젝트는 선로와 기차에서 결함을 발견하는 통찰력을 사용하여 유지보수 서비스가 목표된 방식으로 수행될 수 있도록 하기 위해 설계되었다.

머신러닝 및 로봇프로세스 자동화

로봇 프로세스 자동화(robotic process automation)는 2025년까지 30억 달러 이상의 가치가 있을 것으로 예상된다(Joshi, 2019). 로봇 자동화는 사람의 실수를 방지하는 데 도움이 되지만 규칙에 대한 종속성으로 인해 몇 가지 제한사항이 있다. 이러한 제한은 지능형 프로세스 자동화로 제거할 수 있다. 머신러닝을 통해 로봇은 패턴을 감지하고 감상적인 방향을 처리할 수 있다.

머신러닝과 로보어드바이저

로보어드바이저(robo-advisory)라는 용어는 지난 몇 년 동안 보편화되었다. 알고리즘 기반 시스템을 통해 디지털 자산관리회사는 거래 장애물을 제거하고 진입장벽을 낮출 수 있다. ETF(Exchange Traded Funds)는 미국 및 기타 서방 국가에서 인기가 있다. 게다가 미국 고객들은 과거보다 디지털 조언을 더 신뢰하고 있다. 디지털기술의 가용성과 개인화의 필요성은 모든 연령대의 고객이 특정 요구사항에 맞는 액세스 및 서비스를 요구하도록 촉구한다. 향후 몇 년 동안 세계의 금융 환경을 형성할 것으로 예상되는 몇 가지 틈새 투자자 부문이 있다.

주요 변화 중 하나는 1920년대와 1930년대에 태어난 투자자들로부터 세대 간 부의 수혜자가 된 베이비붐 세대와 함께 한 세대에서 다른 세대로 부의 이전이다. 2031년에서 2045년 사이에 미국 전체 부의 10%가 베이비붐 세대에서 다음 세대로 이동할 것으로 예상된다(Burnmark, 2017). 여성은 또한 향후 몇 년 동안 재정 환경의 더 큰 부분을 차지할 것으로 예상된다.

CFA연구소는 향후 5년 동안 전 세계적으로 여성의 소득이 5조 달러 증가할 것으로 추정한다(Burnmark, 2017). 여러 로보어드바이저가 여성 투자자를 돕기 위해 노력하고 있다. 예를 들어, 싱가포르에 본사를 둔 미스카야(Miss Kaya)는 여성을 위한 자금관리를 '간소화하고 신비화하지 않는' 것을 목표로 하고 있으며 엘레베스트(Ellevest)라는 여성을 위한 디지털 투자 플랫폼은 1,000만 달러의 자금을 조달했다(Burnmark, 2017).

미국 내 외국인 이민자들도 큰 시장 부문을 대표한다. 약 1,160만 명의 이민자가 학사학위 이상을 가지고 있다. 이 이민자들은 2~3조 달러의 투자를 나타낸다. 전 세계 800만 명의 미국 국외 거주자는 5,000억 달러에서 1조 달러의 자산시장을 형성한다(Burnmark, 2017). 부의 손이 바뀌는 것 외에도 소비행동에도 변화가 있다. 투자자들 사이에서 디지털 채널의 수용 가능성과 함께 신흥 밀레니얼 세대는 디지털 조언이 더 보편화하는 데 일조하고 있다.

디지털 어드바이저 분야 및 성장

로보어드바이저(Robo-advisory)회사는 많은 분야에서 운영되고 있으며 일부에서는 다른 분야를 능가하고 판도를 바꿀 수 있는 잠재력을 가지고 있다. 이러한 부문에는 웰스심플(Wealthsimple) 및 그로우(Grow)와 같은 사회적 책임투자자, 넛맥(Nutmeg) 및 웰스프론트(Wealthfront)와 같은 세금 계획 솔루션, 뱀부(Bambu) 및 젬스텝(Jemstep)과 같은 화이트 라벨 솔루션 등이 포함된다. 로보어드바이저가 더 많은 업무를 수행해야 하는 사람 및 부문은 전통적인 자산관리에 익숙한 고액자산가(HNW: High-Net-Value), 퇴직 부문 및 여성이다. 이 부문에서 운영되는 회사로는 젠 자산(Zen Assets)(HNW), 미스카야(Miss Kaya)(여성) 및 넥스트 캐피탈(Next Capital)(퇴직 솔루션)이 있다.

디지털 어드바이저의 성장

미국에서 상위 10대 로봇자산 관리자는 지난 5년 동안 100% 이상의 연평균성장률을 기록했다. 유럽에서는 5명의 어드바이저가 1억 유로의 이정표에 도달했다. 2016년에 17조 5,000억 달러 증가한 부의 60%가 아시아 태평양 지역에서 발생했기 때문에 신흥시장도 이 부문을 주도하는 데 중요한 역할을 할 것이다. 미국에는 200개 이상의 로보어드바이저가 있고 유럽에는 70개 이상, 중국과 인도에는 각각 20개와 19개가 있다(Burnmark, 2017).

디지털 어드바이저 모델

사람의 개입 없이 포트폴리오 관리 서비스를 제공하는 D2C(소비자에게 직접) 어드바이저 온라인 플랫폼을 포함하여 여러 어드바이저 모델이 현재 사용 중이다. 기존 어드바이저가 디지털 솔루션을 사용할 수 있도록 하는 화이트라벨 플랫폼 솔루션과 능동적으로 관리되는 포트폴리오와 컴퓨터 솔루션을 포함하여 기존 서비스를 사용하는 솔루션인 하이브리드 어드바이저 등 B2B 어드바이저가 있다.

선도적인 로보어드바이저

미국에서 가장 많이 사용되는 모델은 D2C이다. 베터먼트(Betterment)가 73억 달러의 운용자산(AUM: Asset Under Management)으로 선두를 달리고 있으며 웰스프론트(Wealthfront)가 51억 달러로 그 뒤를 이었다. 하이브리드 어드바이저는 운용자산이 470억 달러인 뱅가드(Vanguard)가 이끌고 있다. 영국에는 7억 달러의 운용자산을 보유한 D2C 넛맥(Nutmeg)이 이끄는 18명의 로보어드바이저가 있다. 호라이즌(Horizon)과 같은 회사는 12.50파운드부터 시작하는 로보어드바이저를 제공하며 초기 투자비용은 1,000파운드에 불과하다. 일본에는 14개의 로보어드바이저가 있다.

뱀부(Bambu)는 아시아에 B2B 로보어드바이저를 두고 있으며 타이거스파이크(Tigerspike), 톰슨로이터(Thomson Reuters) 등과 파트너십을 맺었다. 크로스브리지캐피탈(Crossbridge Capital)은 뱀부와 제휴하여 싱가포르에 대한 하이브리드 어드바이저를 시작했다. 호주에는 스탁스폿(Stockspot) 및 이그니션다이렉트(Ignition Direct)를 포함하여 8개의 로보어드바이저가 있으며 그중 6개는 D2C이다. 맥쿼리뱅크(Macquarie Bank)와 벳스마트즈(Bet Smartz)는 각각 하이브리드 및 B2B 모델을 가지고 있다(Burnmark, 2017).

디지털 어드바이저에서 챗봇 사용

챗봇은 고객의 일반적인 질문에 도움을 주는 AI 기반 도구이다. 최근 고객조사에 따르면 고객의 33%가 연락 서비스의 품질과 응답성에 만족하지 않는다. 이 연구는 또한 낮은 서비스 품질로 인해 고객의 70% 이상이 투자에 대해 로봇 지원을 수락했다고 언급했다(Burnmark, 2017). 대부분의 은행은 고객 서비스를 위해 챗봇을 구현한다. 은행과의 상호작용에서 고객의 주요 관심사는 속도와 편의성이며 챗봇은 질문에 대한 빠른 응답을 제공할 수 있다. 또한 젊은 사람들은 특히 표준 요청에 대해 챗봇을 선호한다. 그러나 자산관리 고객의 64%는 비재무적 조언도 요청한다(Burnmark, 2017). 이 또한 중요하며 현재 챗봇이 제공할 수 없는 비즈니스 측면이다. 현재 B2B는 개발자의 초점이지만 폴리포트폴리오(Poly Portfolio)와 같은 다른 디지털 플랫폼에는 개인 투자자를 위한 챗봇이 있다.

온라인 브로커의 로보어드바이저 서비스

많은 온라인 중개인이 서비스에 로보어드바이저를 포함한다. AUM이 280억 달러인 TD 아메리트레이드(TD Ameritrade)는 엣센셜포트폴리오(Essential Portfolios)라는 로보어드바이저 서비스를 출시했다. 모티프 인베스팅(Motif Investing)은 고객이 특정 테마에 따라 투자할 수 있는 어드바이저를 출시했다. 유럽에서 삭소뱅크(Saxo Bank)는 블랙록(BlackRock)과 제휴하여 개인 투자자를 위한 본격적인 디지털 투자 솔루션을 출시했다. 대형 온라인 브로커 이트레이드(E*trade)는 어댑티브 포트폴리오(Adaptive Portfolio)라는 어드바이저를 도입했다. 이토로(eToro)와 같은 할인 서비스를 통해 사용자는 사회적 투자기능의 혜택을 누릴 수 있다(Burnmark, 2017).

B2B 로봇 자문 사례 연구 | 블랙록(BLACKROCK)

2008년 금융위기 이후 자산운용업계는 변혁의 시험에 직면한다.[01] 디지털혁신과 '가격 대비 가치'는 수익성 있는 성장을 추구하는 투자관리자에게 가장 큰 과제를 안겨준 핵심 동인이다. 진화하는 소비자 기대와 경쟁이 치열한 시장은 전통적으로 관리되던 자산관리회사에 새로운 요구를 제기한다.

로보어드바이저가 시장에 진입하면서 가치사슬의 모든 측면에 걸친 디지털화가 트렌드[02]가 되었다. 투자관리 측면에서 클라이언트당 약 1,000달러[03]에 달하는 높은 취득비용과 정교한 알고리즘을 활용하는 자동화된 플랫폼의 증가하는 기회로 인해 많은 RIA(Registered Investment Advisory) 및 브로커가 서비스를 로보어드바이저 플랫폼과 동기화하게 되었다.

이러한 플랫폼은 사용자에게 최소한의 비용으로 쉽게 접근할 수 있는 금융상품과 고도로 개인화된 데이터 기반 투자조언을 제공했다. 은행 및 자산관리자의 거의 31%가 디지털혁신을 개선하기 위한 방법으로 핀테크회사를 인수했다.[04]

B2B전략[05]의 일환으로 로보어드바이저에 투자하는 블랙록(BlackRock)의 비즈니스 모델은 투자관리의 금융혁신 사례이다. 자체 맞춤형 로보어드바이저 플랫폼을 구축하지 않고도 금융기술의 발전에 발맞추기 위해 B2B 로보어드바이저기업을 인수하는 독특한 모델을 채택했다. 선도적인 자산관리회사가 두 개의 저비용 로봇자문회사인 스캐러블캐피탈(Scalable Capital)과 퓨처어드바이저(Future Advisor)를 인수한 것은 자산관리 관행의 혁신이었다. 전통적인 자산관리회사의 기존 고객 기반과 디지털 자산 어드바이저의 기술을 결합하여 복잡한 투자 문제를 해결하고 밀레니얼 및 Z세대 투자를 장려했다.[06]

블랙록은 자동화된 금융 어드바이저 플랫폼의 로보어드바이저 모델을 채택했다. 이들은 전면적인 알고리즘 기반 투자관리 서비스와 디지털 도구를 제공했다. 로보어드바이스(robo-advice)를 통합함으로써 회사는 재무 고문을 대체하기보다는 보완했다.[07] 비용 효율적인 기술 기반 바이아웃인 스캐러블캐피탈을 통해 높은 인수비용의 격차를 해결하고 다른 인수회사인 퓨처어드바이저를 통합 어드바이저로 활용했다.

은행, 브로커-딜러, 보험회사 및 기타 자문회사에 소프트웨어를 비공개 레이블링하여 제도적 역량을 구축했다. 이를 통해 회사는 투자전략과 동기화되지 않은 알고리즘 생성 투자 권장사항을 거부하는 퓨처어드바이저 시스템의 고유한 이점을 활용했다.

블랙록은 장단기 모두를 고려한 성장에 대한 '축소/확대' 접근 방식[08]을 채택하여 흥미로운 산업 관행이 되었다. 향후 6~12개월 동안 회사의 디지털 궤도를 가속화할 수 있는 비즈니스 문제가 식별되었다. 10년 이상의 기간과 미래 산업동향 및 고객 기대치도 고려되었다.

여러 로보어드바이저를 확보하고 개방형 API를 통해 시스템에 동기화하는 것은 자산관리회사의 전략적 첫 번째 사례이다. 이 사례 연구를 독특하게 만드는 것은 자산관리회사가 자체 로보어드바이저를 구축하는 대신 하이브리드 모델에서 작업하는 B2B 로보어드바이저를 인수했다는 것이다. 이러한 인수는 B2B 핀테크 스타트업이었고 반드시 소비자정보를 공유하지 않았다. 기업구조에 대한 이러한 추가기능은 새로운 시장, 제품제공 및 투자기능을 추가했으며 그 결과 거래에 대한 평가가 증가했다.[09] 이 사례는 자산관리자가 B2B 하이브리드 로보어드바이저와 파트너십을 맺어 강화되고 개인화된 서비스를 통해 고객을 유지한 사례이다. 로보어드바이저의 AUM 보호, 포트폴리오 재조정 및 자산할당을 사용하면 최적화된 자문 품질 계획을 추진하는 데 도움이 된다.[10]

B2B 로보어드바이저 모델은 낮은 고객 확보비용과 신뢰 관련 문제 때문에 자산관리회사에 적합하다. 파트너십을 통해 로보어드바이저는 사용자 정의 측면에서 더 많은 노력을 기울였으며 궁극적으로 로봇의 권한을 다른 영역으로 확장하여 가치를 추가한다.[11]

360도 재무 계획을 위한 모기지, 은행계좌 및 투자 전반에 걸쳐 고객 재무 상황의 모든 부분에 연결할 수 있는 잠재력이 있기 때문에 회사는 윈-윈(win-win) 상황에 있으며 자산관리산업의 차별화요소로 진화할 수 있다.[12] 이러한 진화는 기본 제품 및 서비스의 개발을 넘어설 것이다.[13]

NOTES

01 EY (2018) The challenge of the Asset Management industry [online] https://www.ey.com/lu/en/newsroom/pr-activities/articles/article_201804-the-challenge-of-the-asset-management-industry (archived at https://perma.cc/8RGP-8R6C)

02 Fintech News (2018) The rise of wealthtech, 5 March [online] http://fintechnews.ch/Roboadvisor_onlinewealth/rise-wealthtech-infographic/14478/ (archived at https://perma.cc/7C8V-V3TM)

03 EY (2018) The evolution of Robo-advisors and Advisor 2.0 model [online] https://www.ey.com/Publication/vwLUAssets/ey-the-evolution-of-Robo-advisors-and-advisor-2-model/$FILE/ey-the-evolution-of-Robo-advisors-and-advisor-2-model.pdf(archived at https://perma.cc/E388-GXX4)

04 Simmons & Simmons (2017) One third of financial institutions to acquire a FinTech firm in next 18 months, 7 April [online] http://www.simmons-simmons.com/en/news/2017/april/one-third-of-financial-institutions-to-acquire-a-fintech-firm-in-next-18-months (archived at https://perma.cc/QNM5-6WWN)

05 Fantato, D (2017) BlackRock claims robo-advice is B2B play, *FT Adviser*, 8 December [online] https://www.ftadviser.com/your-industry/2017/12/08/blackrock-claims-Robo-advice-is-b2b-play/ (archived at https://perma.cc/M7S6-R68Z)

06 Rosenbaum, E (2018) BlackRock, world's biggest investing company, is planning to nickel-and-dime you, *CNBC*, 9 May [online] https://www.cnbc.com/2018/05/09/blackrock-is-developing-tools-to-spur-millennial-and-gen-z-investing.html (archived at https://perma.cc/P4U5-B7E2)

07 Burnmark (2017) Digital wealth report [online] https://www.burnmark.com/uploads/reports/Burnmark_Report_Apr17_Digital_Wealth.pdf (archived at https://perma.cc/H2HZ-VCY4)

08 Deloitte (2019) 2019 Investment management outlook: a mix of opportunity and challenge [online] https://www2.deloitte.com/content/dam/Deloitte/global/Documents/Financial-Services/gx-fsi-dcfs-2019-investment-management-outlook.pdf (archived at https://perma.cc/25TT-KQDR)

09 Patterson, J (2017) The deal will develop a new management interface, leveraging Cachematrix's open-architecture platform, *Finance Magnates*, 28 June [online] https://www.financemagnates.com/institutional-forex/execution/blackrock-acquires-cachematrix-expanding-cash-management-capabilities/ (archived at https://perma.cc/LS86-NDDR)

10 Deloitte (2016) The expansion of robo-advisory in wealth management [online] https://www2.deloitte.com/content/dam/Deloitte/de/Documents/financial-services/Deloitte-Robo-safe.pdf (archived at https://perma.cc/F4NS-PDL5)

11 https://www.thewealthmosaic.com/vendors/twm/twm-articles/the-b2b-Robo-advisor-market-enabling-wealth-manage/

12 Napach, B (2016) BlackRock snaps up FutureAdvisor: could Wealthfront or Betterment be next? *ThinkAdvisor*, 26 August [online] https://www.thinkadvisor.com/2015/08/26/blackrock-snaps-up-futureadvisor-could-wealthfront/?slreturn=20190516044604 (archived at https://perma.cc/Q8KW-2C8X)

13 EY (2018) The evolution of Robo-advisors and Advisor 2.0 model [online] https://www.ey.com/Publication/vwLUAssets/ey-the-evolution-of-Robo-advisors-and-advisor-2-model/$FILE/ey-the-evolution-of-Robo-advisors-and-advisor-2-model.pdf(archived at https://perma.cc/E388-GXX4)

로보어드바이저 인구통계 사례: 넛맥

넛맥(Nutmeg)의 고객은 일반적으로 30세 미만이지만 평균 고객연령은 40세이므로 다른 연령대의 고객도 상당수 있다. 고객은 여러 가지 이유로 넛맥(Nutmeg) 서비스에 가입한다. 그들 중 일부는 직접적인 투자방법을 찾고 있는 초보자들이다. 다른 사람들은 DIY 접근 방식을 취하는 대신 전문가의 서비스를 사용하는 데 관심이 있다. 더 저렴한 대안을 원하는 사람들도 있다.

넛맥의 2017년 최고의 혁신은 비용에 민감한 투자자를 위한 제품이다. 그들은 고객에게 완전 관리형 포트폴리오 또는 고정 포트폴리오를 제공한다. 투자팀이 고정된 포트폴리오를 관리할 필요가 없기 때문에 관리비용이 절감된다. 넛맥은 신규 투자자와 숙련된 투자자 모두를 핵심 고객으로 보고 있다. 신규 고객은 현재 은행에서 제공하지 않는 좋은 수익을 찾고 있으므로 저축투자를 고려한다. 숙련된 고객은 지나치게 복잡하지 않은 솔루션을 찾고 있다(Burnmark, 2017).

투자 플랫폼 사례: 허들스탁

허들스탁(Huddlestock)은 전 세계의 투자자들이 업계 전문가, 기업 및 로보어드바이저가 고안한 전략의 이점을 누릴 수 있는 온라인 플랫폼이다. 그들은 최소한의 투자를 요구하지 않는다. 플랫폼에서 공유되는 전략은 ETF, CFD 및 개별 주식에 대한 장단기 투자이며 투자자는 벤더가 설정한 이익에 대해 소액의 성과 수수료를 지불한다. 투자전문가의 개인적인 조언 외에도 개인은 자신의 전략을 다른 개인 및 회사와 공유할 수 있다(Burnmark, 2017).

B2B 로보어드바이저 사례: 웰스오브젝트

웰스오브젝트(Wealth Objects)에는 보험회사, 투자회사, 은행 및 자산 관리자를 위한 맞춤형 모듈이 포함된 B2B 로보어드바이저가 있다. 사용자는 다른 방법으로 결제하는 것보다 훨씬 적은 비용으로 자신의 플랫폼을 시작하거나 현재 플랫폼을 개선할 수 있다. 비즈니스 모델 옵션에는 개인 어드바이저가 있는 기존 모델, 개인 및 로봇 서비스가 포함된 하이브리드 모델, 로보어드바이저가 포함된다. 비용요소와 손쉬운 통합은 웰스오브젝트의 제품을 돋보이게 만든다. 재무 계획, 자동화된 투자 및 참여와 같은 현재 모듈 외에도 이 회사는 머신러닝 및 인지 컴퓨팅 모듈도 출시할 계획이다(Burnmark, 2017).

빅데이터 거버넌스

빅데이터 거버넌스는 기업이나 조직이 방대한 양의 데이터를 비즈니스 자산으로 관리하는 방식이다. 빅데이터 거버넌스의 이유는 기업이 조직 전체에서 데이터로부터 가치를 얻고 있다는 확신을 갖고 규제표준을 준수해야 하기 때문이다. 기술은 프로세스를 보다 쉽게 만드는 데만 사용된다. 빅데이터 거버넌스는 기본적으로 빅데이터에서 최대의 가치를 얻을 수 있는 프로세스를 생성할 잘 훈련된 전문가, 팀과 함께 규제표준에 따라 이 리소스를 관리하기 위한 규칙에 관한 것이다. 빅데이터 거버넌스는 자연상태에서 빅데이터가 혼돈이라는 인식을 기반으로 한다. 처리되지 않은 원시 데이터는 가치가 있을 수 있지만 정렬 및 해독할 수 없는 경우 가치가 거의 없다. 기업이 데이터를 수집하는 데 수년을 보냈지만 데이터로 무엇을 해야 할지 전혀 몰랐기 때문에 이것은 간단한 작업이 아니다.

일반적으로 빅데이터는 그 양(수집되는 데이터의 크기), 다양성(기업의 필요에 따라 데이터를 조작하고 분류하는 방식), 속도(데이터를 신속하게 처리하고 활용해야 하는 필요성)로 분류한다. 모든 데이터는 회사의 데이터 아키텍처 전체에 논리적으로 전달되어야 하지만 데이터 보급이 주요 문제는 아니다.

마케팅, 개인화, 고객 서비스 또는 기타 용도를 위한 회사의 빅데이터 가치를 극대화하려면 데이터 보존, 데이터 개인정보 보호, 데이터 현지화 및 데이터 보안과 관련된 문제를 해결해야 한다는 경고가 따른다. 이는 유럽연합의 개인정보 보호규정인 GDPR의 요구사항에 영향을 받는다. 지속적으로 확대되고 있는 다른 국가 및 주의 규정 준수 요구사항은 계속해서 빅데이터 거버넌스에 큰 영향을 미칠 것이다. 그러나 규제표준은 만들어지고 있지만 국경을 넘어, 또는 미국과 같은 경우 국경 내에서 일관성이 없다. 이 문제로 인해 기업은 데이터가 수명주기 동안 관리되도록 해야 한다. 데이터 수집은 이제 사이버 범죄를 방지하기 위한 개인정보 보호 문제와 우려사항에 의해 관리된다. 회사 빅데이터의 전체 수명주기는 데이터 처리, 데이터 보존에 대한 결정, 데이터 현지화 및 이식성을 포함한 규제의 대상이다. 빅데이터는 회사의 이익을 위해 수익을 창출할 수 있지만 글로벌 규제 요구사항이 흩어져 있고 모순되더라도 먼저 엄격한 표준을 통해 처리되어야 한다.

정보 거버넌스 및 데이터 수명주기

데이터 수집에서 데이터 이식성에 이르기까지 정보 거버넌스는 데이터 수명주기의 모든 단계에 존재한다. 데이터 수집 단계에서 금융기관(FI)은 KYC/AML규칙에 따라 더 많은 고객정보를 수집하고 데이터 개인정보 보호법을 따라야 한다.

온라인뱅킹과 같은 디지털 솔루션으로의 전환은 FI에 대한 사이버 범죄의 위험을 증가시킨다. 데이터 처리를 통해 은행은 분석 알고리즘을 사용하여 고객을 위한 제품과 서비스를 개인화하는 방향으로 나아가고 있다.

GDPR은 투명성과 공정성을 제공하므로 은행이 고객에게 데이터 처리 이유를 명확하게 설명하고 고객동의를 얻는다. 데이터 보존 및 폐기 프로세스도 최근 몇 년 동안 변경되었다. 데이터 보호법에 따라 FI는 정보가 더 이상 유용하지 않거나 고객이 삭제를 원할 때 정보를 삭제해야 한다.

FI는 프로세스를 보다 효율적으로 만들고 사기 및 자금세탁을 더 잘 감지하기 위해 국제적으로 이전한다. 개인 데이터를 데이터 보호 수준이 낮은 곳으로 옮기면 무거운 벌금이 부과될 수 있다. 데이터 이식성 및 데이터 보호와 관련하여 충돌하는 개념이 있다.

오픈뱅킹 및 PSD2는 데이터 접근성을 의무화하는 반면 GDPR 및 기타 법률은 데이터에 대한 액세스를 관리하고 제3자 공유를 추적하여 데이터를 보호하기를 원한다(Burnmark, 2018).

글로벌 수준에서 규제표준의 파편화는 비용을 증가시키고 운영 효율성을 감소시킬 수 있다. 금융회사의 경우, 회사가 수집하는 정보는 개인정보가 어떻게 이용될 수 있는지에 관한 규정에 해당한다.

개인화된 제품을 제공하기 위해 민감한 정보를 수집할 수 있지만 이러한 데이터는 회사 내에서뿐만 아니라 외부에서 부정적인 사용으로부터 보호되어야 한다. 경우에 따라 정보가 요청되거나 더 이상 유용하지 않을 때

그림 11-1 대기업에서 데이터 및 정보가 일반적으로 수집, 처리 및 공유되는 방식

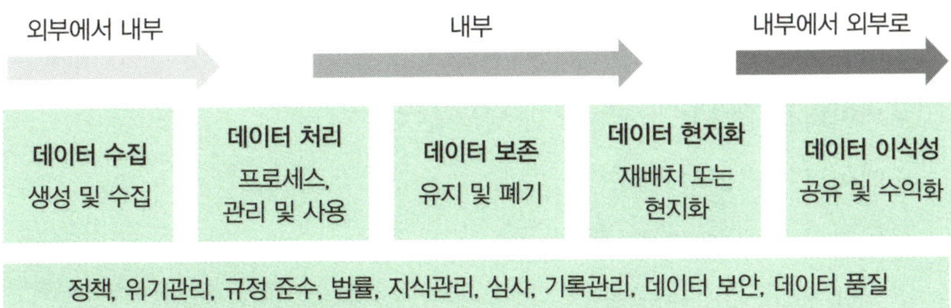

자료: Burnmark(2019)

정보를 삭제해야 한다. 규제표준이 다르기 때문에 국경을 넘는 데이터 전송도 문제를 일으킬 수 있다. 일관되지 않은 산업표준은 데이터 보호에도 영향을 미친다. 이동성 문제는 종종 데이터 보호법과 충돌한다. 모범 사례를 일치시키려는 것은 규정 준수 표준과 모순되는 경우가 많으며 이는 비용이 많이 들 수 있다.

데이터관리 팀이 대규모 AI 구현 및 교육을 예상하여 회사 데이터를 중앙집중화함에 따라 기술 진화는 기업이 빅데이터를 처리하는 방식에도 영향을 미친다. 데이터 사일로(silos)에서 벗어나 중앙집중식 접근 방식으로 나아가면 기업이 데이터를 최대한 활용할 수 있다.

데이터와 분석을 효과적으로 활용할 수 있는 기업은 경쟁우위가 있다. 이러한 효과적인 거버넌스는 빅데이터 거버넌스의 핵심인 데이터 신뢰성도 높일 것이다. 그러나 데이터 거버넌스를 어떻게 실행하는가? 모범 사례를 장려하고 위험을 제한한다. 정책을 설정하고 데이터를 관리한다. 데이터가 알려줄 수 있는 내용을 이해하고 데이터 사용이 규제에 미치는 영향을 파악한다.

또한 회사는 기존 데이터를 관리할 뿐만 아니라 새로운 데이터를 검색하고 개인정보와 보안을 보호하는 규제 프레임워크 내에서 가장 관련성이 있거나 필요한 모든 데이터를 결정해야 한다는 사실을 기억해야 한다.

빅데이터 거버넌스를 위한 핵심 요구사항

- 시스템의 신뢰성과 가용성을 유지한다.
- 데이터 카탈로그를 만들고 지원한다.
- 데이터를 탐색하고 활용하는 방법을 찾는다.
- 데이터가 유효한지 확인한다.
- 민감한 데이터를 보호한다.
- 규제 환경을 이해한다.

기업은 다음과 같은 향후 동향을 알고 있어야 한다.

- 기술의 발전으로 처리속도가 빨라지지만 정부가 통제하는 법률 및 규제 문제는 해결되지 않는다.
- 관리는 이 새롭게 이용 가능한 자원을 최대한 활용하는 데 핵심적인 역할을 한다.
- AI 네트워크가 계속 작동함에 따라 딥러닝이 계속될 것이며 이러한 강력한 신경망은 점점 더 유용한 비즈니스 자산이 된다.
- 글로벌 차원의 리스크관리와 연계하여 보다 신속한 맞춤형 서비스를 제공할 수 있는 관리적 접근이 필요하다.

회사에 숙련된 직원이 있으면 정량적 데이터가 보다 구체적이고 대상이 지정됨에 따라 경영진 수준에서 의사결정권한을 부여할 수 있다. 적절한 팀이 데이터 시각화, 인공지능 알고리즘 생성 및 데이터 정리가 높은 수준에서 작동하는지 확인한다. 데이터 개인정보 보호 문제가 세계적인 현상이 됨에 따라 빅데이터 거버넌스의 동인은 더 이상 기술개발이 아니라 비용을 통제하면서 유럽, 아시아, 북미 및 남미의 다양한 규제시장에서 합법적인 방식으로 데이터를 활용하게 될 것이다.

참고문헌

ACCA (2019) Machine learning report [online] https://www.accaglobal.com/content/dam/ACCA_Global/professional-insights/machine-learning/pi-machinclearning-report.pdf (archived at https://perma.cc/M3AW-QLEM)

Adesina, A (2018) Data is the new oil, *Medium*, 13 November [online] https://medium.com/@adeolaadesina/data-is-the-new-oil-2947ed8804f6 (archived at https://perma.cc/8JK7-L73B)

Beall, A L (2016) Hadoop survey results, *SAS* [online] https://www.sas.com/en_us/insights/articles/big-data/hadoop-survey-results.html (archived at https://perma.cc/3XZL-QCC5)

Burnmark (2017) Digital Wealth: April, 2017 [online] https://www.burnmark.com/uploads/reports/Burnmark_Report_Apr17_Digital_Wealth.pdf (archived at https://perma.cc/H2HZ-VCY4)

Burnmark (2019) RegTech for Information Governance [online] https://www.burnmark.com/research/8 (archived at https://perma.cc/3KMV-7UFN)

Center for the Governance of AI (2019) Artificial Intelligence: American attitude and trends, University of Oxford [online] https://isps.yale.edu/sites/default/files/files/Zhang_us_public_opinion_report_jan_2019.pdf (archived at https://perma.cc/64EP-L4QT)

Fagella, D (2017) Three real use cases of machine learning in business applications, *HuffPost*, 6 September [online] https://www.huffpost.com/entry/three-real-use-cases-of-machine-learning-in-business_b_593a0e91e4b014ae8c69df37 (archived at https://perma.cc/94LM-XXNG)

Fixter, E (2018) NatWest teams up with Vocalink Analytics, *Vocalink*, 3 April [online] https://connect.vocalink.com/2018/april/natwest-teams-up-with-vocalink-analytics-to-protect-corporate-customersfrom–fraud/ (archived at https://perma.cc/XDJ9–A98P)

Gilliland, N (2019) Six case–studies of machine–learning powered email marketing, *Econsultancy*, 4 February [online] https://econsultancy.com/email–machine–learning–ai–case–studies/ (archived at https://perma.cc/3QH4–M5SF)

Henke, N et al (2016) The age of analytics: competing in a data–driven world, *McKinsey* [online] https://www.mckinsey.com/business–functions/mckinsey–analytics/our–insights/the–age–of–analytics–competing–in–a–data–driven–world (archived at https://perma.cc/ZZ3P–TF97)

Joshi, N (2019) Robotic process automation just got 'intelligent' thanks to machine learning, *Forbes*, 29 January [online] https://www.forbes.com/sites/cognitiveworld/2019/01/29/robotic–process–automation–just–got–intelligent–thanks–to–machine–learning/#5229b69852d8 (archived at https://perma.cc/ HQ6P–M8PH)

JPMorgan Chase (2016) Annual Report, 2016 [online] https://www.jpmorganchase.com/corporate/investor–relations/document/2016–annualreport.pdf (archived at https://perma.cc/79PF–HG5T)

Ransbotham, S, Kiron, D and Kirk Prentice, P (2016) Beyond the hype: the hard work behind analytics success, *SAS*, 8 March [online] https://sloanreview.mit.edu/projects/the–hard–work–behind–data–analytics–strategy/ (archived at https:// perma.cc/YRX6–GZS4)

Royal Society (2017) Machine learning report [online] https://royalsociety.org/topics–policy/projects/machine–learning/ (archived at https://perma.cc/WQJ6–3G83)

RubyGarage (2018) 7 exciting uses of machine learning in fintech [online] https://rubygarage.org/blog/machine–learning–in–fintech (archived at https://perma.cc/PF73–V63Q)

Taylor, H (2016) Bank of America launches AI chatbot Erica – here's what it does, *CNBC*, 24 October [online] https://www.cnbc.com/2016/10/24/bank–of–america–launches–ai–chatbot–erica––heres–what–it–does.html (archived at https://perma.cc/Y7NE–KWAU)

Chapter

12

결론

Chapter

12 결론

핀테크의 미래

그렇다면 핀테크의 미래는? 글쎄, 우리가 믿는 몇 가지 추세가 앞으로의 핀테크혁명을 뒷받침할 것이라고 믿고 있으며, 그중 첫 번째는 데이터 혁신 그리고 우리가 데이터를 수집하고 사용하는 방법이 초석이 될 것이라는 것이다. 빅데이터는 이미 핀테크 분야의 중요한 부분이다. 예를 들어, 신경망을 사용하여 양적 의사결정을 강화하는 것이 가능해졌다. 즉 대출기관과 같은 조직이 대출자의 재무 데이터를 분석하여 신용도를 결정할 수 있다. 그 결과 많은 기업들이 이미 빅데이터와 인공지능의 조합을 사용하여 다양한 신용상품에서 부도율을 최소화하고 있다. 이러한 솔루션은 소비자가 신용 환경에 얼마나 잘 대처할 것인지 예측하기 위해 다양한 데이터와 사용행동을 수집할 수 있다. 이러한 환경에서 AI는 점점 더 의사결정에 기여할 것이며 빅데이터는 매우 중요할 것이다.

P2P 대출과 같은 상품에 대한 액세스의 디지털화는 현재 은행 서비스에 액세스할 수 없는 수십억 명의 사람들이 중앙집중식 은행 시스템을 우회할 수 있는 길을 열어줄 것이다. 이는 은행이 거의 없는 국가에서 특히 중요하며 아프리카 소비자가 유선전화를 거치지 않고 모바일로 바로 전환하는 방식과 비교할 수 있다. 비약적인 중앙집중식 은행 업무와 광범위한 신

용 시스템은 이미 중국의 수억 명의 소비자에게 혜택을 주었으며, 이는 점점 더 여러 국가의 금융 환경의 특징이 될 것이다.

블록체인은 이 책의 특별한 초점은 아니지만 그럼에도 불구하고 이 혁신이 혁신적인 잠재력을 가지고 있으며 실제로 사람들이 화폐에 대해 생각하는 방식을 이미 바꾸고 있다는 점에는 의심의 여지가 없다. 블록체인과 빅데이터 및 인공지능을 결합하면 가장 평범한 모바일 브라우징 데이터도 신용점수에 기여할 수 있다. 시간이 지남에 따라 불변의 원장 및 스마트 계약과 같은 다른 디지털기술은 기존 은행 시스템에 막대한 지장을 초래하여 소비자가 이미 확립된 P2P 대출 모델 위에 추가 신뢰를 구축하고 투명성의 이점을 누릴 수 있게 한다.

핀테크 혁신가들에게 주는 혜택 외에도 이러한 환경이 소비자에게 큰 도움이 될 것이 분명하다. 수년 동안 대형 은행이 지배하는 금융귀족이 있었고 핀테크, 빅데이터 및 인공지능은 이 난처하고 배타적인 상황을 바꿀 수 있는 잠재력을 가지고 있다.

과거 금융 시스템

기존 금융 시스템의 관찰자들은 금융 시스템이 산업혁명 이전에 설립된 기관에 계속 기반을 두고 있다는 점에 주목했다. 이 시기에 은행의 출현은 디지털 화폐가 도래하기 훨씬 이전에 인간과 건물 사이를 오가는 물리적인 종이와 오늘날 우리가 당연하게 여기는 모든 결제 시스템과 장치를 다루기 위한 것이었다.

따라서 은행이 완전히 구식이 된 것은 아니지만 많은 업무 관행이 이 상태에 접근할 정도로 오래되었으므로 혁명이 필요하다. 우리가 보고 있는 혁명은 플랫폼 중 하나이다. 모든 것이 디지털화되고 있으며 이러한 분위기에서 산업시대의 주체는 현대화하려는 의지가 없다면 점점 더 무의미해질 수밖에 없다. 이것은 은행이 기술을 따라잡아야 하는 도전을 안고 있으며 강력하고 혁신적인 핀테크와 협력하기 위해 점점 더 어려운 결정을 내리는 은행산업의 중요 항목이다.

전통적인 뱅킹 모델이 아니라 통화 및 금융의 미래는 정교한 글로벌 네트워크를 기반으로 하는 소프트웨어와 서비스를 통한 데이터의 디지털 배포에 관한 것이다. 이 새로운 개방형 시스템의 가장 큰 차이점은 누구나 이 효과적인 기능맵에 간단한 플러그앤플레이 소프트웨어를 출시하여 방대한 고객 기반 서비스를 제공하고 전체 재무구조의 중요한 부분이 될 가능성이 있다는 것이다.

전통적으로 금융회사의 백오피스는 상품에 집중했고 미들오피스는 플랫폼에 집중하고 프론트오피스는 고객 경험을 담당한다. 이것은 고객과의 연결이 모든 사무실 관행의 중심이 되어야 한다는 새로운 디지털 모델과 함께 앞으로 몇 년 동안 역전될 것이다. 데이터는 새로운 디지털화 프로세스의 핵심이다. 이러한 혁명은 진공상태에서 달성할 수 없기 때문이다.

새로운 핀테크 서비스회사는 애플리케이션 프로그래밍 인터페이스(API) 없이는 존재할 수 없으며 소프트웨어는 이 급성장하는 인프라에 엄청난 양의 정보를 제공한다. 예를 들어, 우버(Uber)와 같이 크게 성공한 회사는 구글지도가 정교한 소프트웨어와 데이터를 통해 비즈니스에 다양한 서비스를 제공하기 때문에 성공할 수 있었다. 이는 디지털화된 새로운 미래에 여러 글로벌 조직으로 확장되는 추세이다.

이 책에서는 금융 부문의 도전에 대해 이야기할 때, 핀테크가 신뢰할 수 있는 금융 플랫폼으로 자리매김하는 과정에서 직면한, 그리고 계속 직면하고 있는 도전에 초점을 맞추었다. 이것은 전적으로 타당하지만, 미래의 도전은 여러 면에서 시장에 진출하고 시장에서 경쟁해야 하는 기존 은행 부문으로 이동하기 시작할 것이라는 점을 강조하는 것도 중요하다.

디지털기술이 금융 분야의 중심기능으로 자리잡으면서 은행은 변화하는 환경에 대처하기 위해 점점 더 운영을 개선해야 할 것이다. 현재 대부분의 대출기관은 새로운 기술에 대한 전문적인 경험이 부족하다. 즉 새로운 환경에서 필요로 하는 디지털 비전과 문화적 변화를 도입하는 것이 그들에게는 과중한 업무가 될 것이다. 많은 관찰자들은 실제로 기존 은행의 인식에 의문을 제기하고 은행이 이 디지털혁명에 대처하기에 부적절하다고 주장한다.

자원으로서의 데이터

이러한 환경에서 데이터는 거의 오일(oil)과 유사한 자원으로 간주될 수 있으며 금융 부문의 미래는 데이터를 소유하고 통제하는 사람에 따라 좌우된다. 이는 기존 은행이 데이터를 수집하고 생성할 수 있는 위치에 있지 않은 반면 핀테크는 그렇게 할 수 있는 이상적인 위치에 있기 때문에 중요한 관심 영역이다. 데이터에 대한 이러한 갈망은 의심할 여지없이 금융 부문에서 향후 몇 년 동안 골드러시가 될 것이며 핀테크와 은행 간의 협력이 증가하는 또 다른 요인이 될 것이다. 개인 은행 계좌가 사라지지는 않겠지만 일반대중이 돈을 이동하기 위해 뱅킹 소프트웨어를 사용하는 것이 점점 더 보편화될 것이다.

오픈 데이터 및 기타 애플리케이션 프로그래밍 인터페이스에 연결하여 거래를 풍부하게 할 수 있기 때문에 수많은 고객을 플랫폼으로 끌어들이는 다양한 신생은행이 이미 있다. 사람들은 점점 더 금융 애플리케이션에서 기본적인 서비스 이상을 원하고 대신 정확한 재무 상황에 대한 개요에 연중무휴 24시간 액세스할 수 있기를 원한다.

영국의 몬조(Monzo)와 같은 은행은 잠재적으로 기존 은행에 막대한 문제를 제기할 수 있다. 고객이 거래에 몬조카드를 사용하자마자 고객이 연결된 실제 은행은 고객이 어떤 활동을 수행하고 있는지 알지 못한다. 이 시나리오에서 은행은 사실상 모든 데이터를 손실했으며 몬조가 이 영역에서 여러 소비자를 확보했다는 사실만 알고 있다. 이와 같은 에피소드는 데이터, 블록체인 및 인공지능이 모두 근본적인 갈등의 중심에 있는 금융 부문에서 협력의 기회가 될 것이다.

인공지능과 관련된 정교한 시스템에서 데이터를 활용하는 것은 지능적이지 않고 단편화된 시스템에 의존할 때 의심할 여지없이 어려운 일이다. 금융기관의 가장 큰 과제는 수세기 동안 의존해 온 유산구조를 재창조하는 것이다. 대형 은행은 너 느리고 구식의 시대를 위해 건설되었으며 이제 새롭고 활기찬 디지털 시대에 대처하기 위해 운영 방식을 전환해야 한다.

이러한 환경에서 기존 금융회사의 또 다른 도전은 거대 기술기업들이 점점 더 디지털 통화 및 금융 분야로 이동할 수 있는 가능성일 것이다. 초당 60테라바이트의 데이터가 인터넷에 업로드되는 환경에 대처할 수 있는 회사의 능력은 특권적인 위치에 놓이게 될 것이다. 대형 은행은 이러한 데이터 집약적 환경에 대처할 수 있는 능력과 관련하여 처리해야 할 큰 문제가 있다.

로보어드바이저와 인공지능

데이터와 정보가 특히 중요한 일부 분야는 이미 명확하다. 로보어드바이저는 디지털 금융 미래의 그러한 영역 중 하나이며 방대한 양의 데이터를 제공받는 데 거의 전적으로 의존하고 있다. 로보어드바이저는 자동화된 재무 계획 및 투자 서비스를 제공하기 위해 정교한 알고리즘을 활용한다. 이는 기본적으로 모든 투자결정을 처리하는 알고리즘과 최소한의 인간 개입을 포함하는 기술에 의해 주도된다. 이것은 분명히 기술회사가 기존 금융 부문 업체보다 큰 이점을 가질 수 있는 한 분야이다.

핀테크가 이미 기반을 마련하고 있는 또 다른 영역은 위험분석이며, 신용참조기관과 신용평가회사는 이미 데이터 과학 및 머신러닝에 의존하고 있다. 인공지능은 고객의 위험 수준을 예측하여 좋은 차용인과 잠재적인 나쁜 차용인을 구분하고 인간에게 가능한 보다 더 빠르고 정확하게 그렇게 할 수 있다.

또한 유사한 프로세스가 금융거래에서 사기를 식별하는 데 사용되는 데이터 과학기술과 함께 사기 탐지에도 사용된다. 이 후자의 영역은 사기 거래를 식별하기 위해 방대한 양의 온라인 정보를 사용하여 빅데이터 및 분석기술을 활용하는 핀테크의 잠재력과 함께 성장하는 분야이다. 그런 다음 이 보물창고는 기술운영자가 향후 거래에서 사기를 예측하고 플래그를 지정할 수 있는 방식으로 사용 및 모델링될 수 있다. 심층 신경망과 같은 데이터 과학 및 머신러닝기술이 이 프로세스의 핵심이 될 것이며, 이것은 앞으로 몇 년 동안 진정한 핀테크혁명을 기대할 수 있는 또 다른 영역이다.

데이터와 인공지능이 앞으로 중요하게 될 은행의 또 다른 큰 관심사는 고객 확보 및 유지이다. 은행과 금융기관이 사용 가능한 데이터를 기반으로 광범위하고 상세한 고객 프로필을 생성한 다음 고객 경험을 맞춤화하고 개인화된 서비스를 제공하는 데 사용할 수 있게 될 것이다. 알고리즘을 사용하면 고객이 과거행동을 기반으로 추가 제품 및 서비스를 구매하기를 원하는지 또는 다양한 인구통계에 어떤 종류의 제품을 홍보해야 하는지를 크게 예측할 수 있다. 다시 말하지만 핀테크는 은행에 비해 엄청난 이점을 갖게 될 분야이다. 처음부터 정보에 액세스할 수 있다는 것뿐만 아니라 데이터를 효과적으로 분석하는 능력에 관해서도 더 중요하다. 데이터의 알고리즘 분석은 효율성 측면에서 인간의 평가를 능가할 것이며 실제로 이미 그렇게 하고 있다. 즉 은행은 이 분야에서 핀테크기업의 기술, 지식 및 혁신을 활용해야 한다.

데이터 과학의 또 다른 큰 사용자는 알고리즘 인텔리전스를 사용하여 위험을 관리하고 비즈니스의 수익성을 유지하는 보험산업이다. 보험회사의 청구부서는 이미 데이터 과학 알고리즘을 사용하여 사기거래와 합법적

거래를 구분하고 있다. 또한 빅데이터는 신용평가, 고객 확보, 마케팅, 고객 유지 및 새로운 보험상품 설계와 같은 다른 보험 관련 목적에도 사용될 수 있다.

인공지능의 막대한 영향

우리는 이 모든 것에서 인공지능(AI)이 이미 핀테크 분야에 막대한 영향을 미쳤음을 알 수 있다. 그러나 더 많은 부분의 데이터를 더 빠르고 효과적으로 분석할 수 있는 능력이 가능해짐에 따라 이는 앞으로 몇 년 동안 상당히 확장될 것으로 예상된다. 인공지능은 금융회사가 단순한 안티바이러스 소프트웨어보다 절차를 개선할 수 있도록 인공지능을 구현하여 보안을 지원할 수도 있다. 계속 학습하는 인공지능의 능력을 통해 기업은 시스템을 미세 조정하여 보안을 크게 개선할 수 있다.

이는 기업이 시스템이 안전하다는 엄청난 확신을 고객에게 제공해야 하는 금융 분야에서 특히 중요하다. 머신러닝 및 인공지능의 고유한 특성과 이전보다 훨씬 더 많은 양의 보안 및 정보를 분석할 수 있는 능력은 보안 측면에서 금융회사에 상당한 이점을 제공한다. 인공지능 서비스의 핀테크 제공업체는 또한 회사의 특정 작업 요구사항에 맞게 제품을 확장할 수 있다. 즉 이 기술은 사기행위, 의심스러운 거래 및 잠재적인 미래 공격을 식별하는 데 도움이 될 수 있다.

정보보안을 향상시키는 것 외에도 인공지능은 금융 서비스의 처리시간을 크게 줄일 수 있는 잠재력을 가지고 있다. 영수증 및 기타 재무문서를 처리하는 것은 금융 세계에서 항상 시간이 많이 걸리는 작업이며 상당한 인적자원의 인내와 인내가 필요하다. 그리고 물론 프로세스에 사람들이 참여하는 즉시 인적오류가 발생하기 쉽다.

대조적으로 인공지능은 핀테크가 관련 정보를 보다 정확하고 빠르게 처리할 수 있게 할 것이다. 머신러닝은 특정 패턴을 인식하고 작업을 수행하면서 신속하게 작업을 개선할 수도 있다. 인간이 처리를 수행하는 능력이 정체되는 반면, 인공지능 시스템은 시간이 지남에 따라 정보를 더 빠르게 처리할 수 있다.

인간은 인공지능과 함께 루프에 남아 있어야 하지만 머신러닝은 중복비용 및 기타 일반적인 인적오류에 대한 정보를 검증하고 재확인할 가능성이 있다. 이 기술의 한 예는 사기를 사전에 감지하는 데 도움이 되는 엔터프라이즈 인공지능 기반 도구를 이미 개발한 실리콘밸리의 신생기업인 픽스메틀(PixMettle)이다. 테스트 조건은 이미 픽스메틀이 상상할 수 있는 어떤 인간 작업자보다 훨씬 뛰어나면서도 처리시간을 상당히 단축하는 것으로 나타난다.

핀테크 및 인공지능 전문가인 픽스메틀의 설립자인 카필 딘그라(Kapil Dhingra)는 "인공지능은 기업정책 위반이 있는 비용 및 중복비용을 시스템에 추가되기 전에 조기에 표시하는 데 도움이 된다. 이것은 많은 골칫거리와 회계 및 직원과의 번거로움을 줄여준다"(AITopics, 2017)고 언급했다.

인공지능은 금융 시스템 전반에 걸쳐 프로세스를 자동화하여 핀테크혁명에 또 다른 엄청난 이점을 제공할 것이다. 핀테크 스타트업은 이러한 복잡하고 혁신적인 시스템을 제공하는 데 가장 적합한 위치에 있으며, 이 시스템은 오류를 크게 줄이면서 비용 및 지출보고서를 빠르고 효율적으로 자동 생성할 수 있는 잠재력을 가지고 있다.

인공지능의 또 다른 흥미로운 측면은 소규모 회사가 금융산업의 기존 거대기업과 경쟁할 수 있도록 권한을 부여한다는 것이다. 인공지능은 사회의 모든 계층이 점점 더 접근할 수 있게 됨에 따라 모든 규모의 기업에서 사용할 수 있는 진정한 대중화기술이다. 이것은 핀테크가 사회적으로 혜택받지 못한 소비자들이 처음으로 금융 서비스에 접근할 수 있도록 돕겠다고 약속하는 신흥경제에서 특히 중요하다.

우리는 또한 챗봇 분야에서 인공지능의 영향을 볼 수 있다. 이는 앞으로 더욱 보편화될 것이지만 챗봇은 이미 기업이 고객과 소통하는 유효한 수단으로 자리잡았다. 많은 기업들이 이미 다양한 내부 및 외부 커뮤니케이션을 통해 챗봇기술을 신뢰하고 있으며, 시간이 지남에 따라 인공지능이 더욱 능숙해질 수 있다는 잠재력은 이 기술이 미래에 확장될 것일 뿐임을 의미한다.

대규모 업체 합류

챗봇은 대기업이 이미 핀테크혁명에 완전히 참여하고 있는 영역 중 하나이다. HSBC와 같은 회사는 이미 자체 인공지능 기반 챗봇을 만들어 고객에게 다양한 업무와 쿼리를 지원한다(Olson, 2019). 아메리칸익스프레스(American Express)는 계정 및 다양한 개인정보에 대한 고객의 질문을 처리하는 아멕스봇(Amexbot)을 개발했다(American Express, 2017). 이것은 이 머신러닝 중심 분야의 시작일 뿐이며 가까운 장래에 고객이 챗봇과 대화하는 것이 보편화될 것이다.

챗봇은 또한 보다 원활한 쇼핑, 소셜 미디어 채널에서 직접 주문, 은행계좌 세부정보 편집 및 확인, 소비자 신용평가 감독, 고객에게 다가오는 결제 및 제안에 대한 알리기, 소비자들이 보다 현실적이고 정확한 예산을 책정할 수 있도록 지원한다. 핀테크는 이러한 기술을 개발하는 과정의 중심이 될 것으로 보이며, 이는 스타트업이 대형 은행과 금융기관에 상당한 금액을 제공하는 동시에 고객의 공정한 몫을 유기적으로 유치하는 또 다른 영역이다. 일부 기존 금융 부문 업체는 인공지능기술을 수용하기를 꺼렸지만 핀테크의 젊고 민첩하며 혁신적인 특성은 이미 인공지능혁명에 완전히 동참하고 있음을 의미한다. 수많은 핀테크기업이 이미 다양한 금융기관의 고객 문제를 해결하기 위해 인공지능을 도입하고 있으며 다양한 애플리케이션이 가능하다.

딥러닝은 기술 세계에서 주류로 도약하고 있으며 이 혁신의 잠재력을 과소평가해서는 안 된다. 이 분야에서 번창하는 기업들이 거대 금융기업에 도전하기 시작하면서 점점 더 핀테크혁신과 머신러닝이 함께 진행되는 것을 보게 될 것이다. 비록 미래는 인공지능을 위한 것이고, 핀테크의 부상이 중요하지만 인간의 참여와 엄격한 테스트가 항상 필요하다는 점을 간략하게 언급하는 것이 중요하다. 기술을 효과적으로 통합하려면 관련 프로세스를 면밀히 주시하지 않고 인공지능을 구현하는 것은 불가능하다.

인공지능은 매우 정교한 기술이기 때문에 관련된 소프트웨어는 다른 소프트웨어와 마찬가지로 버그가 발생하기 쉬우며 경우에 따라 더 많이 발생할 수 있다. 핀테크 플랫폼 및 통합될 수 있는 모든 인공지능 소프트웨어와 관련하여 의심할 여지없이 테스트 과제가 존재하며 이러한 문제는 매우 심각하게 받아들여야 한다. 핀테크 플랫폼이 QA 또는 사용자 승인 테스트 프로세스를 거치는 경우 포함된 모든 인공지능 소프트웨어 및 머신러닝 이니셔티브에 특별한 주의를 기울여야 한다. 그리고 제3자 검증이 의사결정 프로세스를 손상시키므로 일반적으로 사내에서 수행해야 한다.

당연히 모든 온라인 모바일뱅킹 플랫폼의 주요 목표는 사용자 경험을 손상시키지 않으면서 안전해야 한다. 따라서 플랫폼을 엄격하게 테스트 및 인증하고 그 과정에서 다양한 장치를 포함하는 것이 필수적이다. 또한 개발 프로세스의 어떤 측면과도 완전히 독립적인 사용자를 찾아야 한다. 이 정확하고 편향되지 않은 테스트 정보가 전달되면 인공지능을 구현할 수 있다. 그리고 일단 효과적으로 구현되면, 특히 데이터가 더욱 중요해짐에 따라 인공지능기술은 핀테크 영역의 지배적인 측면이 될 것이다.

신흥시장 인구통계

핀테크의 또 다른 중요한 트렌드는 신흥시장의 중요성이다. 특히 중국과 인도는 이러한 사회에 내재된 혁신의 규모와 수준으로 인해 이 과정에서 중요한 역할을 할 것이다. 중국은 의심할 여지없이 향후 몇 년 동안 세계에서 가장 큰 경제대국이자 가장 중요한 시장이 될 것이다.

국제통화기금(IMF)은 2016년 중국 경제가 미국 경제를 추월할 것이라고 했는데(Weisbrot, 2011), 아직까지는 이 상황이 일어나지 않았지만 불가피한 상황이다. 마켓워치(Market Watch)(Arends, 2011)는 다음과 같이 언급했다. "당연히 모든 예측은 틀릴 수 있다. 시간과 기회는 그들 모두에게 발생한다. 중국이 미국을 추월하는 실제 날짜는 IMF가 예측한 것보다 훨씬 빠르거나 다소 늦을 수 있다. 중국의 비대한 힘이 실패한다면, 많은 사람들이 두려워하듯이 일을 몇 년이나 지연시킬 수도 있다. 그러나 그 결과는 의심의 여지가 없다."

포린폴리시(Foreign Policy) 잡지(2010)는 2040년까지 중국경제의 가치는 123조 달러가 될 것으로 예측했다. 이는 2000년 세계경제 생산량의 3배에 해당한다. 중국의 1인당 소득은 85,000달러에 도달할 것이다. 유럽연합에 대한 예측의 두 배 이상이며 인도와 일본의 예측보다 훨씬 높다. 다소 기초적인 관찰을 하자면, 이는 평균적인 중국인이 평균적인 유럽인보다 잠재적으로 두 배의 부자가 될 것임을 의미한다.

중국은 또한 미국과 인도를 합친 것보다 더 많은 대학학위를 수여하는 세계 최고의 고등교육기관으로 확인된다. 1996년 중국은 연간 5,000명의 박사과정 학생만을 배출했다. 2007년 말까지 240,000명의 박사학위를 수여했고 불과 2년 전만 해도 미국의 2배에 달하는 졸업생을 배출한 것으로 확인되었다(Maslen, 2013). 한편, 인도는 이제 고등교육을 받는 사람 수가 세 번째로 많은 국가가 되었으며 인도의 고등교육 등록은 1947년에 독립한 이후 1,800% 증가했다. 기술과 정보에 특히 중점을 두고 있는 이들 국가에서 혁신적인 핀테크가 혜택을 받을 수 있는 풍부한 노동력이 있다.

신흥경제국은 여전히 도전에 직면해 있다. 그러나 세계인구의 40% 이상, 세계 GDP의 15% 이상을 차지하는 BRIC(브라질, 러시아, 인도 및 중국 간의 느슨한 연합) 국가들(Global Sherpa, 2016), 빠르게 성장하는 경제 및 경제구조에 적합한 21세기의 가능한 산업패턴 촉진, 적은 양의 정부부채, 특히 중국의 경우 막대한 신용, 귀중한 자원 및 상품에 대한 상당한 접근성, 빠르게 교육받는 인구가 비옥한 환경을 제공할 것이다. 특히 핀테크의 성장에 도움이 될 것이다.

우리는 특히 두 가지 이유로 개발도상국에서 등장하는 핀테크 경험에 내재된 혁신을 활용할 수 있다. 첫째, 이들 국가의 기술 졸업생 및 열성 지지자의 수는 혁신문화가 이미 확립되었음을 의미하며 실제로 이러한 국가의 상업구조에 내재되어 있다. 둘째, 이들 국가 중 상당수는 재정 및 경제계층이 덜 확립되어 있다. 이는 기업과 정부가 실험 가능성에 더 개방적이며, 이 과정에 반대하는 강력한 주체는 더 적다는 것을 의미한다. 중국과 인도 같은 국가는 혁신을 기꺼이 받아들이지만, 이 과정은 특히 기존 이해관계와 기득권이 있는 서방 국가에서 의심의 여지가 있는 것으로 볼 수 있다.

과대광고를 믿지 말라!

핀테크가 이미 변혁적인 영향을 미치고 있고 이것이 앞으로 더욱 확대되어 전 세계 사람들의 삶에 영향을 미치고 있다는 점에는 의심의 여지가 없지만 과장된 내용을 믿지 않는 것이 중요하다. 이 책에서는 핀테크혁명이 진행 중이라는 아이디어를 강력하게 홍보했으며, 원시 데이터가 제공될 때 이 개념을 편향시키거나 전달하는 것은 어렵다. 그러나 혁명이 항상 순조롭게 진행되는 것은 아니며 혁명 지지자들은 그 규모를 과장하는 경향이 있다.

핀테크 분야에서 잘못된 출발이 있었고, 기존 금융 아키텍처가 앞으로 여러 해, 실제로 수십년 동안 중요하게 유지될 것임을 강조하는 것이 필수적이다. 우리는 금융 분야에서 우리가 경험하고 익숙해진 모든 것이 즉각적으로 훼손되는 것을 보지 않을 것이다. 핀테크혁명은 거침없으면서도 꾸준한 과정이 될 것이다.

또한 핀테크에 대한 학술적 연구 수준이 상당히 제한적이라는 점에 유의해야 한다. 그렇기 때문에 이 책에서 핀테크 분야에서 이용 가능한 가장 최첨단의 중요한 연구를 소개하려고 한다. 그러나 불과 3년 전만 해도 막대한 벤처캐피탈이 이 분야로 흘러들어왔음에도 불구하고 금융의 최고 저널에 포함된 학문적 연구는 거의 없었다. 분명히 이것은 변화가 필요한 상황이다.

최고 품질의 연구는 경제공동체가 특정 분야를 이해하는 데 필요한 엄격한 테스트와 분석이 이루어지는 곳이기 때문에 모든 금융 틈새시장에서 매우 중요하다. 따라서 최근 재무 연구 검토는 20개국에 걸쳐 183개 대학과 22개 연구기관 또는 정부기관을 대표하는 409명의 저자로부터 156개의 제안을 받았다. 이 연구는 다양한 영역을 조사했으며, 예를 들어 로보어드바이저가 우수한 결과를 제공한다는 사실을 발견했다. 인도의 투자자 표본에 따르면 대부분 로보어드바이저를 채택하면 다각화되고 포트폴리오 변동성이 줄어든다. 중요하게도 로보어드바이저는 처분효과 및 모멘텀 추격과 같은 가장 두드러진 행동편향을 완화하는 데 분명한 이점을 보여준다.

그러나 동일한 연구자들은 의심할 여지없이 핀테크가 가장 열성적인 프로모터들의 선언에 부응하기 위해 여전히 해야 할 일이 있는 영역을 발견할 것이다. 이 시점에서 우리 모두는 흥분을 가라앉히고 한 발짝 물러나서 건전한 정도의 회의적인 시각으로 핀테크에 대한 모든 질문에 접근하는 것으로부터 이익을 얻을 것이다. 이것은 이미 놀라운 일을 달성하고 있지만 핀테크 또는 핀테크 지지자가 주장하는 모든 것이 일어나고 있거나 일어나지 않을 것이라는 엄청난 잠재력을 가진 분야이다. 과대광고와 거품이 있을 것이다. 소비자들을 대상으로 여러 가지 PR 및 광고 캠페인이 추진될 것이다. 이를 꿰뚫어보는 것은 현명한 핀테크 투자자와 지지자들의 의무이다.

은행–핀테크 협업 증가

그러나 회의론의 중요성에도 불구하고 우리가 압도적으로 확신할 수 있는 한 가지 예측은 은행과 핀테크 간의 협력이 계속 증가할 것이라는 것이다. 핀테크 분야의 모든 형태의 협업은 신생기업과 기존 질서가 계속 서로 익숙해지면서 도전에 직면해 있다. 데이터와 디지털화가 그 어느 때보다 중요해짐에 따라 핀테크산업과의 협력을 모색하고 산업을 정의할 디지털 제품을 제공하는 것은 기존 금융주체의 의무가 될 것이다. 수천 개의 회사에서 금융 시스템의 여러 부분을 새로운 소프트웨어에 도입했기 때문에 금융상품을 구축하기 위한 서비스로서의 뱅킹과 플러그앤플레이 소프트웨어의 출현이 점점 보편화되고 있다.

기술혁신가는 다양한 금융상품을 신속하게 제공할 수 있는 능력을 가지고 있으며, 이는 앞으로 금융 시스템의 점점 더 많은 기능이 될 것이다. 핀테크의 투자유치 성공은 5년전 전 세계적으로 벤처 투자액이 3배가량 증가한 122억 1,000만 달러였던 2014년에 이미 분명해졌다(Accenture, 2015).

이로 인해 협업이 핀테크 틈새시장의 중심에 있고 많은 대형 은행들이 이미 불가피한 것으로 간주하고 적대적이라기보다는 점점 더 수용하는 분위기가 조성되었다. 이는 은행이 미래에 가치를 창출하기 위해 전통적인 산업 파트너의 외부를 살펴봐야 할 필요가 있음을 인식하고 부분적으로 핀테크가 독특하고 가치 있는 것을 제공하고 있기 때문이다.

그리고 핀테크혁명에 빠르게 합류하는 은행은 수동적으로 방관하지 않고 금융산업이 이를 뒤처지게 하는 것을 지켜보기보다 자체 비즈니스 모델을 파괴함으로써 이익을 얻을 것이다. 이런 맥락에서 편견이나 제도적 안주의 여지는 없다.

실제로 대부분의 은행은 이제 다양한 참여자 간의 상호 보완적인 동맹이 금융신입에서 점점 더 두드러지는 특징이 될 미래에 핀테크와의 일종의 협력 및 파트너십이 번영을 위해 필요하다는 것을 인식하고 있다. 이것이 혁신연구소 및 액셀러레이터 프로그램과 같은 계획을 통한 신생기업과의 협력 참여가 인기를 얻은 이유 중 하나이다. 은행은 제품 및 서비스 포트폴리오를 확장하기 위해 다양한 방법을 모색하여 시장이 계속해서 성장하는 동안 효과적으로 위험을 회피하고자 한다.

금융 부문의 기존 업체에게 가장 큰 도전은 조직문화를 조정할 수 있는 능력이다. 대다수의 은행이 미래의 도전적인 글로벌 금융시장에서 번창하려면 다른 산업은 말할 것도 없고 핀테크와 광범위하게 협력해야 한다는 사실을 이미 인정하고 있지만 이 새로운 협력 접근 방식을 받아들이는 것은 어느 정도 역효과를 낳을 것이다. 그러나 이러한 현실에도 불구하고 연구에 따르면 대부분의 은행은 업무 및 조직문화가 핀테크와의 성공적인 협업을 달성하는 데 가장 큰 장벽이 될 것이라는 점을 이미 인식하고 있다.

그럼에도 불구하고 은행들이 핀테크 현실에 대처하기 위해 계속해서 업무를 재정비하고 있지만, 이 책을 준비하면서 한 가지 분명해진 사실이 있다. 은행은 이미 핀테크와 열성적으로 협력하고 있으며, 이것이 향후 확대된다면 '양측' 모두에게 분명한 이점이 있다. 이는 기존 은행과 핀테크회사 간의 강력한 협력이 개인화 금융 및 고급분석과 같은 새로운 형태의 빅데이터 사용으로 이어진 빅데이터 분야에서 분명히 나타냈다.

정부도 이 과정에 참여하면서 핀테크가 경제 환경에서 그 어느 때보다 중요한 역할을 할 수 있는 기반이 확실히 공고히 된다. 금융 시스템에서, 그리고 실제로 우리 삶 전체에서 핀테크의 중요성이 증가하는 것은 이제 절대적으로 불가피하다.

요약

핀테크는 글로벌 금융위기의 그늘에서 파괴적인 현상으로 처음 등장했다. 이 변혁적인 사건은 은행 및 금융 부문의 인식에 막대한 영향을 미치며 핀테크가 신뢰할 수 있는 대안으로 자리잡을 수 있는 기반을 마련했다. 공유경제의 인지도와 대중화가 핀테크의 초기 부상에 한몫했으며, 2010년대 초반에는 특히 스타트업을 지켜보는 이들 사이에서는 이미 친숙한 개념이다. 당연히 은행은 핀테크가 대표하는 도전에 즉시 응하지 않았고, 이로 인해 초기 갈등이 발생했다.

그러나 전통적인 금융 부문 업체가 핀테크를 의심스럽게 바라보았지만, 이 부문의 급속한 성장과 혁신적인 기술은 더 이상 단순히 저항할 수 없는 혼란을 야기했다. 머지않아 은행과 핀테크 간의 협업으로 이어질 것이다. 이에 대한 주요 동인은 부분적으로는 유기적으로 발생한 고객의 기대변화였고, 고객 경험에 영향을 미치는 핀테크 자체에 기인할 수도 있다. 챌린저 은행과 디지털 결제 시스템은 핀테크가 고객 기반을 구축하는 데 특히 중요했으며 이 두 가지 형태의 혁신은 핀테크혁명의 편리성과 민첩성을 상징했다.

궁극적으로 금융 부문 업체는 핀테크를 제거하지 않을 것이며 대신 어떤 형태의 협업이 필요하고 심지어 바람직할 수도 있음을 깨달았다. 사실은 2000년대 초에 대형 은행들이 고객을 잃기 시작했고 핀테크가 제공하는 기술혁신이 금융 및 은행 부문의 미래에 중요한 역할을 할 것이라는 점을 점점 깨달았다.

핀테크와 협업하는 것은 더 이상 선택사항이 아니다. 대신 은행이 이러한 야심찬 신생기업으로부터 배우는 것이 필수적이다. 핀테크가 처음에는 치열한 독립의 언어를 사용했지만 곧 스타트업이 시장, 자원, 노하우, 특히 기존의 거대 금융 부문 업체와의 협력이 제공하는 신뢰성의 혜택을 받을 것이라는 것이 분명해졌다. 궁극적으로 많은 은행과 핀테크 서로에게 유익한 관계를 발전시켜 핀테크 분야의 발전에 큰 도움이 되었다. 이러한 협력의 결과, 은행 액셀러레이터 프로그램 및 시드자금 조달은 환경의 일부분이 되었다. 이러한 혁신문화에서 많은 성공적인 핀테크 스타트업이 생겨났고 이제는 정부도 그 과정에 참여하고 있다. 이로 인해 다양한 핀테크 허브가 탄생했으며 현재 규제 환경의 성숙도가 진행 중이다. 아직 갈 길이 멀지만 핀테크의 발전을 촉진하기 위한 전 세계 정부의 노력은 이제 가시적이다.

핀테크혁명이 서구 세계에서 시작된 반면, 신흥시장도 이제 이 개념을 열광적으로 수용하고 있다. 아시아는 핀테크에서 특히 중요하며 인도와 중국의 경제 강국이 막대한 기여를 하고 있다. 이 책을 읽으면서 핀테크의 미래는 엄청나고, 핀테크와 관련된 기술혁신은 금융, 경제, 화폐의 미래에 지대한 영향을 미칠 것이라는 점을 분명히 해야 한다.

참고문헌

Accenture (2015) The future of fintech and banking: digitally disrupted or reimagined? [online] https://www.accenture.com/gb-en/insight-future-fintech-banking (archived at https://perma.cc/HMG7-FAJW)

AITopics (2017) How AI is changing Fintech, 27 November [online] https://aitopics.org/doc/news:5F7258FC/ (archived at https://perma.cc/PDL8-ABQZ)

American Express (2017) American Express previews new Amex bot for Messenger feature at Facebook's F8 [online] https://about.americanexpress.com/press-release/american-express-previews-new-amex-bot-messenger-feature-facebooks-f8 (archived at https://perma.cc/ZC9F-QYHA)

Arends, B (2011) IMF bombshell: Age of America nears end, *Market Watch*, 25 April [online] https://www.marketwatch.com/story/imf-bombshell-age-of-america-about-to-end-2011-04-25 (archived at https://perma.cc/S4XE-ZD2S)

Fogel, R (2010) $123,000,000,000,000 China's estimated economy by the year 2040. Be warned, *Foreign Policy*, 4 January [online] https://foreignpolicy.com/2010/01/04/123000000000000/ (archived at https://perma.cc/8NMB-CYN6)

Global Sherpa (2016) BRIC Countries - background, key facts, news and original articles http://globalsherpa.org/bric-countries-brics/ (archived at https://perma.cc/J4MU-FMWF)

Knowledge@Wharton (2019) Fintech: what's real, and what's hype [online] https://knowledge.wharton.upenn.edu/article/fintech/ (archived at https://perma.cc/JX6A-3QWE)

Maslen, G (2013) The changing PhD - turning out millions of doctorates, *University World News*, 3 April [online] https://www.university-worldnews.com/post.php?story=20130403121244660 (archived at https://perma.cc/2LJQ-44EJ)

Olson, P (2019) Banks are promoting 'female' chatbots to help customers, raising concerns of stereotyping, *Forbes*, 27 February [online] https://www.forbes.com/sites/parmyolson/2019/02/27/banks-are-promoting-female-chatbots-to-help-customers-raising-concerns-of-stereotyping/#c5560b15a8f0 (archived at https://perma.cc/W72S-HFLN)

Weisbrot, M (2011) 2016: when China overtakes the US, *Guardian*, 27 April [online] https://www.theguardian.com/commentisfree/cifamerica/2011/apr/27/china-imf-economy-2016 (archived at https://perma.cc/QS9E-RGQZ)

Appendix

부록

부록 1 | 블록체인에 대하여

부록 2 | 블록체인 구성요소

부록 3 | 블록체인 구축방법과 활용방안

Appendix

부록 1 ▮ 블록체인에 대하여 01

블록체인이란 무엇인가?

대부분의 비즈니스 리더는 블록체인이 세상을 변화시키는 중요한 기술이라는 것을 알고 있지만 간단하게 설명하는 데 어려움을 겪고 있다. 그들은 주요 개념을 이해하지만 그것을 일반 언어로 만들려고 하면 모두가 더 혼란스러워진다.

반면에 대부분의 블록체인 전문가들은 그것을 간단하게 설명하기 위해 고군분투한다. 마치 자동차를 설명하라고 하면 내연기관의 물리학에 대한 10분짜리 독백을 시작하는 것과 같다. 당신은 자동차가 소리를 내게 하는 것이 무엇인지 알고 싶었을 뿐이다. 단순화는 어렵기 때문에 우리는 단순화하기 위해 열심히 노력할 것이다. 쓰기, 말하기 및 컨설팅 작업을 통해 전 세계 수천 명의 사람들과 이러한 사례를 테스트했기 때문에 유용하고 이해하기 쉬우며 기억에 남는다.

블록체인에 대해 이야기할 수 있는 공통언어를 사용하고 공감할 단어를 사용하여 블록체인의 이해를 돕고자 하였다. 먼저 블록체인이란 무엇인가라는 간단한 질문에 답해야 한다.

블록체인: 간단한 정의

블록체인은 가치의 인터넷이다. 당신에게 가치가 있는 것에 대해 생각해 보자. 관계, 애완동물 또는 저학년 때의 소중한 일기를 말할 수 있다. 그러나 가치를 저장하는 것, 즉 우리가 일반적으로 신뢰하고 동의하는 것이 가치를 유지할 것임을 의미하는 것에 초점을 맞춰보자.

돈은 명백한 가치 저장수단이다. 누군가가 당신에게 1달러를 준다면 그것은 일반적으로 많은 동의와 신뢰가 있는 것처럼 미래에 1달러의 가치가 있을 것이다. 그리고 주식과 채권, 금과 은, 상용 고객마일리지, 스타벅스 리워드 포인트 등 많은 다른 유형의 가치가 존재한다.

블록체인은 이 가치를 서로 주고받을 수 있는 새로운 종류의 인터넷과 같다. 오늘날 인터넷을 통해 정보를 공유할 수 있는 것처럼 블록체인을 통해 가치를 공유할 수 있다.

인터넷 이전의 과거를 생각해 보자. 어떤 사항에 궁금한 질문이 있으면 도서관에 갔다. 그곳에서 백과사전을 찾아 적절한 최신의 정보를 찾아보니 백과사전이 10년이나 된 것이어서 도움이 되지 않는다는 사실을 알게 된다. 물론 오늘날에는 인터넷에서 실시간으로 정보를 얻을 수 있다. 위키피디아(Wikipedia)에는 주머니에 들어가는 기기에서 액세스할 수 있는 인간 지식의 총계가 포함되어 있다.

새로운 영화나 제품이 발표되면 팬 페이지와 블로그 게시물이 즉시 나타난다. 소셜 미디어는 인간의 뇌에 실시간으로 전달되는 영양공급과 같다.

인터넷이 등장하기 전에는 학교와 도서관에서 직접 정보를 가져와야 했다. 모든 정보는 언제 어디서나 전 세계에서 이용할 수 있다. 우리는 르네상스 시대를 능가하는 폭발적인 지식의 정보화 시대에 살고 있다. 그러나 인터넷은 1막(act 1)에 불과하다. 블록체인은 2막(act 2)이므로 정보처럼 쉽게 가치를 공유할 수 있다.

예를 들어, 오늘날에도 여전히 송금이 어렵다. 물론 벤모(Venmo), 알리페이(Alipay), 구글페이(Google Pay), 애플페이(Apple Pay) 및 페이팔(PayPal)이 다섯 가지 경쟁표준이지만 한편으로 송금 시 통화가 다르기 때문에 발생하는 여러 종류의 통화 및 자산가치(비트코인, 달러, 금과 은 등)를 해결하는 결제 네트워크 중심의 리플(XRP)과 같은 암호화폐의 플랫폼적인 기능 코인들도 많이 존재한다. 아직까지 현금 외에 올인원(모두 하나로 된) 글로벌 결제앱은 없다. 그러나 현금에는 다른 많은 문제가 있다. 모든 국가에는 그들만의 현금이 있고, 잃어버리기 쉬우며, 익명이므로 범죄자들이 좋아한다.

가치공유에 관해서는 우리가 여전히 도서관 백과사전에서 사실을 찾는 것과 같다. 비유하자면 이메일을 보내는 것만큼 쉽게 돈을 보낼 수 있다고 상상해 보자. 받는 사람 주소와 금액을 입력하고 보내기를 누르기만 하면 된다. 이것이 블록체인으로 가능해진 쉽고 신뢰할 수 있으며 마찰 없는 경험이다.

위키피디아가 백과사전을 구식으로 만들고 이메일이 종이우편을 구식으로 만들고, 지도책을 전자지도로 만든 것처럼 블록체인은 지갑의 현금을 구식으로 만들어 훨씬 빠르고 편리한 것으로 전자코인, 즉 전자지갑으로 대체하고 있다([부록 그림 1-1] 참조).

▮부록 그림 1-1▮ 종이(편지, 지도책, 지폐)에서 디지털(이메일, 전자지도, 전자지갑)로의 진화

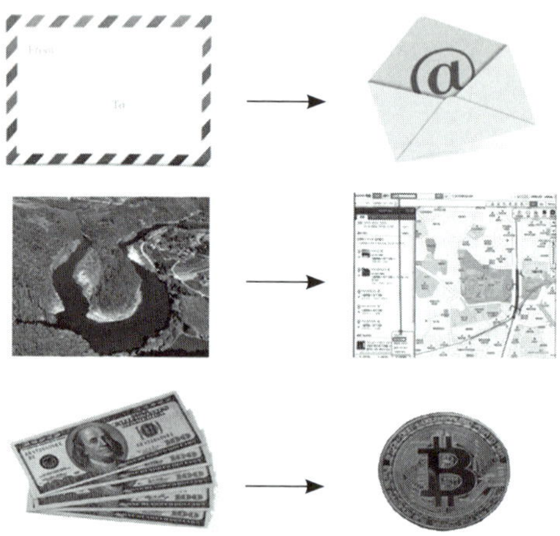

디지털 배달은 종이를 밀어 넣는 것보다 빠르고 저렴하다. 추적 및 회계 감사가 가능하다. 또한 분석 및 개선을 위해 컴퓨터에 피드백할 수 있는 데이터를 생성하여 트랜잭션을 더욱 빠르고 저렴하게 만든다.

그렇기 때문에 지난 50년 동안 대부분의 엔터프라이즈 기술 프로젝트는 이메일, 웹사이트, 클라우드컴퓨팅, 빅데이터 및 분석과 같은 비즈니스 시스템을 종이에서 디지털로 옮기는 데 중점을 두었다. 실제로 이러한 추세를 디지털 변환이라고 하며 이러한 추세는 가속화되고 있을 뿐만 아니라 세계경제를 재편하고 있다. 블록체인기술은 가치를 더 쉽게 보내고 받을 수 있도록 함으로써 종이에서 디지털로의 전환에서 중요한 역할을 한다.

예를 들어, 달러의 흐름을 추적한다고 가정해 보자. 김(Kim)에서 이(Lee)로, 이(Lee)에서 장(Jang)으로, 장(Jang)에서 박(Park)으로 가는 달러의 흐름이 바뀔 때마다 해당 트랜잭션을 데이터블록에 쓴 다음에 해당 블록을 다른 블록체인에 추가하는 과정은 [부록 그림 1-2]와 같다.

부록 그림 1-2 **블록체인을 도표화하는 방법:** 블록은 트랜잭션을 나타내고 체인은 트랜잭션의 순서를 나타낸다.

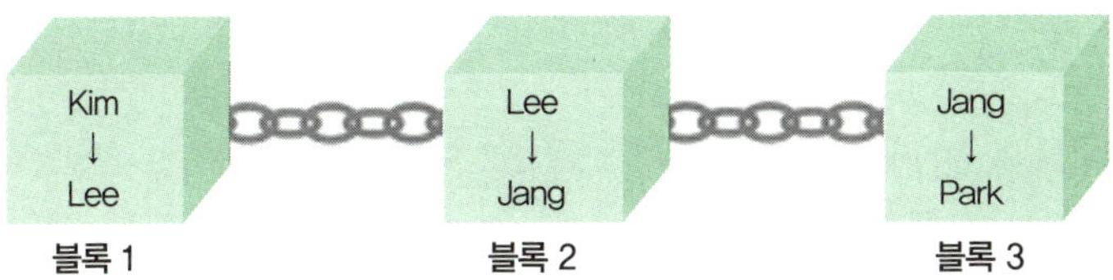

이러한 블록과 체인이 실생활에서 어떻게 작동하는지 이해하기 위해 블록체인의 첫 번째 성공적인 사용 사례인 비트코인이라는 디지털 통화를 살펴보자.

정의

비트코인: 비밀스러운 사토시 나카모토(Satoshi Nakamoto)가 2008년에 시작한 최초의 성공적인(그리고 가장 성공적인) 블록체인 프로젝트

비트코인: 블록체인 기원 이야기

누가 비트코인을 발명했는가는 역사의 위대한 미스터리 중 하나이다. 2008년 할로윈에 사토시 나카모토라고 가장한 캐릭터가 "비트코인: P2P 전자화폐 시스템"이라는 세계를 변화시키는 문서를 발표했다. 암호화 애호가를 위한 초기 게시판에 게시된 이 문서는 기술백서이자 정치적 선언문이었다.

이 문서에서 익명의 저자는 이메일을 보내는 것만큼 쉽게 전 세계로 보낼 수 있는 새로운 종류의 'e-cash'에 대한 비전을 그렸다. 간단히 말해 지폐에서 디지털 화폐로의 이동이다. 그 과정에서 비트코인은 여전히 2008년 금융위기의 고통을 겪고 있던 글로벌 금융 시스템의 규칙을 다시 쓸 것이다.

블록체인 애호가를 위해 비트코인 백서는 각 섹션에 세심하게 번호를 매기고 열심히 논의하면서 성스러운 경전의 품질을 얻는다. 단 몇 페이지의 명쾌한 페이지에서 사토시는 인간의 법칙이 아니라 수학의 법칙에 의해 지배되는 새로운 금융세계를 탄생시켰다.

사토시(Satoshi) 백서는 블록체인의 빅뱅이다

모든 성공 사례의 주인공들처럼 사토시는 이론에 만족하지 않았다. 과제는 이 이론을 구축하는 것이었다. 그 후 몇 년 동안 사토시는 기술적 도전과 '국민에 의해, 국민을 위해' 개발된 화폐의 정치적 파급효과에 매료된 소규모 개발자와 열성팬을 그렸다.

암호화 괴짜, 사이퍼펑크, 독실한 자유주의자, 디지털 통화 프로그래머로 구성된 이 초기 커뮤니티는 비트코인 소프트웨어 개발 및 테스트, 최초의 비트코인 네트워크 설정, 최초의 비트코인 생성(또는 채굴)을 도왔다.

정의

광산: 네트워크에 컴퓨팅 성능을 제공하여 비트코인을 얻는다.

이 시점에서 비트코인은 실제 가치가 없었다. 초기 열광자 대부분에게 그것은 취미이자 흥미로운 실험이다. 그러나 커뮤니티와 코드베이스의 규모가 커짐에 따라 초기 개척자들은 신나게 속삭이기 시작했다. 이 비트코인이 실제로 가치가 있다면 어떨까? 이것이 단지 괴상한 테크노 자유지상주의 프로젝트가 아니라 실제 돈과 같은 것이라면 어떨까?

최초의 비트코인 구매

2010년 초 커뮤니티 회원 중 한 명인 라즐로 핸예츠(Laszlo Hanyecz)라는 프로그래머가 획기적인 실험을 수행했다. 비트코인이 실제가치가 있다는 것을 증명하기 위해 그는 비트코인을 사용하여 실제 피자 몇 판을 구매할 것을 제안했다.

라즐로는 도움을 주려는 또 다른 초기 비트코인 애호가인 제레미 스터디번트(Jeremy Sturdivant)를 찾았다. 라즐로는 피자값을 지불하기 위해 비트코인을 제레미에게 보냈고 제레미는 지역 피자가게에 전화를 걸어 두 판의 피자를 라즐로에게 배달하도록 주선했다([부록 그림 1-3] 참조). '피자 브로커'로서의 제레미의 서비스에 대한 대가로 두 사람은 다소 임의적인 숫자인 10,000개 비트코인으로 결제했다. 2021년 기준으로 피자의 가치는 10,000개×7만 달러(1개당)=7억 달러(한화 7천억 원)가 된다.

즉 피자가게가 비트코인을 받아준 것이 아니라 제레미가 피자가게에 주문을 하고 라즐로에게 비트코인을 받은 것으로 일종의 중개거래를 한 셈이다. 이 실험은 비트코인이 실제 가치가 있음을 증명한 사례이다.

▮ 부록 그림 1-3 ▮ 최초의 비트코인 실무적인 실험: 라즐로(Laszlo)는 비트코인을 제레미(Jeremy)에게 보낸다. 제레미는 달러를 피자가게에 보낸다. 피자가게는 라즐로의 집으로 피자를 보낸다.

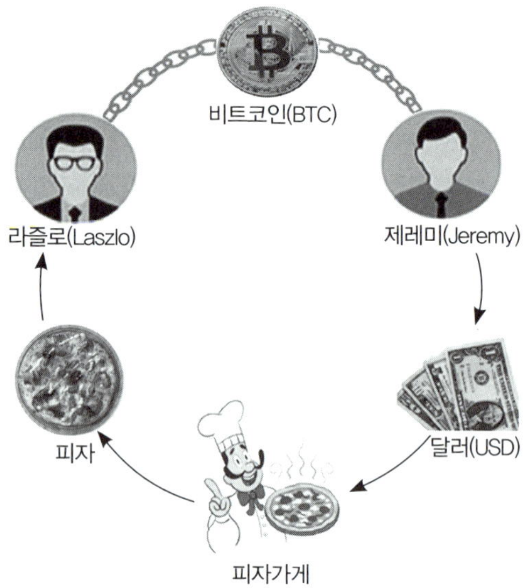

사람들은 비트코인을 지불로 받아들이고 이 지불에 미국달러로 가치를 할당하고 비트코인은 화폐로 사용된다. 비트코인의 피자거래 후 가격이 오르기 시작했다. 10일 이내에 사용자는 하나의 비트코인을 각각 8센트에 사고팔 수 있게 되었다.

디지털 화폐에 대한 사토시의 꿈이 이루어졌다! 그 은둔형 프로그래머는 뒤에서 계속해서 지칠 줄 모르고 변경을 제안하고, 개선하고, 자발적 개발자로 구성된 허접한 팀을 관리했다. 이상하게도 사토시는 이메일이나 게시판을 통해서만 의사소통을 했다. 아무도 비트코인 창시자를 직접 만나본 적이 없었다. 그런 다음 이상한 일이 발생했다. 사토시는 비트코인의 모든 소스 코드를 최고 개발자들에게 넘기기 시작했다. 그리고 사라졌다.

사토시는 약 100만 비트코인(BTC) 가치가 있는 계정을 남겼으며, 이는 7년 후에 거의 200억 달러 가치가 있을 것이다. 오늘날까지 아무도 사토시의 정체나 사토시의 실존 여부를 알지 못한다. 어떤 사람들은 사토시가

여자라고 생각한다. 어떤 사람들은 사토시가 그룹 또는 정부라고 생각한다. 어떤 사람들은 사토시가 외계인이라고 생각한다. 그것은 절대적으로 사실이기 때문에 놀라운 기원(origin) 이야기이다. 그리고 성공적인 블록체인 프로젝트에 대한 첫 번째 교훈 중 하나, 즉 좋은 기원 이야기를 가지고 있어야 한다는 것을 가르쳐준다.

블록체인 프로젝트의 스토리는 사람들이 블록체인에 참여하는 데 관심을 갖도록 하는 방법이다. 그리고 곧 보게 될 블록체인에 사람들을 참여시키는 것은 블록체인 리더가 직면한 주요 과제이다.

블록체인은 비트코인으로 시작된다. 블록체인이 가치의 인터넷이라면 비트코인은 그 위에 흐르기 시작한 첫 번째 가치 단위였다. 기업 내에도 가치 단위가 있다. 아마도 고객 보상 포인트일 것이다. 또는 공급망의 공급업체 간에 공유되는 데이터이다. 또는 가치 단위가 해외지사 간 또는 글로벌 고객 네트워크를 통해 흐르는 평범한 오래된 돈일 수도 있다. 가치가 흐르는 곳마다 블록체인의 잠재적인 기회가 존재한다.

블록체인은 비트코인으로 시작하는데, 이는 비트코인이 여전히 가장 성공적인 블록체인 프로젝트일 뿐만 아니라 성공적인 블록체인 프로젝트를 구축하는 방법에 대한 훌륭한 교훈을 제공하기 때문이다.

한 가지 교훈은 블록체인 프로젝트가 어디로 갈지 항상 예측할 수 없다는 것이다. 예를 들어, 사토시는 비트코인 프로젝트에 소요되는 길고 이상한 여행을 상상할 수 없었을 것이다. 이 특이한 여정을 이해하기 위해 비트코인이 무엇을 하도록 설계된 것인지 살펴보자.

비트코인 작동 방식

비트코인을 P2P 화폐로 생각하는 것이 가장 쉽다.

정의

P2P(Peer-to-Peer) 화폐: 중앙은행을 거치지 않고 사용자 간에 송금할 수 있는 화폐

비트코인을 사용해 본 적이 없다면 비트코인을 이해하는 가장 좋은 방법은 조금 구매(사업비로서)하는 것이다. 100달러만 투자해도 구매과정에서 많은 것을 배울 수 있다. 코인베이스(Coinbase)와 같은 서비스를 통해 비트코인을 얼마든지 구매할 수 있다. 이 서비스는 평범한 오래된 돈을 비트코인으로 변환하고 비트코인을 디지털 지갑(예: 온라인 뱅킹 계정)에 예치한다. 거기에서 이메일을 보내는 것처럼 쉽게 전 세계 어디에서나 비트코인을 보낼 수 있다.

디지털 지갑은 공개키(public key)(예: 이메일 주소)와 개인키(private key)(예: 비밀번호)와 함께 제공된다. 다른 사람에게 비트코인을 보내려면 공개키를 입력하고 개인키로 거래를 확인하면 돈이 이체된다.

은행이 없고 P2P 돈이다

P2P 화폐는 세계경제를 근본적으로 파괴할 잠재력이 있다. 냅스터(Napster)와 같은 P2P 파일 공유 서비스가 음악 및 소프트웨어회사의 판도를 어떻게 바꿨는지 다시 생각해 보자. 더 이상 소니나 디즈니가 단일 배포 지점이 아니다. 이제 누구나 최신 앨범이나 비디오를 다운로드할 수 있다. 냅스터 소프트웨어를 실행하는 수백만 명의 사용자가 운영하는 냅스터 네트워크에 연결하기만 하면 된다. 냅스터를 실행하는 사람은 누구나 글로벌 파일공유 네트워크의 노드가 된다.

정의

노드: 광범위하게 말하면 블록체인 네트워크 내의 단일 컴퓨터

즉 냅스터(Napster)에서 다운로드를 원하면 냅스터 노드가 된다. 이것은 당신이 소프트웨어를 시작할 때 단순히 '받는 사람'이 아니라 '주는 사람'이라는 것을 의미한다. 메탈리카(Metallica) 최신 앨범을 다운로드했다고 가정하자. 냅스터를 계속 실행하는 한 다른 사람들이 귀하로부터 다운로드를 시작할 수 있다.

냅스터는 모든 사용자를 기여자로 만들어 사용자 채택 문제를 해결한다. 앨범을 다운로드할 때 앨범을 원하는 다른 사람과도 해당 앨범을 공유하게 된다. 모든 사용자를 노드로 만들면서 냅스터 네트워크는 전염성이 강한 바이러스처럼 폭발한다.

마찬가지로 사토시의 백서는 P2P 화폐에 대한 계획을 설명한다. 비트코인 소프트웨어를 실행하는 사람은 누구나 네트워크의 노드가 되어 네트워크를 효과적으로 분산시키고 중앙정부나 은행의 간섭으로부터 네트워크를 보호한다.

아무도 네트워크를 '소유'하지 않으므로 아무도 네트워크를 종료할 수 없다. [부록 그림 1-4]는 차이점을 보여준다.

▌부록 그림 1-4 ▌중개기관 대 블록체인 거래흐름도

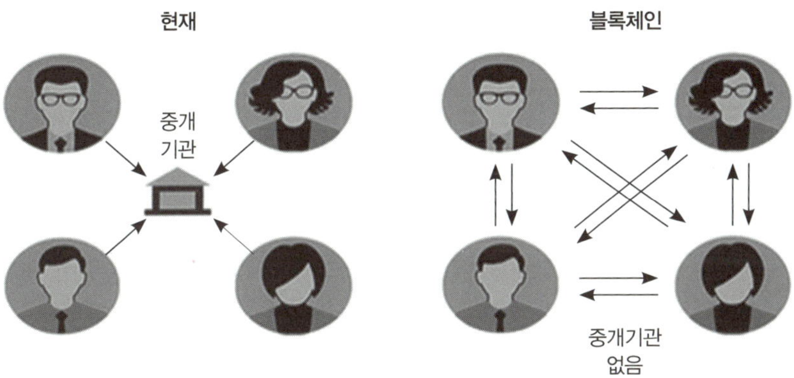

정의

분산: 중앙권한 없이 노드 간에 공유된다.

이것은 단순한 정치적 발언이 아니다. 디지털 화폐에 대한 초기 실험은 사용자 채택 부족(1998년 DigiCash) 또는 미국정부와의 법적 분쟁(2006년 e-gold)으로 인해 실패했다.

사토시의 비전을 다르게 만든 것은 P2P 화폐에 대한 아이디어였다. 그것은 지구 전체에 자연스럽게 퍼질 것이고 어떤 정부도 그것을 막을 수 없을 것이다. 비트코인은 탈중앙화된 것이다.

분산원장

그러나 여기서 문제가 발생한다. 돈에는 가치가 있고 그 가치는 어딘가에 기록되어야 한다. 우리는 돈이 어디에 있고 어디에 있었는지 알고 싶다.

100달러를 지불하면 영수증을 원한다. 그리고 당신은 그 돈이 당신의 은행계좌에 들어왔다는 것을 알고 싶어 한다. 대체로 이것은 회계의 관행이며 전통적으로 우리는 회계원장에서 돈을 추적한다. 마이크로소프트 엑셀(Microsoft Excel) 파일, 인튜이트 퀵북(Intuit QuickBooks), 심지어는 구식 수표책 등 우리가 돈을 추적하는 모든 곳이 회계원장이다.

정의

회계원장: 모든 회계 데이터(돈의 유입 및 유출)에 대한 중앙저장소

블록체인은 장점(더 신뢰할 수 있음)과 단점(많은 조정)이 있는 분산된 회계원장을 사용한다. 전통적으로 이러한 회계원장은 중앙집중화되어 하나의 중앙당사자, 즉 귀하의 회계사 또는 귀하의 은행이 보유한다. 그들은 모두 신용과 차변 또는 돈의 유입과 유출의 기본 회계원칙에 따라 작동한다.

예를 들어, 김(Kim)이 100달러를 이(Lee)에게 이전하고 이(Lee)는 다시 장(Jang)에게 이전하고 장(Jang)은 박(Park)에게 이전한다고 가정해 보자([부록 그림 1-5] 참조).

▮부록 그림 1-5▮김(Kim), 이(Lee), 장(Jang), 박(Park)이 회계원장에 표시된다.

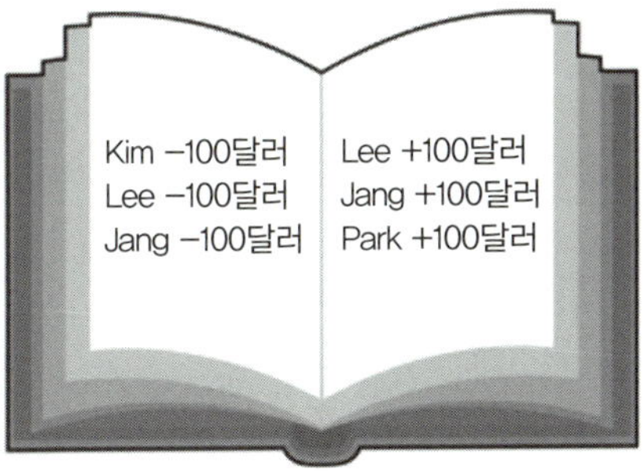

블록체인을 통해 우리는 분산된 원장을 다루고 있다. 단일 컴퓨터나 은행계좌에 보관되지 않는다. 그러면 그 전송을 어디에 기록할까?

트랜잭션을 기록할 퀵북(QuickBooks) 파일은 없으며 수백 개의 노드에 분산된 대규모 공유 데이터베이스만 있다. 블록체인 시스템은 현재 누가 비트코인을 소유하고 있는지 '알고' 있을까? 여기에서 종이에서 디지털로 이동하기 위해 블록체인으로 정신적 전환을 수행한다. 블록체인은 다른 회계방법이다. [부록 그림 1-6]과 같이 각 트랜잭션을 데이터 블록에 작성한 다음 해당 블록을 함께 연결한다.

▮부록 그림 1-6▮김(Kim), 이(Lee), 장(Jang), 박(Park)은 블록체인에서 그들을 대표한다.

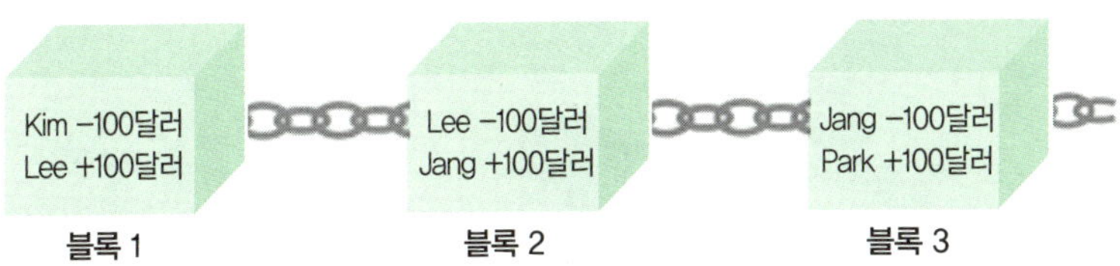

사슬로 순차적으로 연결된 긴 줄의 나무블록을 상상해 보자. 비트코인이 전송될 때마다 우리는 이 거래를 새 블록에 새긴 다음 이 블록을 라인 끝까지 연결한다. 이 디지털 시스템은 종이에 비해 다음과 같은 이점이 있다.

- 구식 종이수표와 달리 다시 돌아가서 항목을 지울 수 없다.
- 퀵북(QuickBook)과 달리 파일을 덮어쓸 수 없다.
- 회계법인과 달리 "장부를 조작하라"고 설득할 수 없다.

블록체인기술을 사용하여 김(Kim)이 이(Lee)에게 전송한 영구적인 또는 변경할 수 없는 기록이 있다.

정의
불변: 영구적이다.

그러나 합의라는 과정을 통해 정보가 어떻게 노드로 다시 돌아가게 할까? 도메인 네임이 전 세계의 도메인 네임 서버에 점진적으로 복제되는 방식을 생각해 보자. [부록 그림 1-7]에서 볼 수 있듯이 서로 확인하고 동

▌부록 그림 1-7 ▌전 세계 도메인 네임 서버에 복제되는 새로운 웹사이트 도메인

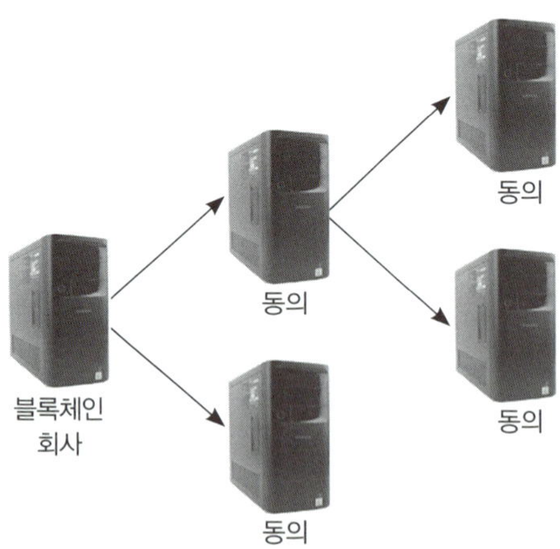

의하는 인터넷 노드처럼 기능하는 수천 개의 독립 도메인 네임 서버 간의 협력 덕분에 24시간 이내에 웹사이트가 새로운 주소에서 가동되고 실행될 수 있다.

정의

합의: 노드가 누가 누구에게 무엇을 지불했는지에 대해 '동의'하는 방식

합의에 따라 블록체인 기반의 화폐가 기존의 화폐보다 더 신뢰할 수 있는 이유는 개략적이거나 위험하지 않기 때문이다. 블록체인을 사용하면 거래를 신뢰할 수 있고(영구적 기록이 있음) 누가 거래했는지(디지털 주소)까지 알 수 있다.

퍼즐의 조각이 하나 더 있다. 좋은 돈에는 희소성이 있어야 한다. 우리는 그것을 허공에서 만들 수 없어야 한다. 인터넷에서 PDF 파일을 다운로드할 때 기본적으로 문서의 또 다른 복사본을 만드는 것이다. 그것은 돈을 위해 작동하지 않는다. 사람들은 돈을 위해 열심히 일해야 사회의 수레바퀴를 돌린다.

정의

희소성: 고정되거나 제한된 공급(무한하게 복사할 수 있는 디지털 자산과 반대)

사토시의 걸작은 P2P 파일 공유(네트워크가 빠르게 확산되도록 함)와 분산원장기술(송금이 안전하고 희소성을 유지하도록 허용)을 결합하는 것이다. 이 두 가지 기술을 결합함으로써 사토시는 네트워크에서 노드를 호스팅하는 데 소량의 비트코인(지금은 신뢰할 수 있음)으로 보상함으로써 네트워크를 구축하도록 사용자에게 인센티브를 제공한다(현재 폭발적임).

그리고 네트워크의 크기가 커짐에 따라 단일 비트코인의 가격도 2010년 0.08달러에서 2014년 800달러, 2017년 8,000달러, 2021년 현재 70,000달러로 증가했다. 이것은 선순환을 만들었다. 비트코인 가격이 치솟으면

서 비트코인 네트워크의 크기와 힘도 치솟았다. 사토시(Satoshi)의 블록체인 실험은 효과가 있다. 더 중요한 것은 블록체인의 차세대 혁신인 베이비 비트코인의 폭발을 일으킬 것이라는 것이다. 다음에서 비트코인 수량에 대하여 알아보자.

비트코인 수량

비트코인 전체 발행량은 2,100만 개 설계되어 있다.

비트코인은 두 가지 단위(비트코인과 사토시)를 사용한다. 비트코인은 영문 BTC로 표기하며, 사토시는 sat 혹은 s을 줄여서 사용한다. 즉 100BTC는 100비트코인과 같은 의미이고, 1,000s나 1000sat는 1,000사토시와 같은 의미이다. 비트코인은 무려 100,000,000사토시(1억 사토시)=1BTC이며, 1사토시=0.00000001BTC인 셈이다. 예를 들어 1,000사토시=0.00001BTC이다.

한편 비트코인은 2009년부터 발행되기 시작하였으며, 처음에는 블록(Block) 생성 10분마다 50BTC가 생성되며 4년마다 반씩 줄어들어(반감기) 2140년에는 0.00000001BTC를 끝으로 발행이 중단된다. 2140년까지 총발행규모는 21,000,000BTC(1사토시)로 제한되어 있다.

- 10분 단위로 1개의 블록 생성
- 1일 블록 생성 개수=6(1시간)×24시간=144개 블록
- 1년 블록 생성 개수=144개×365일=52,560개 블록
- 최초 보상(채굴)금액=50BTC
- 4년 주기로 보상액(채굴에 따른 인센티브)은 절반으로 감소

연도별 블록 생성과 BTC 발행 개수

- 2009년~2012년 블록에 따른 BTC 발행 개수(비율적으로 50% 발행)
  52,560개 블록(1년)×4년(4년 주기)×50BTC(처음 블록 채굴 시 인센티브)=10,512,000BTC
- 2013년~2016년 블록에 따른 BTC 발행 개수(비율적으로 25% 발생)
  52,560개 블록(1년)×4년(4년 주기)×25BTC(인센티브)=5,256,000BTC
- 2017년~2020년 블록에 따른 BTC 발행 개수(비율적으로 12.5% 발생)
  52,560개 블록(1년)×4년(4년 주기)×12.5BTC(인센티브)=2,628,000BTC
- 2021년~2024년 블록에 따른 BTC 발행 개수(비율적으로 6.25% 발생)
  52,560개 블록(1년)×4년(4년 주기)×6.25BTC(인센티브)=1,314,000BTC

- 2025년~2028년 블록에 따른 BTC 발행 개수(비율적으로 3.125% 발생)
  52,560개 블록(1년)×4년(4년 주기)×3.125BTC(인센티브)=657,000BTC
  ⋮
- 2140년 0.00000001BTC(1사토시에 채굴 종료)

약 2009년부터 2020년까지 87.5%가 채굴되었으며, 즉 처음부터 24년(2033년)까지 99% 채굴되며, 나머지 107년 동안 1% 채굴이 이루어진다.

블록체인은 플랫폼이다

비트코인 가격이 오르기 시작하면서 개발자들은 비트코인이 시작점에 불과하다는 것을 깨달았다. 비트코인은 오픈소스였기 때문에 개발자들은 본질적으로 '자신의 돈을 주조'하는 자체 스핀오프(spin-off) 프로젝트를 구축하기 위해 서두르고 있다.

비트코인(또는 알트코인)에 대한 이러한 대안 중 일부는 자신만의 열정적인 커뮤니티를 구축하기 시작했다. 그리고 블록체인의 가치는 그것을 사용하는 사람들의 수와 직접적인 상관관계가 있기 때문에 이러한 알트코인 중 일부는 오늘날 수십억 달러의 가치가 있다.

스핀오프(Spin Off)

스핀오프는 세 가지 의미로 쓰인다. 첫째, 기업경쟁력을 강화하기 위해 다각화된 기업이 한 사업을 독립적인 주체로 만드는, 회사분할을 말한다. 회사분할은 경영효율성을 높이며, 군살을 빼려는 의도로 실시한다. 둘째, 이전에 발표되었던 드라마, 영화, 책 등의 등장인물이나 상황에 기초하여 새로 다른 이야기를 만들어 내는 것을 말한다. 미국의 'CSI' 시리즈가 대표적인 스핀오프 작품의 예라고 할 수 있다. 셋째, 정부출연기관의 연구원들이 자신이 참여한 연구에서 얻은 결과를 가지고 창업할 경우, 정부 보유기술을 사용하는 로열티를 면제해 주고 후에 신기술 연구기금 출연을 의무화하는 제도이다.

정의

알트코인(Altcoins): 암호화폐라고도 하는 비트코인의 대안(암호화폐는 신비하고 무섭게 들리기 때문에 우리는 알트코인이나 더 넓게는 디지털 자산을 선호한다). 최고의 알트코인에는 이더리움(Ethereum), 리플(Ripple) 및 라이트코인(Litecoin)이 있다(CoinMarketCap.com 참조).

디지털 교환 생태계가 빠르게 등장하여 사용자가 이러한 새로운 디지털 자산을 사고팔 수 있게 되었다. 회의론자들은 이러한 자산에 가치가 있다고 비웃었지만 새로운 유형의 디지털 거래자들은 어쨌든 자산을 거래하기 시작했다. 산업이 성숙함에 따라 이러한 디지털 자산의 2021년 7월 기준 암호화폐 전체 시가총액(또는 총가치)은 1조 3,600억 달러에 달한다.

이러한 가치 단위는 코인 또는 토큰이라고 다양하게 불린다. 중요한 것은 사용자가 이를 어떻게 인식하는가이다. 디지털 자산의 첫 번째 폭발이 우리에게 가르쳐 준 것은 블록체인 프로젝트가 사용자가 가치 있는 것을 받고 있다고 인식한다면 사용자가 채택할 가능성이 가장 높다는 것이다.

즉 돈이라고 부르지 않더라도 이러한 디지털 자산을 돈으로 생각하라. 어떤 유형의 돈이든 돈을 만들려면 '구매자'와 '판매자' 외에도 많은 참여자가 필요하다. 은행, 결제레일, 회계 시스템 등이 필요하다. 유사하게 블록체인 플랫폼에서 디지털 화폐(또는 디지털 가치)의 생성은 일반적으로 플레이어의 생태계를 포함한다.

주요 내용

- 블록체인은 가치공유를 위한 새로운 플랫폼인 가치 인터넷이다.
- 비트코인은 블록체인을 기반으로 구축된 최초이자 가장 성공적인 프로젝트로 남아 있다.
- 알트코인(비트코인의 대안)이 빠르게 뒤따랐으며, 때때로 암호화폐,

코인 또는 토큰이라고도 한다.

- 이러한 새로운 유형의 '돈' 또는 가치는 일반적으로 중앙은행 없이 P2P 방식으로 공유된다.
- 마찬가지로 전 세계 컴퓨터 네트워크에 분산된 회계 시스템인 분산 원장을 사용하여 이러한 디지털 자산을 추적한다.
- 기술 리더에게는 두가지 과제가 있다. 사람들이 블록체인을 이해하도록 하는 것(인식 구축)과 블록체인을 사용하도록 하는 것(사용자 구축)이다.
- 블록체인을 만드는 것은 미니경제를 만드는 것과 같다.

Appendix

부록 2 ▮ 블록체인 구성요소 02

비탈릭 부테린(Vitalik Buterin)은 그가 세상을 바꿨을 때 겨우 19세였다. 비탈릭은 러시아에서 태어났고 그의 부모는 그가 6살 때 캐나다로 이주한다. 비탈릭은 신동임이 분명했다. 교육자들은 그의 놀라운 재능을 재빨리 알아차리고 그를 수학, 프로그래밍, 경제 분야에서 뛰어난 영재를 위한 반으로 옮겼다. 10대 시절, 젊은 비탈릭은 컴퓨터 프로그래머인 그의 아버지로부터 비트코인을 알게 되었다. 비탈릭은 이 기술에 매료되었지만 비트코인은 그 자체가 목적이 아니라 목적을 위한 수단으로 보았다.

비트코인을 기반으로 애플리케이션을 개발할 수 있다면, 즉 본질적으로 비트코인 자체를 플랫폼으로 바꿀 수 있다면 어떨까? 비탈릭은 비트코인 위에 구축할 수 있는 새로운 종류의 스크립팅 언어를 제안했다. 유추하건대 이것을 안드로이드(Android) 스크립팅 언어와 같이 생각하면 개발자가 안드로이드 앱을 더 쉽게 만들 수 있다. 그는 젊고 경험이 없었기 때문에 그의 아이디어는 비트코인의 핵심 개발자들 사이에서 큰 주목을 받지 못했다. 그래서 비탈릭은 프로젝트를 직접 구축했다. 그 이전의 사토시(Satoshi)와 마찬가지로 젊은 개발자는 백서에서 자신의 아이디어를 설명했다.

그는 2013년에 발표된 자신의 프로젝트를 개발자가 새로운 블록체인 앱을 빠르게 만들 수 있도록 하는 간단한 스크립팅 언어를 사용하는 일반 블록체인 플랫폼이라고 설명했다. 플랫폼에는 자체 내장가치 단위, 자체 디지털 통화가 함께 제공된다. 또한 사토시와 마찬가지로 비탈릭은 그의 아이디어를 기반으로 소규모 개발자 팀을 끌어들였고 그들은 그의 플랫폼의 프로토타입 및 출시를 도왔다. 이 프로젝트는 (비트코인과 마찬가지로) 노드를 호스팅하는 작은 가치 단위로 보상을 받았기 때문에 네트워크를 구축하고자 하는 지원자 네트워크를 빠르게 끌어들였다.

비탈릭은 우주에 스며든 가상의 보이지 않는 물질인 이더(ether)의 이름을 따서 이 프로젝트를 이더리움(Ethereum)이라고 불렀다. 개발자가 네트워크를 사용하기 위해 지불한 '돈'의 가치 단위를 이더(ether)라고 한다(오늘날 이더리움은 일반적으로 네트워크와 가치 단위 모두에 사용된다).

이더리움은 블록체인의 큰 발전이다. 공통개발 표준세트를 허용하여 출시시간을 단축했기 때문이다. 디지털 거래자가 사고팔 수 있는 블록체인 기반 가치 단위를 누구나 쉽게 만들 수 있었기 때문에 성공적이다. 인터넷을 통해 누구나 정보를 쉽게 게시할 수 있었던 것처럼(사실 여부에 관계없이) 이 새로운 발명은 누구나 가치의 새로운 단위(가치 여부에 관계없이)를 쉽게 만들 수 있게 한다. 어떤 의미에서는 사람들이 '돈을 찍어'내도록 한다. 보시다시피 이것은 축복이자 저주이다. 역사는 사토시와 함께 비탈릭을 블록체인의 창시자로 기억할 것이다.

오늘날 이더리움은 비트코인에 이어 두 번째로 큰 블록체인 프로젝트이며 성공적인 블록체인 프로젝트의 구성요소에 대한 훌륭한 사례 연구 역할을 한다. 하지만 그 이전의 사토시처럼 비탈릭은 그의 블록체인 프로젝트가 세상을 어떻게 바꿀지 예측하지 못한다(블록체인 프로젝트가 어디로 갈지 항상 예측할 수는 없다).

분권형 원장기술: 블록체인의 심장박동

김(Kim)이 이더리움(ETH) 10개의 단위를 이(Lee)에게 전달하고, 이(Lee)는 다시 장(Jang)에게 전달하고 그리고 장(Jang)은 결국에는 박

(Park)에게 전달하는 회계원장을 설명하고자 한다([부록 그림 2-1] 참조).

▌부록 그림 2-1 ▌김(Kim), 이(Lee), 장(Jang), 박(Park)의 연계된 회계원장

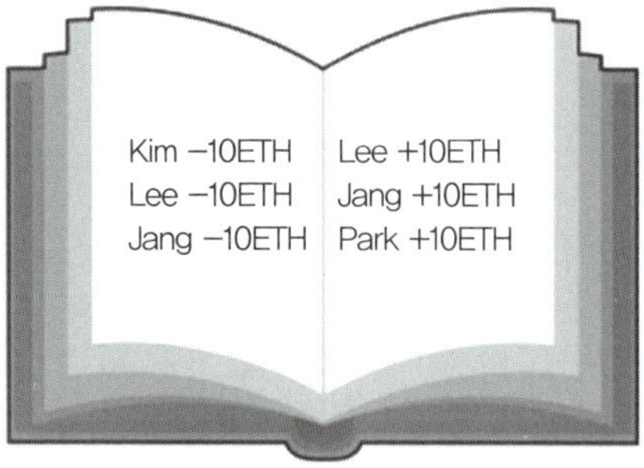

먼저 이 정보를 로컬 엑셀 스프레드시트에 기록한다고 상상해 보자. 이제 [부록 표 2-1]과 같이 하나의 복사본, 하나의 컴퓨터에 저장된다.

▌부록 표 2-1 ▌엑셀시트에 기록된 일련의 ETH 거래

구분	A	B	C
1	김(Kim)	–10	ETH
2	이(Lee)	+10	ETH
3	이(Lee)	–10	ETH
4	장(Jang)	+10	ETH

다음으로 정보를 엑셀에서 시트로 복사한다고 상상해 보자. 이제 [부록 그림 2-2]와 같이 수백 개의 네트워크 노드와 클라우드컴퓨팅 클러스터에서 공유된다. 엑셀 파일(하나의 복사본, 하나의 컴퓨터)을 스프레드시트(하나의 복사본, 여러 컴퓨터)와 비교한다.

부록 그림 2-2 김(Kim)은 엑셀시트에 기록된 10개의 이더리움(ETH)을 이(Lee)에게 전송하나 결국 장(Jang)에게 최종전송하는 과정

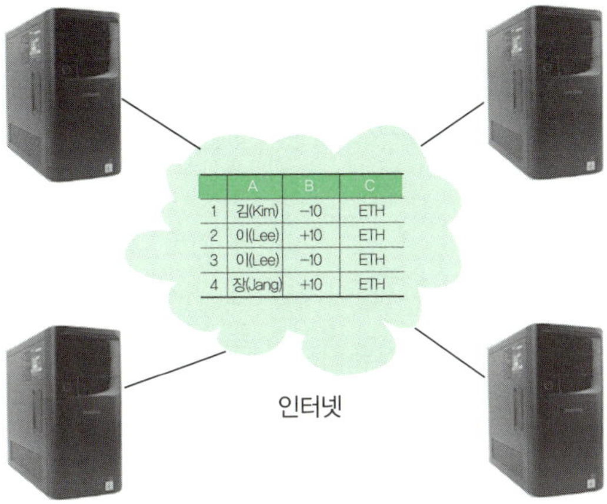

부록 그림 2-3 김(Kim)은 블록체인에 기록된 1개의 이더리움(ETH)을 이(Lee)에게 전송하는 과정

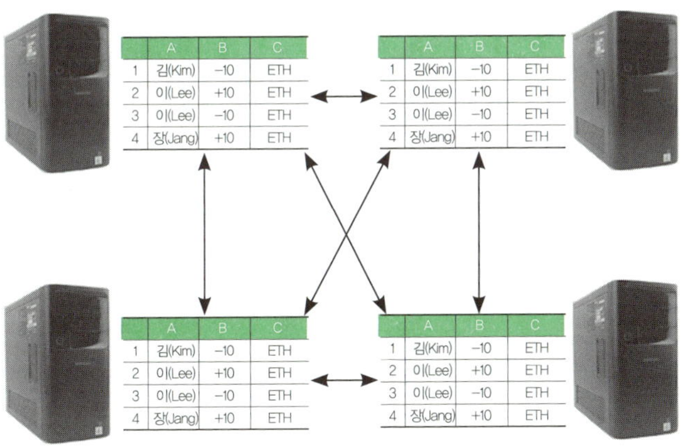

블록체인은 한 단계 더 나아가 [부록 그림 2-3]에서 볼 수 있는 것처럼 많은 사본과 많은 컴퓨터를 제공한다.

[부록 그림 2-2]와 [부록 그림 2-3]을 다시 보고 분산원장기술(DLT)이 클라우드컴퓨팅과 어떻게 다른지 알아보자. 시트(sheets)는 여러 서버에 분산되어 있지만 서버(블록체인 회사)를 소유하기 때문에 여전히 중앙집중식이다. 블록체인은 분산화되어 관리되나 블록체인 회사의 관리자가 서

버를 운영한다.

정의

분산원장기술(DLT: Decentralized Ledger Technology): 블록체인의 심장. 이를 통해 분산된 컴퓨터 네트워크에서 모든 트랜잭션을 동기화된 상태로 유지할 수 있다.

분명히 하자면, 원장은 하나뿐이지만 그 원장은 하나의 중앙위치에 저장되지 않는다. 오히려 모든 컴퓨터의 모든 노드에 동일한 복사본이 존재한다. DLT는 블록체인의 심장이다.

DLT(Decentralized Ledger Technology)

분산원장기술로 정의되며 때로는 블록체인 자체와 혼동되기도 한다. 그러나 분산은 클라우드컴퓨팅과 같은 다른 컴퓨터에 저장되는 동일한 원장의 복사본만을 나타낸다. DLT를 분산된 원장기술로 정의하여 원장이 분산될 뿐만 아니라 중앙기관에 구속되지도 않는다는 것을 보여준다. 원장을 유지관리하는 권한은 노드 간에 분산된다.

DLT의 놀라운 점은 이러한 모든 분산 복사본을 전 세계 어디에서나 동기화된 상태로 유지하면서 초당 여러 트랜잭션을 수행할 수 있다는 것이다. 또한 신뢰할 수 있고 타임스탬프가 찍혀 있고 회계감사가 가능한 방식으로 이러한 모든 복사본을 동기화한다.

- 분산된 원장은 데이터를 변경할 수 있는 중앙 당사자가 없는 합의(자세한 내용은 곧 설명)를 통해 도달했기 때문에 신뢰할 수 있다. 중앙집중식 구글시트는 구글에서 변경할 수 있지만 분산형 원장은 중앙회사나 기관에서 변경할 수 없다(인터넷과 마찬가지로 어떤 단일 조직도 이를 '소유'하지 않는다).
- 분산원장은 블록(회계원장의 항목과 같은 단일 데이터레코드)을 생성

하여 타임스탬프가 지정되어 적절한 거래순서를 보장한다. 거래가 이루어진 시간을 기록하면 시스템이 안전하고 안전하게 유지된다. 이더리움으로 누군가에게 지불할 때 이더리움이 수신자의 지갑에 언제 들어왔는지 알 수 있다.

- 분산된 원장은 투명하기 때문에 회계감사가 가능하다. 엑셀시트와 마찬가지로 우리는 모두 과거를 되돌아보고 전체 거래순서를 볼 수 있다. 진정한 익명의 현금과 달리 디지털 원장은 우리가 거래를 할 때마다 흔적을 남긴다.

노드와 광부

전체 블록체인시장과 마찬가지로 이더리움은 미쳐가고 있다. 사람들이 이더리움(플랫폼) 위에 자신의 토큰을 만들 수 있기 때문에 이더리움(자산)의 가격이 치솟기 시작했다. 2017년 초 단일 ETH은 10달러였다. 1년 후 동일한 ETH은 1,000달러이다. 가격이 하늘로 치솟으면서 광부(컴퓨터를 네트워크에 기여하는 사람들)의 수도 증가했다.

이것은 결국 네트워크 용량을 증가시켜 더 많은 프로젝트를 이더리움에서 시작하여 이더리움 생태계에 더 많은 돈을 벌 수 있다. 더 많은 사람들의 더 많은 분산화를 의미했고, 이는 보안이 더 강화됨(더 적은 실패 지점)을 의미하며, 네트워크를 훨씬 더 가치 있게 만들었다.

비트코인의 초기 성장을 주도한 것은 바로 그 선순환이다. 더 많은 사람들이 자신의 컴퓨터를 네트워크에 연결함에 따라 가격인상으로 노드 수가 급격히 증가한다. 이 노드는 다음과 같은 몇 가지 주요 역할을 수행한다.

- **원장의 사본유지:** 냅스터(Napster)에서 엔싱크(NSYNC) 앨범을 공유하는 10대처럼 많은 노드에서 호스트 원장과 같이 지속적으로 동기화 상태를 유지한다. 원장은 시간이 지남에 따라 상당히 커질 수 있으므

로 일부 노드는 원장의 일부만 호스팅한다.

- **거래 확인**: 합의과정을 통해 노드는 트랜잭션 블록이 유효한 '합의'에 지속적으로 도달하고 블록체인에 유효한 블록을 기록한다(즉 타임스탬프가 찍힌 데이터블록을 분산원장에 쓰기).
- **채굴**: 일반적으로 채굴자는 전문 하드웨어와 소프트웨어를 사용하여 블록체인 네트워크를 실행하는 전용 컴퓨터로, 새로운 거래 블록을 생성하는 데 대해 비트코인 또는 기타 디지털자산의 형태로 보상을 받는다. 사용자는 네트워크에서 노드를 호스팅하는 데 대한 보상개념인 맞춤형 컴퓨터인 채굴장비를 설치하고 수익을 얻는다.

노드와 광부의 이러한 개념은 중요하다. 처음에는 모든 블록체인이 '닭이냐 달걀이냐의 문제'에 직면해 있다. 사용자가 없으면 블록체인도 없지만 블록체인이 없으면 사용자를 유치할 수 없다. 블록체인은 중앙집중화되어 있지 않다. 서버 클러스터를 가동할 수 없다. 분산되어 있다. 사용자가 네트워크를 구축하도록 설득해야 한다. 그렇다면 블록체인을 채굴하기 위해 어떻게 시작하는가?

정의

마이닝(Mining): 네트워크에 컴퓨팅 성능을 제공하여 보상(보통 코인 또는 토큰 형태)을 얻는 프로세스를 포함

사용자는 블록체인 참여에 대한 보상을 원한다. 다시 말하지만 가치에 대한 인식이다. 마이닝이라는 용어는 이제 일반적으로 네트워크에서 노드를 호스팅하는 데 대한 모든 보상을 의미하는 데 사용된다. 이것이 우리가 블록체인을 가치의 인터넷으로 생각하는 또 다른 이유이다. 당신의 가치(일반적으로 코인 또는 토큰이라고 하는 디지털 자산)는 일반적으로 네트워크에 참여하는 광부에게 보상하는 데 사용된다. 이것이 우리가 닭이냐

달걀이냐의 문제를 해결하는 방법이다.

합의 알고리즘

> 우리는 왕, 대통령, 투표를 거부한다. 우리는 대략적인 합의와 코드 실행을 믿는다.
> —국제인터넷표준화기구(Internet Engineering Task Force), 데이브 클라크

이제 블록체인이 노드와 광부(글로벌 네트워크)를 통해 유지관리되는 분산원장(대규모 공유 데이터베이스)을 사용하며, 이들은 토큰(사용자 정의 통화 또는 가치 단위)으로 보상을 받는다.

이것이 블록체인이 실생활에서 구축되는 방식이다. 그러나 전 세계에서 동시에 트랜잭션이 발생하는 상황에서 이 모든 것을 동기화하려면 어떻게 해야 할까? 우리는 이것을 합의라고 부른다.

합의(합의 알고리즘 또는 합의 프로토콜이라고도 함)는 모든 노드가 거래에 대한 합의에 도달하는 프로세스이다. 우리는 인간이 각 거래에 수동으로 동의한다는 것을 의미하는 것은 아니다. 정반대로서 데이브 클라크(Dave Clark)가 지적했듯이 합의는 투표가 아니다. 합의는 배후에서, 코드에서 일어나고 있다. 기계가 기계에 동의한다.

정의

합의 프로토콜: 컴퓨터가 자동으로 서로 '동의'하기 위해 사용하는 알고리즘

작업증명

작업증명(PoW: Proof of Work)은 비트코인에서 사용하는 원래의 합의 프로토콜이다. 이 방법에서 컴퓨터 노드는 트랜잭션을 검증할 수 있는 권리에 대해 점점 더 복잡해지는 수학적 문제를 해결한다(즉 새 블록으로 작

성되도록 데이터를 승인한다).

복잡성이 증가함에 따라 이러한 문제를 해결하는 데 필요한 처리능력도 증가한다. 처리능력을 제공하는 컴퓨터는 구축하는 데 비용이 점점 더 많이 들 뿐만 아니라 실행하는 데도 점점 더 비싸진다. 컴퓨팅 능력에는 전력이 필요하다. 아이디어는 이 도전적인 수학적 '작업'이 실제 처리능력과 실제 전기를 사용하기 때문에 비트코인의 가치를 더욱 정당화한다는 것이다. 사실 비트코인이 너무 많은 전력을 사용한다는 비판이 일반적이다. '더 이코노미스트(The Economist)'에 따르면 비트코인 네트워크만 사용하는 총에너지 소비량은 아일랜드에 전력을 공급할 수 있다고 한다. 이 막대한 에너지 소모는 블록체인 개발자가 대체 합의 메커니즘을 실험하고 있는 이유이다. 초기에는 가정용 컴퓨터만 있으면 누구나 비트코인을 채굴할 수 있었다. 그런 다음 맞춤형 채굴장비, 채굴장비 창고, 저렴한 에너지원 근처에 위치한 거대한 서버팜으로 특화된다.

개인 채굴자들이 돈을 벌기 위한 경쟁이 치열해짐에 따라, 그들은 거대한 이익 공유집단 또는 채굴풀에 함께 합류하기 시작한다. 이러한 풀 중 다수는 현재 비트코인 네트워크의 큰 덩어리를 제어하는 회사로 더욱 통합된다.

합의는 재미있는 일이다. 경쟁적인 광산회사들 사이에서 권력이 통합됨에 따라 우리는 과점과 같은 결과를 낳고 소수의 거대한 플레이어가 대부분의 광산 권력을 통제하게 된다. 바로 탈중앙화 네트워크가 해결하려고 하는 문제이다. 우리는 이 문제를 합의역설(consensus paradox)이라고 부른다. 분산합의 알고리즘은 더 널리 채택될수록 더 중앙으로 집중화되는 경향이 있다.

정의

합의역설(Consensus Paradox): 탈중앙화 합의 메커니즘이 더 널리 채택됨에 따라 더 중앙집중화되는 경향이 있다.

지분증명

작업증명(PoW: Proof of Work)의 가장 일반적인 대안은 지분증명(PoS: Proof of Stake)으로, 노드는 소유한 토큰 수에 비례하여 채굴능력을 갖는 것이다. 예를 들어, 지분증명(PoS)을 기반으로 하는 이더리움2.0에서는 전체 이더리움의 1%를 소유한 사람이 전체 트랜잭션의 최대 1%를 검증(또는 승인)할 수 있다.

정의

지분증명(PoS): 사용자가 새 토큰을 검증(또는 채굴)하기 위해 네트워크에서 자신의 지분을 증명해야 하는 합의 메커니즘

지분(stake)의 큰 장점은 훨씬 적은 전력을 사용한다는 것이다. 모든 사람이 보상을 위해 '경쟁'하는 대신, 우리는 토큰을 소유한 사람에 비례하여 보상을 분배한다. 그러나 여기서 다시 합의의 역설에 부딪힌다. 이 계획에서 부자는 더 부자가 되고 가난한 사람은 더 가난해진다. 가장 가치 있는 부동산에 호텔을 개발한 모노폴리 플레이어처럼 가장 부유한 토큰 보유자는 부분적으로 더 많은 혜택을 받는다.

그러나 지분증명(PoS)은 플레이어가 시스템의 무결성을 보장할 수 있는 엄청난 인센티브를 제공한다. 지분증명(PoS) 시스템에서 더 많은 블록체인 토큰을 소유할수록 해당 블록체인이 성공하기를 더 많이 원한다. 아무도 모노폴리 게임이 이기면 일찍 끝나는 것을 원하지 않는다.

실험적 합의 알고리즘

합의역설(consensus paradox)은 블록체인에서 가장 흥미로운 문제 중 하나이므로 위임된 지분증명(delegated proof of stake), 탱글(tangle) 및 해시그래프(hashgraph)와 같은 많은 새로운 합의 알고리즘이 나타나고 있다.

어려운 문제로 수천 개의 독립적인 노드가 계속해서 일치하도록 하려면 어떻게 해야 하는가? 각 솔루션에는 고유한 강점과 약점이 있다. 블록체인은 기술적, 재정적 문제를 제시한다. 이더리움은 노드와 채굴자에 대한 인센티브(재정)가 내장된 우수한 합의 프로토콜(기술적)이라는 두 가지 측면에서 모두 올바른 결과를 얻는다.

블록체인의 특징

블록체인에 기록된 데이터는 위변조가 거의 불가능하여 누구나 신뢰할 수 있고, 안전하며, 탈중앙화 방식의 시스템 운영이 가능하다.

신뢰성

블록체인에 기록된 데이터는 해킹을 통한 위변조가 매우 어렵기 때문에 누구나 신뢰할 수 있다. 블록체인에 기록된 내용은 해시함수에 의해 변환되어 암호화된 형태로 저장된다. 만약 내부자 또는 외부 해커가 시스템에 침입하여 특정 데이터를 위변조할 경우, 해당 데이터의 해시값이 변경되어, 위변조 사실을 즉각 알아낼 수 있다. 블록체인에 기록된 데이터의 양이 아무리 많아도 그중에서 단 한 글자만 변경해도 전혀 다른 해시값이 나오기 때문에, 다른 사람이 모르게 데이터를 변경 · 삭제 · 추가하는 일은 불가능하다. 게다가 해시트리 구조로 데이터를 관리하기 때문에 어떤 위치에서 어떤 내용이 위변조되었는지를 즉각 알아낼 수 있다. 따라서 블록체인에 기록된 데이터는 단지 "블록체인에 기록되어 있다"는 이유만으로도 누구나 신뢰할 수 있다.

블록체인 자체를 해킹하는 유일한 방법은 전체 네트워크의 50% 이상에 해당하는 막강한 해시 연산능력을 보유하고, 다른 정직한 노드들보다 더 빠른 속도로 신규 블록을 생성하여 네트워크에 전파함으로써, 다른 노드들이 정상적인 데이터가 아니라 위변조된 데이터가 포함된 블록체인을 채택하도록 만드는 것이다. 이것을 흔히 51% 공격이라고 부른다. 51% 공격을 성공하려면, 해당 블록체인 네트워크에 참여한 다른 모든 노드들의 해시 연산능력을 합친 것보다 더 큰 해시 파워를 보유해야 하는데, 사실상 불가능에 가깝다.

안전성

블록체인에 기록된 데이터는 분산 저장되기 때문에, 특정 노드에 대한 디도스 공격이나 랜섬웨어 공격 등으로부터 안전하다. 디도스(DDoS)란 Distributed Denial of Service의 약자로서, 다수의 분산된 컴퓨터를 이용하여 특정 서버 컴퓨터가 처리할 수 있는 용량을 초과하는 정보를 한꺼번에 보내 과부하로 서버가 다운되거나 정상 접속되지 못하도록 만드는 공격을 말한다. '분산 서비스 거부 공격'이라고 한다. 예를 들어, 최대 1,000명이 동시 접속할 수 있는 서버에 2,000명이 동시 접속을 시도하면, 서버가 부하를 이겨내지 못하고 다운되거나 먹통이 되어 정상적인 서비스를 제공할 수 없게 된다. 기존의 서버-클라이언트 구조에서는 중앙 서버에 디도스 공격을 함으로써 전체 서비스를 마비시킬 수 있다.

기존의 서버-클라이언트 구조와 달리, 블록체인 구조에서는 다수의 노드들이 동일한 데이터를 복사하여 분산 저장하고 있기 때문에 디도스 또는 랜섬웨어 등 외부의 공격으로부터 안전하다는 장점이 있다. 블록체인 네트워크에 참여하는 특정 노드를 공격하여 해당 시스템을 마비시키더라도, 다른 노드에 있는 서버 컴퓨터들이 정상 작동하기 때문에 서비스를 안정적으로 제공할 수 있다. 블록체인 네트워크를 구성하는 전 세계 모든 노드들을 상대로 동시에 분산 서비스 거부 공격(DDoS)이나 랜섬웨어 공격을 하여 전 세계 모든 시스템을 동시에 마비시키지 않는 한, 블록체인에 기록된 데이터는 외부 공격으로부터 안전하다. 블록체인 네트워크에 참여하는 전 세계 모든 노드를 동시에 공격하는 것은 매우 큰 컴퓨팅 파워가 필요하기 때문에 사실상 불가능하다.

탈중앙화

블록체인은 권위 있는 중앙조직 · 기관 · 단체 등이 없이, 자유롭고 평등한 참여자들에 의해 자율적으로 유지되고 운영된다. 기존의 서버-클라이언트 구조에서는 모든 정보가 중앙에 있는 서버로 집중되기 때문에 중앙을 차지한 사람이 의사결정권한을 가지는 구조였다. 하지만 블록체인은 중앙이 없는 P2P 방식으로 운영되기 때문에, 권위를 가진 중앙이 존재하지 않는다. 블록체인에서 의사결정 방식은 네트워크에 참여한 모든 사람들의 과반수 이상의 동의를 필요로 하는 탈중앙화(decentralization) 방식이다.

블록체인 구조에서 중앙조직은 불필요하다. 블록체인 방식이 사회적으로 널리 퍼지면 기존의 중앙집중식 조직은 약화되거나 소멸된다. 예를 들어, 블록체인 기반의 암호화폐가 널리 사용될 경우, 기존의 은행은 그 권한과 역할이 축소된다. 마찬가지로 블록체인 기반의 물류관리 시스템이 확산될 경우, 기존의 복잡한 물류관리 절차가 대폭 간소화되고 관련 조직들의 역할이 축소된다. 블록체인 시스템이 확산될수록 기존의 은행, 보험사, 공증사무소, 포털사이트, 기업, 법원, 정부, 국가 등 다양한 중개기관들은 그 역할이 대폭 축소되거나 심지어 소멸할 것으로 예상되고 있다. 블록체인은 중개기관이 필요 없이 참여자들이 직접 거래할 수 있는 시스템이다. 블록체인은 자유와 평등을 보장하는 탈중앙화 시스템이다.

우리는 블록체인(가치 인터넷)이 움직이는 부분이 많다는 것을 알고 있다. 우리가 블록체인을 구축할 때 우리는 단지 기술 시스템을 구축하는 것이 아니다. 우리는 경제 시스템을 구축하고 있는 것이다. 실제로 블록체인을 돈과 기술의 교차점에 있는 새로운 분야로 생각하는 것이 도움이 된다. 이를 위해서는 새로운 기술이 필요하다. 전통적인 경제학자가 합의 프로토콜을 이해할 수 없는 것처럼 전통적인 네트워크 관리자는 경제적 인센티브를 만드는 방법을 이해하지 못할 것이다. 대신에 우리는 엔터프라이즈 블록체인 리더가 토큰화된 디지털 자산 설계의 예술 · 과학인 '토큰노믹스' 교육을 시작하도록 권장한다. 이는 블록체인기술뿐만 아니라 경제 원리를 이해하는 새로운 직위인 토큰노미스트(tokenomist)로 이어질 것이다. 미래의 직업시장에서 토큰노미스트는 문자 그대로 그리고 비유적으로나 돈을 주조할 것이다.

주요 내용

- 분산된 원장기술을 사용하면 분산된 컴퓨터 네트워크에서 모든 블록체인 트랜잭션을 동기화된 상태로 유지할 수 있다.
- 이 기술은 일반적으로 토큰을 채굴(또는 획득)할 수 있는 권리를 위해 노드라고 하는 컴퓨터 네트워크에서 실행된다.
- 합의 알고리즘은 이러한 모든 컴퓨터가 동기화상태를 유지하는 방법이다. 작업증명(Proof of Work)과 지분증명(Proof of Stake)은 가장 일반적인 두 가지 알고리즘이지만 더 많은 방법이 시도되고 있다.
- 블록체인의 주요 특징은 블록체인에 기록된 데이터는 위변조가 거의 불가능하여 누구나 신뢰할 수 있고, 안전하며, 탈중앙화 방식의 시스템 운영이 가능하다.
- 블록체인은 기술과 경제의 매시업(mashup)이다. 코드와 코인 모두에 대해 생각해야 한다(우리는 이것을 경제학이라고 부른다).

부록 3 ▮ 블록체인 구축방법과 활용방안 03

창펑자오(Changpeng Zhao)는 1년도 채 되지 않아 블록체인 억만장자가 된다. 창펑자오는 중국에서 태어났으며, 그의 부모는 모두 교육자였다. 그러나 그의 아버지는 '친부르주아' 사상 때문에 국외로 추방된 강한 정신을 지닌 지식인이었고 가족은 비탈릭처럼 캐나다로 이주했다. 창펑자오는 몬트리올에 있는 맥길대학교(McGill University)에서 컴퓨터 공학을 공부한 후 블룸버그 및 도쿄 증권거래소와 같은 회사를 위한 고속 금융거래 시스템을 구축하는 것으로 빠르게 명성을 얻었다. 20대 후반에 블록체인을 접했을 때 그는 새로운 가치 인터넷의 잠재력을 재빨리 보았고 직장을 떠나 초기 여러 프로젝트에 참여했다. 그는 디지털 지갑 제공업체 블록체인 인포(Blockchain.info)의 초기 직원 중 한 명이었고, 그 뒤를 이어 기존 통화와 디지털 통화 간의 거래 플랫폼인 오케이코인(OKCoin)에서 잠시 근무했다.

창펑자오는 신흥 디지털 거래 세계에서 두 가지 문제를 보았다.

- 첫 번째 문제는 기술적인 문제이다. 예를 들어, 거래자들이 비트코인을 팔고 이더리움을 사고 싶었을 때 이 기술은 전성기를 맞이할 준비가 되어 있지 않았다. 인터넷의 초창기처럼 블록체인의 초창기는 빈번한 사이트 중단, 혼란스러운 사용자 인터페이스 및 확장성 부족으로 어려움을 겪었다.
- 두 번째 문제는 법적 문제이다. 법정화폐를 받는 순간 당신은 돈을 송금하는 사람으로 여겨져 값비싼 라이선스와 변호사가 필요하다. 또

한 이러한 새로운 디지털 자산은 법적으로 정의되지 않았다. 일종의 주식, 통화와 같았지만 실제로는 새로운 것이다. 이 새로운 거래소는 새로운 영역에서 운영되고 있다.

정의

피아트(Fiat) 통화: 달러, 유로 또는 위안과 같은 전통적인 통화

창펑자오는 블록체인을 위한 증권거래소와 같이 거래자들이 디지털 자산을 사고팔 수 있는 바이낸스(Binance)라는 새로운 디지털 거래소에 대한 그의 아이디어를 보여주었다. 바이낸스는 다음 두 가지 문제를 현명하게 해결할 것이다.

- 기술적인 문제를 해결하기 위해 창펑자오는 새로운 디지털 자산을 플랫폼에 신속하게 추가할 수 있는 동급 최고의 기술 스팩을 구축했다. 그는 사용하기 쉬운 인터페이스 뒤에 숨어 처음부터 확장성을 구축했다.
- 법적 문제를 해결하기 위해 바이낸스는 단순히 법정화폐를 받지 않았다. 거래자는 다른 곳에서 비트코인이나 토큰을 구매한 다음 거래를 시작하기 위해 바이낸스로 전송해야 한다. 이를 통해 창펑자오는 기존 규제를 완전히 우회할 수 있다.

창펑자오는 2017년 중반에 새로운 거래소를 시작했으며 타이밍은 완벽했다. 2017년 암호화폐 붐(Crypto Boom)이 한창 진행 중이었을 때, 매달 수백 개의 새로운 프로젝트가 시작되었고 바이낸스는 시장수요를 보여주면서 새로운 디지털 자산을 쉽게 추가할 수 있었다.

새로운 거래소에 자금을 지원하기 위해 창펑자오는 자신의 알트코인인 바이낸스 코인(BNB)을 출시했다. 다시 말하지만 단일 BNB의 가격이 약 10센트에서 30달러 이상으로 급등하면서 타이밍이 완벽했다. 1년 만에 창

펑자오는 블록체인업계에서 가장 부유한 인물 중 한 명이 되었다.

바이낸스의 이야기는 성공적인 블록체인 프로젝트의 몇 가지 원칙에 대한 훌륭한 사례 연구이다. 이러한 원칙은 앞으로의 이야기에 대한 소개이자 자신만의 블록체인 성공 사례를 만드는 방법에 대한 귀중한 교훈이 될 것이다.

블록체인은 네트워크이다

모든 네트워크와 마찬가지로 네트워크의 가치는 네트워크를 사용하는 사람들에게서 나온다. 오늘날 가장 강력한 기업인 페이스북(Facebook), 텐센트(Tencent), 애플(Apple)은 네트워크 기업이다. 자동차회사인 테슬라(Tesla)도 실제로는 네트워크 회사이다(일론 머스크(Elon Musk)는 테슬라의 자동차를 '바퀴 달린 정교한 컴퓨터'라고 부른다).

네트워크는 네트워크 효과 때문에 가치가 있다. 네트워크에 참여하는 모든 사용자에 대해 [부록 그림 3-1]과 같이 네트워크는 모든 사용자에게 더 가치가 있다.

부록 그림 3-1 블록체인화의 네트워크 연계성

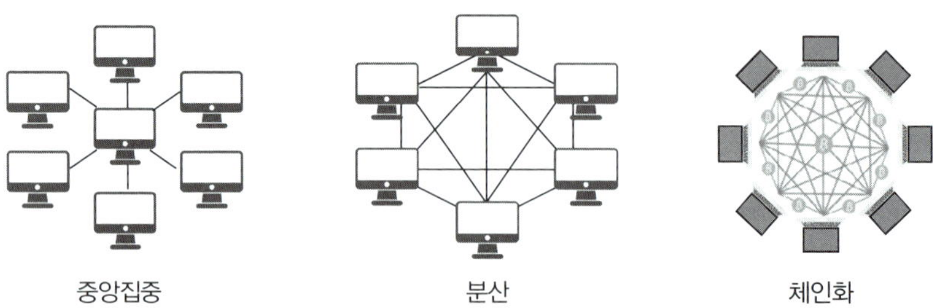

정의

네트워크 효과: 모든 새로운 사용자가 네트워크에 가입할 때마다 네트워크는 모든 사용자에게 더욱 가치가 있다.

20명만 페이스북을 사용하는 세상을 상상해 보자. 그다지 유용하지 않다. 이제 모든 친구들이 페이스북에 있는 세상을 상상해 보고, 친구, 유명인사, 정치인 그리고 당신이 페이스북에 있는 세상을 상상해 보자. 성공적인 네트워크는 자체적인 추진력을 만들어 더 많은 사용자를 끌어들이는 일종의 자기력을 생성하여 네트워크를 더욱 크고 유용하게 만든다.

점점 커지는 눈덩이처럼 더 많은 사람들이 가입할수록 더 많은 사람들이 가입하고 싶어 한다. 간단히 말해서 블록체인을 사용하는 사람이 많을수록 블록체인은 더 강력해진다. 우리는 이것을 블록체인 네트워크 효과라고 부르며 현명한 기술 리더는 이 규칙을 스티커 메모에 적어 책상에 보관할 것이다.

정의

블록체인 네트워크 효과: 블록체인에 가입하는 모든 사용자에게 블록체인의 가치는 더욱 높아진다.

따라서 중요한 질문은 어떻게 사람들을 블록체인에 끌어들이는 것인가이다. 창펑자오는 바이낸스를 위한 기술이 올바르게 작동하는 것이 중요하지만 사용자 채택이 훨씬 더 중요하다는 것을 알았다. 그는 사용자가 자신의 플랫폼에서 구매 및 판매하도록 해야 했다. 그가 새로운 사용자를 빠르게 끌어들이는 한 가지 방법은 바이낸스 거래소에서 많은 자산을 빠르게 제공하여 각각의 새로운 사용자 커뮤니티를 유치하는 것이다. 경쟁자 교환은 새로운 토큰을 추가하는 데 느렸고, 결과적으로 새로운 사용자를 추가하는 데 느렸다. 네트워크 효과 덕분에 일반적으로 더 개방적인 네트워크가 더 성공적이다. 더 많이 개방되어 있다고 해서 완전히 개방되는 것은 아니다. 애플은 개발자가 아이폰(iPhone)용 앱을 만들 수 있도록 허용하지만 광범위한 검토를 통해 해당 앱의 품질을 보호하는 것으로 유명하다.

개방형 대 폐쇄형에 대한 이 결정은 블록체인을 구축하는 데 중요한 결정요인이다. 개방형 블록체인을 무허가(가입 허가가 필요하지 않음) 및 허가된 폐쇄 블록체인(초대 전용)이라고 한다.

- 사토시 나카모토가 구상한 대로 공개 또는 무허가 블록체인에서는 시스템에 대한 액세스를 제어하거나 제한하는 중앙기관이 없다. 누구든지 익명으로 자유롭게 시스템에 참여할 수 있다. 그러나 사용자는 시스템의 거버넌스 또는 의사결정에 권한이 없다. 이러한 규칙은 처음에 시스템에 '하드코딩'되었기 때문이다.
- 사설 또는 허가된 블록체인에서 중앙기관 인물(보통 소유자 또는 회사)은 시스템에 대한 액세스를 제어하거나 제한한다. 따라서 우리는 일반적으로 블록체인을 사용하는 사람들의 신원을 알고 있다. 그리고 블록체인은 여전히 신뢰할 수 있지만 '외부'에 있는 사람들에게는 투명하지 않을 수 있다.

예를 들어, 항공산업을 위한 블록체인을 만들고 있다고 상상해 보자. 이를 통해 사용자는 상용 고객보상 포인트를 서로 사고팔 수 있다. 처음에는 항공사가 블록체인에 합류하도록 설득하는 데 그쳤다. [부록 표 3-1]은 두 가지 가능한 피치를 보여준다.

부록 표 3-1 더많은 개방성은 더많은 채택으로 이어짐

유형	피치	가능성이 있는 결과
허가 (사적인)	빅3 항공사만 초청될 것임. 그들의 마일리지 호환	호환되지 않는 소수의 블록체인으로 끝날 가능성이 더 높다. 소비자는 블록체인 기반 보상 포인트가 뒤죽박죽일 가능성이 높으며, 그중 많은 부분이 사용되지 않는다(즉 오늘날의 상용 고객 시스템과 같이).
무허가 (공공의)	모든 항공사가 가입할 수 있음. 모든 항공사 마일리지는 호환 가능	단일 상용고객으로 이어질 가능성이 높음. 항공사 마일이 상호 운용 가능해짐에 따라 표준이 되었다(오늘날 구글항공편 검색의 원스톱 목록처럼). 소비자들은 마일리지를 더 많이 절약하고 사용할 것이다. 자주 동반자 티켓을 구매하고 더 자주 비행한다.

전체 산업에서 어떤 접근방식이 더 성공할 가능성이 높은가? 가격 메커니즘이 올바르게 설계되었다고 가정하면(항공사가 돈을 잃지 않도록) 무허가 접근방식(공개 블록체인)은 업계 전체에 적합하다. 더 많은 개방성은 더 많은 채택으로 이어진다. 그러나 공개는 개인회사에게 어려운 판매가 될 수 있다.

실제로 IFC(International Finance Corporation)의 연구에 따르면 대부분의 기업이 현재 허가된(비공개) 블록체인을 선택하고 있다. 그러나 블록체인이 더많이 허용(또는 폐쇄)될수록 무허가(또는 개방) 대안으로 인한 중단위협에 더 많이 노출된다. 규제보호, 메달리온 시스템, 전문화된 운전기사 및 배차원 네트워크를 갖춘 '폐쇄된' 택시 네트워크를 보라. 택시는 우버(Uber) 및 리프트(Lyft)와 같은 차량 공유회사의 '개방형' 네트워크로 인해 혼란을 겪었다.

우버는 여전히 블록체인이 아닌 중앙집중식 회사이다. 그러나 우버는 택시업계의 허가 시스템과 비교할 때 더 무허가이다. 우버가 일반적으로 새로운 시장을 인수하기 전에 허가를 요청하지 않았다는 점을 감안할 때 말 그대로이다. 즉 앞으로의 공개 표준이 어떻게 승리하는지 다른 산업에서 계속해서 보게 될 것이다. 즉 새로운 블록체인 법안을 만들기 위해 언어를 복사하여 붙여넣을 수 있도록 출판물을 오픈소스로 만드는 블록체인 산업협회인 디지털 상공회의소(Chamber of Digital Commerce)와 같이 블록체인 프로젝트가 무허가를 추진한다면, 그것이 가장 많은 사용자를 유치하고 업계표준이 되는 방법이다.

중개인 제거

달콤하고 과즙이 많은 사과를 구매하였다고 상상해 보자. 과거에는 과수원의 나무에서 농부가 상자에 담아 유통회사에서 도매상, 소매상으로 유통되어 결국에는 고객에게 사과가 전달된다. 물론, 당신은 농장으로 차를 몰고 가 직접 사과를 딸 수도 있다. 그러나 우리 중 일부는 일주일의 식료품을 사기 위해 수십 개의 농장을 차를 몰고 다닐 시간이 없다. 우리는 삶을 더 쉽게 만들기 위해 이러한 복잡한 배송 및 유통 네트워크(공급망)를 개발하였다.

정의

공급망: 생산자에서 소비자로 제품을 가져오는 사람, 프로세스 및 기술의 복잡한 네트워크(이 예에서는 사과를 농장에서 식탁으로 가져옴)

이 편리함의 단점은 사과를 취급하는 각 사람이 비용을 증가시킨다는 것이다. 운전사, 유통업체, 배달원 각각 약간씩 비용이 추가된다. 당신과 나는 압박을 받고 있으며 농부도 마찬가지이다. 주스를 만들기 위한 사과도 마찬가지이다.

이제 매장에서 구입한 사과와 지역주민들이 농장 수확물의 몫을 구매하는 공동체지원농업(CSA: Community Supported Agriculture)의 몫과 비교해 보자. 여름과 가을에 사과, 옥수수, 케일 등 제철에 맞는 모든 제품을 대량으로 배송받는다. 케일을 예로 들면, 케일 공급에 대한 통제권을 포기하면 다양성(더 많은 것을 시도할 수 있음)과 절약(훨씬 저렴함)을 얻을 수 있다. 농장과 상점 사이를 오가는 '중개인(go betweens)'을 제거하면 더 저렴하고 신선한 음식을 얻을 수 있다.

블록체인의 두 번째 원칙은 중개자를 제거하는 것이다. 중개인, 중간관리자, 대리인, 재판매인, 취업자, 중개인, 딜러 및 중개인-딜러의 네트워크는 수반되는 모든 서류 및 마크업과 함께 비용을 증가시키고 효율성을 떨어뜨린다. 블록체인은 이러한 '중간자(in-betweeners)'를 제거하는 데 도움이 될 수 있다.

스스로에게 물어보자. 비효율적인 중개자가 어디에 있는가? 공급망에서 누구를 제거할 수 있을까? '고객에게 직접 가는 것'은 항상 생산자와 소비자 모두에게 비용을 절감하는 방법이다. 블록체인을 사용하면 코드로 이를 수행할 수 있으므로 성능이 향상되고 비용이 절감된다. 우리는 이 과정을 탈중개화라고 부른다.

정의

탈중개화: 많은 가치를 추가하지 않으면서 비용을 높이는 중개자를 제거한다.

예를 들어, 바이낸스는 자체 BNB 토큰을 발행하여 일반적인 실리콘밸리 벤처캐피탈(VC) 네트워크를 중개하지 않고 사용자로부터 직접 초기자금을 조달한다. 투자자들이 바이낸스거래소에서 사고팔 수 있는 바이낸스 코인을 제공함으로써 창평자오는 다른 기업가들이 이제 바이낸스에서 자신의 프로젝트를 시작하는 데 사용할 수 있는 자신의 '디지털 화폐'를 만들었다. 본질적으로 달러를 중개하는 미니 경제이다.

트랜잭션 자동화

사과의 아삭거리는 달콤한 맛을 생각해 보자. 다시 말하지만 그 사과를 시간을 거슬러 올라가 보자. 손에서 식료품점, 창고, 유통센터로 그리고 마침내 햇볕이 내리쬐는 과수원의 나무로 돌아간다.

그 여정의 모든 단계에는 송장, 영수증, 선하증권 등 서류 작업이 있다. 많은 서류 작업이 컴퓨터화되어 있지만 많은 양은 여전히 실제 종이를 사용하여 수행된다. 말 그대로 종이든 아니든 이 서류는 우리가 계약이라고 부를 수 있는 것이다. 상점에서 사과를 사면 거래를 확인하는 영수증을 받는다. 거래의 소계약이다. 농장에서 식품에 이르기까지 사과를 따라가면서 구매자, 판매자 및 서명과 같은 계약과 관련된 모든 단계를 시각화해 보자.

정의

계약(contract): 둘 이상의 당사자 간의 거래에 대한 모든 기록

출장 여행객이라면 산더미 같은 영수증을 관리하는 번거로움을 잘 알고 있다. 이제 수백만 개의 사과, 수백만 개의 선적, 수백만 명의 구매자와 판매자를 곱하면 규모를 알 수 있다.

여기에서 블록체인이 등장한다. 스마트계약은 제3자가 필요 없이 당사자 간의 계약을 체결하고 특정 조건이 충족되면 거래를 실행하는 컴퓨터 코드이다. 계약은 분산원장(대규모 P2P 구글시트)에서 유지되며, 양당사자가 거래종료를 완료하면 자동으로 '서명'된다.

세가지 C를 따르라: 협력(Collaborate), 커뮤니티(Communities), 컨소시엄(Consortia)

1517년 독일의 한 학자가 역사의 흐름을 바꿀 논문을 썼다. 전해지는 이야기에 따르면, 그는 자신의 논문을 지역 교회의 문에 극적으로 못 박았다. 사실일 수도 있고 아닐 수도 있지만 분명히 더 나은 이야기를 만들었다. 그 교수는 마틴 루터였으며 그의 논문인 95개 논제는 일반적으로 종교개혁의 시작으로 인정받고 있다. 그의 논문은 가톨릭 교회가 운영되어야 하는 방식에 대한 다른 비전을 설명했고 그 비전은 결국 개신교 교회로 분열되었다.

블록체인 용어로 이것을 포크(fork)라고 부른다. 갈림길(road in the fork)처럼 기본 프로젝트에서 분리되는 새로운 프로젝트이다. 포크는 개발자가 앞으로 나아가는 방법에 대한 근본적인 불일치가 있을 때 발생한다. 대부분의 블록체인 프로젝트는 오픈소스(가톨릭)이기 때문에 하위 그룹의 개발자가 자신의 경쟁 프로젝트(개신교)를 시작하기 쉽다.

정의
포크: 기존 프로젝트에서 분리된 새로운 블록체인 프로젝트

포크는 블록체인 세계에 풍부하다. 비트코인 자체는 십여 번 이상 포크되어 비트코인캐시(더 빠른 거래), 비트코인골드(채굴하기 쉬움), 비트코인프라이빗(더 나은 개인 정보보호)과 같은 알트코인을 생성한다.

분명히 말하자면, 포크는 비트코인 초기처럼 완전히 새로운 디지털 자산을 생성하지 않는다. 포크는 복사하는 것과 같이 기존 블록체인의 복사본을 만든다. [부록 그림 3-2]와 같이 회계원장과 새로운 블록체인으로 각자의 길을 간다.

▮부록 그림 3-2 ▮포크 블록체인

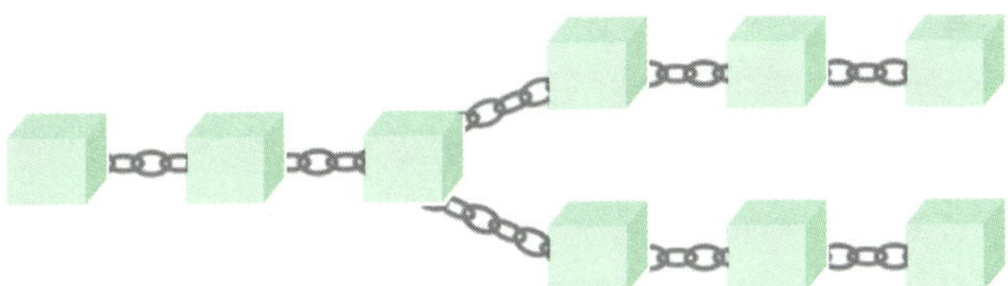

포크는 일반적으로 두 가지 이유로 바람직하지 않다,

- **사용자를 잃게 된다:** 우리가 보았듯이 블록체인의 가치는 그것을 사용하는 사람들의 수에 달려 있다. 프로젝트를 분할하면 사용자와 개발자가 일반적으로 하나의 프로젝트 또는 다른 프로젝트 중에서 선택해야 하기 때문에 사용자 기반이 크게 줄어든다.
- **다시 포크할 가능성이 더 높다:** 블록체인 포크는 종종 점점 더 작은 프로젝트로 분열된다. 한 번 분기하면 계속 분기하는 경향이 있다.

그렇다고 모든 포크가 실패할 운명은 아니다. 비트코인캐시(BCH)와 이더리움클래식(ETC)의 두 유명한 포크는 각각 비트코인과 이더리움의 '하나의 진정한 믿음'과 별도의 비전을 유지하면서 번영한다. 실제로 2019년

에 비트코인캐시 수익률은 비트코인의 2배였다. 포크가 사용자 기반을 무너뜨리고 위험한 선례를 남기더라도 실제로 더 나은 블록체인을 구축할 수 있다면 생존의 기회가 있다.

대부분의 성공적인 블록체인 프로젝트는 협업문화에서 시작된다. 또한 가장 오래 지속되는 블록체인 프로젝트를 구축하는 데 있어 컨소시엄 또는 관련 회사그룹의 힘을 보게 될 것이다. 이러한 성공 사례 중 다수는 엔터프라이즈 이더리움 얼라이언스(Enterprise Ethereum Alliance) 또는 하이퍼레저 프로젝트(Hyperledger Project)와 관련이 있다. 두 전문조직은 경쟁회사가 공통의 기술목표를 달성하기 위해 차이점을 제쳐두고 있다. 비영리단체의 이사회에서 일하는 임원과 마찬가지로 회원사들은 업계가 발전하는 데 도움이 되도록 시간과 자원을 봉사한다. 그 대가로 그들은 거버넌스 테이블에 앉는 것, 즉 산업의 나아가는 방향에 대한 발언권을 얻는다.

정의

엔터프라이즈 이더리움 얼라이언스(Enterprise Ethereum Alliance) 또는 하이퍼레저 프로젝트(Hyperledger Project): 각각 이더리움(Ethereum) 및 하이퍼레저(Hyperledger) 블록체인 플랫폼의 기업개발을 안내하는 두 산업그룹이다.

테이블에 자리를 확보하는 가장 좋은 방법은 아직 남아 있는 의자를 지금 당기는 것이다. 컨소시엄에 가입하는 것이 너무 부담스럽다면 지역블록체인 밋업(neetup)에 참석하라. 자신을 소개하고 우정을 형성하라. 이러한 협업 아이디어는 경쟁자와도 마찬가지이다! 기술관리자는 진지하게 받아들이기 어려울 수 있다. 협업은 블록체인 프로젝트를 중단할 수 없도록 만드는 네트워크 효과를 달성하기 위한 기반을 제공한다. 확실히 협업은 어렵다. 커뮤니티를 구축하는 것은 지저분하다. 그러나 협업은 기분좋은 제안이 아니다. 협업이 없으면 블록체인 프로젝트가 포크(fork)로 끝날 수 있다. 협업을 통해 분리하지 않고 해결할 수 있다. 인간의 노력을 조직하는 시스템인 것처럼 블록체인 노력을 조직하는 시스템이 거버넌스이다.

정의

거버넌스(Governance): 코드(법률과 같은)와 코드 개발자(의원과 같은)로 구성된 블록체인 노력을 조직하기 위한 시스템

블록체인(기술)은 분산되어 있지만 정부와 같은 거버넌스는 더 중앙집중화되어 있다. 정부를 법률과 입법자의 두 가지 광범위한 범주로 나눌 수 있는 것처럼 거버넌스를 두 가지 광범위한 범주의 코드 및 코드 작성자로 나눌 수 있다.

- 코드 제작자(개발자)는 합의 또는 타협을 통해 결정을 내린 다음 이러한 결정을 코드로 구축한다.
- 스마트 계약의 형태로 코드 자체가 이러한 결정을 수행하여 효과적으로 '법을 집행'한다.

훌륭한 제품 구축

비트코인의 신비한 천재인 사토시 나카모토조차도 더 나은 제품팀에 합류할 수 있다. 사토시(Satoshi)의 비전은 이메일처럼 빠르고 쉽게 보낼 수 있는 디지털 화폐이다. 대신 비트코인을 보내는 것은 비용이 많이 들고(거래당 1달러), 느리고(1시간) 확장성이 없다(초당 10건의 거래로 초당 최대 24,000트랜잭션). 이게 돈이면 별로이다. 그러나 초기 웹도 그다지 좋지 않았다. 느리고 투박했으며, 브라우저가 호환되지 않았다. 웹페이지의 기본 색상은 회색이었다. 하지만 더 좋아지고 저렴해지고 빨라졌다.

오늘날 인터넷은 우리가 정보를 소비하는 방식이다. 모든 실용적인 목적을 위해 위키피디아(Wikipedia)는 백과사전을 대체했으며 이메일은 종

이우편을 대체했다.

그러나 가치인터넷이 주류가 되기 위해서는 더 나은 제품이 필요하다. 웹의 씨앗이 풍부한 미디어, 스트리밍 비디오, 브라우저 기반 애플리케이션으로 꽃을 피운 것처럼 오늘날의 블록체인의 기본 요점은 사람들이 사용하고 싶어 하는 아름다운 애플리케이션, 즉 제품으로 진화해야 한다.

새로운 암호화폐의 봄(Crypto Spring)이 등장하고 있으며 블록체인의 첫 번째 싹이 터져 나오고 있다. 페이스북은 리브라(Libra)라는 자체 디지털 자산을 출시한다. 스위스와 몰타와 같은 국가는 블록체인 친화적 입법 덕분에 번영하고 있다. 중앙은행은 CBDC(Central Bank Digital Currencies)라는 자체 디지털 통화 출시에 대해 이야기하고 있다.

정의

중앙은행 디지털 통화(CBDC): 비트코인과 달리 중앙은행에서 발행하는 디지털 통화(예를 들어, 비트코인 등)

중앙은행 디지털 화폐와 관련된 논의는 과거에도 있었으나, 최근 분산원장기술의 발전과 암호자산의 확산 등을 계기로 이에 대한 논의가 활성화되고 있다. 특히 인구가 적고 현금 이용 감소에 따른 부작용 발생 우려가 있거나 또는 금융 포용 수준이 낮은 일부 특수 환경에 처한 국가들이 중앙은행 디지털 화폐 발행을 보다 적극적으로 검토하고 있다.

IMF보고서에서 CBDC는 법정화폐로 쓰기 위해 중앙은행이 디지털 방식으로 발행한 새로운 유형의 돈으로 정의한다. 중국이 발행하려는 디지털 위안, 미국이 발행하려는 디지털 달러 등은 모두 중앙은행 디지털 화폐에 속한다. 중앙은행 디지털 화폐(CBDC)는 실물 명목화폐를 대체하거나 보완하기 위해 중앙은행이 직접 발행하는 디지털 화폐이다. CBDC는 중앙은행 디지털 토큰(도소매용)으로 프라이빗 블록체인 기반의 디지털 토큰을 말한다. 이용 목적에 따라 모든 경제주체들의 일반적인 거래에 사용되는 소액 결제용 중앙은행 디지털 화폐와 은행 등 금융기관 간 거래에 사용되는 거액 결제용 중앙은행 디지털 화폐로 구분 가능하다. 중앙은행 디지털 화폐는 전자적 방식으로 구현됨에 따라 현금과 달리 관련 거래의 익명성을 제한할 수 있을 뿐만 아니라 정책 목적에 따라 이자 지급, 보유한도 설정, 이용시간의 조절도 가능하다.

CBDC 지갑에 따라 개인 간 직접 거래가 진행된다. 은행, 결제시스템에서 만들지만 거래가 귀속되지 않는다. 기업 임금, 재난지원금, 기본소득 등을 활용할 수 있다. 보험도 스마트 계약에 따라 보험금 지급이 가능하다. 스마트 계약을 활용한 에스크로 기능을 편리하게 사용 가능하다. 결제완결성, 복원력, 안정성, 프로그램 확장성, 기밀성, 추적성, 관리감독, 기술 개방성, 호환성, 보편성 접근성이 필수적이다.

전자적 방식으로 구현됨에 따라 현금과 달리 익명성을 제한할 수 있고, 이자 지급이 가능하며, 보유한도 설정, 이용시간 조절도 가능하다. 미국 달러화는 USDT, 일본 엔화는 JPN코인, 페이스북의 리브라 등이 있다. 민간기업인 페이스북의 리브라는 중앙은행의 견제를 받아 프로젝트를 재정비하고 있다.

한편으로 CBDC와 달리 일반 스테이블코인을 혼동하는 경우가 있다. CBDC는 중앙은행에서 발생한 디지털 화폐이고, 스테이블코인은 민간에서 발행한 디지털 화폐라고 구분하면 이해가 빠르다.

CBDC를 다른 디지털 통화 및 디지털 자산(예: Android)의 개방형 생태계와 비교하여 '벽으로 둘러싸인 정원'(예: Apple)으로 생각한다. 결론은 성공적인 기술 리더는 미래를 예측해야 한다는 것이다. 사물의 상태를 보는 것만으로는 충분하지 않다. 우리는 그들이 어떻게 될 것인지 보기 위해 미래를 들여다보아야 한다. 정부 지도자들에게 미래를 예측한다는 것은 이 새로운 기술이 꽃을 피울 수 있는 비옥한 토양을 만드는 것을 의미한다. 우리는 엄격한 규제로 묘목을 질식시키고 싶지 않다. 성장은 다른 곳에서 번창할 것이다. 대신 우리는 블록체인 프로젝트를 심고 영양을 공급하여 수천 개의 꽃을 피울 수 있는 친근한 규제 '정원'을 원한다. 블록체인 구축자의 경우, 야생 변방에 정원을 가꾸고 있음을 이해하라. 신중하게 진행하라. 모든 것이 완료될 때까지 기다릴 수 없다.

블록체인은 완전히 다른 프레임워크를 제공한다. 어떤 의미에서 그것은 어느 한 정부의 관할권 밖에 있기 때문에 어떤 정부도 그것을 적절하게 규제할 수 없다. 우리는 하나의 세계를 위한 하나의 돈, 글로벌 경제를 위한 글로벌 통화, 기업과 국가를 초월하는 공유원장을 구축하고 있다.

비즈니스 기술 리더가 다른 기업과 협업을 시작해야 하는 것처럼 정부 리더는 다른 국가와 협업을 시작해야 한다. 우리는 이 새로운 가치인터넷에 대한 글로벌 규정을 만들기 위해 국제 컨소시엄을 만들 것을 권장한다. 이러한 가치인터넷에 부합하는 것이 금융으로서 은행이 없어도 디지털 자산을 통한 서비스를 구현할 수 있는 핵심 도구이자 개념이 탈중앙화된 금융 디파이(DeFi)이다.

정의

디파이(DeFi): 블록체인 네트워크 기반으로 운용되는 탈중앙화 금융(Decentralized Finance) 서비스로 탈중앙화된 분산금융 또는 분산재정을 의미

암호화폐의 블록체인을 기반으로 구축된 다양한 디파이 애플리케이션은 보험, 대출, 저축 및 거래를 포함한 다양한 금융 서비스를 제공하고 있다. 디파이는 암호화폐를 담보대출부터 시작해 스테이블코인, 암호화폐 지갑 · 탈중앙화 암호화폐 거래소(DEX), 암호화폐 지급결제, 보험, 예측시장 등 다양한 분야를 광범위하게 포함한다. 디파이는 블록체인기술을 통해 P2P(Peer-to-Peer), 즉 개인 대 개인의 금융 서비스를 촉진하고 사람들이 본인의 자산을 완전히 통제할 수 있도록 하는 개방적인 금융 시스템이다.

지금 바로 디파이를 통해 P2P 시스템 이용이 가능하다. 해당 서비스 이용으로 세계 반대편에 사는 일면식도 없는 사람에게서 스마트폰으로 대출을 받을 수 있게 된다. 해당 계약에 대한 동의서는 스마트 계약을 통해 블

록체인 코드로 작성할 수 있다. 따라서 대출조건이 충족되면 자금을 받을 수 있게 된다. 이는 디앱(DApps: 분산형 애플리케이션)이 제공하는 다양한 기능 중 하나에 불과하다. 이러한 애플리케이션의 작동 방식은 일반 애플리케이션과 같지만, 단일 독립체에 기반하여 중앙집중화된 통제 없이 완전히 분산되었다는 점에서 다르다.

디앱은 블록체인에서 실행되며, 대부분은 오픈소스로 한 사람만이 소유권을 가질 수 없어 다른 사람들이 기존 시스템에서 생성된 기록 위에 구축할 수 있다는 것을 의미한다. 암호화를 통해 정보는 네트워크를 통해 공유된다. 이 과정은 블록체인의 안전을 보장하기 위해 필수요소이다.

부록 표 3-2 ▌기존 은행과 디파이의 비교

구분	기존 은행	디파이(DeFi)
허가	특정 고객	네트워크상 존재하는 모든 고객
운영주체	중앙화	탈중앙화
중개인	신뢰기관 필요	네트워크 참가자가 대체
투명성	특정 사용자만 접근 가능	모든 사용자가 거래 기록을 공유
검열방지	검열기관에 의해 특정 거래 삭제 가능	하나의 주체가 특정 기관 거래 기록 무효화 불가능
프로그램 가능	특정 소프트웨어로 한정된 프로그램	오픈소스를 통한 자유로운 프로그램

자료: Hexlant Research

사람들은 더는 대출, 보험, 결제를 위해 중앙기관에 의존할 필요가 없다. 탈중앙화 블록체인기술은 디파이 디앱 사용을 매우 안전하게 진행될 수 있도록 한다. 하지만 스마트 계약상에서의 버그, 길어진 처리시간, 해킹 발생 가능성 등 보안에 대한 우려는 여전히 남아 있다. 따라서 디파이가 건전한 성장을 계속하기 위해서는 이러한 문제를 해결해야 한다. 디파이 디앱의 수가 폭발적으로 증가함에 따라 확장성 문제가 발생할 수 있다. 향후 디파이는 우리가 알고 있는 금융산업에 혁신을 일으킬 잠재력이 있다.

블록체인의 구축 방법에 있어 기술 리더는 다음의 사항을 염두에 두어야 한다.

- **훌륭한 제품팀 구축**: 물론 훌륭한 블록체인 개발자가 필요하지만 인터페이스를 디자인하고, 메시지를 작성하고, 마케팅을 관리할 재능 있는 사람들도 필요하다.
- **복잡성 숨기기**: 소비자는 블록체인이 기술인지 여부를 신경 쓰지 않는다. 그들은 그것이 그들을 위해 무엇을 할 수 있는지에 대해 관심을 갖는다. 억만장자 투자자인 워렌 버핏이 친구 빌 게이츠와 온라인 브리지 게임을 할 수 있다는 것을 누군가 그에게 보여주기 전까지 컴퓨터에 회의적이었던 것처럼 우리는 블록체인의 이점을 재미있고 흥미롭고 유용한 제품으로 포장해야 한다.
- **속도 올리기**: 국제 은행송금을 처리하는 데 아직 3일이 소요되는 시대에 블록체인 기반 화폐는 이미 우수한 대안을 제공한다. 그러나 소비자는 이메일과 문자의 즉각적인 만족을 요구한다. 제프 베조스(Jeff Bezos)가 온라인 쇼핑 경험의 마찰을 제거하는 데 끊임없이 집중하여 궁극적으로 아마존 원클릭(1-click)으로 이어진 것처럼 블록체인 프로젝트는 순간순간 노력해야 한다.
- **규모에 대한 계획**: 배관공이 미리 계획을 세우듯이 '파이프'(인프라)는 일반적으로 클수록 좋다. 창펑자오는 처음부터 바이낸스(Binance) 플랫폼에 확장성을 현명하게 구축하여 충돌 없이 성장할 수 있었다. 바이낸스와 마찬가지로 확장성이 매우 중요하다.
- **비전에 충실**: 모든 사람들은 성공이 불확실하고 실패 가능성이 더 높아 보이는 '길고 외로운 길'을 실천함으로써 배웠다. 비전, 즉 '아이디어의 싹'에 충실한 사람들이 성공할 가능성이 더 크다.

이제 아이디어가 실현되는 것을 볼 때이다. 가치인터넷은 우리 주변에서 빠르게 확산되고 있으며 우리의 돈을 위해 블록체인은 오늘날 가장 흥미로운 분야이다. 우리는 가치를 구축하는 데 그치지 않고 앞으로 수십년 동안 모든 종류의 가치를 제공하기 위해 레일을 구축하고 있다. 블록체인을 통해 우리는 내일 우리가 살 세상을 만들고 있다.

가장 필요한 곳에 가치를 전달할 수 있고, 파이를 더 고르게 분배하고, 모든 사람이 가치인터넷에 액세스할 수 있는 세상 그리고 그것을 사용할 수 있는 능력이 있는 사회를 구축하는 것이 우리의 이상적인 현실이다.

블록체인기술의 미래 활용

'블록체인 혁명(Blockchain Revolution)'의 저자인 돈 탭스콧(Don Tapscott)은 다음과 같이 말했다. 향후 몇 십년 안에 가장 큰 영향을 끼칠 기술은 소셜 미디어, 빅데이터, 로봇공학, 심지어 인공지능도 아니다. 놀랍게도 그것은 비트코인 같은 디지털 통화의 기초가 된 기술, 즉 블록체인이다.

▮ 부록 그림 3-3 ▮ 차세대 인터넷의 모습과 블록체인

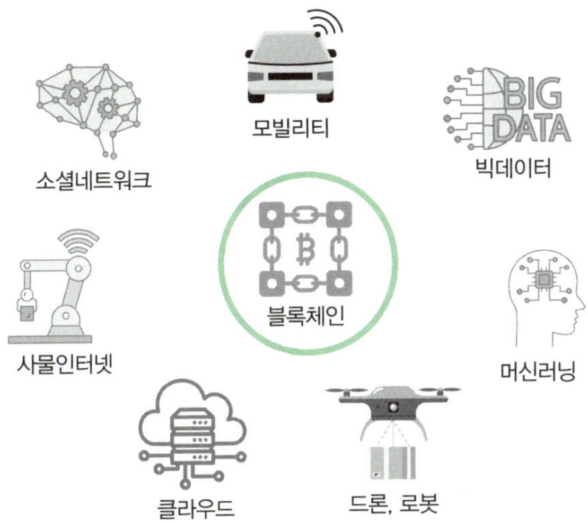

자료: 돈 탭스콧, 블록체인 혁명, 2017

한편 블록체인기술은 암호화폐, 스마트 계약, 물류관리, 문서관리, 의료정보관리, 저작권관리, 디지털 자산(NFT), 소셜 미디어 관리, 게임 아이템 관리, 전자투표, 신원확인 등 다양한 분야에서 활용될 수 있다.

암호화폐

정의

암호화폐(Crypto Currency): 암호기술을 이용하여 만든 디지털 화폐이다.

블록체인은 이중지불 문제를 해결함으로써 암호화폐의 기반 기술이다. 기존의 인터넷에서는 이중지불 문제를 해결할 수 없어, 인터넷으로 정보를 전달할 수는 있었지만 중개기관이 없이는 가치를 전달할 수 없었다. 이중지불(double spending)이란 원본 파일에 저장된 가치를 지불한 뒤, 해당 파일을 복사하여 다른 사람에게 또 지불하는 것을 말한다.

예를 들어, A가 B에게 10,000원이라고 기록된 파일을 전송한 후 다시 해당 파일을 복사하여 C에게 또 10,000원을 전송하는 것을 말한다. 컴퓨터와 인터넷에서 모든 파일은 복사가 가능하기 때문에 이중지불 문제를 피할 수 없다. 기존의 인터넷 시스템에서는 이중지불 문제를 피하기 위해 신뢰할 수 있는 중개기관을 두고, 중개기관이 보관하고 있는 기존 데이터에서 해당 금액만큼 차감하는 방식으로 가치를 전달했다. 결국 기존 인터넷 시스템에서 가치를 전송하려면 반드시 은행이라는 중개기관에 의존해야 했다.

블록체인기술을 이용할 경우 은행이라는 중개기관이 없이도 이중지불 문제 없이 가치를 전송할 수 있다. 블록체인에서 모든 거래내역은 해시값으로 변환되어 저장되는데, 하나의 블록에는 과거의 모든 거래내역이 담긴 이전 해시값을 포함하고 있기 때문에 이중지불이 불가능하다.

예를 들어, A가 B에게 10,000원을 전송한 경우 해당 거래내역이 블록체인에 기록되기 때문에, A가 다시 10,000원을 C에게 전송하려고 할 경우 해당 거래는 블록체인 네트워크에 참여한 다른 노드들의 승인을 얻지 못하여 실패하게 된다. 이처럼 블록체인은 과거의 모든 거래내역이 담긴 장부를 해시함수로 변환하여 하나의 파일로 만들어 전송하고, 그 결과를 블록체인 네트워크에 참여한 다른 노드들이 검증하게 함으로써 이중지불 문제를 해결할 수 있게 되었다.

암호화폐는 네트워크로 연결된 인터넷 공간에서 암호화된 데이터 형태로 사용된다. 암호화폐는 지폐나 동전과 같은 실물이 없이 디지털 데이터 형태로 존재하기 때문에 가상화폐(virtual money)라고도 부른다. 암호화폐는 결제수단으로 사용되기보다는 자산의 안전한 보관을 위해 사용되는 경우가 많아서 암호자산(crypto asset)이라고 부르기도 한다. 대부분의 암호화폐는 탈중앙화된 P2P방식의 블록체인기술을 이용하여 가치를 저장 · 전송한다. 암호화폐는 해시(hash)라는 암호화기술을 이용하여 만든 전자화폐의 일종으로서, 가치를 보증하는 중앙은행이 없이도 거래의 신뢰성과 안전성을 보장받을 수 있다. 암호화폐는 국가의 제약이 없는 글로벌 통화로서 평가되고 있다.

암호화폐는 흔히 가상화폐라는 말로 혼용되어 사용되기도 하지만, 엄밀히 말하면 서로 구별되는 개념이다. 암호화폐는 암호화기술을 이용하여 만든 화폐이고, 가상화폐는 실물이 없이 가상으로 존재하는 화폐이다. 예를 들어, 비트코인, 이더리움 등은 암호화폐이고, 싸이월드 도토리, 리니지 아덴 등은 가상화폐이다. 암호화폐는 암호화기술을 이용하여 만든 가상화폐의 일종이다. 결국 암호화폐는 가상화폐의 한 종류이다.

암호화폐는 달러($)나 원화(₩)와 같은 법정화폐와 달리 화폐를 발행하는 중앙은행이 없이 전 세계 인터넷 네트워크에 P2P방식으로 분산 저장되어 운영된다. 암호화폐를 발행하고 관리하는 핵심 기술은 블록체인기술이다.

암호화폐는 다음과 같은 유형으로 분류할 수 있다.

① 코인과 토큰

- 코인(coin): 다른 플랫폼에 종속되지 않고 자체 메인넷을 가지고 독자적인 생태계를 구성하고 있는 암호화폐를 말한다. 이더리움, 폴카닷 등 플랫폼 코인이 아니더라도, 비트코인이나 리플처럼 다른 플랫폼에 종속되지 않은 독립적인 암호화폐도 코인이라고 부른다.
- 토큰(token): 다른 플랫폼 코인 위에서 개별적인 목적을 달성하기 위해 사용하는 암호화폐를 말한다. 토큰은 자체적인 메인넷이 없으며, 다른 플랫폼 기반 위에서 작동한다. 예를 들어, 에이다(ADA), 스테이터스네트워크토큰(SNT)은 이더리움 플랫폼 위에서 작동하는 토큰이다.

② 사용 목적에 따른 분류

- 알트코인(altcoin): 알트코인은 'alternative coin'의 약자로 비트코인 이외의 나머지 모든 암호화폐를 말하며, 비트코인의 단점을 해결하기 위한 대안적 코인이라는 뜻이다. 이더리움, 라이트코인, 솔라나, 바이낸스코인 등 수천 종의 알트코인이 존재한다.
- 플랫폼코인(platform coin): 다양한 서비스와 토큰에서 사용하는 공통된 기능을 모아서 제공하는 플랫폼에 사용되는 암호화폐로 리플과 폴카닷 등이 존재한다. 플랫폼 코인 위에 다양한 서비스에서 사용하기 위한 탈중앙 분산형 응용 프로그램인 디앱(DApp)을 만들 수 있다.
- 유틸리티토큰(utility token): 게임, 콘텐츠, 데이터 등 다양한 서비스를 이용하기 위해 사용하는 암호화폐이다. 대개 플랫폼 코인 위에서 작동하는 디앱(DApp) 방식으로 개발한다.
- 결제코인(payment token): 실생활에서 상품이나 서비스의 대가로 결제, 송금, 지불 화폐처럼 사용하기 위한 암호화폐를 말한다.
- 증권형 토큰(security token): 주식, 채권, 부동산 등 현실세계의 자산을 블록체인 기반의 암호화폐로 고정한 디지털 자산을 말한다.

- 스테이블코인(stable coin): 법정화폐로 표시한 코인의 가격이 거의 변동하지 않고 안정된 암호화폐를 말한다. 예를 들어, 테더, 테라 등이 있다.
- 프라이버시코인(privacy coin): 일명 다크코인(darkcoin)이라고도 한다. 익명성을 보장하는 코인으로 코인 소유자의 신분 노출을 방지한다. 예를 들어, 모네로, 대시, 지캐시, 코모도 등이 있다.

③ 유형에 따른 분류

스위스 금융당국인 핀마(FINMA)는 암호화폐를 크게 세 가지 유형으로 분류한다.

- 지불형 암호화폐: 실생활에서 상품이나 서비스의 대가로 지불하는 화폐처럼 사용하기 위한 암호화폐이다.
- 유틸리티 암호화폐: 블록체인 기반의 다양한 서비스를 이용하기 위해 사용하는 암호화폐이다. 게임, 콘텐츠, 클라우드 등 다양한 영역에서 사용할 수 있다. 현재 다양한 포인트 또는 마일리지와 유사하다.
- 증권형 암호화폐: 주식, 채권, 부동산 등 실물 자산에 대한 소유권을 표시하는 암호화폐이다. 증권형 암호화폐는 지분형, 채무형, 펀드형으로 세분한다.
  - 지분형 암호화폐: 주식처럼 기업의 자산에 대한 소유권을 표시하는 암호화폐이다. 본인이 소유한 지분에 비례하여 기업의 의사결정에 참여할 수 있고, 기업의 수익에 대한 이익배당금을 받을 수 있으며, 기업의 자산에 대한 소유권을 주장할 수 있다.
  - 채무형 암호화폐: 채권처럼 기업에 자금을 빌려주고 이자를 받을 수 있는 암호화폐이다. 기업은 채무형 암호화폐 소유자에게 원금 상환의 의무가 있을 뿐 아니라, 사전에 약속한 이자율에 따른 이자를 지급해야 한다. 다만, 원금 상환을 약속하고 ICO(초기 코인 공개) 등의 방법으로 자금을 모을 경우 유사수신행위에 해당하여 불법 소지

가 있을 수 있다.

- **펀드형 암호화폐:** 펀드처럼 본인이나 위탁운영자가 아닌 제3자의 노력으로 소유자에게 수익이 주어지는 암호화폐이다. 암호화폐 거래소의 채굴형 토큰, 지분증명 방식의 암호화폐, 에어드랍 등은 펀드형 암호화폐와 유사한 특징이 많아서 투자 시 주의가 요구된다.

암호화폐를 얻기 위해서는 채굴기라는 서비 컴퓨터를 운영하여 직접 채굴(mining)을 하거나, 암호화폐 거래소를 통해 현금을 주고 구매하거나, 상품이나 서비스를 제공하고 그 대가로 암호화폐를 받아야 한다. 새로운 암호화폐를 개발하기 위한 자금을 모으기 위해 일종의 '암호화폐 프리세일'에 해당하는 ICO를 하기도 한다.

스마트 계약

정의

스마트 계약: 제3자 없이 둘 이상의 당사자 간에 계약을 설정하는 컴퓨터 코드이다.

블록체인기술은 암호화폐에만 사용할 수 있는 것이 아니라 위변조 방지가 필요한 각종 실행조건을 블록체인에 넣어 일정한 조건에 대한 계약서 작성이 만족되면 자동으로 계약내용이 실행되도록 하는 스마트계약 기능에 사용할 수 있다. 즉 세상에 존재하는 많은 계약들이 블록체인상에서 이루어질 수 있도록 만들 수 있는 기반 역할을 목표로 한다.

스마트 계약 또는 스마트 컨트랙트(smart contract)는 1990년대 중반 닉 재보(Nick Szabo)가 고안한 개념으로 계약 당사자가 사전에 협의한 내용을 미리 프로그래밍하여 전자 계약서 문서 안에 넣어두고, 이 계약조건이 모두 충족되면 자동으로 계약내용이 실행되도록 하는 시스템이다. 닉 재보는 스마트 계약을 우리 주변에 흔히 있는 자동판매기를 떠올리면

된다고 했다. 상품가격보다 많은 돈을 넣으면 상품과 함께 차액을 돌려주고, 적은 돈을 넣으면 상품을 제공하지 않고 투입된 돈 전체를 반환한다. 특정 금액을 거래조건으로 구현한 일종의 스마트 계약인 셈이다.

한편 스마트 계약은 블록체인기술을 적용함으로써 실제 구현이 가능해졌다. 2013년 당시 19세의 비탈릭 부테린(Vitalik Buterin)은 블록체인기술을 적용한 스마트 계약 플랫폼인 이더리움(ethereum)을 개발할 것을 제안하고, 2015년 7월 30일 이더리움 개발에 성공하여 실제 서비스를 시작하였다. 솔리디티(solidity)라는 프로그래밍 언어를 사용하여, 계약기간, 금액, 조건 등을 미리 코딩해 두면, 부동산 거래, 중고 자동차 거래, 무역거래 등 어떠한 종류의 계약도 자동 실행되도록 만들 수 있다. 기존의 비트코인이 블록체인기술을 활용하여 가치의 저장과 전달이 가능한 암호화폐를 만들었다면, 이더리움은 한 단계 더 나아가 블록체인기술을 활용하여 인간이 상상할 수 있는 모든 종류의 계약을 자동으로 실행할 수 있는 스마트 계약 플랫폼을 개발했다.

스마트 계약을 이용하면 블록체인에 상세한 거래조건을 부여해 부동산 매매, 차량 임대, 보험금 청구, 농수산 직거래 같은 다양한 거래를 간편히 수행할 수 있다. 거래에 필요한 서류작성 같은 별도의 과정이 생략되어 간편하고, 중개자도 필요 없기 때문에 수수료가 절감되며 처리기간도 단축된다. 그리고 블록체인을 통해 계약내용이 투명하게 검증되고 관리되어 부정이나 사기를 막는 것도 가능하다. 또한 거래과정의 자금흐름도 암호화폐로 결제되기 때문에 실제 이용자의 편리성, 신뢰성이 동시에 만족되므로 시간과 비용을 절감할 수 있다.

예를 들어, 이탈리아 레스토랑(스파게티)을 운영하는 영희는 토마토 농장을 운영하는 농부 철수에게 토마토 몇 박스(1개의 이더리움 코인가치)를 공급받기 위하여 이더리움 1단위를 지불하려고 한다([부록 그림 3-4] 참조).

▌부록 그림 3-4 ▌스마트 계약

영희는 농부 철수에게 토마토를 배달할 때까지 이더리움(ETH)을 '보유'하는 스마트 계약에 1개의 이더리움을 보낸다. 이 스마트 계약은 제3자 에스크로 회사가 필요하지 않다는 점을 제외하고는 에스크로 계정과 같은 기능을 한다. [부록 그림 3-5]와 같이 코드를 통해 모두 처리된다.

▌부록 그림 3-5 ▌이더리움으로 스마트 계약 로드과정

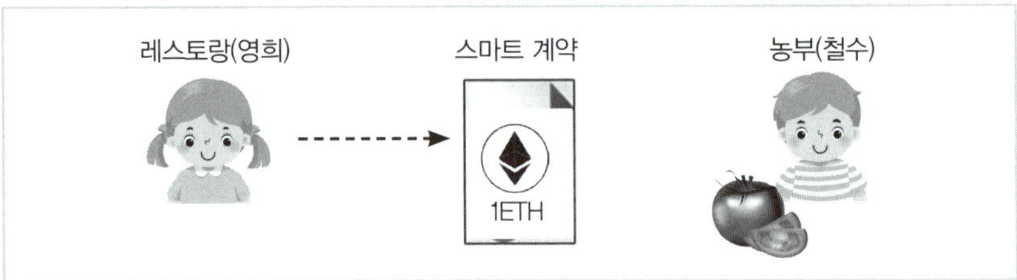

농부 철수가 토마토를 배송할 때 영희가 그녀의 스마트폰의 전자지갑에서 스캔한 QR코드를 내민다. 이것은 [부록 그림 3-6]과 같이 농부 철수의 전자지갑 계정으로 전달될 하나의 이더리움을 지운다.

▮ 부록 그림 3-6 ▮ 농부에게 1개의 이더리움을 보내는 과정

[부록 그림 3-7]에서 알 수 있듯이 농부 철수가 토마토를 배달하지 않으면 레스토랑 주인인 영희는 돈을 자신의 계정으로 '인출'할 수 있다.

▮ 부록 그림 3-7 ▮ 어리석은 계약

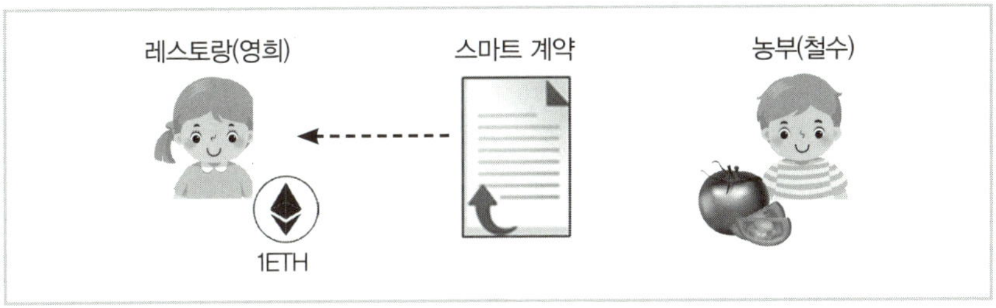

스마트 계약은 여러 당사자 간의 거래를 조정하는 데 사용할 수 있기 때문에 종이계약보다 잠재적으로 더 효율적이다. 예를 들어, 스마트 계약에서 토마토의 전체 수명주기뿐만 아니라 블록체인을 사용하면 [부록 그림 3-8]에 표시된 것처럼 농장에서 레스토랑으로의 전체과정을 볼 수 있다.

▮ 부록 그림 3-8 ▮ 토마토농장에서 레스토랑으로 배송까지

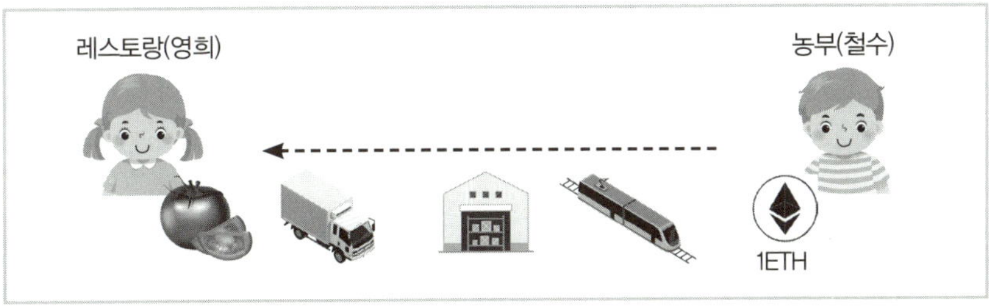

국제운송기업인 머스크(Maersk)는 IBM과 협력하여 트레이드렌즈(TradeLens)라는 글로벌 운송 블록체인을 만들었다. 출발지에서 목적지까지 항구를 통해 이동하는 품목을 추적하기 위해 머스크는 선적을 심사하거나 확인해야 할 때마다 비용을 절감했다. 모든 '영수증'을 추적하는 대신 블록체인에 저장된 각 항목에 대해 하나의 레코드만 가지고 있다.

스마트 계약은 일상적인 거래를 자동화한다. 이것이 블록체인이 정말 잘하는 일이다. 머스크는 이제 제3자가 발행한 종이 기반 계약이 아닌 코드 기반 스마트 계약을 보유하고 있다. 바이낸스 거래소는 전통적인 거래소의 구식 종이계약이 아닌 스마트 계약에서만 운영된다.

물류관리

물류에서 누구나 쉽게 떠올리는 단어가 아마 배송, 특히 지금과 같은 코로나 상황에 택배와 배송일 것이다. 물류산업 중에 블록체인을 활용한다면 배송정보 조회 서비스와 관련해 효율화를 체감할 수 있는 것은 택배를 받는 고객보다는 실무자일 것이다. 농장에서 판매처까지 전달되는 전 과정에서 관련 제품에 대한 이력을 블록체인 방식으로 관리한다고 가정하면 다음과 같다.

즉 이동경로에 해당하는 배송업체가 블록체인 정보기록을 할 수 있도록 블록체인 시스템을 지점별로 구축할 필요가 있다. 그리고 기록된 원산지 및 이동경로정보를 최종소비자가 제공받을 수 있도록 블록체인 장부에 기록하여 함부로 변조되지 않는 원산지 등의 정보를 최종소비자에게 제공하는 것이다. 최종소비자는 판매처에서 판매하는 상품정보의 이력을 확인할 수 있고 포장지에 QR코드를 부착하여 소비자가 스마트폰으로 QR코드를 촬영하면 블록체인으로부터 원산지정보 제공을 받도록 구축하는 것이다. 즉 소비자는 원산지, 상품정보 등에서 허위적인 정보를 차단받고 기재내용을 신뢰할 수 있어 효율적인 물류관리가 이루어지는 것이다.

예를 들어 샤넬, 루이비통 등 명품 가방을 거래하는 경우, 제품의 생산일자, 생산지, 수입일자, 관세 납부내역 등 관련된 정보를 블록체인에 기록함으로써 위변조를 막고 짝퉁 제품을 가려낼 수 있다. 블록체인을 활용하면 해외에서 수입한 고급 양주와 포도주 등에 대한 정품 확인이 가능하다. 소고기, 돼지고기, 닭고기 등 축산물과 쌀, 보리, 야채, 과일 등 각종 농산물 및 생선, 조개, 김, 미역 등 각종 수산물의 생산자, 생산일시, 생산지, 유통이력 등을 블록체인에 기록하여 상품 유통과정을 체계적으로 관리할 수 있다.

만약 해운물류에 블록체인을 적용하면 제품생산에서부터 최종소비자까지 생산 · 가공 · 보관 · 운송이력을 투명하게 관리하는 시스템을 개발하여 이를 통해 원산지 조작이나 제조 · 유통기간 변경 및 허위광고를 방지할 수 있고, 사물인터넷(IoT)기술을 활용하여 실시간으로 화물의 위치정보를 공유함으로써 비용절감 및 업무 효율성을 높일 수 있다.

문서관리

블록체인기술을 활용하여 정부, 기업, 공공기관, 교육기관, 의료기관 등에서 발급하는 각종 문서를 위변조 없이 안전하게 관리할 수 있다. 개별 문서에 담긴 내용을 해시로 변환하여 블록체인에 저장한 뒤 여러 곳에 분산 저장하면, 해당 문서에 대한 위변조가 사실상 불가능해진다. 정부에서 발급하는 주민등록증, 운전면허증, 여권, 가족관계증명서, 출생증명서, 인감증명서, 등기부등본 등과 기업에서 발급하는 재직증명서, 경력증명서, 급여명세서, 각종 계약서 및 교육기관에서 발급하는 졸업증명서, 성적증명서, 재학증명서 등과 의료기관에서 발급하는 진료기록, 진단서, 의약품 처방전, 진료영수증 등 각종 서류를 블록체인 기반으로 안전하게 관리할 수 있다.

블록체인 기반의 전자증명서 발급 · 유통 플랫폼 구축을 통하여 공공기관에서 발급하는 많은 종류의 종이증명서를 대체할 수 있다. 블록체인기술을 도입한다면 개인 모바일 기기를 활용해 전자문서 형태로 발급받을 수 있을 것이다. 이를 통해 국민과 기업의 불편 및 사회적 비용을 줄일 수 있다.

해시함수(hash function)

하나의 긴 문자 혹은 긴 문장을 보다 빨리 찾을 수 있도록 주소에 직접 접근할 수 있는 짧은 길이의 값이나 키로 변환하는 알고리듬을 수식으로 표현한 것. 즉 해싱함수(hashing function)는 어떤 키에 대한 테이블 주소를 계산하기 위한 방법으로 주어진 키값으로부터 레코드가 저장되어 있는 주소를 산출해 낼 수 있는 수식을 말한다. 문자열을 찾을 때 문자를 하나하나 비교하며 찾는 것보다는 문자열에서 해시키를 계산하고 그 키에 해당하는 장소에 문자열을 저장해 둔다면, 찾을 때는 한 번의 해시키 계산만으로도 쉽게 찾을 수 있게 된다.

자료: 위키피디아

의료정보관리

위변조가 불가능한 블록체인기술을 이용하여 개인 의료정보를 통합관리할 수 있다. 기존의 개인 의료정보는 여러 병원과 약국 및 건강보험공단 등에 분산되어 있어서 통합관리가 어렵다. 병원과 약국이 과거 진료와 처방기록을 모두 블록체인기술을 통하여 관리한다면 중복진료와 처방이 없어진다. 본래 병원과 약국은 환자가 계속 같은 곳을 방문하거나, 환자가 과거 기록을 갖고 오지 않는 이상 환자의 이력을 전달받기 어렵다. 의료기관끼리 유기적으로 연결되어 있지 않고 대부분의 의료기관들이 각자 별도의 장부를 기록하고 관리하기 때문이다. 진료를 받고 약국에서 약을 탈 때 처방전을 손수 가져가 약국에서 약을 받아야 하는 것이다. 처방전처럼 공식문서를 직접 가져가거나 사실상 환자가 직접 말하는 것으로부터 정보를 얻는 것 말고는 환자에 대한 어떠한 형태의 기록을 얻을 수가 없다.

즉 블록체인기술로 병원, 약국, 개인 간의 정보관리를 통하여 과거 병원 진료기록, 단순한 진료와 처방기록에서부터 엑스레이, 환자 사진, 약국에서의 개인적인 약품구매이력도 환자의 동의하에 의사가 필요하다면 블록체인을 통해 조회할 수 있다. 마치 본인의 은행 계좌에서 모든 거래내역과 잔고까지 정리되어 있는 것과 유사하다.

예를 들어, 환자가 A병원에서 MRI검사를 했더라도 B병원에 가면 동일한 MRI검사를 다시 해야 한다. 하지만 개인 의료정보를 암호화하여 블록체인에 저장해 두면, 여러 병원과 약국 및 관련 기관에서 공동 활용할 수 있게 된다. 블록체인은 암호화된 데이터베이스를 통하여 사용자에게 의료정보를 제공할 수 있다. 병원정보를 분산화된 의료 데이터베이스와 연결하고 기록을 안전하게 공유할 수 있다. 즉 블록체인은 의료산업에서 연결하고자 하는 개인, 의료기관, 약국 간에 서로 신뢰할 수 있는 시스템으로 기록 및 진단장부를 공유, 관리할 수 있도록 기능할 것이다.

저작권관리

블록체인기술을 활용하여 영화, 동영상, 음악, 미술, 사진, 음성, 이미지, 웹툰, 전자책(이북), 프로그램 소스 등 다양한 콘텐츠에 대해 저작권을 보호 · 관리할 수 있다. 블록체인은 위변조가 불가능하기 때문에 저작물의 해시값을 추출한 후 비교함으로써 원본 콘텐츠를 찾아낼 수 있다. 또한 저작권 이용자정보를 블록체인에 기록함으로써 저작권 중개유통업체를 거치지 않고도 체계적인 저작물관리와 판매 및 투명한 수익분배를 보장할 수 있다. 그리고 디지털 콘텐츠 영역에서 블록체인기술이 이용될 경우에 생산자와 소비자 간의 불필요한 유통과정이 생략될 수 있어 새로운 부가가치 창출이 가능하다.

디지털 콘텐츠 관리 플랫폼이 다양한 영역에서 이용된다면 콘텐츠 생산자들의 창작에 대한 수익이 증대되어, 문화, 음악, 영화 등 다양한 분야에서 콘텐츠 창작이 더욱 활발해져 부가가치 창출이 가능하다. 또한 기록의 위조 및 변조가 어려운 블록체인의 기술적 특성은 저작권 관련 분쟁을 줄여 문화산업 전반에 불필요한 사회적 비용의 감소가 예상된다.

디지털 자산(NFT)

대체 불가능 토큰(NFT: Non-Fungible Token)이란 블록체인기술을 이용해서 디지털 자산의 소유주를 증명하는 가상의 토큰(token)으로, 그림 · 영상 등의 디지털 파일이나 자산에 대체(복제)가 불가능한 암호를 꼬리표로 붙임으로써 그 고유한 원본성 및 소유권을 나타내는 용도로 사용된다. 쉽게 말하면 디지털 자료에 일종의 진품확인서를 찍는 것이다.

즉 NFT는 사진, 비디오, 오디오 및 기타 유형의 디지털 파일을 나타나는 데 사용할 수 있다. 사본은 인정되지 않는다. 이러한 디지털 항목의 사본은 누구나 얻을 수 있지만 NFT는 블록체인에서 추적되어 소유자에게 저작권과 소유권 증명을 해야 한다. NFT는 인기 있는 엔터테인먼트에서 디지털 자산을 상업화하는 데 사용한다. 대부분의 NFT는 이더리움 블록체인의 일부이다. 그러나 다른 블록체인은 자체 버전의 NFT를 구현할 수 있다. NFT 시장가치는 비약적인 발전이 예상된다.

대체 불가능한 토큰(NFT)은 블록체인에 저장된 데이터 단위이다. NFT는 암호화 토큰처럼 작동하지만 비트코인과 같은 암호화폐와는 달리 상호 교환이 불가능하다. NFT의 암호화 트랜잭션 프로세스는 NFT 소유권을 추적하는 데 사용되는 디지털 서명을 제공하여 각 디지털 파일의 인증을 보장한다. 그러나 예술품이 저장된 위치와 같은 세부정보를 뜻하는 데이터 링크는 사라질 수 있다. 또한 NFT의 소유권은 디지털 자산에 대한 저작권을 부여하지 않는다. 누군가 자신의 작품의 NFT를 판매할 수 있지만, NFT의 소유권이 변경될 때 구매자가 반드시 저작권 권한을 얻지 못하므로 원래 소유자는 동일한 작품에 더 많은 NFT를 만들 수 있다. 그런 의미에서 NFT는 저작권과 분리된 소유권 증명일 뿐이다. NFT 적용 분야를 나열하면 다음과 같다.

- **디지털 아트**: 구매 이후, 소유권을 얻지 못함에도 불구하고 디지털 아트는 서명과 소유권을 보장하는 블록체인기술의 능력 때문에 NFT의 초기 사용 사례이다.
- **수집품**: NFT는 카드 컬렉션과 같은 수집품 형태로도 나타난다.
- **게임 내 재화**: NFT는 게임개발자 대신 사용자가 제어하는 디지털 플롯과 같은 게임 내 자산을 나타내는 데 사용할 수 있다.
- **음악**: 블록체인이 네트워크화가 가능해지면서, 음악가는 자신의 작품을 토큰화하고 게시할 수 있는 기회를 얻었다. 이를 통해 음악가와 아티스트 모두 자신의 음악은 물론 음악 테마와 아티스트 공개를 둘러싼 기타 콘텐츠로 수익을 창출할 수 있는 방법이 다양해졌다.
- **필름**: 영화산업은 일반적으로 대규모 디지털 영화를 소규모 파일 크기로 블록체인기술에 저장하는 기술적인 문제 때문에 NFT의 사업에 참여하는 속도가 느려 사용을 못하다가 최근에는 인기 분야이기도 한다.
- **스포츠**: 스포츠계에서는 다양한 방식으로 NFT를 활용한다.

소셜 미디어 관리

블록체인기술을 활용하여 소셜 미디어 플랫폼을 만들고 관리할 수 있다. 기존의 소셜 미디어 플랫폼인 페이스북에 글을 올리거나 인스타그램에 사진을 올리면, 해당 콘텐츠를 올린 기여자는 아무런 금전적 대가를 받지 못하고, 소셜 네트워크 서비스(SNS) 플랫폼을 운영하는 회사만 막대한 광고수익을 얻을 수 있다. 하지만 블록체인 기반의 소셜 미디어 플랫폼에 콘텐츠를 올리면, 해당 콘텐츠를 만든 기여자가 암호화폐로 대가를 지급받을 수 있다.

게임 아이템 관리

블록체인기술을 활용하여 인터넷 · 모바일 게임에서 사용하는 게임 아이템 거래를 관리할 수 있다. 게임과정에서 사용자가 획득한 칼, 활, 방패, 갑옷, 망토 등 다양한 게임 아이템을 블록체인 기반으로 관리 · 거래함으로써 한 게임에서 획득한 아이템을 다른 게임으로 이동시킬 수 있고, 사용자 간 분쟁과 사기 사건을 방지할 수 있다. 블록체인기술이 도입되기 전에도 게임 아이템은 아이템베이나 아이템매니아 같은 게임 아이템 거래 사이트를 통해 이용자들 사이에서 암암리에 거래되어 왔다. 하지만 게임 간 아이템 이동이 불가능했고 비싼 수수료를 부담해야 했다.

전자투표

블록체인기술을 활용하여 전자투표관리 시스템을 운영할 수 있다. 블록체인은 데이터의 위변조가 사실상 불가능하기 때문에 누구나 신뢰할 수 있는 투표 시스템을 보장한다. 예상외로 투표용지 제작과 더불어 투표 및 개표에 필요한 모든 인프라를 관리하는 것에 매우 높은 비용이 든다. 이와 더불어 현재의 전자투표관리 시스템은 해커 공격에 취약할 뿐더러 정확한 개표 수를 세는 데에 한계가 있다. 블록체인기술을 이용하면 투표자의 신원을 보호하면서 조작이 불가능한 투표 시스템을 만들 수 있다. 이러한 시스템을 해킹하려면 가장 강력한 슈퍼컴퓨터 수십 대와 맞먹는 프로세싱 파워가 필요하다고 한다. 비용이 거의 들지 않고 일반 대중에게 공개되어 있다는 장점도 있다.

블록체인 기반의 전자투표 시스템은 두 개의 블록체인을 사용해 사용자 정보와 투표내용을 각각 별도로 저장함으로써 유권자의 익명성을 보장한다. 미국 증권거래소인 나스닥(Nasdaq)은 주주의 전자투표 결과를 블록체인에 기록하는 시스템을 개발하여 활용하고 있다.

신원확인

블록체인기술을 활용하여 개인 신원을 확인할 수 있다. 블록체인에 기록된 개인 신원 데이터는 위변조가 불가능하기 때문에 전 세계적인 범위에서 작동하는 글로벌 신원확인 시스템에 사용될 수 있다. 블록체인 신원확인 시스템은 스마트 계약, 문서관리, 의료정보관리, 저작권관리, 소셜미디어 관리, 게임 아이템 관리, 전자투표 등 블록체인 기반의 다양한 서비스를 구현하기 위해 공통적으로 필요한 기반 기술에 해당한다. 지금까지의 신원확인에 대하여 보안 실패와 데이터 도난은 우리의 개인정보 보호를 아주 어렵게 만들었다. 블록체인은 개인정보의 유효성을 검증할 수 있는 안전하고, 반박 불가능하며 불변의 독특한 시스템을 제공할 수 있다.

유엔(UN)에 따르면 전 세계 인구 중에서 약 11억 명의 사람들이 공식 신분 문서가 없다. 출생증명서나 공식 인증서가 없이 국가를 탈출한 난민들의 경우에 이 시스템을 통해 본인의 신분을 증명할 수 있다.

■ 찾아보기

[국문]

[영문]

| 저자 소개 |

데비 모한(Devie Mohan)

데비 모한은 영국 런던에 거주하는 FinTech 산업 고문이자 분석가이다. 그녀는 FinTech 연구회사인 Burnmark의 공동 창립자이자 CEO이며 ING그룹 Think Forward Initiative의 기고자이며 'Journal of Digital Banking' 편집위원회의 일원이다. 그녀는 금융의 혁신, 파괴 및 디지털화에 대해 광범위하게 글을 쓰고 있으며 다양한 FinTech 분야 영향력 있는 사람 목록에서 상위 10위 안에 들었다. 2019년에 그녀는 'Financial Times'의 기술 분야에서 가장 영향력 있는 BAME 리더 100인 목록에 포함되었다.

| 역자 소개 |

장기진

한국과학기술원(KAIST)에서 경영정보 박사학위를 취득하고 한국산업경제연구원 선임연구원, 한국전자거래협회 책임연구원 등을 거쳐 현재 극동대학교 글로벌경영학과에 재직 중이다. 국제e비즈니스학회 회장을 역임함과 동시에 고문, 편집위원, 한국전자거래학회 이사, 국제통상정보학회 부회장으로 현재 활동 중이다. 국내 암호화폐 리플 관련 자문과 강의뿐만 아니라 다수의 논문을 발표 및 게재하였으며, 저서로는 인터넷과 전자상거래(1999), e-비즈니스 원론(2001), 전자상거래.com(2010), 스마트정보경영론(2011), 정보기술경영론(2011), e-비즈니스.COM(2013), 고객중시의 비즈니스모델링(2014), 창의적 사고와 혁신적 비즈니스모델링(2018), 창의적인 IT경영론(2020) 등이 있다.

핀테크 금융 서비스 가이드

은행 혁신과 블록체인 이해

2022년 3월 5일 1판 1쇄 인쇄
2022년 3월 10일 1판 1쇄 발행

저　자 | 데비 모한(Devie Mohan)
역　자 | 장기진
발행인 | 이수영
발행처 | 도서출판 청람
서울시 마포구 독막로 288(대흥동, 세양상가 109호)
전　화 | 02)3272-2601(대)~2
팩　스 | 02)3272~2603
이메일 | crbooks@daum.net
홈페이지 | http://www.crbooks.co.kr
등　록 | 2000년 8월 26일 제6-0509호

ISBN 978-89-5972-863-3 93320　　[정가 25,000원]